LE GRAND ATLAS DE LA PREMIÈRE GUERRE MONDIALE

Sous la direction de Patrick Facon

EDITIONS ATLAS

Édité par :
Éditions Glénat

Éditions Glénat
Couvent Sainte Cécile
37, rue Servan
38000 Grenoble

Cet ouvrage est une édition partielle de l'encyclopédie
« Soldats de plomb de la guerre 14-18 » publiée par les Éditions Atlas.

Mise en page : Decebal Scriba
Prépresse et fabrication : Glénat Production

Achevé d'imprimer en Slovénie en janvier 2014 par Korotan.

Le papier utilisé pour la réalisation de ce livre
provient de forêts gérées de manière durable.
Dépôt légal : novembre 2013
ISBN : 978-2-7234-9809-8

Sommaire

Double page précédente : 1916 - Mortier de 220 en action sur le front occidental.

AVANT-PROPOS

La Grande Guerre, une guerre totale

La Grande Guerre ! Tel est le nom donné en France au conflit qui a bouleversé en profondeur et pour toujours la planète de 1914 à 1918. Jamais, sans doute, dans l'histoire de l'humanité une guerre n'a produit autant de conséquences durables sur les sociétés qui s'y sont trouvées précipitées. L'Europe prospère et dominante d'avant 1914 en sort dévastée et ruinée, victime d'une épouvantable saignée. Une saignée qui s'est traduite par près de 9 millions de tués dans les classes d'âges les plus jeunes et les plus productives et a entraîné des millions de blessés et d'invalides. Une saignée qui a traumatisé des centaines de milliers dont beaucoup ne se remettront jamais des graves atteintes psychologiques qu'ils ont subies. Les civils n'ont pas moins souffert, victimes des privations, parfois de la famine, et des maladies, telles que la grippe espagnole (qui a sans doute fait périr près de 20 millions de personnes dans le monde). Les économies sont exsangues, les dettes de guerre démesurées et des rancunes tenaces opposent vainqueurs et vaincus.

Le sort de la guerre se joue d'abord sur le plan stratégique et militaire. Pendant les quelques semaines qui s'écoulent d'août à novembre 1914, les adversaires en présence sur le front occidental manœuvrent plus ou moins habilement

Camp français au lever du jour dans la forêt d'Argonne.

Canon de 120 long français dans l'Argonne.

Soldats au repos dans une caverne près du front en 1915.

pour remporter la victoire. L'armée française, élevée dans le culte de l'offensive à tout prix, subit des pertes et des revers cruels lors de la bataille des frontières face aux mitrailleuses et à l'artillerie lourde des troupes allemandes qui se battent avec méthode et efficacité. Malgré des dizaines de milliers de tués et de blessés, le général Joffre parvient à arrêter l'ennemi sur la Marne et à le repousser, sauvant Paris et épargnant sans doute une défaite humiliante à son pays.

Pendant près de quatre ans, le sort des armes se joue dans les tranchées où les soldats des deux camps en présence se sont enterrés. Quatre ans lors desquels les Allemands comme les Français s'emploient à rompre le front ennemi, en vain la plupart du temps. Cette lutte abominable dans laquelle les adversaires engagent les armes les plus barbares (gaz asphyxiants et lance-flammes) est marquée par d'interminables et coûteuses batailles menées pour la conquête de tel ou tel observatoire à l'importance stratégique douteuse, voire médiocre. Elle est aussi caractérisée par des offensives de grande ampleur – en Champagne, en Artois, à Verdun, dans la Somme et sur le Chemin des Dames, pour ne citer que les plus importantes – où des centaines de milliers d'hommes meurent pour des avances de deux à trois kilomètres tout au plus. Au fil des années, les armements se perfectionnent, avec les chars, les avions, les sous-marins, mais aucun d'entre eux ne permet de faire pencher définitivement la balance dans l'un ou l'autre camp. Dans le même temps, la guerre s'industrialise et, pour la première fois dans l'histoire des conflits, le succès dépend non plus du seul courage des combattants, mais des capacités de production et de la puissance économique des nations qui s'opposent.
La victoire finale repose aussi sur le moral des soldats

mais aussi sur celui des civils. La Grande Guerre possède en effet cette extraordinaire singularité d'être le premier des conflits à caractère total – un conflit où la frontière entre l'avant et l'arrière tend à s'estomper, voire à disparaître. L'idée dangereuse et hideuse selon laquelle l'avantage pourrait revenir à celui des deux adversaires qui parviendra à abattre psychologiquement l'ensemble de la société ennemie – armée comme population – s'impose désormais. Les exécutions d'otages et les déportations d'habitants de centaines de villes ou de villages occupés en territoire français, la guerre sous-marine à outrance ou encore les bombardements sur les villes de France ou d'Angleterre de 1915 à 1918 décidés par les Allemands en sont des preuves tangibles. De leur côté, les alliés de l'Entente ne manquent ni d'attaquer les cités allemandes par la voie des airs, ni d'empêcher le Reich de Guillaume II de s'approvisionner en vivres et en matières premières en pratiquant un blocus maritime des plus radicaux.
Pour que les soldats et les civils continuent à tenir, la propagande et le « bourrage de crâne » se montrent des plus actifs ; mais la guerre psychologique s'adresse aussi à l'adversaire qu'il s'agit de convaincre de la vanité de poursuivre le combat. Pour toutes ces raisons, la Première Guerre mondiale sera le prototype d'un conflit encore plus meurtrier, radical et cruel qui, de 1939 à 1945, ravagera à son tour la planète toute entière.

PATRICK FACON

Trompettes de tirailleurs sénégalais en 1916.

Tirailleurs annamites au repos en 1917.

Ouvrières et ouvriers français au travail dans une usine de guerre.

Double page précédente : Pièce de 155 long en action à Verdun, en 1916.
Double page suivante : Soldats prêts à sortir de leur tranchée sur la Somme en 1916.

Première partie

LES GRANDES BATAILLES

Guerre de mouvement tout d'abord, marquée par des batailles de rencontre où s'affrontent des masses d'infanterie et de cavalerie considérables, la Grande guerre devient une guerre de positions lorsque, épuisés par les efforts fournis, décimés par la puissance du feu de l'ennemi, les soldats s'enterrent les uns en face des autres sur l'ensemble des fronts de combat. Les armées en présence se battent en terrain découvert sur les frontières de la France, de la Belgique, de l'Allemagne et du Luxembourg (août 1914) puis sur la Marne où se produit un incroyable sursaut de la part des Français (septembre 1914).

Elles tentent ensuite de se déborder mutuellement lors de la course à la mer (septembre-novembre 1914) et, n'y parvenant pas, s'abritent dans des lignes fortifiées qui courent des plages de Nieuport, dans cette minuscule enclave du territoire belge préservée de l'invasion, jusqu'à la frontière suisse.

Pendant une grande partie de l'année 1915, les Français perdent des centaines de milliers des leurs dans de vaines offensives visant à rompre les lignes ennemies (Artois, Picardie, Woëvre). Les adverses s'empêtrent aussi dans une lutte sans merci pour la possession d'observatoires qui n'ont souvent aucune importance stratégique (les Éparges, la butte de Vauquois, l'Hartmannswillerkopf), y laissant des dizaines de milliers des leurs. 1916 est l'année de la plus meurtrière des batailles, celle de Verdun, où Français et Allemands perdent plus de 300 000 tués. Et l'année 1917 est marquée par le désastre du Chemin des Dames et les mutineries dans l'armée française.

La guerre de mouvement reprend en mars 1918 sur le front occidental, à l'initiative des Allemands qui attaquent en Picardie, dans les Flandres (avril), au Chemin des Dames (mai) et sur la Marne et en Champagne (juillet). Une fois ces offensives contenues, les armées alliées reprennent l'initiative et repoussent lentement mais sûrement l'adversaire qui demande grâce en signant l'armistice du 11 novembre.

La bataille des frontières 15-25 août 1914

À peine l'armée française a-t-elle été mobilisée qu'elle est poussée sur les frontières dans le cadre d'une manœuvre d'ensemble définie par le plan XVII. Pour Joffre, généralissime en titre, il s'agit de mener la bataille en enfonçant le front ennemi en Lorraine et en Alsace.

Charge de soldats français en août 1914.

Lancée à l'attaque en fonction de conceptions tactiques dépassées par rapport aux évolutions récentes de la guerre, l'armée française subit des défaites considérables qui la contraignent à la retraite.

Le plan XVII

L'armée française fonde sa manœuvre de concentration aux frontières sur le plan XVII, élaboré peu avant les hostilités et qui a été décliné en deux variantes liées au problème de la neutralité belge. La première option consiste à faire porter l'effort principal en Lorraine et dans les Vosges, en se couvrant sur la gauche avec plusieurs armées.

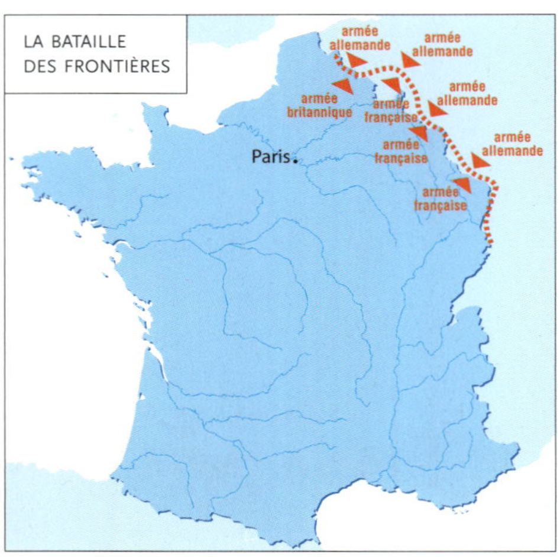

Tel est le schéma stratégique qui s'appliquerait si l'ennemi ne pénétrait pas en Belgique. Dans le cas contraire, Joffre se propose de déployer ses armées jusqu'à Mézières avant de les jeter sur le flanc sud de l'adversaire à travers le Luxembourg belge.

Le plan Schlieffen

Les Allemands quant à eux mettent en œuvre une manœuvre en date de 1905, le plan Schlieffen, qui prévoit un vaste enveloppement des armées alliées par la Belgique, grâce à une aile droite marchante puissamment fournie. Alors que Joffre s'attend à ce que les forces ennemies n'aillent pas au-delà de la rive sud de la Meuse, en Belgique, von Moltke, le commandant en chef ennemi, prévoit une large opération de débordement. Épargnant les Pays-Bas, neutres, il se prépare à lancer trois puissantes armées en territoire belge, vers Bruxelles, Charleroi et Dinant.

Le dogme de l'offensive

L'armée française, traumatisée par la défaite de 1870 face aux armées prussiennes, cultive le dogme de l'offensive. Les règlements sont formels à ce propos, en affirmant le principe selon lequel « pour le combattant, l'attaque est toujours menée avec la résolution d'aborder l'ennemi à l'arme blanche et de le détruire ». L'école doctrinale animée par le colonel de Grandmaison, professeur à l'École de guerre en 1911, discerne dans l'attaque à outrance la clef de la victoire : « *La meilleure manière de se défendre est d'attaquer, affirme avec conviction cet officier supérieur. Il importe de ne pas subir la volonté de l'adversaire.* »

Les batailles de rencontre

L'armée française est précipitée à la rencontre des armées allemandes en marche en Belgique et dans le Luxembourg, mais aussi en Alsace et en Lorraine, nourrie de ces principes. Le réveil, face aux réalités de la bataille, est des plus cruels.

À la baïonnette vers les lignes allemandes.

Mitrailleuses et canons lourds ont tôt fait de rappeler Joffre et son état-major à une plus juste appréciation de la réalité. Après avoir pris Mulhouse et l'avoir évacué, les Français subissent une terrible défaite en Lorraine, à Morhange et Sarrebourg, où ils tombent dans un véritable piège, le 20 août. Ce premier désastre frappe de stupeur le grand quartier général (GQG), mais il est aggravé par d'autres durs revers. La IVe armée est stoppée net en Belgique, à Rossignol et Bertrix le 22, et la IIIe armée décimée devant Longwy. Enfin, malgré les avertissements lancés par le chef de la Ve armée, le général Lanrezac, à gauche du dispositif français, Joffre ne voit rien de la gigantesque poussée allemande entre Bruxelles et Dinant. L'armée de Lanrezac, aventurée sur la Sambre, est bien près d'être tournée et écrasée lors de la bataille de Charleroi, le 23 août.

La retraite

Confronté à une défaite incontestable sur toute la ligne de front, ses armées ayant reflué partout, Joffre n'a d'autre choix, à travers son instruction du 25 août, que d'ordonner la retraite. « Ce fut la période la plus difficile de mon existence », avoue-t-il. Les caractères exceptionnels se reconnaissent toutefois dans les pires moments. Le commandant en chef français, même s'il rejette, à tort, la responsabilité de la défaite sur le manque de combativité de la troupe, demeure imperturbable face à la catastrophe des jours précédents. Il organise méthodiquement le repli général, limoge les généraux qui ont fait preuve d'incapacité au combat et prépare, en quelque sorte, l'extraordinaire redressement de la Marne. Ses responsabilités dans la défaite des frontières n'en restent pas moins déterminantes.

LE PROBLÈME DES RÉSERVISTES

Le grand état-major allemand déploie des forces très supérieures à celles des Alliés grâce à l'engagement en première ligne de divisions composées d'éléments de la réserve, alors que les Français maintiennent leurs unités de réservistes en seconde ligne, au détriment de l'effet de masse. Joffre estime en effet dangereux de déployer directement au combat des unités dont la valeur militaire lui paraît douteuse.

Soldats français à Virton en 1914.

Désastre sur les frontières

Lancée à l'attaque de l'Alsace à la Belgique, l'armée française subit, du 20 au 24 août, une cinglante défaite face aux forces allemandes commandées par von Moltke. Comme ses troupes ont subi d'énormes pertes et sont démoralisées, le général Joffre, généralissime, ordonne la retraite générale.

❶ L'offensive en Alsace et en Lorraine
• 7-18 août 1914

Tandis que la Ire armée prend l'offensive, à l'extrême droite du dispositif français et s'empare de Mulhouse, le 7 août, et de quelques cols des Vosges (Saale, Hans, Schirmeck et Urbeis), son chef, le général Dubail, lance deux de ses corps sur Sarrebourg qui tombe le 18.

❷ Défaites à Morhange et Sarrebourg
• 20 août 1914

Depuis le 14 août, la IIe armée, du général de Castelnau, est engagée dans une offensive sur Morhange. Elle est à Dieuze le 18 et attaque Morhange le lendemain. Mais, le 20, un désastre s'abat sur les troupes françaises qui sont écrasées sous les tirs de l'artillerie et refluent dans le désordre face à une contre-offensive allemande. À Sarrebourg, le même jour, la Ire armée subit une défaite du même ordre, perd la ville qu'elle a conquise deux jours auparavant et se replie sous les assauts de l'ennemi.

❸ Le coup d'arrêt aux IIIe et IVe armées
• 22 août 1914

Le 21 août, les éléments qui constituent la IIIe armée, du général Ruffey, marchent en direction de Longwy, mais le 5e corps est arrêté dans son élan, le 22, et perdant beaucoup de monde, il bat en retraite sur les Hauts de Meuse. La IVe armée, du général de Langle de Cary, subit un désastre d'une bien plus grande ampleur alors que, intercalée entre les IIIe (à droite) et V^{e} armées (à gauche), elle pénètre en Belgique. Surprises en flagrant délit d'avance, les troupes françaises, n'ayant que fort peu de flancs-gardes, tombent dans une série de traquenards à Bertrix et Rossignol. Les pertes sont cruelles et certaines unités, prises de court, sont écrasées sur place. De ce côté, c'est aussi le repli sous la poussée irrésistible de l'adversaire.

❹ La bataille de Charleroi
• 20-24 août 1914

Pendant que la petite armée belge du roi Albert plie sous l'avancée massive des Ire et IIe armées allemandes, qui se sont emparées de Liège, Hasselt, Louvain et Bruxelles, la Ve armée, du général Lanrezac, appuyée à gauche par le corps expéditionnaire britannique de French, lance ses corps vers le nord. Le 20, ceux-ci bordent la basse Sambre, formant un angle droit entre Charleroi et Dinant. Ils subissent le choc de plein fouet des nombreuses divisions lancées en avant par les IIe et IIIe armées allemandes.
Menacé d'être tourné, entre Namur et Dinant, en raison du repli, à l'est, de la IVe armée française, préoccupé par la progression de la Ire armée allemande, de von Kluck, face à French, vers Mons, Lanrezac comprend qu'il lui faut reculer. Le 24, la Ve armée française échappe de peu au désastre grâce à la clairvoyance de son chef.

EFFECTIFS PRÉSENTS (7 août 1914)
Français et Britanniques : 49 divisions d'active, 12 divisions de réserve et 11 divisions de cavalerie
Allemands : 45 divisions d'active, 23 divisions de réserve, 10 divisions de cavalerie et 22,5 brigades de Landwehr (territoriale)

PERTES
Français : 200 000 tués, blessés ou disparus.

LA BATAILLE DES FRONTIÈRES

EXTRAIT DU CARNET DE LANREZAC (3 août 1914)

« Je suis confirmé dans cette idée que le général Joffre, placé dans la dépendance absolue des officiers de son état-major, n'acceptera jamais d'écouter les avis de ses commandants d'armée, qu'il se bornera à leur prescrire des mouvements, sans même leur faire connaître le but qu'il se propose. Le système est napoléonien, mais pour le pratiquer, il faudrait un Napoléon… »

DIEUZE
2
MORHANGE
LIÈGE
NAMUR
SAMBRE
CHARLEROI
DINANT
4
NEUFCHÂTEAU
MEURTHE
SEDAN
MEUSE
LUXEMBOURG
LONGWY
STENAY
3
VOUZIERS
THIONVILLE
VERDUN
METZ
DIEUZE
2
CHALONS
PONT-À-MOUSSON
MORHANGE
NANCY
TOUL
1

Paroles de poilus de 1914

Parti au combat avec l'idée que le conflit n'irait pas au-delà de quelques mois, le soldat français de 1914 est confronté d'abord aux terribles batailles livrées sur les frontières, lors desquelles il connaît le baptême du feu, puis au redressement de la Marne et, enfin, à la guerre de positions.

« C'est un massacre sans nom... »

Victor Bourdon, fantassin au 276e régiment d'infanterie, dans la compagnie de Charles Péguy, raconte une attaque allemande en Picardie, le 30 août 1914 : « *On aperçoit les lignes allemandes, à quelques centaines de mètres, se reformant sous la mitraille qui les décime sans pitié, et sous les cris, rauques comme des aboiements, des chefs, les roulements des tambours et le son aigu des fifres poussant la charge. C'est un massacre sans nom, dans ce bas-fond qu'ils doivent escalader, et il faut reconnaître que les "pointus" sont gonflés ! Au coude à coude ils avancent sous le déluge des fusants, des percutants et de la fusillade, sans souci des pertes. Les coups de gong sonores et les éclatements des 75 répondent au martèlement plus sourd des batteries allemandes. La mélinite fait ses sanglantes trouées dans les rangs des ennemis qui débouchent des bois et du village maintenant occupé par eux, comme les fourmis d'une fourmilière. Ils sont enfin arrêtés dans leur ruée. À côté de nous qui assistons pour l'instant en spectateurs du "casse-pipes", un officier d'artillerie murmure : "Plus on en tue, plus il en sort..."* »

Blessés français revenant des lignes en 1914.

Fantassins français progressant dans la boue de l'automne 1914.

Soldats français dans leur régiment peu après la mobilisation.

Un officier de réserve, parcourant les arrières du 15e corps d'armée, sévèrement étrillé en Lorraine, décrit la situation telle qu'elle se présente le 22 août 1914 :

« On remarqua d'abord des convois qui, venant du nord, commençaient à passer. D'abord on n'y prêta pas attention ; [...] mais bientôt on fut frappé de voir ces convois si nombreux se suivre ininterrompus sur la route. Des bruits de retraite, qui flottaient encore inconsistants, se précisaient. [...] Derrière venait de l'infanterie. Les premières unités qui passèrent marchaient relativement en ordre, on remarquait cependant un flottement dans les rangs et le laisser-aller de tous attestait que la discipline était relâchée mais une certaine cohésion subsistait encore. Un bataillon s'était arrêté pour la pause à l'entrée du village. Les hommes couverts de poussière, ruisselant de sueur, paraissaient harassés, les officiers étaient mornes et silencieux ; l'impression n'était pas bonne. Ce qui suivit avait un aspect autrement lamentable. Des compagnies, des bataillons passaient dans un désordre inexprimable. Des femmes portant des enfants sur les bras ou poussant devant elles de petites voitures, des filles endimanchées, des jeunes gens, des vieillards, portant ou traînant des objets hétéroclites se mêlaient à la troupe. Des régiments entiers étaient à la débandade. On avait l'impression d'un effondrement complet de la discipline. Toutes ces troupes cependant avaient des cadres de métier et appartenaient à l'armée active... »

LE MIRACLE DE LA MARNE

Au début du mois de septembre 1914, à l'issue d'une longue et épuisante retraite qui fait suite au désastre de la bataille des frontières, l'armée française, commandée par le général Joffre, et le corps expéditionnaire britannique, du maréchal French, font volte-face de Verdun à Paris et repartent à l'attaque sur la Marne.

Charge à la baïonnette pendant la bataille de la Marne, en septembre 1914 (tableau de Ferdinand Besnier).

Quelques jours seulement après l'entrée en guerre, les armées françaises, échelonnées entre Belfort et Mézières, partent à l'offensive sur l'ensemble du front avec l'intention d'enfoncer les lignes allemandes, appliquant à la lettre le plan XVII.

Déborder Paris par l'ouest

Elles se heurtent à une résistance déterminée qui se traduit, malgré la prise de Mulhouse, par une série de cinglantes défaites, à Morhange, Sarrebourg et Longwy le 20 août, mais aussi Neufchâteau, Rossignol, Bertrix et Charleroi les 22 et 23. L'élan du corps de bataille lancé contre les mitrailleuses et l'artillerie lourde ennemies ayant été brisé au prix de pertes énormes (plus de 200 000 tués, blessés et disparus), Joffre ordonne la retraite.

Celle-ci s'impose d'autant plus que, contrairement aux prévisions de l'état-major français, les Allemands, passant à travers la Belgique et le Luxembourg, ont entrepris une immense manœuvre de contournement qui vise à envelopper l'aile gauche des armées françaises et à dépasser Paris par l'ouest pour tomber dans le dos de ces dernières. Le pays prend conscience de l'ampleur des revers lorsque, le 25, le communiqué officiel signale : « Situation inchangée de la Somme aux Vosges. » Bien que la défaite pointe, Joffre fait montre d'une extraordinaire impavidité, même s'il affirmera plus tard : « *Ce fut la période la plus difficile de mon existence.* » Malgré un coup d'arrêt porté à l'ennemi à Guise, le 29 août, le repli continue sous le brûlant soleil d'été et ordre est donné de se replier jusqu'à la Seine.

Une erreur stratégique majeure

Dans l'intervalle, le général Gallieni a été nommé gouverneur du camp retranché de Paris. Quelques jours plus tard, la VIe armée, du général Maunoury, en cours de constitution au nord-est, est placée sous son commandement. Le 3 septembre, alors que le gouvernement vient de quitter la ville, les Français apprennent que les colonnes qui forment la droite allemande, au lieu de continuer leur manœuvre d'enveloppement de la capitale, obliquent vers le sud-est, vers La Ferté-sous-Jouarre et le Petit Morin.

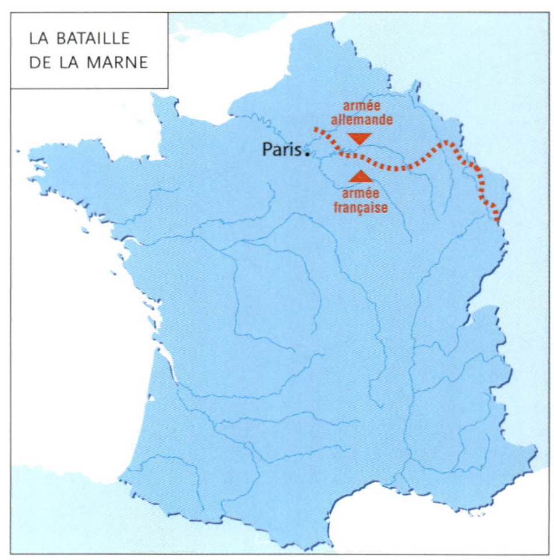

PAS D'ESPRIT DE RECUL

Le 5 septembre, au soir, à son quartier général de Châtillon-sur-Seine, Joffre signe un ordre du jour, devenu célèbre, qu'il fait adresser à ses troupes dès le matin du 6 :
« Au moment où s'engage une bataille dont dépend le sort du pays, il importe de rappeler à tous que le moment n'est plus de regarder en arrière. Tous les efforts doivent être employés à attaquer et à refouler l'ennemi. Une troupe qui ne peut plus avancer devra, coûte que coûte, garder le terrain conquis et se faire tuer sur place plutôt que de reculer. Dans les circonstances actuelles, aucune défaillance ne peut être tolérée. »

Les aéroplanes du camp retranché ayant confirmé cet incompréhensible mouvement, dû à une désobéissance du général von Kluck, commandant la Ire armée allemande, Gallieni et Joffre élaborent une manœuvre audacieuse : frapper le flanc droit des forces allemandes en pleine conversion vers l'est.

Le retournement

Après s'être assuré du soutien de French, qui vient d'envisager un rembarquement à Saint-Nazaire, le commandant en chef français donne l'ordre de stopper la retraite et de partir à la contre-offensive. La bataille de la Marne va s'engager sur un front immense qui court de Paris à Verdun, sur quelque 250 km. Elle débute dans l'après-midi du 4 septembre, mais ne prend vraiment de l'ampleur que le lendemain avec l'attaque conduite par l'armée Maunoury sur l'Ourcq, dans le flanc ennemi. Tandis que le centre français est soumis à une puissante attaque allemande, contenue non sans peine, von Kluck, préoccupé par le danger qui grandit sur sa droite, dépêche une partie de son armée pour s'y opposer. Ce faisant, il dégarnit dangereusement son front sud.
Pressentant l'opportunité d'une victoire, Joffre lance dans le trou béant les troupes françaises et britanniques, pendant que, de Sézanne à Verdun, ses forces résistent avec succès aux attaques de l'adversaire.

Canon de 75 en action lors de la bataille de la Marne.

La victoire française

Après une journée d'incertitude, le général von Moltke, commandant en chef allemand, donne son accord, le 10, à un repli général sur la Vesle et l'Aisne. Celui-ci, commencé le 11, s'achève le 13. Joffre informe le gouvernement, replié à Bordeaux, que « la bataille de la Marne s'achève en une victoire incontestable ». La France, au bord du gouffre, est sauvée, mais, après la course à la mer, lors de laquelle les deux adversaires tentent de se déborder, le front se fige dans la guerre des tranchées.

Section de mitrailleuses débarquant de quelques taxis parisiens au début de la bataille de la Marne.

LES TAXIS DE LA MARNE

Image d'Épinal de la bataille de la Marne, l'épisode des taxis ne produit que peu d'effet sur les événements mais n'en constitue pas moins un symbole fort, désormais entré dans la légende. Dans la nuit du 7 au 8 septembre, Gallieni, ayant fait rassembler quelque 700 taxis parisiens, leur commande de transporter une brigade d'infanterie constituée des 101e et 102e régiments jusqu'à Nanteuil-le-Haudouin en vue de contrer les furieuses contre-attaques lancées par l'armée du général von Kluck sur cette partie du front.

La bataille de la Marne septembre 1914

Commencée au début de l'après-midi du 5 septembre, la bataille de la Marne s'achève sur un incontestable succès stratégique des Français et des Britanniques une semaine plus tard, à l'issue d'un affrontement formidable qui engage des centaines de milliers d'hommes dans chacun des camps en présence. Elle est d'abord marquée par une offensive de grande ampleur conduite par l'aile gauche alliée contre les armées allemandes dites de l'aile marchante, aventurées au nord-est de Paris et donc prêtant le flanc à l'attaque. Au centre et à l'est, entre Sézanne et Verdun, les Allemands lancent de furieuses et vaines attaques jusqu'au moment où la défaite de leur droite, enfoncée et débordée par les Alliés, les contraint à retraiter.

1 Le prélude
• 3-5 septembre 1914

Le 3 septembre, les Français, grâce à des reconnaissances de cavalerie et d'aéroplanes, se rendent compte que les armées allemandes, après avoir atteint Villers-Cotterêts et Crépy-en-Valois, infléchissent leur avance vers le sud-est, au lieu de contourner Paris par l'ouest. Aussitôt, Joffre et Gallieni décident d'attaquer le flanc de l'ennemi qui s'offre à eux. La VIe armée s'engage le 5, vers midi.

2 La bataille devient générale
• 6 septembre 1914

Au petit matin, la VIe armée repart à l'attaque mais se heurte à une forte résistance, von Kluck ayant rameuté plusieurs de ses corps vers le nord.
Au centre, les Allemands poussent vers les marais de Saint-Gond et Fère-Champenoise, mais la IVe armée française résiste aux forces ennemies à Vitry-le-François et Sompuis. À l'est, l'armée Sarrail tient bon sous les coups de boutoir adverses entre Verdun et Revigny.

3 La droite allemande menacée
• 7 septembre 1914

Comme la pression de Maunoury s'accroît sur sa droite, von Kluck décide de ramener en arrière l'ensemble de sa Ire armée, ne laissant qu'un mince rideau défensif face aux Alliés. Les Britanniques et la Ve armée de Franchet d'Espèrey se précipitent aussitôt dans la brèche et progressent entre les deux Morin. Pendant ce temps, Foch réussit à contenir et à repousser l'ennemi dans les marais de Saint-Gond.

4 L'offensive allemande au centre
• 8 septembre 1914

Le 8 septembre est une journée charnière. L'armée Maunoury est contrainte à la défensive face à la pression de plus en plus lourde exercée sur elle par les forces de von Kluck. Au centre, entre Sézanne et Verdun, les armées allemandes tentent de rompre les lignes françaises avec tous les moyens disponibles, mais n'y parviennent pas.
En fin d'après-midi, Joffre commande aux troupes françaises de s'enfoncer dans la brèche entre l'armée von Kluck et l'armée von Bülow, qui couvre cette dernière à gauche.

5 Le tournant
• 9 septembre 1914

Comme les armées allemandes de droite sont menacées d'être séparées et que celle de von Bülow est prête d'être débordée, von Kluck décide de se replier vers Soissons et Compiègne, accentuant l'étendue de la brèche dans le front. À ce moment, les Alliés sont déjà à Château-Thierry. En début de soirée, les Allemands renoncent à poursuivre leur offensive contre l'armée de Foch.

6 La retraite générale allemande
• 10 septembre 1914

À la fin de l'après-midi du 10 septembre, le général von Moltke, depuis son quartier général de Luxembourg, ordonne le repli général des armées allemandes sur une ligne allant de l'Aisne à la Vesle. Joffre commande dès lors à ses troupes de poursuivre l'ennemi avec énergie.

7 La victoire
• 11-13 septembre 1914

L'armée française, épuisée par la retraite qu'elle a menée depuis la bataille des frontières et son sursaut offensif, ne peut suivre d'assez près les armées de von Moltke, comme le lui a commandé son généralissime. La victoire de la Marne permet de sauver la France d'un désastre comparable à celui de 1870, sinon pire, mais, dès le 13, l'ennemi est parvenu à se rétablir sur les hauteurs qui dominent la vallée de l'Aisne, la ville de Reims et la plaine de Châlons, jusqu'à la forêt d'Argonne. Les Français, à bout de forces, ne peuvent s'engouffrer dans les nombreuses brèches qui subsistent encore dans le front allemand.

EFFECTIFS PRÉSENTS (6 septembre 1914)
Alliés : 1 125 000 Français et Britanniques
Allemagne : 1 275 000

PERTES
Alliés : 24 000 tués (3 000 Britanniques), 155 000 blessés (30 000 Britanniques), 87 000 disparus (3 000 Britanniques et 40 000 prisonniers à Maubeuge)
Allemagne : 43 000 tués, 173 000 blessés et 40 000 disparus.

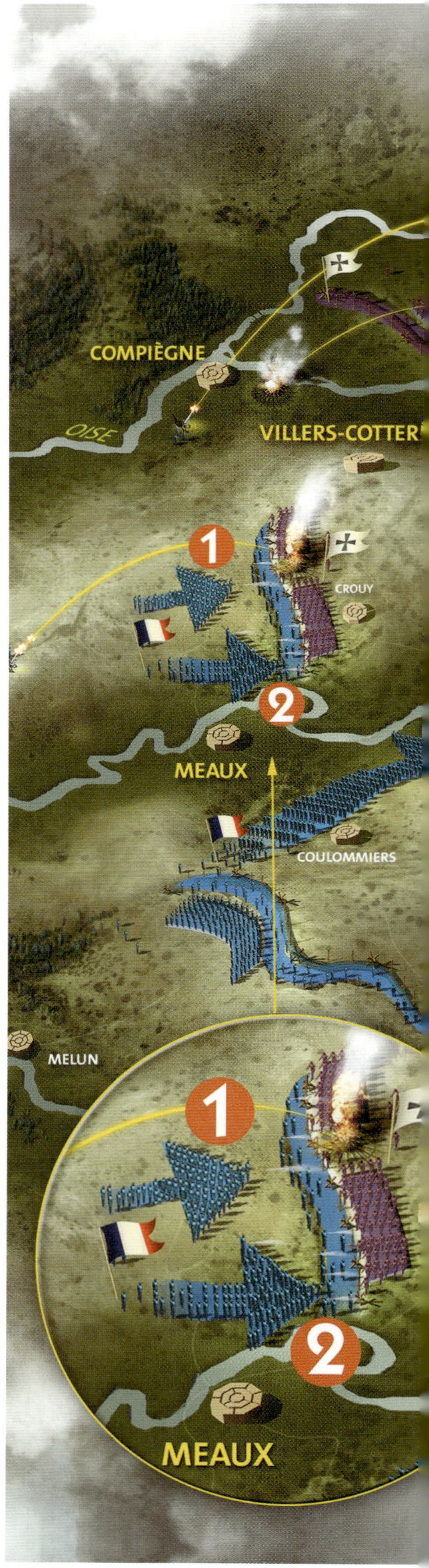

LE MIRACLE DE LA MARNE

La bataille du Grand-Couronné

Du 4 au 12 septembre 1914, alors même que la bataille de la Marne fait rage plus à l'ouest, le sort de la ville de Nancy, position stratégique de première importance, se joue sur les hauteurs qui surplombent cette grande ville de l'est de la France, le Grand-Couronné et le Rembêtant. Le génie tactique du général de Castelnau et le courage de ses troupes permettent de sauver la cité lorraine.

Soldats français repoussant les Allemands à Champenoux, lors de la bataille du Grand-Couronné.

Dans ses Mémoires, le général Joffre rapporte la situation telle qu'elle se présente sur le front de Nancy, le 7 septembre 1914 :

« Le général de Castelnau, très affecté par la mort de l'un de ses fils, et apprenant que le bataillon chargé de défendre la butte Sainte-Geneviève avait évacué cette position, donna à son chef d'état-major, le général Anthoine, des instructions pour la retraite, et il se disposa à enjoindre aux autorités civiles de Nancy d'avoir à évacuer la ville. Cette décision était grave. Nous n'avions pas besoin, en un pareil moment, que l'ennemi pût claironner son entrée à Nancy… »

Le 15 août 1914, sept jours après que le généralissime Joffre lui a désigné ses objectifs, en l'occurrence Morhange et Dieuze, la IIe armée, commandée par Castelnau, quitte ses positions entre Nancy et Pont-à-Mousson.

Offensive française en Lorraine

Marchant vers le nord-est, cette masse puissante (10 divisions d'infanterie d'active, 4 divisions de réserve et 2 divisions de cavalerie), s'appuyant à droite sur la Ire armée, à gauche sur la IIIe armée, chasse devant elle les troupes allemandes. Mais, en fait, l'ennemi se dérobe à dessein, attendant le moment propice pour lancer une contre-offensive foudroyante.
Le kronprinz de Bavière, Rupprecht, montant à l'attaque le 20 août, balaie les forces de Castelnau qui viennent de s'emparer de Dieuze et de Château-Salins et sont à quelques kilomètres de Morhange.

L'attaque avortée de Rupprecht

Sûr de la victoire, pensant l'adversaire en grand désarroi, Rupprecht s'élance dans un élan irrésistible en direction de Nancy et

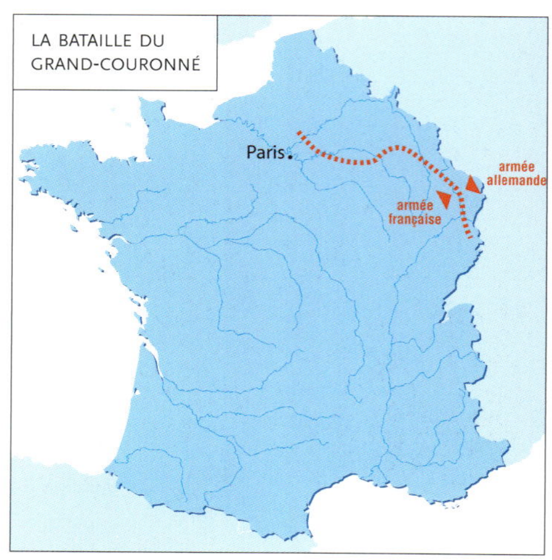

Tombes de soldats des 222e et 299e régiments d'infanterie au lendemain de la bataille du Grand-Couronné.

À propos des prélèvements effectués sur les armées de l'Est, dont celle de Castelnau, Joffre souligne :

« J'avais puisé dans ces deux armées des forces très importantes, et je me proposais d'en prélever d'autre si la situation l'exigeait. Encore fallait-il que je fusse assuré que leur capacité de résistance n'en serait pas compromise, sans quoi l'ennemi eût repris l'initiative des opérations que nous venions de lui enlever... »

contraint la IIe armée française à accomplir un recul de quelque 50 kilomètres. Une importante bataille se déroule sur les rives de la Vezouze, de la Meurthe et de la Mortagne, du 23 au 25 août, lors de laquelle Castelnau résiste pied à pied et parvient à stopper l'avance des forces bavaroises qui se voyaient déjà entrer dans Nancy. Préoccupé par la résistance du fort de Manonviller, à l'est de Lunéville, Rupprecht, dont les lignes de communication entre Château-Salins et cette dernière ville ne sont guère assurées, est forcé de battre en retraite au nord de la Mortagne.

En marge de la Marne

Le kronprinz de Bavière n'en a pas pour autant renoncé à s'emparer de la grande cité lorraine. Après avoir accordé quelque repos à ses forces bien étrillées, il décide de repartir à l'assaut, le 4 septembre, de Pont-à-Mousson à Dombasle. Entre Nancy et les Bavarois se trouvent les positions du Grand-Couronné (au nord-est), de Champenoux (au centre) et le Rembêtant (au sud-est). La situation de Castelnau est d'autant plus difficile en ces instants cruciaux que Joffre a prélevé sur son armée d'assez importants moyens pour les affecter à la contre-offensive de la Marne. Soumis à forte pression, déprimé par la mort d'un de ses fils au combat, le chef de la IIe armée, dans la soirée du 5, dit son intention d'abandonner Nancy dans le cas où la situation se dégraderait. Mais Joffre insiste pour que Castelnau résiste sur place sans aucun esprit de recul. Le 7, des ordres sont cependant donnés pour préparer un retrait français. Or, une retraite de la IIe armée produirait des effets néfastes sur la Ire, à sa droite, qui pourrait entraîner l'abandon de la Franche-Comté et l'enveloppement de l'aile droite amie.

Convoi de blessés allemands lors de la bataille du Grand-Couronné.

La victoire française

Dès qu'il a vent de cette initiative, Joffre téléphone directement à Castelnau, en lui demandant de ne pas céder. Le commandant de la IIe armée lui répond que certains de ses régiments se sont débandés, en ajoutant : « *Si je reste sur mes positions [...], je sens que mon armée est perdue. Il faut envisager mon repli immédiat derrière la Meurthe.* » Ce à quoi son interlocuteur lui répond : « Vous ne devez pas abandonner le Grand-Couronné, et je vous donne l'ordre de rester sur vos positions. » Aussitôt, le généralissime dépêche à Nancy le commandant Bel, de son état-major, chargé de convaincre Castelnau de résister sur place.

La bataille décroît en intensité dans les jours qui suivent et, le 11 septembre, une contre-offensive française menée avec fermeté contraint l'ennemi à reculer jusque sur la Seille. Le 12, la ville de Nancy est sauvée et les Français sortent vainqueurs de cette bataille difficile et heurtée.

Résister devant Nancy

Le 4 septembre 1914, tandis que Joffre se prépare à la contre-offensive sur le flanc droit de von Kluck, au nord-ouest du camp retranché de Paris, entamant la manœuvre qui va conduire à la bataille de la Marne, un affrontement d'une grande ampleur, bien moins connu mais important quand même, se déroule en avant de Nancy, menacé par les Allemands.

❶ Combats préparatoires

• 4-6 septembre 1914

Faute de n'avoir pu faire tomber la grande cité lorraine lors de la contre-offensive qu'il a lancée dans les derniers jours du mois d'août, le kronprinz de Bavière, Rupprecht, entend, au début de septembre, remporter une victoire de prestige en effectuant son entrée dans Nancy. La manœuvre, concoctée par von Moltke, le commandant en chef, consiste à lancer les VIe et VIIe armées en avant de manière à leur faire franchir la Moselle. Pour faire tomber cette dernière, le prince lance quelques attaques préparatoires, dès le 4 septembre, grâce auxquelles il tâte l'ennemi et s'emploie à découvrir son point faible. Le 5, soumis à forte pression, Castelnau prépare l'évacuation de la ville, mais Joffre préfère le voir résister sur le Grand-Couronné. Le lendemain, la IIe armée française parvient à ralentir la poussée de l'adversaire et même à contre-attaquer avec quelque succès.

❷ La grande attaque allemande

• 7-9 septembre 1914

Le 7, les Allemands, bénéficiant d'une très nette supériorité en artillerie, partent à l'assaut de la position de résistance principale française, marchant résolument vers la trouée de Champenoux. Arrêtée devant les monts d'Amance, leur offensive progresse en direction des villages de Laître et de Laneuvelotte, qui tombent entre leurs mains. Ce faisant, ils se retrouvent à une dizaine de kilomètres à peine de Nancy. Les événements prennent une tournure plus inquiétante lorsque l'importante position de Sainte-Geneviève est évacuée par erreur, sans toutefois que l'ennemi ne l'occupe. Le 8, la direction suprême allemande donne l'ordre à Rupprecht de retraiter. Castelnau, réagissant après quelques jours de flottement, contre-attaque avec quelques divisions d'active et de réserve sur le flanc sud allemand.

❸ La retraite allemande

• 10-12 septembre 1914

Le retrait de l'armée Rupprecht s'amorce le 10 septembre, mais prend toute son ampleur le lendemain. Dans les heures qui suivent, les Allemands reculent lentement en direction de la Seille et la vallée de la Loutre Noire. Pendant ce temps, la 59e division de réserve fait, à l'extrême nord, son entrée dans la ville de Pont-à-Mousson et à Nomeny. Le 12, au petit matin, les Français pénètrent dans Lunéville. Désormais, les opérations de grande ampleur sont terminées en Lorraine. La lutte se concentre à l'ouest du front occidental avec la course à la mer.

EFFECTIFS PRÉSENTS

Français : 4 divisions (1 d'active, 3 de réserve)

L'AFFAIRE DU MONT SAINTE-GENEVIÈVE

Un épisode tragique se produit pendant la bataille du Grand-Couronné, au mont Sainte-Geneviève. Le 7 septembre, alors que Castelnau est enfermé dans le doute et hésite sur l'attitude à tenir, entrevoyant même la nécessité d'un repli qui laisserait Nancy aux Allemands, la position clef du mont Sainte-Geneviève est évacuée par erreur par les Français.

LA BATAILLE DU GRAND-COURONNÉ

La course à la mer

La bataille de la Marne s'est à peine achevée que le général Joffre, commandant en chef des armées du Nord et du Nord-Est, tente d'exploiter son avantage stratégique en repoussant le plus loin possible les forces allemandes. Toutefois, dès le milieu du mois de septembre, ces dernières cessent de retraiter et stoppent l'ennemi de l'Argonne à l'Aisne.

Combats au Quesnoy-en-Santerre, lors de la course à la mer, en 1914.

Le général Dufour, dans un cours d'histoire à l'École de guerre, écrit à propos de la course à la mer :

« Cette course n'est, à l'origine du moins, que l'application par l'un et par l'autre adversaire de la même idée de manœuvre. Chacun des partis sera amené à y engager plus de la moitié de ses forces. [...] Il en résultera une suite de véritables batailles de rencontre, avec des alternatives d'avance et de recul jusqu'à ce que l'équilibre s'établisse, là aussi, par égalité d'usure, donnant naissance à la stabilisation définitive. »

Dans un premier temps, le haut commandement français ne croit pas à un arrêt de la retraite allemande. Aussi s'engage-t-il dans des assauts frontaux coûteux et sanglants.

Maunoury contre von Kluck

Mais, déjà, l'ennemi a commencé à s'enterrer sur les lignes de crête qui courent du nord de l'Aisne à Verdun, creusant des positions fortifiées d'où ses mitrailleuses et ses canons disloquent les assauts de l'adversaire. Le front étant devenu infranchissable entre l'Oise et l'Argonne, à l'issue d'une bataille livrée entre Cerny et Berry-au-Bac, Français et Allemands entreprennent de contourner leurs flancs respectifs par des manœuvres de débordement menées vers l'ouest.

La course à la mer, qui rapproche progressivement les deux ennemis des côtes de la mer du Nord, commence par de violents affrontements entre la VIe armée de Maunoury et l'armée de von Kluck sur le plateau de Nampcel et dans la vallée du Matz, au nord de Compiègne.

« Il semble que l'ennemi exécute des glissements de troupes vers le nord-ouest, avance Joffre le 17 septembre. Il y a lieu de constituer à l'aile gauche de notre dispositif une masse capable non seulement de parer au mouvement débordant de l'ennemi, mais aussi d'assurer l'enveloppement. »

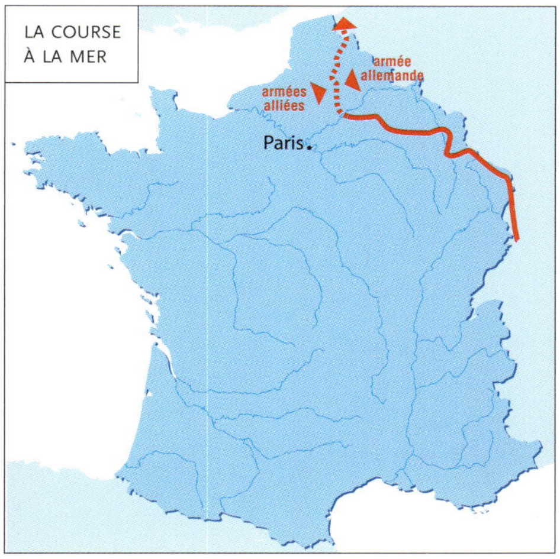

Castelnau contre Ruprecht

Comme on roque aux échecs, Joffre décide faire transporter la IIe armée, du général de Castelnau, déployée en Lorraine, à l'extrême gauche du flanc gauche français, vers Montdidier, en vue de déborder les Allemands. Mais von Falkenhayn, qui vient de succéder à von Moltke, discernant le danger, dépêche sur sa droite la VIe armée, de Ruprecht, engagée dans la région de Saint-Quentin.

Le premier choc frontal auquel donne lieu la course à la mer est celui de la bataille de la Somme, qui s'étend sur une dizaine de jours, du 20 au 30 septembre, et amène Ruprecht à pousser de l'Oise vers la Somme, alors même que Castelnau tisse un front entre Amiens et Montdidier. À l'issue de cette rencontre, le front se stabilise sur une ligne Lassigny-Roye-Péronne.

Combats pour Arras

La bataille de la Somme achevée, les deux adversaires continuent d'étendre leurs lignes vers l'ouest. Le 3 octobre, Joffre crée une Xe armée dont le commandement est confié au général de Maud'huy et dont la mission consiste à attaquer le flanc droit allemand en attaquant sur la Scarpe. Les Allemands vont eux aussi de l'avant avec Arras pour objectif, inaugurant la bataille d'Artois. Les combats, d'une extrême violence, font rage pendant plusieurs jours et le haut comman-dement français envisage, un temps, d'abandonner la ville, mais l'ennemi n'y entrera pas.

Foch aux commandes

Accordant une grande confiance au général Foch, Joffre, dès le 4 octobre, lui confie le commandement de toutes les forces françaises déployées entre l'Oise et la mer, en l'occurrence les IIe et Xe armées, les corps de cavalerie de Conneau et de Mitry et le groupement de divisions de réserve de Brugère. Dans l'intervalle, la bataille a glissé vers les Flandres où elle est sur le point d'atteindre son paroxysme. Tandis que l'armée belge, ayant évacué Anvers, établit ses positions sur l'Yser, entre Dixmude et Nieuport, le commandant en chef français demande aux forces britanniques, sous les ordres de French, de tendre la main au roi Albert.

Colonne de chevaux français dans un village de Picardie vers la fin de 1914.

Combats dans un village minier.

Le front se stabilise

Ayant pris Lille le 13 octobre, les forces allemandes passent ensuite à l'offensive sur l'Yser, trois jours plus tard, en direction de Saint-Omer, de façon à prendre à revers les lignes alliées. Les Belges, appuyés par des troupes françaises, résistent aux assauts furieux et répétés de l'ennemi sur la ligne de l'Yser, du 16 au 31 octobre. Les derniers combats de la course à la mer se déroulent autour d'Ypres, du 30 octobre au 6 novembre, puis, à partir du 10, sur Dixmude, qui tombe le 15. Deux jours plus tard, la bataille s'arrête. Pas plus que sur l'Aisne ou en Champagne, les adversaires en présence n'ont été capables d'emporter la décision.

Le front est désormais figé pour des années, de la mer du Nord à la frontière suisse.

LE DÉBUT DE LA GUERRE DES TRANCHÉES

Pendant la seconde quinzaine de septembre, Joffre adresse au ministre de la Guerre un rapport qui laisse présager le début de la guerre des tranchées : *« De chaque côté, on perfectionne les organisations défensives en améliorant les tranchées, abris et communications. On multiplie les réseaux de fils de fer, on accroît le nombre de batteries lourdes pour le tir desquelles on établit de véritables plans directeurs ; sur de nombreux points du front, on progresse à la sape et à la mine. »*

De l'Aisne à la mer du Nord

La course à la mer, commencée au milieu du mois de septembre 1914, à l'issue de la bataille de la Marne, et achevée le 17 novembre, après la chute de Dixmude, constitue un épisode majeur de la Grande Guerre. Elle ne fait, en définitive, que confirmer l'impossibilité dans laquelle se trouvent les adversaires en présence sur le front occidental de remporter une victoire décisive en ces premiers mois du conflit.

❶ La bataille de la Somme

• 20-30 septembre 1914

Une fois refermée la brèche qui s'est produite dans le front allemand, à l'est du plateau du Chemin des Dames, entre Cerny et Berry-au-Bac, Allemands et Français s'engagent dans leur première tentative de débordement par l'ouest. De violents combats se déroulent entre Compiègne et Noyon et, le 18 septembre, Joffre, ayant fait venir des éléments de la IIe armée en Picardie, les jette dans la mêlée, face à la VIe armée de Ruprecht. La bataille de la Somme, commencée le 20, se termine dix jours plus tard, sans qu'aucun des deux adversaires en présence n'ait atteint ses objectifs.

❷ La bataille d'Arras

• 2-7 octobre

Le 3 octobre, Joffre crée une Xe armée en vue d'attaquer le flanc droit allemand au sud de Lille, sur la Scarpe. Comme les Allemands développent eux-mêmes leurs lignes vers le nord-ouest, une nouvelle bataille de la course à la mer, dont l'objectif est Arras, se déroule jusqu'au 7 octobre, dans laquelle sont engagées, de part et d'autre, de nombreuses forces de cavalerie. Guillaume II espère bien faire une entrée triomphale dans Arras, mais, en dépit de l'intensité des attaques allemandes, la ville est sauvée grâce à la résistance de la 77e division française. La lutte est particulièrement sévère à Notre-Dame-de-Lorette, Souchez et Vimy où commandent les généraux Maistre et d'Urbal.

❸ La bataille de l'Yser

• 16 octobre-1er novembre

Tandis que l'armée britannique, relevée du front de l'Aisne, entre le 5 et le 13 octobre, est transportée et engagée sur la Lys, de La Bassée à Ypres ; et invitée à donner la main aux Belges qui viennent d'évacuer Anvers et s'établissent entre Nieuport et Dixmude, sur l'Yser ; Lille tombe aux mains des Allemands le 13 de ce mois. La brigade de fusiliers marins de l'amiral Ronarc'h, débarquée à Dunkerque le 6 octobre, arrive à point nommé pour soutenir les troupes du roi Albert sur lesquelles fond, le 16, une offensive de grande ampleur menée par la IVe armée allemande. Celle-ci, hormis une artillerie lourde très puissante, est constituée de corps dans lesquels ont été incorporés des dizaines de milliers d'étudiants allemands volontaires ayant à peine quelques semaines d'instruction militaire. L'ennemi atteint le canal de l'Yser le 19, mais il est contenu. L'offensive, qui sème l'inquiétude chez Foch, chargé de coordonner les défenses alliées, finit par être arrêtée le 30 après l'ouverture des écluses qui noie la vallée de l'Yser et embourbe la IVe armée.

❹ La bataille d'Ypres

• 30 octobre-6 novembre

Le même jour, un groupement commandé par le général von Fabeck part à l'assaut contre les lignes britanniques autour d'Ypres. Les efforts conjugués de Foch, qui fait venir d'importants renforts français sur place, et de French, dont les troupes résistent avec un courage digne d'éloge, finissent par avoir raison de l'offensive ennemie qui ne parvient pas à déboucher dans la vieille cité des Flandres. L'attaque allemande s'interrompt le 6 novembre, après la chute de Gheluvelt dans les jours précédents.

❺ L'assaut sur Ypres et Dixmude

• 10-17 novembre

La dernière bataille de la course à la mer est livrée autour de Dixmude et d'Ypres, contre lesquelles les Allemands lancent une violente offensive le 10 novembre. La première de ces villes tombe après quelques jours de combat, mais les Alliés résistent partout ailleurs et l'assaut s'interrompt définitivement le 17.

EFFECTIFS PRÉSENTS

Français et Britanniques :
3 corps d'armée, 1 corps de cavalerie.
Allemands : 6 divisions.

PERTES

(à Ypres, d'octobre à novembre 1914 chez les Français, les Allemands et les Britanniques) :
250 000 tués, blessés et disparus.

La brigade Ronarc'h sur l'Yser

Débarquée à Dunkerque le 6 octobre 1914, la brigade de fusiliers marins français commandée par l'amiral Ronarc'h, un officier de haut rang capable et courageux, est chargée d'apporter son soutien à l'armée belge du roi Albert, déployée le long de l'Yser. Forte de 170 officiers et de 600 hommes, cette unité parvient à rétablir les lignes alliées enfoncées près de Dixmude, dans la nuit du 21 au 22 octobre de ce mois. Les fusiliers marins français se distinguent aussi, quelques jours plus tard, en tenant une partie du talus de la voie ferrée Dixmude-Nieuport face à de nouveaux assauts ennemis.

LA COURSE À LA MER

ESCAUT
CAMBRAI
OISE
SOISSONS
AISNE
LILLE
SCARPE
NOYON
SINE
2
BAPAUME
1
1
COMPIÈGNE
LA BASSÉE
VIMY
ARRAS
CHAULNES
ROYE
SOUCHEZ
ANCRE
ALBERT
LYS
AMIENS
SOMME
ABBEVILLE
GHELUVELT
4
5
MESSINE
DIXMUDE
YPRES

La bataille des Flandres

Après avoir tenté à plusieurs reprises de déborder le flanc gauche français, lors de la course à la mer, d'abord vers Roye, ensuite vers Bapaume, enfin vers Lille, les Allemands réunissent les moyens nécessaires à une immense offensive qu'ils comptent lancer dans les Flandres. Dans l'esprit du général von Falkenhayn, qui vient de succéder à von Moltke comme commandant en chef, cette entreprise est destinée à produire un impact décisif sur l'issue de la guerre.

Dès l'achèvement de la bataille de la Marne et l'échec d'une percée française, pourtant possible, sur l'Aisne, les deux adversaires s'appliquent à contourner leurs flancs respectifs à diverses reprises dans le cadre d'une manœuvre gigantesque connue sous le nom de course à la mer.

« Nos propres desseins d'enveloppement n'avaient pas été réalisés... »

Français comme Allemands ne parviennent pourtant pas, malgré les efforts considérables qu'ils produisent, à obtenir des résultats décisifs. Déçu, Falkenhayn, nommé récemment à la tête des armées allemandes en lieu et place de von Moltke, conçoit un plan grandiose de débordement des armées alliées en Flandre. Dans ses Mémoires, il écrit : « *Les tentatives d'enveloppement faites par l'ennemi à la fin de septembre et au début d'octobre étaient parées, mais nos propres desseins d'enveloppement n'avaient pas été réalisés* ».

Dans son histoire de l'armée allemande pendant la Grande Guerre, l'historien Camena d'Almeida écrit à propos des nouvelles troupes levées à la veille de la bataille de l'Yser :

« Soumises à un entraînement sévère, suffisamment encadrées par un personnel d'officiers en disponibilité provenant des districts de recrutement, bien équipées, animées d'un excellent esprit, ces troupes, en dépit de la brièveté de leur instruction, possédaient une réelle valeur militaire. Ignorantes de la portée des événements de septembre, elles se croyaient destinées à achever la victoire des armes allemandes... »

Combat entre les fusiliers marins français et les Allemands dans Dixmude.

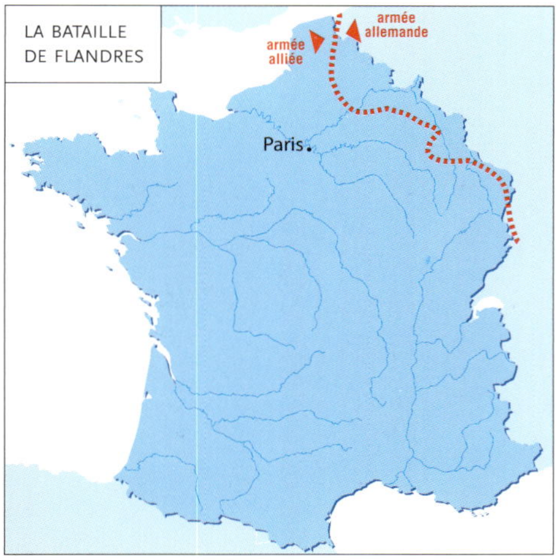

Des moyens considérables

Pour ce faire, l'officier général allemand entreprend de réunir sur le lieu de sa future offensive des moyens en tout point considérables. Il fait transporter sur place la IVe armée au complet et il renforce cette dernière par des corps de création récente constitués dans divers États d'Allemagne avec des volontaires, parmi lesquels de très jeunes étudiants. Tandis que les troupes effectuent leurs débarquements à proximité des lignes d'où elles doivent partir à l'assaut, Falkenhayn parachève son plan d'attaque. Le 14 octobre, une directive enjoint à la VIe armée, échelonnée entre La Bassée et Menin, de s'installer dans la défensive en vue de retenir le plus grand nombre de divisions ennemies, la IVe armée étant déployée entre Ostende et la Lys, au sud-ouest de Courtrai, en vue d'aller de l'avant.

L'offensive allemande

La bataille s'engage le 18 octobre lorsque des divisions engagées à l'extrême droite du dispositif allemand tentent de forcer le passage de l'Yser, défendu par des formations belges, un peu à l'est de Nieuport. Les combats s'étendent dans les jours qui suivent vers Dixmude, amenant le général Joffre, commandant en chef français, à céder des renforts à French, placé à la tête du corps expéditionnaire britannique, sur lequel repose une grande partie de la bataille.

Le 20 octobre, l'embrasement devient général et les combats s'étendent sur une centaine de kilomètres de longueur, de la mer du Nord à la Lys. Foch, à qui ont été confiés les éléments français dépêchés sur place, lance une contre-attaque de grande ampleur du 23 au 26, mais les Alliés, débordés par le nombre, ont tôt fait de revenir sur la défensive. Pour ne pas être balayés, les Belges inondent la région de Nieuport en ouvrant les écluses qui contiennent la mer du Nord.

La ruée vers Ypres et Dixmude

Le 30 octobre, les Allemands lancent un nouvel assaut, qu'ils entendent décisif, cette fois en direction d'Ypres, tenu par les Britanniques, avec deux corps d'armée et deux divisions commandées par le général

Soldat allemand tué dans la plaine inondée de Nieuport en 1914.

von Fabeck. Malgré l'énorme pression qui s'exerce sur elles, les forces alliées, galvanisées par Foch, tiennent bon, même si la ville de Messines est emportée par l'ennemi. Déçu par l'échec de ses forces, qu'il est contraint de constater dès le 2 novembre, Falkenhayn, bien décidé à emporter la décision, repart à l'attaque le 10, avec le groupement Linsingen, dans la région de Dixmude, au nord-est d'Ypres, puis jusqu'à la Lys. Une fois encore, cette tentative se traduit par un échec sanglant qui amène la direction suprême à arrêter l'offensive.

La ville d'Ypres ruinée par l'artillerie allemande.

LE KINDERMORD, OU « MASSACRE DES ENFANTS »

Tel est le nom qui a été donné à l'engagement dans la bataille de l'Yser de plusieurs dizaines de milliers de lycéens et d'étudiants dont les pertes seront considérables. À ce propos, l'historien Louis Cadars écrit : « *Exaltée par les souvenirs de 1813, fanatisée par l'université, la jeunesse allemande s'était enrôlée sous les drapeaux dans un enthousiasme indescriptible. Des régiments entiers étaient uniquement constitués d'étudiants. Ces bataillons [...] se portèrent à l'attaque avec le plus grand mépris de la mort...* »

Mêlée dans les Flandres

Du 18 octobre au 11 novembre 1914, l'armée allemande s'emploie à percer le front allié entre la mer du Nord et le saillant d'Ypres, livrant une des batailles les plus sanglantes et les plus terribles de ces premiers mois de la Grande Guerre. Malgré l'acharnement de ses assauts, Falkenhayn échoue dans son projet de détruire les forces belges et britanniques, renforcées par de nombreux éléments français, qui assurent la défense de cette partie du front occidental.

❶ La bataille s'engage
• 18-29 octobre 1914

Les corps d'armée allemands ayant été rassemblés à partir du 10 octobre, dans la région de Bruxelles, leur marche en avant commence en direction de l'Yser et d'Ypres. La bataille s'engage, sur la droite allemande, quand les divisions de la VIe armée tombent sur les troupes belges qui, au nord et au nord-est de Nieuport, assurent la défense de l'Yser. Des combats confus et sanglants s'engagent jusque vers Roulers et Dixmude, où résistent les fusiliers marins français, dans la journée du 19. Toutefois, les Alliés parviennent à maintenir leurs positions sur l'Yser et les collines à l'ouest d'Ypres.
Le 20, une nouvelle attaque fond sur la rivière que les Allemands franchissent à Tervate. Trois jours plus tard, Foch engage une contre-offensive dont il est contraint d'ordonner l'arrêt dès le 26 face à la supériorité numérique de l'ennemi. Le 27, les Belges noient la plaine de Nieuport pour arrêter l'avance de l'adversaire.

❷ L'offensive contre Ypres
• octobre-6 novembre

Depuis le 27 octobre, la direction suprême allemande, ayant formé un important groupement placé sous les ordres du général von Fabeck, prépare une grande attaque sur le saillant d'Ypres, tenu par les Britanniques et les Français. L'offensive démarre le 30 entre Geluveld et Messines, s'emparant de Zandvoorde et de Hollebeke. Le 31, Geluveld et Messines tombent à leur tour, mais sont repris le soir même. Les Allemands repartent à l'assaut le 1er novembre et atteignent le canal d'Ypres à Comines, non sans entrer une nouvelle fois dans Messines et aussi dans Wijtschate. Les renforts alliés, notamment français, affluent pour empêcher l'enfoncement du front, en sorte que l'avance ennemie est contenue.

❸ La nouvelle ruée allemande
• 10-17 novembre

Bien décidé à en finir, Falkenhayn ordonne un nouvel assaut entre Dixmude et la Lys. Le 10 novembre, la IVe armée allemande part à l'attaque vers Dixmude, dont elle parvient à s'emparer, et approche de Bikschote, mais elle n'en est pas moins arrêtée dans son élan, en particulier par les fusiliers marins français. Linsingen et Fabeck relancent leurs troupes en avant le 11 novembre, alors que le temps s'est terriblement dégradé et que la pluie tombe à flots. La garde prussienne, élite de l'armée, ayant subi des pertes considérables vers Menin et le bois d'Heerentage, est contrainte de s'arrêter, à bout de souffle. Le 11, les Allemands décident de mettre fin à leur opération. Le front des Flandres s'endort pour quelques mois.

EFFECTIFS PRÉSENTS
Allemands : 200 000 hommes (168 bataillons d'infanterie et 15 escadrons de cavalerie), 117 batteries d'artillerie de campagne

PERTES
Français : 10 000 tués, blessés et disparus (9e corps, du 30 octobre au 6 novembre 1914)

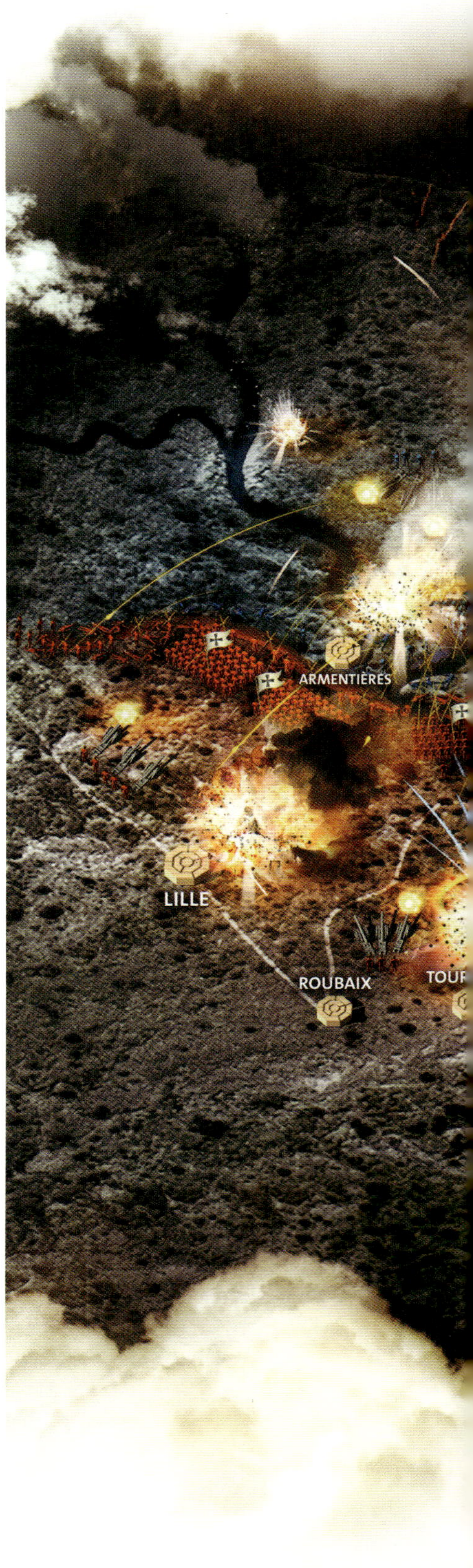

LA BATAILLE DES FLANDRES

« JAMAIS ON NE VERRA AUTANT DE LARMES EN ALLEMAGNE QUE CES JOURS-LÀ... »

Évoquant les pertes effroyables subies par l'armée allemande entre la mer du Nord et Ypres pendant les mois d'octobre et de novembre 1914, un journaliste allemand écrit : *« Jamais les plaines des Flandres n'ont été abreuvées de tant de sang, malheureusement le sang de notre jeunesse la plus belle, la plus pure ! Jamais on ne verra autant de larmes en Allemagne que ces jours-là... »*

MER DU NORD
FURNES
POPERINGHE
WESTENDE
NIEUPORT
WIJTSCHATE
YSER
BIKSCHOTE
DIXMUDE
LEKE
MESSINES
YPRES
1
3
3
2
LANGEMARK
OSTENDE
2
3
GELUVELD
ZONNEBEKE
STADEN
MENIN
LYS
ROULERS
TORHOUT
POPERINGHE
BRUGES
COURTRAI
WIJTSCHATE
YPRES
LANGEMARK
3
2
GELUVELD
ZONNEBEKE

Paroles de fusiliers marins

Combattants braves et valeureux, les fusiliers marins sont de bien des grandes batailles de la Première Guerre mondiale, mais ils se distinguent plus spécialement dans les terribles combats livrés sur l'Yser et à Nieuport dans les derniers mois de 1914.

Ci-contre, fusiliers marins chargeant au son du clairon dans la région de Dixmude au cours des dernières semaines de 1914.

Automitrailleuse servie par des fusiliers marins, postée dans la rue principale d'un village en 1916.

« Une batterie invisible nous couvrit d'obus... »

Le lieutenant de vaisseau Hébert a laissé cette relation des combats livrés dans le secteur de Dixmude au cours du mois d'octobre 1914 : « *Quelques instants après, une batterie invisible nous couvrit d'obus. Les shrapnels labouraient le sol, les percutants enfonçaient les murs, mes hommes tombèrent, mes deux lieutenants furent blessés. En se défilant dans les fossés, nous pûmes sortir. Des tireurs habiles dissimulés dans les arbres nous décimaient. Et brusquement, mon bras gauche me fit un mal horrible, une balle m'avait déchiré les muscles du coude au poignet. Une autre me frappa au cœur, traversant un bloc-notes, un manuel d'officier en campagne et s'arrêta sur un portefeuille. Je tombai. Mes hommes m'emportèrent sous le feu. Ma dernière vision est un ballon captif qui se dandinait au-dessus des bois et dirigeait le tir de la batterie ennemie...* »

« La jambe cassée d'une balle... »

Un aumônier engagé à Beerst en octobre 1914 confie : « *C'était à Beerst. Un quartier-maître a la jambe cassée d'une balle dans la tranchée provisoire qu'il occupait avec sa compagnie. Il continue à se battre. Ses camarades sont obligés de céder du terrain sous un feu d'enfer. Il refuse de se laisser emporter et se traîne dans un fossé d'où il abat encore trois Allemands venus en rampant pour le prendre. Heureusement un jeune fusilier n'a pu se résoudre à laisser là le quartier-maître, qui fit son instruction à Lorient. Au prix d'efforts inouïs, il parvient jusqu'à lui et réussit à le traîner pendant 300 mètres jusqu'à une maison où il le met à l'abri...* »

Fusiliers marins au cantonnement en 1915.

L'enseigne Gautier, engagé à Dixmude avec sa compagnie, écrit, dans une lettre en date du 22 octobre 1914 :

« *Depuis cinq jours on se bat. Avant-hier, nous avons repris l'offensive. Cela a été dur. Ne te frappe pas des pertes annoncées. Je ne t'en aurais pas parlé, mais puisque aussi bien tu les verras dans les journaux, j'aime mieux que ce soit moi qui te dise : Le Douget, qui était aux compagnies de formation à Lorient, a été tué à Gand. De Maussion a été tué avant-hier ; Hébert, Pertus, de Mons sont blessés. [...] Les Allemands tirent sur nous à 100 mètres à droite de leurs petits postes. Mise en batterie sur une route près d'une maison ; reçu des shrapnels en quantité ; replié plus loin, puis au crépuscule mis en route sur Beerst. Rampé pendant 800 mètres...* »

LA GRANDE OFFENSIVE DE LA WOËVRE

À la fin du mois de mars 1915, les Français partent à l'assaut du saillant de Saint-Mihiel, avec l'intention de réduire cette poche qui fait peser une lourde menace sur la ville de Verdun. Comme en Champagne quelques semaines auparavant, l'offensive s'étouffe dans son propre sang.

Conquête d'une tranchée allemande lors de l'offensive de la Woëvre.

Au début de 1915, à l'issue d'une série de dures et sanglantes batailles, les Allemands tiennent entre Étain, dans la Woëvre, et Pont-à-Mousson, sur la Moselle, un saillant qui s'avance vers l'ouest, jusqu'au-delà de la Meuse, à Saint-Mihiel.

Une opération de grande ampleur

Pendant les dernières semaines de 1914 et les premiers mois de 1915, les deux adversaires s'affrontent, tout au long de cette ligne, dans des batailles locales acharnées et meurtrières : aux Éparges, dans la forêt d'Apremont, au bois d'Ailly ou encore au bois Le Prêtre. Préoccupé par l'important danger que la « hernie » de Saint-Mihiel fait peser sur les positions de Verdun, le général Joffre envisage de la réduire dans le cadre d'une opération de grande envergure. À la mi-mars 1915, il enjoint au général Dubail, commandant du groupe des armées de l'Est, de lancer une attaque contre le saillant, partant à la fois du nord et du sud. Dans l'esprit du commandant en chef, une telle initiative s'inscrit dans une perspective bien précise : « Maintenir le moral du pays et [...] conserver la priorité des opérations. » À peine a-t-il été sollicité que Dubail planifie

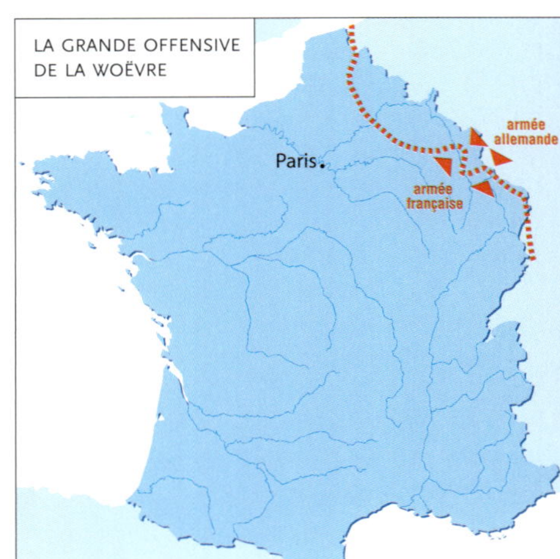

Ramassage des tués après une attaque pendant la bataille de la Woëvre.

cette action concentrique dont le général Roques, commandant la Ire armée, a jeté les bases en janvier précédent.

La préparation de l'offensive

L'offensive d'hiver en Champagne s'étant achevée sur un constat d'échec, Joffre dispose en effet d'une masse de manœuvre qui lui permet de monter une grande attaque dans la Woëvre. Celle-ci est organisée en deux actions décalées dans le temps : la première, engagée au sud-est, vise la localité de Thiaucourt, confiée aux éléments de plusieurs corps d'armée déployés sur une ligne qui court du bois de Mort Mare à Fey-en-Haye, en passant par la route de Regniéville (Ire armée) ; la seconde, partant du nord-ouest, en fait la plus importante, celle sur laquelle Joffre fonde de grands espoirs, a pour objectif de crever le front ennemi vers Mars-la-Tour et d'atteindre une ligne marquée par Parfondrupt-Brainville-Hannonville-Sponville. En arrière, un corps d'armée au complet est disposé en vue d'exploiter la percée si elle venait à se produire. La première de ces offensives a un but de diversion ; elle est destinée à détourner l'attention de l'adversaire de l'assaut principal, mené par les forces importantes qui constituent le détachement d'armée Gérard (DAG).

Un échec sans appel

L'affaire démarre le 30 mars par des attaques préliminaires dans les secteurs du bois Le Prêtre, de Fey-en-Haye et du bois de Mort Mare, sur la partie méridionale de la poche. Elle prend beaucoup plus d'ampleur dans les jours qui suivent, avec l'engagement d'un corps d'armée vers Regniéville, qui surprend les Allemands et les amène à dépêcher une partie de leurs réserves vers le sud. Le 5 avril, à l'issue d'une préparation d'artillerie impliquant de nombreuses pièces lourdes, c'est au tour de Gérard d'engager ses divisions dans la bataille. Depuis la veille cependant, la pluie tombe sans discontinuer, transformant la Woëvre en une mer de boue liquide. Le groupement Guillaumat ne peut toutefois atteindre nulle part la ligne de résistance ennemie, restée intacte malgré les dizaines de milliers d'obus tirés sur elle.

Le général Joffre sur le front de la Woëvre, en avril 1915.

Si une division obtient quelques succès locaux à Gussainville et au bois de Fromezey, le corps d'armée lancé contre Remenauville, au sud, ne peut aller bien loin. L'assaut, relancé le lendemain, n'aboutit à aucun succès significatif. Après un nouvel échec subi dans la journée du 7, Joffre, dès le 8 avril, décide de suspendre une offensive qui ne reprendra jamais.

Dans un mémoire adressé au général Joffre au début de la dernière décade de mars 1915, le général Dubail, précisant l'esprit qui préside à l'offensive concen-trique dans la Woëvre, écrit qu'elle vise *« deux buts distincts. [...] Un but moral : libération de Saint-Mihiel et d'une large bande du territoire national et développement de la confiance générale par un succès marquant, rapidement acquis. Un but matériel : mise hors de cause et peut-être capture d'une partie importante des forces allemandes installées sur les Hauts de Meuse. »*

Échec dans la Woëvre

Le 30 mars 1915, le groupe des armées de l'Est, sous le commandement du général Dubail, entame une offensive de grande ampleur dont l'objectif est de réduire le saillant de Saint-Mihiel. Moins d'une semaine plus tard, les Français doivent abandonner tout espoir de victoire et cesser leur attaque.

❶ 18-29 mars 1915

Si l'idée d'une attaque concentrique contre la « hernie » de Saint-Mihiel a été étudiée dès le mois de janvier 1915 par l'état-major de la 1re armée (général Roques), sa concrétisation n'intervient pas avant le milieu du mois de mars suivant.
À ce moment, en effet, Joffre, ayant échoué en Champagne pouilleuse, décide d'agir entre Étain et Pont-à-Mousson de manière à éloigner la menace qui pèse sur la région fortifiée de Verdun. L'offensive doit être entreprise au sud par des éléments de la 1re armée (bois Le Prêtre, Fey-en-Haye, Regniéville, Remenauville) ; au nord par le détachement d'armée Gérard (groupement Guillaumat, avec le 1er corps et la 4e DI ; 2e corps ; division de marche de Verdun ; 1re division de cavalerie). Pour donner toutes ses chances à l'opération, ces forces ont reçu d'importants moyens en artillerie de campagne et lourde.

❷ 30 mars-8 avril 1915

L'offensive commence le 30 mars par une attaque menée dans le secteur du bois Le Prêtre (73e DI). Les troupes d'assaut progressent quelque peu ce jour-là et le lendemain, parvenant même à s'emparer de Fey-en-Haye. De son côté, le 31e corps avance dans le bois de Mort Mare. Le 3 avril, le 12e corps s'engage à son tour en direction de Regniéville, qu'il parvient à faire tomber, enregistrant un succès non négligeable.
Deux jours plus tard, le 5, le détachement d'armée Gérard, auquel revient le rôle principal, entre en action au nord-ouest du saillant, dans la plaine de la Woëvre, avec l'espoir de surprendre les Allemands, dont l'attention semble tout entière tournée vers les événements qui se se produisent au sud. L'attaque de ce détachement coïncide avec celle menée par toute l'armée de Roques, mais elle se heurte d'emblée à une furieuse résistance de la part de l'ennemi et patauge dans une mer de boue.
Si la division de marche de Verdun prend quelques positions dans la région de Gussainville, les autres unités du DAG ne peuvent aborder la ligne principale de résistance adverse. L'assaut est relancé le lendemain, tout comme il reprend au sud, dans le secteur de Regniéville (8e, 12e et 31e corps et 73e DI), mais les lignes allemandes ne peuvent pas plus être entamées tant par le DAG que par la 1re armée.
Une nouvelle poussée, entreprise le 7, échoue à son tour et, le 8, Joffre ordonne l'arrêt des opérations, sonnant le glas de la grande offensive de la Woëvre.

EFFECTIFS PRÉSENTS
Français : 1re armée
Détachement d'armée Gérard, 900 canons de 75, 100 canons de 90, 360 pièces lourdes

PERTES
Français : 1 200 officiers et 64 000 hommes tués, blessés ou disparus (30 mars-30 avril 1915)

« On escomptait la surprise… »

L'ouvrage monumental publié après la guerre par l'état-major de l'armée, sous le titre *Les Armées françaises dans la Grande Guerre*, rend compte du climat d'optimisme qui règne au détachement d'armée Gérard à la veille de l'assaut : « *Le 4 avril au soir, le commandant Pichot-Duclos, officier de liaison du commandant en chef auprès du général Dubail, lui rendit compte qu'il avait passé la journée au détachement d'armée Gérard et que son impression sur la préparation de ce côté n'était pas moins bonne que celle qu'il avait eue la veille [à la 1re armée]. On escomptait la surprise car l'infanterie avait été amenée à pied d'œuvre de nuit et le temps brumeux et bas avait interdit toute sortie aux avions allemands…* »

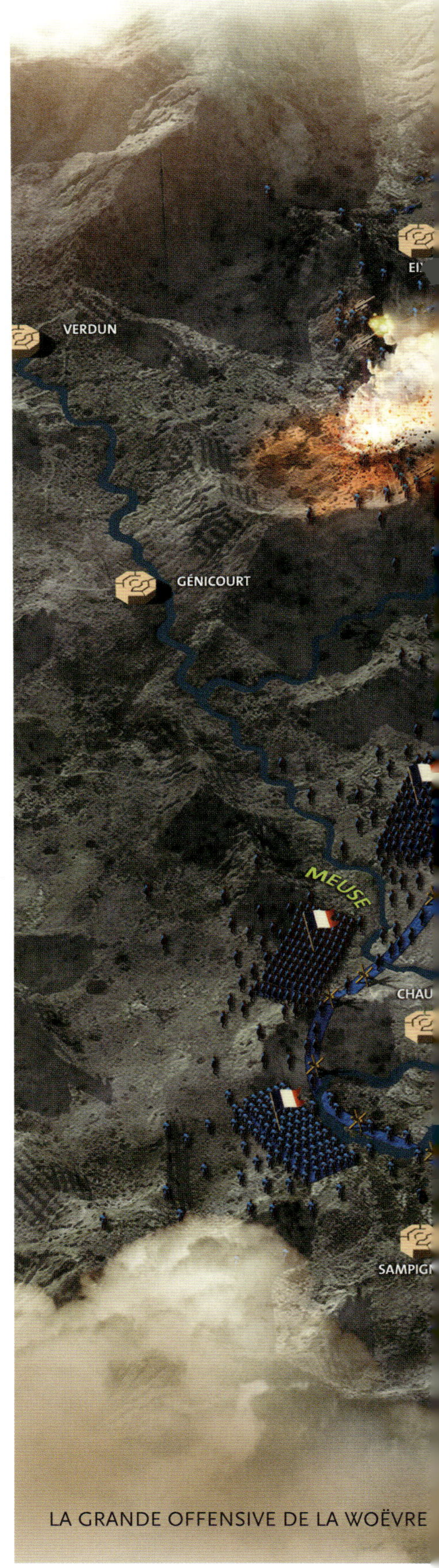

LA GRANDE OFFENSIVE DE LA WOËVRE

REMBERCOURT
THIAUCOURT
REMENAUVILLE
REGNIÉVILLE
FLIREY
FROMEZEY
ETAIN
HERMÉVILLE
FRESNES
SAINT-RÉMY
HARVILLE
MARCHÉVILLE
WOEL
COTE 200
MARS-LA-TOUR
CHAMBLEY
GORZE
CORNY
REMBERCOURT
VIGNEULLES
HEUDICOURT
THIAUCOURT
COTE 201
COTE 380
ESSEY
NORROY
BOIS LE PRÊTRE
REMENAUVILLE
REGNIÉVILLE
PONT-À-MOUSSON
BOIS DE LA MORTMARE
FLIREY
APREMONT
MOSELLE

L'EXPÉDITION DES DARDANELLES mars 1915 - janvier 1916

De mars 1915 à janvier 1916, d'abord par une grande attaque navale, ensuite par une lourde expédition terrestre, Britanniques et Français s'emploient à forcer le détroit des Dardanelles, pris entre la presqu'île de Gallipoli et la côte d'Anatolie. Leur but est, une fois franchi l'obstacle, de marcher sur Constantinople, capitale de l'Empire ottoman, et de contraindre ce dernier à sortir de la guerre dans laquelle il s'est engagé en novembre 1914.

Les croiseurs « Goeben » et « Breslau » franchissant le détroit de Messine en direction des Dardanelles (août 1914).

La Turquie entre en guerre

L'Empire ottoman, « l'homme malade de l'Europe », est en plein déclin lorsque éclate la Grande Guerre. En butte aux convoitises de ses grands voisins européens, en proie aux forces de dissociation des nationalismes arménien ou arabe, la Turquie est certes gouvernée par un sultan, mais le pouvoir effectif revient à un clan ultranationaliste, les Jeunes-Turcs, dont la figure de proue est Enver Pacha, ministre de la Guerre. Soumis à de très fortes influences allemandes, celui-ci précipite son pays dans la guerre aux côtés de la Triplice en novembre 1914.

L'affaire du Goeben et du Breslau

La participation de la Turquie au conflit a été très nettement favorisée par l'affaire du Goeben et du Breslau. Ce croiseur de bataille et ce croiseur léger allemands, après avoir bombardé certains ports d'Afrique française du Nord, au début d'août 1914, ont trouvé refuge à Constantinople, où les Turcs leur ont donné l'autorisation de mouiller. L'Allemagne les a même cédés à l'Empire ottoman, suscitant un sursaut de nationalisme dans le pays. À l'initiative de Winston Churchill, premier lord de l'Amirauté, c'est-à-dire ministre britannique de la Marine, et malgré l'opposition d'une partie du cabinet de guerre, une expédition navale est organisée pour forcer le détroit des Dardanelles. Une fois celui-ci franchi, les navires alliés n'auraient plus qu'à avancer à toute vapeur vers Constantinople et à contraindre l'Empire ottoman à déposer les armes.

L'attaque navale du 18 mars

En dépit des réticences de plus en plus marquées de lord Fisher, le premier lord de la Mer, Churchill, demande à ses amiraux d'accélérer les préparatifs de forcement.

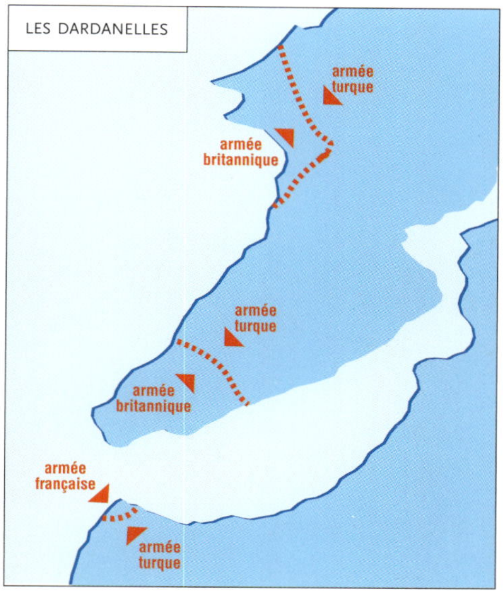

Tirailleurs sénégalais en formation à l'abri d'un pli de terrain lors de la bataille du 4 juin 1915, aux Dardanelles.

LA FIN DU CUIRASSÉ BOUVET

L'amiral Guépratte, commandant la division navale française engagée aux Dardanelles le 18 mars 1915, raconte ainsi la fin du cuirassé Bouvet, touché par une mine flottante :

« Et à 1 heure 55, lorsque le signal fut fait à la division française de se retirer pour laisser la place à une relève anglaise, j'eus de la peine à me faire obéir du vaillant Bouvet, lequel ne pouvait pas se décider à quitter la ligne de feu. Il évolua enfin pour venir se ranger dans nos eaux et ce mouvement lui fut fatal. En moins d'une minute, le valeureux bâtiment, éventré par une mine dérivante, chavirait et disparaissait à jamais. »

Une flotte importante est rassemblée en mer Égée sous le commandement de l'amiral Carden et constituée de bâtiments britanniques et français. En février, elle attaque à deux reprises les forts turcs qui commandent l'entrée des Dardanelles, subissant quelques avaries plus ou moins sérieuses, mais l'assaut principal se produit le 18 mars, sous les ordres de l'amiral de Robeck. Il se heurte à une très vive résistance des batteries ennemies. Trois des 18 cuirassés déployés sont coulés par des mines flottantes et 4 sont gravement endommagés.

Le débarquement du 25 avril

L'échec de l'entreprise navale entraîne la mise en application d'un plan de débarquement d'un corps terrestre, placé sous le commandement du général Ian Hamilton. Constitué de plusieurs divisions britanniques et d'éléments français, il aborde les rives de la presqu'île de Gallipoli au matin du 25 avril ; pour diverses raisons, il ne parvient pas à progresser et reste bloqué sur d'étroites bandes de terrain, au sud, vers le cap Hellès, et au nord, vers Sari Baïr.

L'opération du 6 août

Le général Hamilton, incapable d'appliquer une autre tactique que celle des attaques frontales, ne parvient pas à sortir de l'ornière. Aussi imagine-t-il une opération de débordement par le nord, en débarquant à Suvla. Mal organisée, mal dirigée sur le terrain, cette entreprise, lancée le 6 août, s'enlise à son tour.

L'évacuation

Dans les dernières semaines de 1915, Hamilton, déconsidéré aux yeux de Kitchener, ministre britannique de la Guerre, est relevé de son commandement et remplacé par le général Monro. Celui-ci, après une rapide inspection, conclut à la nécessité d'une évacuation de la péninsule. Redoutant que leurs forces soient surprises en flagrant délit de retraite et massacrées, les Alliés abandonnent, au nez et à la barbe des Turcs, les secteurs de Suvla avec les Anzac, en décembre. À la fin de la première semaine de janvier 1916, les positions du cap Hellès se vident à leur tour. Au prix de pertes énormes, Français et Britanniques, même s'ils ont magnifiquement réussi leur rembarquement, ont subi une amère défaite. Le prestige britannique au Moyen-Orient s'en trouve sévèrement atteint, mais, depuis la fin d'octobre, une autre opération est en cours sur le front d'Orient, à Salonique.

LES ANZAC

Parmi les dizaines de milliers de combattants jetés sur la presqu'île de Gallipoli, certains des plus valeureux sont sans doute les Néo-Zélandais et les Australiens, engagés volontaires dans le corps des Anzac *(Australian and New Zealand Army Corps)*. Quelque 456 000 de ces hommes quitteront leurs pays respectifs pour venir se battre en Orient ou en Europe. Leur comportement aux Dardanelles les fera entrer dans la légende.

MOURIR À GALLIPOLI

L'expédition de Gallipoli commence par un désastre naval comme la Royal Navy n'en a jamais connu et s'achève par une brillante évacuation qui n'en mine pas moins en profondeur le prestige britannique au Moyen-Orient. Entre ces deux tragiques épisodes, les forces alliées débarquées dans la péninsule de Gallipoli et les troupes turques qui la défendent se livrent un combat sans merci fait d'attaques et de contre-attaques qui font des dizaines de milliers de tués et de blessés, sans apporter le succès ni à l'un ni à l'autre des adversaires en présence.

❶ L'offensive navale alliée

• 18 mars 1915

Ce jour-là, après avoir testé les défenses des Dardanelles, pendant la seconde quinzaine de février, la flotte franco-britannique, forte de 18 cuirassés et de nombreux croiseurs et destroyers, s'engage dans le détroit et attaque les forts et les batteries turcs qui le bordent. En début d'après-midi, le Bouvet heurte une mine et coule en une minute. Quelques heures plus tard, deux cuirassés britanniques, le Irresistible et le Ocean, sombrent à leur tour, touchés eux aussi par des mines. Quatre autres bâtiments sont plus ou moins gravement endommagés.

❷ Le débarquement au cap Hellès

• 25 avril 1915

Le forcement naval des Dardanelles ayant échoué de façon calamiteuse, les Alliés décident de débarquer dans la presqu'île de Gallipoli avec l'appui de leurs forces navales. Pendant que les Français mènent une action de diversion à Kumkale, sur la côte d'Asie, les troupes britanniques prennent pied au cap Hellès, en baie de Morto et au sud-ouest de Kcitiya. Elles ne peuvent progresser bien loin.

❸ Le débarquement des Anzac

• 25 avril 1915

Le même jour, les Anzac sont jetés à l'attaque au nord de Gapa Tepe, au pied des crêtes de Sari Baïr, sans toutefois parvenir à les dépasser et à marcher vers Maidos pour couper en deux la péninsule.

❹ La bataille frontale

• avril-juillet 1915

Au cours de cette période de plus de trois mois, le général Hamilton, ayant recours à des attaques frontales, tente de se donner de l'air en progressant vers Kcitiya et la crête d'Achi Baba. Mais ces offensives échouent dans le sang et les Français, à force de sacrifices, avancent et atteignent la rive sud du Kérévès Déré, le « ruisseau des écrevisses », à droite du front allié.

❺ Le débarquement de Suvla

• 6 août 1915

Faute d'obtenir des résultats significatifs, Hamilton, avec l'accord de Kitchener, décide de tenter une opération de débordement, en procédant au débarquement de forces importantes sur les arrières des Turcs, en baie de Suvla, au nord des positions tenues par les Anzac. Ne trouvant presque personne en face de ses troupes, le général britannique Stopford, se montrant par trop pusillanime, ne profite pas de l'opportunité de victoire qui lui est offerte. Il donne ainsi aux forces turques, commandées par Mustafa Kemal, futur Atatürk, l'occasion de contre-attaquer et de le contenir à peu de distance du rivage de la mer Égée.

❻ L'évacuation

• décembre 1915-janvier 1916

La situation militaire et sanitaire ne cessant d'empirer pour les troupes de l'Entente dans la presqu'île, Kitchener, après s'être rendu sur place et non sans avoir limogé le général Hamilton, qu'il trouve bien trop timoré, décide, après avis du nouveau commandant en chef aux Dardanelles, le général Monro, de procéder à l'évacuation de Gallipoli. Sans donner à aucun moment l'éveil aux Turcs, les Alliés quittent d'abord Suvla avec les Anzac en décembre 1915. Les positions du cap Hellès, au sud, sont abandonnées quant à elles dans les premiers jours du mois de janvier 1916.

EFFECTIFS PRÉSENTS (16 avril 1917)
Français et Britanniques :
75 000 hommes, 77 navires
Turcs : 84 000 hommes

PERTES
Français : 3 700 tués, 17 350 blessés
Britanniques : 28 000 tués, 78 000 blessés et 11 000 disparus
Turcs : environ 300 000 tués et blessés

UNE PROCLAMATION DU GÉNÉRAL HAMILTON

À la veille du débarquement du 25 avril, Hamilton adresse un vibrant message aux soldats britanniques et français : « *Nous sommes à la veille d'un événement sans précédent dans les annales de la guerre moderne. De concert avec nos camarades de la marine, il nous faut débarquer par la force dans une baie ouverte, devant des positions que notre adversaire proclame imprenables. Avec l'aide de Dieu et de la flotte, le débarquement s'effectuera avec succès, les positions seront prises d'assaut et un pas de plus aura ainsi été fait vers une issue victorieuse de la guerre.* »

L'EXPÉDITION DES DARDANELLES

ANAFARTA
LAC SALÉ
5
6
ÇANAKKALE
KILIDBAHR
MAIDOS
DÉTROIT DES DARDANELLES
CRÊTES DE SARI BAIR
3
6
GAPA TEPE
ACHI BABA
KRITIYA
4
1
SEDDULBAHR
BAIE DE MORTO
KUMKALE
2
CAP HELLÈS
MER ÉGÉE

L'OFFENSIVE D'ARTOIS mai 1915

Le 9 mai 1915, la Xe armée française, placée sous le commandement du général d'Urbal, part à l'attaque des positions allemandes entre Arras et Aix-Noulette, concrétisant dans les faits une offensive de rupture sur laquelle Joffre, généralissime sur le front du Nord et du Nord-Est, et Foch, chef du groupe d'armées du Nord, fondent de très grands espoirs.

Corvée d'eau en Artois, en 1915.

L'idée d'une attaque conjuguée en Artois et en Champagne, destinée à prendre en tenaille l'immense saillant formé par les lignes allemandes entre la Somme et l'Aisne, remonte aux premières semaines de la guerre de tranchées, plus exactement en décembre 1914.

Des offensives conjuguées

En procédant de la sorte, Joffre, le commandant en chef français, est convaincu de pouvoir rompre les lignes tenues par l'ennemi et de se rabattre sur Lille et Rethel afin de prendre au piège ce dernier.

UNE INSTRUCTION COMMINATOIRE DU GÉNÉRAL D'URBAL

À la veille de l'attaque du 9 mai 1915, le général d'Urbal recommande, dans une instruction comminatoire adressée aux commandants des corps d'armée qui s'apprêtent à aller de l'avant : « *L'attaque d'infanterie, une fois entamée, sera menée avec la plus extrême énergie et la plus grande rapidité ; elle sera poursuivie sans interruption, de jour et de nuit, jusqu'à la conquête de l'objectif.* »

Premiers assauts français

Les premières tentatives en ce sens se déroulent le 17 décembre 1914, quand la Xe armée, du général de Maud'huy, tente d'aller de l'avant en Artois, tandis que la IVe armée, du général de Langle de Cary, monte à l'assaut en Champagne pouilleuse trois jours plus tard.
La seconde des offensives s'étouffe dans son propre sang dans les derniers jours de l'année 1914 ; la première, impliquant trois corps d'armée, est brisée par les mitrailleuses et l'artillerie lourde allemandes devant la crête de Notre-Dame-de-Lorette, Carency et les contreforts de la redoutable hauteur

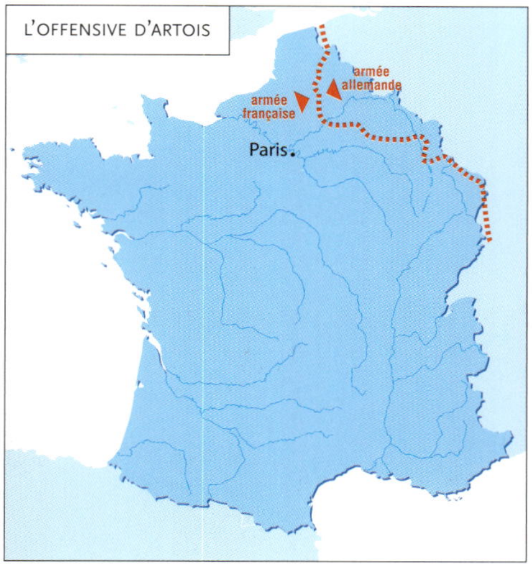

Les entonnoirs de mines de Carency, en 1915.

de Vimy. En une douzaine de jours, les troupes du général de Maud'huy, au prix de pertes considérables, n'auront avancé de guère plus d'une centaine de mètres.

Les plans de Joffre et de Foch

Joffre ne renonce pas pour autant à abandonner l'initiative en terre d'Artois. En janvier puis en février 1915, il fait savoir au général Foch, qui commande le groupe d'armées du Nord, son intention d'attaquer à nouveau dans la région, de façon à déboucher en terrain libre dans les plaines du Nord, en direction de Lille et de Douai, et à contraindre les Allemands au repli.
Dans la dernière semaine de mars, Foch adresse au grand quartier général un plan qui prévoit une poussée principale sur la crête de Vimy par trois corps d'armées, flanquée par deux assauts secondaires (trois autres corps d'armée), le premier vers Notre-Dame-de-Lorette, au nord, le second vers Bailleul, au sud.

D'Urbal à la tête de la Xe armée

Le général d'Urbal qui, au début du mois d'avril 1915, succède à de Maud'huy, est chargé de préparer et de diriger une opération que, dans un optimisme quelque peu incompréhensible, le commandant en chef français et le commandant du groupe d'armées du Nord assimilent à une avance en terrain libre.
Pourtant, à quelques distances des lignes de départ, se dresse, menaçante, la barre constituée par la crête de Vimy.
Les Britanniques, déployés un peu plus au nord, se sont engagés à soutenir l'entreprise française par une poussée dans le secteur de La Bassée.

L'attaque du 9 mai

Forte de six corps d'armée, la Xe armée s'élance sur un front d'une vingtaine de kilomètres, à l'issue d'une imposante préparation d'artillerie qui broie les lignes ennemies, à 10 heures du matin. Si l'attaque est contenue aux deux ailes, elle s'enfonce, dans une sorte d'irrésistible élan, dans les positions allemandes au centre. Les objectifs affectés initialement aux vagues d'assaut sont dépassés bien plus rapidement que prévu.
Vers midi, les troupes françaises se retrouvent en terrain libre, sur une largeur d'environ 4 kilomètres, de Souchez à la ferme de la Folie.

Combat dans les rues de Carency, en mai 1915.

Les réserves arrivent trop tard

Hélas pour les corps d'armée qui ont progressé avec tant de célérité en à peine deux heures de combats, le haut comman-dement, s'il a prévu dans ses moindres détails la bataille de rupture et si les objectifs semblent avoir été atteints au-delà de ses espérances les plus folles, n'a pas fait monter assez vite en ligne les réserves destinées à l'exploitation du succès.
Profitant du flottement qui se produit du côté français, où les pertes ont été tout de même fort lourdes, les Allemands referment la brèche qui s'est ouverte dans leur front. Les combats n'en continueront pas moins pendant de longues semaines sur le volcan en éruption qu'est devenue la région comprise entre Arras et Liévin. L'offensive menée par d'Urbal s'enlise définitivement au milieu du mois de juin.

Foch adresse un appel vibrant aux chefs des corps d'armée jetés dans la bataille d'Artois, au début du mois de mai 1915 :

« Si vous voulez renverser ce mur, n'émoussez point la pointe de vos baïonnettes dessus. Il faut le casser ce mur, le briser, le renverser, le piétiner et marcher sur ses ruines. L'ennemi, nous allons l'inonder, le frapper, partout à la fois, dans ses défenses et dans son moral. »

La ruée sur Vimy

L'offensive du 9 mai 1915 en Artois s'est fixé des objectifs ambitieux et les moyens déployés par les Français semblent à la mesure de ces ambitions. Pourtant, en dépit d'un succès initial qui semble surprendre ses initiateurs eux-mêmes, l'attaque s'enlise pour être finalement stoppée. Faute d'avoir su faire monter suffisamment tôt leurs réserves, Foch et d'Urbal ne peuvent exploiter leur percée.

❶ Six corps d'armée français à l'attaque

• 9 mai 1915

Pour mener à bien leur grande offensive d'Artois, les Français réunissent des moyens encore jamais vus. Du nord au sud, ce sont en effet six corps d'armée qui se préparent à aller de l'avant : le 9e (au nord d'Aix-Noulette), le 21e (crête de Notre-Dame-de-Lorette), le 33e (en face de Carency), le 20e (en face de Neuville), le 17e (en face du Labyrinthe) et le 10e (devant Arras). Au nord, vers La Bassée, la Ire armée britannique engage trois corps d'armée : le 4e, le 1er et le corps indien. Face à la Xe armée française, les Allemands déploient trois corps de la VIe armée, du Kronprinz de Bavière : le 7e rhénan, le 14e badois et le 1er de réserve bavarois.

❷ L'assaut français

• 9 mai

L'attaque française débute par une préparation d'artillerie puissante, entre 6 heures et 10 heures du matin, et par la mise à feux de 17 fourneaux de mines de 300 kilos. Le plus au nord des corps français, le 9e, du général Curé, sort de ses tranchées pour avancer vers Loos et entre même dans le village, mais il en est chassé et ne peut plus progresser. Les vagues d'assaut du 21e corps, lancées sur le plateau de Notre-Dame-de-Lorette, sont elles aussi arrêtées au bout de quelques centaines de mètres. En revanche, le 33e corps, du général Pétain, s'empare de Carency, d'Ablain-Saint-Nazaire et pousse sur Souchez. Le 20e corps, à droite, prend La Targette, Neuville-Saint-Vaast et arrive même jusqu'à Givenchy, entre les buttes de Notre-Dame-de-Lorette et de Vimy, et au Petit Vimy. L'événement s'est produit ; la percée à laquelle le haut commandement rêve depuis des mois est obtenue. La brèche n'est pas grande certes, mais elle existe, vers Souchez, et la plaine de Douai s'étend devant les fantassins français. Néanmoins, les renforts, bien trop éloignés des premières lignes, n'arrivent pas assez vite, et les Allemands se reprennent. Entre 14 heures et 15 heures 30, alors que la rupture a été obtenue depuis midi, les troupes du général d'Urbal, soumises à une pression de plus en plus forte, reculent, abandonnant la crête névralgique de Vimy, qui ne sera prise qu'en avril 1917.

❸ Les soubresauts d'une bataille

• 10-31 mai

Tandis que le 17e corps s'est empêtré, la veille, dans les tranchées du Labyrinthe, en face de Roclincourt, les 33e et 20e corps repartent à l'assaut le 10, vers Souchez et Neuville- Saint-Vaast, au prix de terribles pertes mais sans gagner beaucoup de terrain. Le 11, Carency finit par tomber pour de bon aux mains des Français et le 21e corps progresse quelque peu sur le plateau de Notre-Dame-de-Lorette. D'autres tentatives faites le 14, puis le 16 échouent. L'attaque générale reprend le 22 mai en direction de Souchez, mais elle s'arrête au bout de quatre jours de combats meurtriers.

❹ La reprise de juin

• 16-20 juin

À l'issue d'une période de réorganisation, qui n'en reste pas moins marquée par de sanglants affrontements, notamment dans le Labyrinthe, Joffre et Foch, n'ayant pas renoncé à obtenir la rupture et ayant massé cette fois des renforts à proximité du front (deux corps de cavalerie), relancent l'offensive le 16 juin, à 12 heures 15, à l'issue d'une préparation d'artillerie qui dépense 300 000 obus. Après de faibles progrès à Lorette et Souchez, les corps d'armée impliqués dans l'affaire s'arrêtent, à bout de souffle et d'effectifs, quatre jours plus tard. L'offensive d'Artois a vécu.

EFFECTIFS PRÉSENTS (9 mai 1915)
Français : 6 corps d'armée, 1 corps d'armée, 1 division et 1 corps de cavalerie en réserve
400 pièces lourdes
Britanniques : 3 corps d'armée
Allemands : 2 corps d'armée (en face des Français)
1 corps et 1 division (en face des Britanniques)

PERTES
Français : 95 600 tués et 63 000 blessés

LE JUGEMENT D'UN HISTORIEN

L'historien Louis Cadars analyse de la manière suivante le succès initial du 9 mai :
« Minute inoubliable, une des plus extraordinaires et des plus exaltantes de cette guerre si monotone et si atroce. Il n'a tenu qu'à un fil que cette magnifique victoire ne fût absolument décisive. Si les réserves avaient pu s'engager à temps, c'était la débâcle du front allemand. »

L'OFFENSIVE D'ARTOIS

ABLAIN-SAINT-NAZAIRE
CARENCY
NOTRE-DAME-DE-LORETTE
AIX-NOULETTE
VERMELLES
SOUCHEZ
NEUVILLE-SAINT-VAAST
THELUS
GIVENCHY
LIEVEN
LA FOLIE
LOOS
VIMY
HAISNES
BAILLEUL
FARBUS
LENS
SOUCHEZ
GIVENCHY

La grande offensive de Champagne 25 septembre 1915

Le 25 septembre 1915, à l'issue d'une période de préparatifs gigantesques, le général Joffre, commandant en chef des armées françaises du Nord et du Nord-Est, lance ses forces à l'assaut des positions allemandes en Champagne pouilleuse, confiant dans une victoire qui permettra de chasser les Allemands du territoire français et d'en finir avec la guerre.

Soldats français prêts à monter à l'assaut en Champagne en 1915.

Première offensive

Depuis la fin de l'année 1914, les armées françaises ne cessent de lancer attaque sur attaque dans ce secteur où le front s'est figé, au lendemain de la bataille de la Marne, sur une ligne constituée de buttes crayeuses qui s'égrènent de Reims à la Main de Massiges, à quelque distance de la forêt d'Argonne. La première bataille de Champagne est engagée le 20 décembre 1914 avec quatre corps d'armée, mais elle s'achève, le 8 janvier 1915, sur un douloureux constat d'échec.
Le généralissime n'en persévère pas moins dans l'intention de percer le front entre Reims et Massiges, prétextant que l'absence de succès provient surtout du mauvais temps : « La pluie, la boue et le brouillard nous avaient beaucoup plus gêné que le Boche », avance-t-il.

L'ordre du jour du général Joffre
(23 septembre 1915)

« Après des mois d'attente, qui nous ont permis d'augmenter nos forces et nos ressources, tandis que l'adversaire usait les siennes, l'heure est venue d'attaquer pour vaincre et pour ajouter de nouvelles pages de gloire à celles de la Marne et des Flandres, des Vosges et d'Arras. Derrière l'ouragan de fer et de feu déchaîné grâce au labeur des usines de France, où vos frères ont, nuit et jour, travaillé pour nous, vous irez à l'assaut tous ensemble, sur tout le front, en étroite union avec les armées de nos alliés. Votre élan sera irrésistible. Il vous portera d'un premier effort jusqu'aux batteries de l'adversaire, au-delà des lignes fortifiées qu'il vous oppose. »

« Je les grignote »

Par ailleurs, à travers des attaques à répétition qu'il ordonne partout où il le peut, Joffre est convaincu d'engendrer une usure sensible des effectifs de l'ennemi.
« Je les grignote », confie-t-il à un de ses interlocuteurs au début de l'année 1915. Les pertes françaises n'en sont pas moins plus élevées que celles des Allemands dans les terribles combats d'usure de Soissons, des Hauts de Meuse, du bois Le Prêtre, des Éparges ou des Vosges.
Une nouvelle offensive conduite en Champagne pouilleuse du 16 février au 16 mars de la même année vient mourir à son tour sur les mitrailleuses et les barbelés allemands.
Le généralissime n'en affirme pas moins au président de la République, Raymond Poincaré, sa foi dans la victoire.

Attaques convergentes

Au milieu de cette « année sanglante » que constitue 1915, le crédit du commandant en chef français est cependant entamé. Ses méthodes sont non seulement l'objet d'une contestation de la part de certains de ses grands subordonnés, tels Sarrail, mais encore la classe politique et le Parlement en viennent à douter du succès plus ou moins proche qu'on ne cesse de leur faire miroiter. Joffre décide alors de frapper un grand coup en Champagne pouilleuse par le biais d'une offensive consistant à prendre en tenaille, en s'engageant en Artois et en Champagne, le saillant formé par le front allemand, à Noyon.

Fantassins montant à l'assaut lors de l'offensive de septembre 1915.

Soulager la Russie

Finalisée en juillet, la grande offensive d'automne est prévue pour les derniers jours de septembre, de manière à soulager aussi la Russie, soumise à de fortes pressions de la part des armées allemandes et austro-hongroises. L'espoir d'une percée qui emporterait des pans entiers du front ennemi est bien réel. Pour mieux l'exploiter, Joffre rassemble en arrière des divisions chargées de l'assaut de nombreuses unités de cavalerie, prêtes à s'engager au moindre signe de rupture.

Espoir et Échec

L'offensive démarre, à l'issue d'une préparation d'artillerie à l'intensité encore jamais égalée, le 25 septembre 1915, menée par deux armées qui comptent une trentaine de divisions.

Emportées par leur élan, les unités d'attaque dépassent presque partout la première ligne allemande, hormis devant la butte du Mesnil,

mais elles se brisent sur la deuxième position, creusée à contre-pente. L'infanterie française tente désespérément d'avancer jusqu'au 30 septembre, où l'offensive se trouve suspendue en vue de réorganiser les régiments étrillés, ou encore de les faire relever par des troupes fraîches. Joffre, résolu à poursuivre l'attaque, décide de la relancer le 6 octobre. Malgré le courage et la pugnacité des combattants, après des alternatives d'avances et de reculs, les Français, épuisés et exsangues, finissent par renoncer. La grande offensive dont la classe politique, le haut commandement militaire et l'opinion attendaient de si grandioses résultats a échoué, étouffée dans son propre sang. Quatre mois plus tard, les Allemands attaqueront à Verdun, animés par le dessein d'en finir avec la guerre ; ils n'y parviendront pas plus que Joffre en septembre-octobre 1915.

Explosion d'un fourneau de mine à la ferme Navarin, en septembre 1915.

LA TRANCHÉE DES TANTES

Le 28 septembre, alors même que l'assaut initial de ses armées s'est brisé sur la deuxième position ennemie, une lueur d'espoir s'empare du haut commandement français. Une brèche aurait été pratiquée dans le front allemand, à l'ouest de la ferme Navarin, au lieu dit la « tranchée des Tantes ». Aussitôt, l'enthousiasme s'empare de Joffre et de Castelnau, commandant du groupe d'armées du Centre, et Poincaré lui-même est informé de la nouvelle. Las ! Les attaques menées dans la nuit du 28 au 29 pour exploiter cette opportunité se soldent par des pertes considérables et inutiles.

L'échec de Joffre

Au milieu du mois de juillet 1915, le grand quartier général, à l'initiative de Joffre, généralissime des armées françaises, met la dernière touche à un plan grandiose qui vise à lancer une offensive générale sur le front occidental au moment de l'équinoxe d'automne. Les armées du Nord, en Artois, et celle du Centre, en Champagne, sont appelées à joindre leurs efforts pour percer les lignes allemandes, atteindre le terrain libre et prendre en tenaille le saillant de Noyon. La décision doit intervenir entre Auberive, sur la Suippe, et la Main de Massiges, aux confins de la Champagne pouilleuse et de l'Argonne.

❶ Les préparatifs

• juillet-septembre 1915

Le 12 juillet 1915, Joffre finalise son projet d'offensive pour l'automne qui vient. Le groupe d'armées du Nord (GAN), du général Foch, est chargé d'attaquer en Artois, avec le concours des Britanniques, dans le cadre d'une offensive secondaire. Le rôle principal revient au groupe d'armées du Centre (GAC), du général de Castelnau, un proche du commandant en chef, auquel ont été confiées deux puissantes armées destinées à la rupture : la IVe, du général de Langle de Cary, et la IIe, du général Pétain.

❷ L'attaque

• 25 septembre 1915 (IVe armée)

À l'issue d'une gigantesque préparation d'artillerie qui commence le 22 et s'étend sur 75 heures d'affilée, l'offensive part le 25 septembre, à 9 h 15, avec 18 divisions en première ligne. Sous les tirs des mitrailleuses et des canons, les troupes françaises abordent la première ligne ennemie, non sans avoir subi de lourdes pertes. Vers Auberive et le mont Sans Nom, à l'ouest de la Suippe, l'assaut est stoppé presque immédiatement. Toutefois, le 2e corps colonial, de Marchand, à droite, atteint en une heure la ferme Navarin, ayant progressé de 4 km. Une division du 7e corps s'empare aussi de l'Épine de Vedegrange, mais ces succès sont éphémères. La cavalerie qui tente d'exploiter l'avance de Marchand s'empêtre dans les fils de fer barbelés.

❸ L'attaque

• 25 septembre 1915 (IIe armée)

À droite, la IIe armée gravit les pentes de la Main de Massiges et atteint la crête de Maisons-de-Champagne, mais elle ne réussit pas à percer jusqu'à Rouvroy et Ripont. La butte du Mesnil reste elle aussi inaccessible, même si, à gauche, un régiment du 11e corps a pénétré dans Tahure, à 4 km de la ligne de départ. Les troupes de seconde ligne, lancées en avant, se mélangent bientôt avec celles de première ligne, qui ne parviennent pas à percer, formant parfois une cohue indescriptible.

❹ L'enlisement

• 26-30 septembre 1915

Pétain et de Langle de Cary ordonnent de reprendre l'attaque pour le lendemain, 26 septembre, mais la pluie, la boue et l'épuisement ont usé les forces des deux armées engagées dans l'offensive. Si le mont Têtu, point culminant de la Main de Massiges, tombe le 26, aucun autre progrès significatif ne se produit ce jour-là. Tandis que les divisions françaises se réorganisent, l'épisode de la tranchée des Tantes suscite, les 28 et 29, quelques espoirs vite envolés. Le 30, de Castelnau ordonne la suspension de l'attaque.

❺ Nouvelle et vaine tentative

• 6-7 octobre 1915

Des renforts étant parvenus aux IIe et IVe armées, l'assaut reprend le 6 octobre sur l'ensemble du front, mais il n'aboutit qu'à l'enlèvement du village et de la butte de Tahure. Des éléments atteignent Somme-Py, plus à gauche, mais sont bientôt repoussés. À la fin de ce mois, les Français auront perdu à la fois Tahure et sa butte, mais aussi le mont Têtu. « L'offensive fut étouffée sous sa propre masse », écrit le commandant en chef allemand von Falkenhayn. Joffre aura engagé et usé 35 divisions dans cette immense bataille et les Allemands seulement 14.

EFFECTIFS PRÉSENTS

Français : 35 divisions engagées
1 200 canons de 75, 800 pièces lourdes
Allemands : 14 divisions engagées

PERTES

Français : 135 566 tués, blessés et disparus
Allemands : 85 000 tués, blessés et disparus
(dont 25 000 prisonniers)

LA GRANDE OFFENSIVE DE CHAMPAGN

ALIN
MANRE
OMME-PY
5
FERME
NAVARIN
BUTTE
DE TAHURE
5
TAHURE
3
2
RIPONT
MAISONS-
DE-CHAMPAGNE
3
4
CERNAY
AISNE
MAIN
DE MASSIGES
3
COTE 196
SOUAIN
PERTHES-
LÈS-
HURLUS
1
HURLUS
LE MESNIL-
LÈS-HURLUS
1
TOURBE
MASSIGES
VILLE-
SUR-TOURBE
BERZIEUX
SOMME-PY
5
SOMME-SUIPPES
FERME
NAVARIN
4
2
SOUAIN
BIONNE
SAINTE-MENEHOULD

Le poilu de 1915

Jamais sans doute autant qu'en 1915, la guerre n'a revêtu une aussi sinistre signification. Jetés contre les positions fortifiées allemandes, en Artois, en Champagne, dans les Vosges, aux Éparges ou à Vauquois, les poilus meurent par dizaines de milliers dans de vaines offensives.

Un autre secteur sinistre de 1915 est la butte des Éparges dont Maurice Genevoix a admirablement parlé. Ce grand écrivain raconte ainsi une attaque lancée par son régiment le 17 février de cette année :

« "En avant !" Toute la force était derrière moi ; il n'y avait rien en avant, pas d'obstacle sensible qu'il m'ait fallu franchir. Je n'ai rien senti qu'un grandissement soudain, une plongée de tout mon corps dans un espace inconnu, immensément large et pur. Je me suis retourné : j'ai vu que Sicot et Biloray me suivaient les premiers, devant les deux sergents ; j'ai vu derrière leurs épaules une foule d'hommes encore ensevelis, crevant la terre des pointes de leurs baïonnettes et sortant, sortant, à n'en plus finir. "En avant, en avant !" Notre artillerie ne tire plus ; les fusils allemands ne tirent pas. Nous enjambons les fils de fer tordus, trébuchons dans les vagues d'argile soulevées par les canons ; chacun de nos pas fait monter jusqu'à nos narines l'odeur corrosive et violente de la terre empoisonnée. Nous voyons tout : les hommes de la 5e qui sortent à notre gauche et qui montent, sous les lueurs des baïonnettes ; la friche bouleversée, longuement déserte à notre droite... »

Soldats français au repos en 1915.

« Le tintamarre des crapouillots... »

André Pézard, en secteur sur la sinistre butte de Vauquois, raconte de la façon suivante sa journée du 8 avril 1915 : « *Nous sommes descendus cette nuit aux tranchées échelonnées le long de la cote 253. J'ai une cabane étroite et pratique, dans les restes du bois Noir ; des chaussettes bien grosses et bien sèches, un petit feu de bois qui pique les yeux, mais chauffe les jambes, un bon chocolat avec des grillades beurrées, et la lecture d'un roman à dix-neuf sous, sont choses plus douces que le tintamarre des crapouillots et le ronflement de la pluie sur la boue. La relève s'est faite dans un désordre indescriptible, avec l'embouteillage immanquable du boyau ouest. La boue du grand boyau du bois Noir est infâme ; nous avons parfois "nagé" plus profondément mais jamais aussi durablement. Pendant un quart d'heure, nous avons fendu l'eau du bas des tibias et fait naviguer en plongée nos godillots, à ras du sol, pour ne pas nous fatiguer à les décoller puis à les enfoncer. Nous sommes ici maintenant. Nous avons perdu exactement trente hommes pendant les cinq jours de nos fêtes de Pâques...* »

Fantassins français dans une tranchée inondée , 1915.

Mitrailleurs dans une tranchée de première ligne, 1915.

L'EXPÉDITION DE SERBIE 1915

À l'été de 1915, une fois consommé l'échec du débarquement de Suvla, l'expédition des Dardanelles semble se retrouver définitivement dans l'impasse. Dans le même temps, la Serbie, après avoir vaillamment résisté aux offensives lancées par l'Autriche-Hongrie, est menacée d'encerclement par l'entrée en guerre attendue de la Bulgarie. Les alliés de l'Entente décident dès lors de débarquer à Salonique pour venir au secours de ce pays ami.

Troupes françaises à l'attaque, en Serbie, dans les derniers mois de 1915.

UNE DÉCLARATION DE BRIAND

« Il y a un an que je préconise une action énergique des Alliés en Serbie pour prendre l'Autriche à revers, déclare Aristide Briand, ministre de la Justice et vice-président du Conseil de Viviani. On ne m'a pas écouté. Ce sont aujourd'hui les Allemands qui font l'opération. Ils vont essayer de couper la voie ferrée de Salonique à Nich pour empêcher nos secours d'arriver à temps. »

Cette grande cité portuaire située à l'entrée de la péninsule de Chalcidique appartient à la Grèce dont le Premier ministre, Venizélos, s'est montré favorable à l'Entente dès l'entrée en guerre de 1914. Le souverain de cet État, Constantin Ier, n'en est pas moins germanophile, en raison notamment de ses liens familiaux avec l'empereur Guillaume II.

La Serbie menacée

Néanmoins, en septembre 1915, Venizélos est pratiquement parvenu à convaincre le roi de se ranger dans le camp de Paris et de Londres, à la condition que l'Entente fasse débarquer un corps expéditionnaire de 150 000 hommes à Salonique et que la Roumanie, appuyée par la Russie, entre en guerre contre la Triplice. De cette manière, les Alliés pourraient venir au secours de la Serbie, menacée d'invasion par l'Autriche-Hongrie et l'Allemagne. Le 21 septembre, toutefois, la Bulgarie décrète la mobilisation, prélude à son ralliement à Vienne et Berlin. Au début d'octobre, Venizélos obtient du Parlement l'autorisation d'entrer en guerre aux côtés des Alliés, mais Constantin le contraint à démissionner et maintient la Grèce dans la neutralité. Le 6 octobre, les Austro-Allemands, commandés par le général von Mackensen et forts d'une écrasante supériorité numérique, pénètrent en territoire serbe.

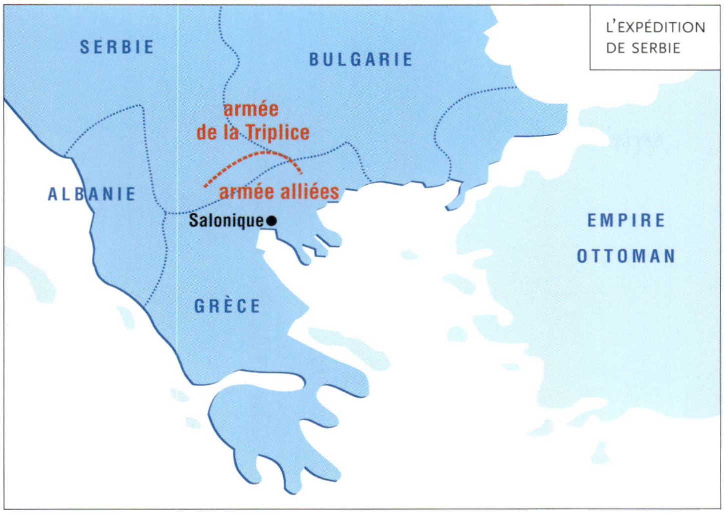

Le général Sarrail scrutant la vallée du Vardar, en 1915.

Prendre la Triplice à revers

Une semaine plus tard, un corps expéditionnaire français commandé par le général Sarrail, en grave conflit avec Joffre depuis les affaires d'Argonne, prend pied à Salonique. Pendant ce temps, une crise politique aiguë éclate en France, où le ministre des Affaires étrangères, Delcassé, constatant la faillite de sa politique dans les Balkans, donne sa démission. Ce faisant, il entraîne dans sa chute le ministère Viviani qui cède la place, fin octobre, à un cabinet dirigé par Briand, favorable à l'ouverture d'un front sur le flanc méridional de la Triplice.

La Bulgarie entre en guerre

Dans l'intervalle, la Serbie, ayant à subir l'attaque de 330 000 Austro-Allemands, alors qu'elle ne peut aligner que 200 000 hommes, a subi de graves défaites. Le 9 octobre, Belgrade est perdue et, deux jours plus tard, marquant la faillite de la politique balkanique des Alliés, la Bulgarie se précipite à l'attaque de l'armée serbe qu'elle prend à revers. En quelques jours, les troupes bulgares atteignent la vallée du Vardar, empêchant les Serbes de donner la main aux forces de Sarrail et, le 5 novembre, la ville de Nich tombe aux mains de l'ennemi. Le roi Pierre Ier, le prince Alexandre et les dizaines de milliers d'hommes et de femmes qui les entourent n'ont désormais aucune autre possibilité que de battre en retraite vers l'ouest, à travers les montagnes d'Albanie, dans les pires conditions et en plein hiver, pour tenter d'atteindre les côtes de la mer Adriatique et d'y être recueillis par les Alliés.

La vaine tentative de général Sarrail

Avec les faibles moyens qu'il aligne, de l'ordre de trois divisions renforcées par quelques éléments britanniques, Sarrail lance une offensive en direction de Veles pour donner la main aux Serbes.

Il atteint Strumica et établit une tête de pont vers Gradsko et Drenovo, au-delà de la Cerna ; mais il estime bien trop dangereux de pousser jusqu'à Veles et Uskub.

Le 23 novembre, le commandant de l'armée d'Orient donne l'ordre de repli sur le camp retranché de Salonique, renonçant à rejoindre les forces serbes qui se trouvent à Prilep, derrière le col de la Babuna. Ainsi s'achève la campagne de 1915 en Macédoine.

Soldats français montant au front en 1915.

Débarquement à Salonique

Le 12 octobre, le général Sarrail débarque à Salonique, alors que la Grèce est en plein tumulte politique. Pour porter secours aux Serbes, menacés d'être écrasés par les forces de la Triplice, le commandant de l'armée d'Orient va disposer de deux divisions françaises et de quelques unités britanniques.

❶ L'expectative

• 12 octobre-3 novembre 1915

Dans un premier temps, Sarrail, disposant d'une unité venue des Dardanelles (la 156e DI, du général Leblois), reçoit l'ordre de voler au secours des Serbes, puis celui de ne pas franchir la frontière entre la Grèce et la Serbie. Au milieu du mois d'octobre, le gouvernement français lui enjoint de couvrir la voie ferrée qui, du territoire serbe, gagne Salonique. Enfin, le 23, il lui est demandé de donner la main aux troupes du roi Pierre dans la région d'Uskub et de Veles.

❷ L'attaque française

• 4-10 novembre 1915

Prudent et manquant évidemment de moyens, Sarrail décide de ne pas suivre à la lettre cette dernière directive, mais de limiter son mouvement à la région Gevgelija-Strumica. Renforcé par la 57e division d'infanterie, il se lie aux soldats serbes vers Demir Kapu, sur le Vardar, et pousse même sur Krivolak, un peu plus en avant. Dans les derniers jours d'octobre, l'officier général dispose enfin d'une nouvelle division française, la 122e DI, du général de Lardemelle, et de la 10e division britannique, du général Mahon, autorisée à se battre à ses côtés. Il peut, dès lors, lancer une opération qu'il a prévue d'assez longue date, en direction de Kosturino, à la frontière bulgare, mais sans trop de succès. Dans le même temps, il entreprend de passer sur la rive occidentale de la Cerna, un affluent du Vardar, afin de se donner la possibilité de progresser jusqu'au col de la Babuna, en avant de Prilep, où il pourrait se lier au gros de l'armée serbe en retraite. D'un seul élan, les 57e et 122e DI occupent, la première, Drenovo, la seconde, Gradsko et Tchichevo.

❸ Les contre-attaques bulgares

• 11-23 novembre 1915

À peine ces localités sont-elles tombées aux mains de l'armée d'Orient, que les Bulgares lancent d'importantes contre-attaques qui commencent le 11 novembre et s'étendent pendant les deux journées suivantes. L'avance ennemie est contenue, mais la ligne française reste très faible et les Serbes ne peuvent plus tenir la Babuna. Aussi, le 19, Sarrail décide-t-il de se replier sur la berge orientale de la Cerna. Quatre jours plus tard, il donne l'ordre de repli général à ses troupes.

❹ Le repli sur Salonique

• 23 novembre-19 décembre 1915

Pendant que les 57e et 122e DI battent en retraite, depuis leurs positions sur la Cerna en direction de Demir Kapu, Krivolak est abandonné le 4 décembre et la localité de Demir Kapu elle-même deux jours plus tard. Les Français quittent Strumica le 8 pour gagner la région de Gevgelija et du lac Dojran. Le 19, le retrait allié s'arrête en avant de Salonique où un camp retranché a été établi.

EFFECTIFS PRÉSENTS

Français : 3 divisions (57e, 122e et 156e DI)
Britanniques : 1 division (10e DI)

LA 156e DIVISION D'INFANTERIE AU COMBAT DE STRUMITZA

Pour des troupes habituées à se battre depuis des mois dans les tranchées, la guerre de mouvement qui se déroule aux confins de la Serbie et de la Bulgarie entraîne quelques surprises. Ainsi en va-t-il de l'engagement de la 156e DI à Strumitza et de la panique qui s'ensuit, pendant la dernière décade d'octobre. Sarrail dénonce à ce propos *« l'affolement complet qui a régné à la 156e lorsqu'elle a été attaquée par un, peut-être deux régiments bulgares. J'espère, ajoute le commandant de l'armée d'Orient, qu'au lieu d'entraîner une nouvelle panique, les nouveaux contacts avec les Bulgares procureront à la 156e l'occasion de montrer l'allant raisonné de tous. »*

RBIE
GRADSKO
KRIVOLAK
3
2
2
DEMIR KAPU
STRUMITCA
STRUMITCA
KOSTURINO
BULGARIE
LAC DOIRAN
GEVGELIJA
KILINDIR
VARDAR
GALIKOS
GRÈCE
TOPSIN
1
SALONIQUE

L'Orient, entre exil et choc culturel

De 1915 à 1918, quelque 400 000 soldats français sont engagés dans les opérations conduites en Grèce et en Serbie. Éloignés de la métropole pendant des années, en butte au mépris de l'opinion, les exilés de Salonique connaissent une vie matérielle autrement plus difficile que celle des soldats du front occidental.

Soldat français devant une échoppe, dans une rue de Salonique, en 1916.

« Des idées entièrement fausses... »

Un officier de l'armée d'Orient, le capitaine Deygas, écrit à propos des sentiments qu'il éprouve en débarquant dans la région de Salonique : « *C'est avec des idées entièrement fausses que nous nous sommes tous embarqués pour la Grèce et la Macédoine, ces pays merveilleux chantés par les poètes.* »

Un autre officier ajoute : « *Nous nous attendions à trouver en Orient une végétation splendide, des palais merveilleux, un luxe éblouissant, [mais au lieu de cela] des taudis infects, du côté de la ville ; des femmes et des enfants crevant de misère et de saleté...* »

« On a l'impression d'une cité bâtie dans le désert... »

L'historique du 45e régiment d'infanterie décrit ainsi la ville de Salonique, où les soldats français débarquent en octobre 1915 : « *On a l'impression d'une cité bâtie dans le désert. Autour d'elle, peu ou pas de cultures, pas de jardins, pas d'arbres, aucun paysage de transition comme chez nous. Aux alentours, des landes monotones, des collines et des montagnes nues ou à peu près ; puis vers le nord, la vallée plate et marécageuse du Vardar.* »

« Ils vivent dans un désœuvrement presque complet... »

Un officier français rapporte ainsi ses impressions sur la société macédonienne : « *Voici [...] les hommes. En ce moment, ils vivent dans un désœuvrement presque complet,*

Minaret dans les environs de Salonique.

affranchis de tout besoin superflu. Ils ne travaillent que pour assurer leur frugale nourriture ; si la faim ne les poussait pas, ils ne feraient rien. [...] Les femmes ont dans le ménage une situation subalterne de bête de somme. C'est elles qui fournissent la plus grande part des travaux et du labeur de la communauté cependant que les hommes, inertes, se laissent vivre... »

La tour Blanche, qui donne sur le port de Salonique.

Un officier rapporte le véritable choc culturel qui se produit dans l'esprit des soldats qui arrivent en Macédoine de la façon suivante :

« *Les soldats sont très choqués par le dénuement qu'ils constatent. Avec leur raisonnement simpliste, ils concluent que des gens vivant aussi chichement ne valent pas grand-chose. Pas de meubles dans les maisons, ni tables, ni sièges, ni lits. On couche sur des nattes. [...] Les habitants vivent de rien ; le fond de la nourriture consiste en un pain mal cuit, fait avec la farine à peine levée, et en légumes. [...] Ils mangent rarement de la viande ; les œufs et le fromage en tiennent lieu...* »

Les Serbes, héroïques et braves

Les soldats français qui les côtoient en Orient ou les évoquent partout ailleurs vouent une admiration sans borne aux soldats serbes, dans lesquels ils discernent des combattants à la fois héroïques et courageux dont le seul but est de reconquérir leur pays perdu lors des derniers mois, pour le moins terribles, de 1915.

Soldats serbes de la division Timok montant vers le front en 1916.

Un officier français, assurant la liaison avec une armée serbe, juge les cadres de cette dernière de la façon suivante, en décembre 1916 :

« Les officiers reprochent à la guerre de ne pas être intéressante pour eux. Elle est trop vaste ; ils sont noyés dans la masse et on ne parle pas d'eux dans les communiqués. Ce n'est pas "leur" guerre. Puis elle n'est d'aucun profit. Sauf la campagne de 1914 contre les Autrichiens qui a rapporté, on n'a vraiment aucun bénéfice. Il faut comprendre, je pense, que les Serbes ne conçoivent pas la guerre, du moins les officiers, sans un peu de pillage... »

Fanfare serbe en 1916.

« Tout uniforme français [...] est l'objet de l'attention la plus sympathique... »

En janvier 1919, une fois la victoire obtenue sur les pays de la Triplice, un officier français rapporte ainsi l'amitié qui règne entre Serbes et Français : « *Tout uniforme français à Zagreb, qu'il soit porté par un officier ou un soldat, est l'objet de l'attention la plus sympathique, que ce soit sur le trottoir ou au café. Les gens autour de vous affectent de parler français entre eux pour montrer combien ils aiment notre langue. Dans les salons, personne ne voudrait en parler d'autre. Ce serait de très mauvais ton. [...] On s'arrache les officiers français pour les loger car on considère que c'est un très grand honneur pour la maison. On ne parle que de la France et de l'armée française...* »

« Il faut ménager l'amour-propre des Serbes... »

Un officier français, en août 1918, donne le point de vue suivant sur ses camarades de lutte serbes : « *Autrefois imbus d'idées très traditionalistes, les Serbes avaient une admiration naïve et profonde pour tout ce qui touchait leur pays. Ils se méfiaient de l'étranger et rejetaient a priori toute innovation susceptible de modifier, chez eux, le caractère serbe des choses. [...] Il faut ménager l'amour-propre des Serbes, gagner leur confiance, nous en faire des amis. Et alors chacun de nous pourra gagner l'influence qu'il doit avoir pour le renom de la France et rendre des services aussi grands que ceux qu'il aurait rendus en servant sur le front français...* »

Soldats serbes rapatriés à Corfou, en 1916.

La bataille des Vosges

Vers la fin de 1914, alors même qu'il engage ses forces dans des attaques en Champagne pouilleuse, le général Joffre tourne ses regards vers le massif des Vosges. Il ordonne la conquête d'un certain nombre d'éminences qui constituent les contreforts de ce massif dans la plaine d'Alsace. Parmi les positions contre lesquelles sont jetées les troupes françaises figurent des sommets de la plus sinistre réputation, tels que l'Hartmannswillerkopf, le Linge, le Barrenkopf et le Reichackerkopf.

Positions allemandes sur l'Hartmannswillerkopf en 1915.

En décembre 1914, le 34e corps, commandé par le général Putz, est chargé de s'emparer des contreforts des Vosges, qui dominent la plaine d'Alsace et sont tenus par les troupes du général von Gaede. Ces attaques sont menées dans le cadre d'une entreprise qui vise à déborder la localité de Cernay par le nord et le nord-ouest, puis en se rabattant vers le sud-est, en direction des vallées de la Rim et de la Lauch, de façon à contrôler les débouchés de la plaine d'Alsace.

Premières chicanes sanglantes

Les positions sur lesquelles est précipité le corps de Putz, appelé à devenir détachement d'armée des Vosges, forment une ligne de crêtes fort peu accessibles et facilement défendables. La bataille, engagée sur une dizaine de kilomètres de longueur, débute le 13 décembre 1914 lorsque les Français s'emparent de la cote 425, située un peu à l'ouest de Cernay, et du village de Steinbach. L'ennemi ne tarde pas à réagir puisque, dès le lendemain, il reprend Steinbach et dégage la cote 425 deux jours plus tard.

L'Hartmannswillerkopf, un observatoire précieux

Une évidence s'impose toutefois très vite dans l'esprit des généraux français qui dirigent les attaques dans les Vosges. Le projet de déboucher dans la plaine d'Alsace ne pourra être mené à bien sans le contrôle d'un sommet de 956 m, l'Hartmannswillerkopf,

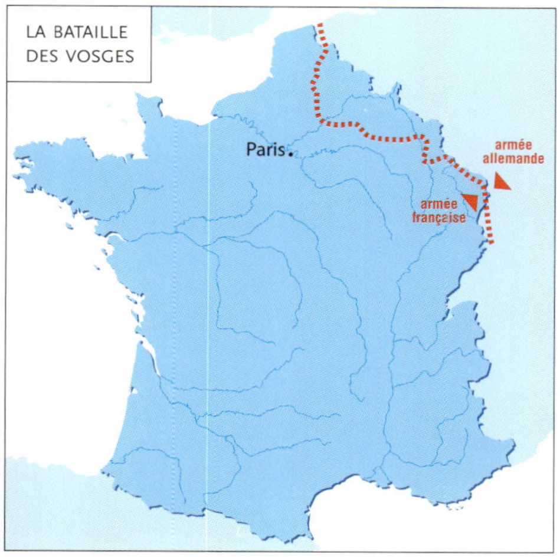

plus connu sous le nom de Vieil Armand. Quelques éléments occupent ce précieux observatoire au début de janvier 1915 lorsque von Gaede entreprend de s'en emparer en vue de contourner les positions ennemies par le nord. Le 22 de ce mois, d'importantes formations allemandes submergent le sommet tenu par quelques dizaines de chasseurs.

La bataille prend de l'ampleur

Tandis que les Français entreprennent de reprendre la cote 956, sans d'ailleurs obtenir aucun succès, le 26 février et le 6 mars, les Allemands prennent l'initiative d'autres offensives un peu plus au nord, dans la vallée de la Fecht, à proximité de l'importante localité de Munster. L'enjeu de cette lutte est le Reichackerkopf, qui tombe aux mains de von Gaede le 20 février. Continuant leur progression, les forces allemandes submergent un autre sommet, le Barrenkopf, dès le lendemain, contraignant les Français à abandonner le village de Stosswihr.

Un retour offensif permet la reprise du Reichakerkopf, le 6 mars, et le 27 du même mois, l'Hartmannswillerkopf est de nouveau aux mains de la division commandée par le général Serret.

Le Linge et le Braunkopf

Au début du mois d'avril 1915, le détachement d'armée des Vosges donne naissance à la VIIe armée, dont le commandement est confié au général de Maud'huy. Dans les derniers jours de mai, le grand quartier général demande à cet officier de haut rang de lancer une grande attaque en vue de fixer les troupes allemandes sur ce front et de faciliter l'offensive engagée en Artois.

L'assaut démarre le 15 juin, mené par deux divisions au complet, en direction du Braunkopf et du Linge. Les Français s'emparent de Metzeral et de Sondernach, mais se heurtent à une position défensive de première grandeur, le Linge. Le Linge, pris et repris en juillet et en août, reste finalement aux mains de Maud'huy après les combats d'octobre, tout comme les pentes du Barrenkopf. L'Hartmannswillerkopf, quant à lui, est l'enjeu de terribles combats de septembre à décembre 1915, mais reste finalement aux mains des Allemands. La bataille des Vosges finit par s'éteindre au début de janvier 1916.

Chasseurs alpins dans les Vosges enneigées en 1915.

LA MORT DU GÉNÉRAL SERRET

Le général Serret commande la 66e division d'infanterie, composée de bataillons de chasseurs, particulièrement aptes au combat dans une région montagneuse comme celle des Vosges. Le 29 décembre 1915, alors qu'il mène les opérations dans la région de l'Hartmannswillerkopf, cet officier de haut rang est atteint par un éclat d'obus. Grièvement blessé, amputé d'une jambe, Serret s'éteint quelques jours plus tard, le 6 janvier 1916.

Soldat français dans une tranchée du Barrenkopf.

Une guerre en montagne

La bataille des Vosges, qui s'allume en décembre 1914 et s'éteint en janvier 1916, est une guerre épuisante qui, pour la possession de sommets dont l'importance stratégique est plus ou moins contestable, coûte de considérables effectifs aux deux parties en présence. Prises et reprises à de nombreuses reprises, ces crêtes tant disputées s'appellent Hartmannswillerkopf, Linge, Barrenkopf, Reichackerkopf ou encore Schratzmaenele.

❶ La bataille s'engage

• 13 décembre 1914 - 7 janvier 1915

Le 13 décembre 1914, le général Putz attaque en direction de la cote 425, vers Cernay, et s'empare du village de Steinbach. Il perd ces deux positions respectivement le 16 décembre 1914 et le 7 janvier 1915, ayant subi de lourdes pertes.

❷ La bataille prend de l'ampleur

• 22 janvier - 27 mars 1915

Le 22 janvier 1915, les Allemands partent à l'assaut de l'importante position de l'Hartmannswillerkopf, dont le sommet de 956 m domine les vallées de la Thur et de la Lauch. Ils le prennent quelques jours plus tard, mais les Français, ne renonçant pas à sa possession, tentent d'y revenir à plusieurs reprises et réussissent finalement le 27 mars suivant.
Dans l'intervalle, de violents combats ensanglantent les pentes du Reichackerkopf et du Barrenkopf, tombés aux mains des Allemands respectivement le 20 et le 21 février. Les troupes françaises parviennent à revenir sur le premier de ces pitons le 6 mars, mais elles le perdent à nouveau le 20. Le général von Gaede rallume dès lors la bataille vers l'Hartmannswillerkopf, dont il couronne le sommet le 25 mars, mais qu'il perd une fois de plus deux jours plus tard, à la suite d'une contre-attaque de l'ennemi.

❸ La grande offensive française

• avril - octobre 1915

Au début du mois d'avril 1915, le détachement d'armée des Vosges prend l'appellation de VIIe armée et les Français, à l'initiative de Joffre, envisagent de lancer une grande offensive dans la région pour soulager le front d'Artois, en pleine ébullition. Le 15 juin, deux divisions, les 47e et 66e, partent à l'attaque du Braunkopf et de l'Hilsenfirst, dont ils s'emparent avant de prendre Metzeral et Steinbach. Le 20 juillet, poursuivant son assaut, Maud'huy s'en prend au Linge, qui forme un redoutable obstacle sur sa route, échoue à plusieurs reprises, mais parvient finalement à atteindre son objectif le 26 pour le reperdre aussitôt. Il le reconquiert en août, sans toutefois pouvoir le conserver. Les Allemands réagissent dès lors en septembre et en octobre, mais leurs assauts furieux ne réussissent pas à mordre en profondeur dans les positions françaises au Linge et au Schratzmaenele.

❹ Un volcan se rallume et s'éteint

• 8 septembre 1915 - 8 janvier 1916

Le 8 septembre 1915, la bataille se rallume sur l'Hartmannswillerkopf dont le sommet, alors aux mains des Français, est conquis par les Allemands. Il est repris par les chasseurs peu de temps après, mais les troupes ennemies y reviennent le 15 octobre. Le 21 décembre suivant, la division Serret se rue à l'assaut du piton qu'elle emporte dans son élan, mais l'ennemi, décidé à ne pas céder, contre-attaque dès le 22 et réussit à couronner la crête d'où il ne sera jamais plus délogé.
La bataille des Vosges s'achève le 8 janvier 1916 par la perte du piton de l'Hirzenstein.

EFFECTIFS PRÉSENTS
Français : 2 divisions
(attaque générale du 15 juin 1915)

LA BATAILLE DES VOSGES

« QUAND JE PENSE QU'ON FAIT TUER NOS CHASSEURS POUR RIEN ET QU'ILS SONT SI BRAVES... »

En août 1915, le président de la République Poincaré visite le front des Vosges, où il rencontre un certain nombre d'exécutants des attaques lancées depuis juin :
« L'affaire du Linge a été selon lui [le lieutenant-colonel Messimy] gâtée par les officiers de liaison du GQG, qui n'ont pas voulu tenir compte de l'avis des exécutants. [...] Le colonel Brissaud-Desmaillet, appelé par Messimy auprès de son lit, me confirme les impressions de l'ancien ministre et, tout à coup, en me parlant, ce mâle soldat éclate en sanglots et me dit : "Quand je pense qu'on fait tuer nos chasseurs pour rien et qu'ils sont si braves..." »

TÊTE DE CHIEN
HILSENFIRST
3
SONDERNACH
3
METZERAL
LUTTENBACH
REICHACKERKOPF
3
LINGEKOPF
BREITENBACH
STOSSWIHR
PETIT BALLON
MUNSTER
BARRENKOPF
BEAUREGARD
ORBEY
LINTHAL
LAUTENBACH
MURBACH
WASSERBOURG
GUEBWILLER
OSENBACH
SOULTZ

Verdun, une bataille titanesque

Engagée en février 1916, la bataille de Verdun s'étend jusqu'en décembre de la même année. Des millions d'hommes s'affrontent, des mois durant, en une lutte titanesque qui reste, dans la mémoire collective des Français comme des Allemands, un des symboles forts de la Grande Guerre.

« La défense héroïque » du fort de Vaux, en juin 1916.

Pendant la plus grande partie de 1915, l'Allemagne, hormis quelques initiatives mineures, est demeurée sur la défensive sur le front occidental, tout en s'appliquant à porter des coups répétés à la Russie, avec l'aide de son allié austro-hongrois sur le front oriental.

Saigner à blanc l'armée française

Toutefois, vers la fin de cette même année, le commandant en chef allemand, le général von Falkenhayn, en poste depuis la bataille de la Marne, décide de frapper à l'Ouest. Son plan consiste à attaquer en un lieu dont il sait que l'armée française assurera la défense quoiqu'il lui en coûte et s'en trouvera ainsi saignée à blanc. L'endroit choisi est Verdun, une région fortifiée dont les défenses ont été délaissées depuis le début de la guerre.

Explosion d'un obus allemand à Verdun en avril 1916.

À l'issue d'une effroyable préparation d'artillerie, qui dure plus de neuf heures, les troupes allemandes, commandées par le Kronprinz – le prince héritier –, partent à l'attaque à la fin de l'après-midi du 21 février 1916, sur la rive droite de la Meuse.

Submergeant les lignes françaises, elles progressent rapidement, anéantissant au passage les chasseurs de Driant, au bois des Caures. Le 30e corps, du général Bapst, qui subit le choc de plein fouet, vole en éclats. Il recule en perdant une partie de son artillerie et cède du terrain jusqu'à la Meuse. Le 25 février, la crise atteint son apogée et les Français perdent le fort de Douaumont, une position de très grande valeur stratégique. Clef du champ de bataille de Verdun, il est situé au sommet d'une butte de 388 m et tombe aux mains des Allemands sans avoir été pratiquement défendu.

La Cote 304 et le Mort-Homme

Le 25 février, une compagnie commandée par le capitaine Haupt, de la 6e division prussienne, parvient à s'infiltrer jusqu'à l'ouvrage. Une section sous les ordres du

LA VOIE SACRÉE

Pour alimenter la bataille de Verdun, dans laquelle ses régiments fondent comme neige au soleil, le général Pétain décide de créer, entre cette ville et Bar-le-Duc, plus au sud, un cordon ombilical par lequel vont affluer, des mois durant, les renforts, les munitions, les vivres et les équipements nécessaires à la IIe armée. Entretenue jour et nuit par 10 000 territoriaux, la Voie sacrée, nom qui est donné à cette route, permet l'acheminement de 90 000 hommes et 50 000 tonnes de matériel par semaine. Quelque 42 groupes automobiles réunissant 3 500 camions y sont engagés ; ils évacueront 260 000 blessés.

À Verdun, l'acharnement des combattants français défendant le sol national était total.

lieutenant von Brandis y pénètre sans grande difficulté et n'y trouve que quelques territoriaux commandés par un adjudant. La chute si soudaine de cette formidable position suscite une profonde émotion en France et un sentiment de triomphe en Allemagne.
Pour conjurer la défaite, empêcher l'ennemi d'atteindre Verdun, Joffre, le commandant en chef français, place, le 26 février, le général Pétain à la tête de l'armée de Verdun. Organisant la résistance et exigeant de ses hommes qu'ils tiennent sans esprit de recul, celui-ci parvient à rétablir progressivement une situation jusqu'alors catastrophique. S'étant rendu compte qu'ils ont commis une erreur en n'attaquant que sur la seule rive droite de la Meuse, les Allemands partent à l'assaut de la rive gauche, le 6 mars.
La lutte, effroyablement meurtrière, se concentre autour de la cote 304 et du Mort-Homme. Elle culmine en avril et se poursuit jusqu'en mai, sans toutefois rompre le front français qui résiste tant bien que mal.

L'ultime sursaut allemand

Sur la rive droite, la bataille n'a pas cessé une seule journée. Nivelle, qui a remplacé Pétain à la tête de l'armée de Verdun en avril, tente de reprendre Douaumont en mai, sans y parvenir. Le 7 juin, le fort de Vaux, un autre haut lieu, tombe aux mains des Allemands, et dans les semaines qui suivent le Kronprinz tente une ultime poussée en direction de Souville et de Tavannes. L'affrontement culmine avec l'attaque du 23 juin, qui échoue malgré les moyens engagés, et celle du 11 juillet, qui vient butter contre le fort de Souville. La progression allemande depuis le 21 février n'a pas dépassé 8 km.
Désormais, l'initiative n'appartient plus aux Allemands, qui doivent affecter toutes leurs réserves à la bataille engagée sur la Somme par les Français et les Britanniques depuis le 1er juillet. Verdun est sauvé, mais au prix de sacrifices considé-rables pour l'armée française, les pertes allemandes étant tout aussi élevées.

La reprise de Vaux et de Douaumont

Pour alimenter la bataille, Joffre a engagé, en quelques mois, 66 des 95 divisions placées sous ses ordres, et von Falkenhayn, limogé en août, 42 des siennes.
Le 24 octobre 1916, Nivelle lance une offensive qui permet de reprendre les forts de Vaux et de Douaumont. Celle engagée le 15 décembre reconquiert une bonne partie du terrain tombé aux mains des Allemands depuis le début de la bataille.

Verdun, l'offensive allemande
21 février 1916

La bataille de Verdun, voulue par le commandant en chef allemand von Falkenhayn pour saigner à blanc l'armée française et porter un coup mortel à l'alliance franco-britannique, commence le 21 février 1916. L'offensive menée par les troupes du Kronprinz connaît un succès initial important puis s'enlise dans une lutte d'usure, malgré les attaques menées simultanément ou successivement sur les rives droite et gauche de la Meuse. À l'issue d'une avance de 8 km, la progression allemande s'arrête, en juillet, à peu de distance des crêtes qui constituent le dernier rempart de la ville de Verdun.

❶ Début de la bataille
• 21 février 1916
72 bataillons allemands soutenus par 1 225 canons qui tissent un barrage d'artillerie partent à l'assaut des positions du 30e corps français, du général Bapst. Deux jours plus tard, la première ligne française est enfoncée et la deuxième tombe le 24 février.

❷ Chute de Douaumont
• 25 février 1916
Tandis que les Français évacuent leurs positions des Hauts de Meuse, trop exposées à une attaque de flanc, les Allemands prennent sans coup férir le fort de Douaumont, clef de voûte du système défensif ennemi, et la côte du Poivre, une autre position importante. Nommé le 26 à la tête de l'armée de Verdun, Pétain parvient à freiner l'avance de l'adversaire.

❸ L'attaque sur la rive gauche
• 6 mars 1916
Faute d'avoir obtenu le succès sur la rive droite, les Allemands partent à l'assaut sur la rive gauche de la Meuse, sur un front de 5 km, et s'emparent de la côte de l'Oie et du bois des Corbeaux, atteignant les approches du Mort-Homme et de la cote 304 dont ils ne parviennent pas à s'emparer. Pour le Kronprinz, la bataille est désormais dans l'impasse.

❹ L'attaque générale sur les deux rives
• 9 avril 1916
Les Allemands, désireux d'en finir, lancent une offensive simultanée sur les deux rives de la Meuse, qui ne réussit pas à rompre le front français. Dans la première semaine de mai, la cote 304 tombe néanmoins entre leurs mains, tout comme le Mort-Homme, à la fin du même mois.
Dès lors, la bataille s'éteint sur la rive gauche.

❺ La chute du fort de Vaux
• 7 juin 1916
Au début de juin, l'armée allemande, renouvelant son effort sur la rive droite, investit le fort de Vaux, une autre position stratégique du champ de bataille de Verdun. L'ouvrage, placé sous les ordres du commandant Raynal, tombe après une résistance héroïque. Le Kronprinz viendra lui-même rendre hommage au courage de l'officier français.

❻ Première offensive d'été allemande
• 23 juin 1916
Massant des moyens considérables en hommes et en artillerie (2 corps d'armée) sur un front très étroit et déversant quelque 10 000 obus à gaz sur les positions ennemies, les Allemands, informés de l'imminence de l'attaque franco-britannique sur la Somme, tentent un nouvel effort pour percer les lignes françaises, vers Souville et Fleury. L'affaire s'achève sur un échec.

❼ La dernière grande attaque
• 11 juillet 1916
Dans une ultime attaque, l'armée allemande essaie de rompre les défenses françaises, mais l'assaut s'arrête sur le fort de Souville.
Une dernière offensive, menée du 1er au 6 août, ne connaît guère plus de succès. La bataille de Verdun s'achève sur une faillite de la stratégie préconisée par von Falkenhayn.

EFFECTIFS PRÉSENTS (21 février 1916)
France : 36 bataillons, 281 pièces d'artillerie
Allemagne : 72 bataillons (150 000 hommes dans la seule zone d'attaque), 1 407 pièces d'artillerie

PERTES
France : 275 000 tués, blessés et disparus
Allemagne : 240 000 tués, blessés ou disparus

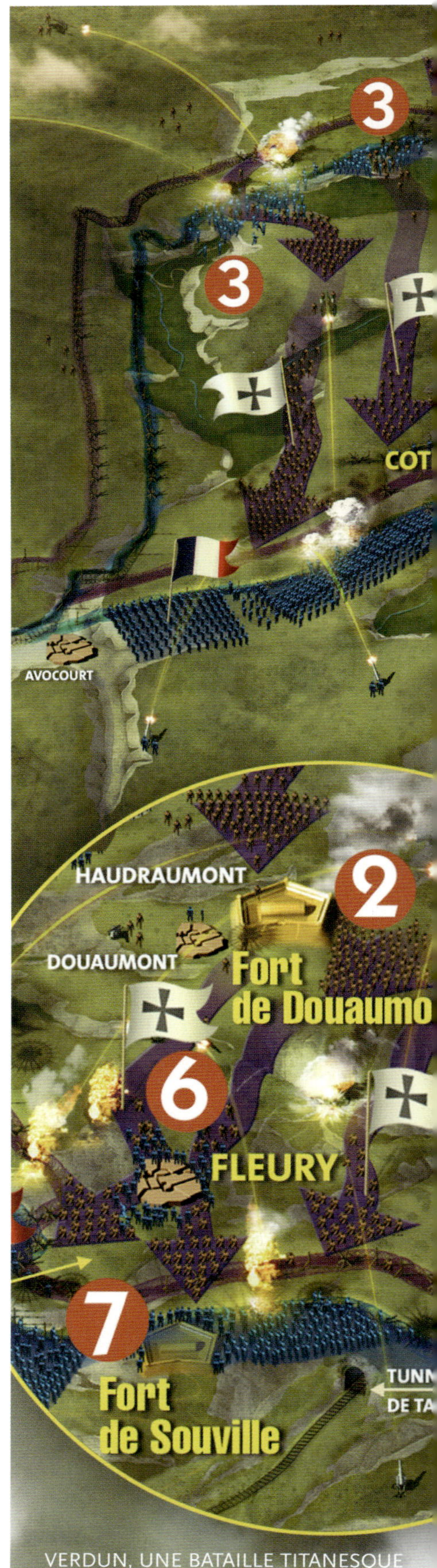

VERDUN, UNE BATAILLE TITANESQUE

1
1
1
BRABANT
HAUMONT
FORGES
COURT
CÔTE DE L'OIE
COTE 344
ORNES
MORT-HOMME
CUMIÈRES
CÔTE DE TALOU
CÔTE DU POIVRE
CHATTANCOURT
VACHERAUVILLE
HAUDRAUMONT
2
DOUAUMONT
Fort de Douaumont
HARDAUMONT
FORT DE VACHERAUVILLE
CHARNY
6
Fort de Marre
FLEURY
5
Fort de Vaux
Fort de Bois Bourrus
7
Fort de Belleville
Fort de Souville
TUNNEL DE TAVANNES
MEUSE
Fort de Chaume
VERDUN
5
aux

Paroles de généraux

De tous les innombrables témoins de la Grande Guerre, les généraux ne sont pas les moindres. Tombant souvent dans les plaidoyers pro domo, ils n'en livrent pas moins des informations de première importance sur la manière dont ils ont vu et vécu cet immense conflit.

Le général Fayolle lors de l'offensive de la Somme, en 1918.

Le général Pétain, généralissime des armées françaises en 1917-1918.

Le général Fayolle rapporte en des propos désabusés une visite que Joffre, commandant en chef français, effectue à son quartier général, le 30 avril 1916 :

« Visite de Joffre. Il semble fatigué, marche avec assez de peine. Il paraît accablé par le fardeau qui pèse sur ses épaules. Il n'a d'ailleurs pas d'idées sur la bataille qui s'organise sur mon front. But ?
Il n'ose pas dire qu'il faut percer, il y a la Somme en face. Alors ? Il ne peut s'agir que d'user l'ennemi, le retenir pendant qu'on fait des efforts ailleurs. Qui et où ? Les Russes, les Anglais ? Nous sommes trop loin des premiers pour nous entendre complètement avec eux. Restent les seconds. Il faut bien se mettre dans la tête qu'ils ne travaillent que pour eux. Or ils ont intérêt à ce que la guerre dure. Ils y gagnent de toute façon. Ils ont avantage à ce que tous les peuples d'Europe s'usent, ils resteront pour cent ans au moins les maîtres de la mer et du commerce mondial. Je ne fais aucun fond sur eux... »

« Tous, il faudrait vous nommer, soldats de Verdun... »

En septembre 1927, à l'occasion de l'inauguration de l'ossuaire de Douaumont, le maréchal Pétain rend hommage aux soldats qui se sont battus à Verdun dans les termes suivants : *« Tous, il faudrait vous nommer, soldats de Verdun, soldats de l'avant et soldats de l'arrière. Car si je mets à l'honneur, comme il se doit, ceux qui tombaient aux premiers rangs de la lutte, je sais que leur courage eût été vain sans le labeur obstiné de jour et de nuit, poussé jusqu'à l'extrême limite des forces de ceux qui assuraient la montée régulière des renforts, des munitions et des vivres ou l'évacuation des blessés : conducteurs des camions de la Voie sacrée, sapeurs des chemins de fer, ambulanciers... De quel acier était donc forgé ce soldat de Verdun que la France a trouvé à point nommé pour faire face à une situation exceptionnellement grave et qui a pu affronter sans étonnement les épreuves les plus sévères ? Était-il touché d'une grâce particulière pour avoir été porté aussi naturellement à l'héroïsme ? Nous qui l'avons connu, nous savons qu'il était très simplement un homme avec ses vertus et ses faiblesses ; un homme de notre peuple dont les pensées et les affections étaient restées attachées, malgré dix-huit mois de guerre, au cercle de famille, à l'atelier, au bureau, au village, à la ferme où il avait grandi... »*

« Il était très simplement un homme avec ses vertus et ses faiblesses... ».

Le maréchal Pétain témoigne

Le maréchal Pétain n'a pas laissé de Mémoires de la Grande Guerre. Néanmoins, dans le livre qu'il consacre à la bataille de Verdun et dont la publication intervient en 1938, l'homme qui a commandé en chef les armées françaises livre des pensées et des jugements intéressants à plus d'un titre.

Le général Pétain, dans le train où se trouve son poste de commandement, lors de la bataille de Verdun.

« Il nous apportait le précieux témoignage de la confiance du pays... »

En mars 1916, Pétain, alors commandant de la IIe armée qui tient le front de Verdun et résiste à l'offensive allemande sur la rive gauche de la Meuse, reçoit le président Poincaré à son quartier général de Souilly : *« Je me souviens de la visite que nous fit aussi, pendant ces rudes journées, M. Poincaré, président de la République. Il nous apportait le précieux témoignage de la confiance du pays et il pensait – je le sentis bien dès mes premières conversations avec lui – que l'heure de nos ripostes sonnerait bientôt.*

Il conçut quelque étonnement de mon attitude et de mes intentions lorsque, assistant à mes rapports quotidiens, il me vit tenir à mes commandants de groupement un langage où apparaissait le souci de "tenir" plus que l'espoir d'une prochaine offensive.

Au cours de cette réunion, nos visages reflétaient une résolution inflexible certes, mais surtout, je dois bien l'avouer, les plus graves préoccupations ; le rayonnement de la victoire ne les éclairait point.

Nous parlions exclusivement des difficultés à surmonter, dont beaucoup demeuraient insolubles, et, de ma part, les avertissements parfois sévères constituaient la note dominante, encore que je fusse parfaitement satisfait du zèle de tous ; seulement, beaucoup

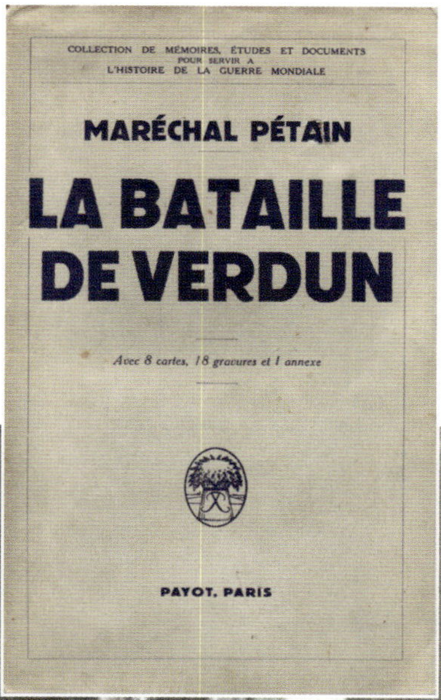

de détails restaient à régler – notamment pour assurer l'action concordante des différentes armes et le rapide jeu des ravitaillements –, et il n'entrait pas dans ma manière de distribuer des éloges avant que les choses ne marchassent à souhait...
J'ai conservé de ce rapport devant le chef de l'État le souvenir d'une certaine désillusion. Nous qui faisions de notre mieux en retirions l'impression que l'on espérait nous trouver dans une forme plus brillante... »

Pétain recevant Poincaré et Joffre à son quartier général de Souilly.

Vers la mi-avril 1915, Pétain apprend qu'il est nommé à la tête du groupe d'armées et remplacé au commandement de la IIe armée par le général Nivelle :

« Le 19 avril, le général de Castelnau me téléphonait de Chantilly que le commandant en chef me confierait prochainement [...] le groupe d'armée du Centre. [...]
Cet avertissement ne me réjouissait point. J'aurais voulu ne pas m'éloigner de mes troupes avant qu'elles ne connussent, sous mes ordres directs, la satisfaction des grandes ripostes escomptées. Mais celles-ci ne me paraissaient pas imminentes. [...] L'ennemi ne restait point passif : sur chacun des tentacules qui s'avançaient vers lui, il entretenait un tir de destruction systématique, avec ses minenwerfer et ses mortiers... »

Pétain, commandant en chef, en visite dans un village alsacien en 1917.

Poilus de Verdun

Parmi les combattants de la Grande Guerre, le poilu de Verdun est sans contestation aucune celui qui incarne le mieux l'esprit de sacrifice, l'héroïsme et la bravoure des soldats français. Dans leurs témoignages toujours émouvants, tous restituent le même sentiment d'horreur et de stupéfaction face au spectacle du champ de bataille.

Soldats au repos dans l'attente d'une montée en ligne à Verdun.

« On marche sur les morts... »

Le capitaine Albert Garnier, de la 52e division d'infanterie, décrit avec douleur et stupéfaction le secteur dans lequel l'unité à laquelle il appartient est engagée au début du mois de juin 1916, alors que la bataille atteint son paroxysme :
« Ce que je vois est affreux. Les cadavres sont légion ; ils ne se comptent plus ; on marche sur les morts. [...] Des mains, des jambes, des têtes et des cuisses coupées émergent de la boue. On est contraint de patauger là-dedans car c'est encore dans ce méchant fossé à moitié comblé par endroits qu'on peut espérer se dissimuler un peu. Ici, un soldat est tombé à genoux ; il bouche le passage ; on lui grimpe sur le dos pour avancer ; à force de passer sur lui, on a usé ses vêtements, on marche sur sa peau. [...] On m'annonce qu'un obus incendiaire vient de tomber sur le poste de secours où vingt blessés et le médecin du bataillon viennent d'être tués... »

« Les toiles sont noires de sang coagulé... »

Un combattant anonyme décrit le poste de secours d'Esnes où arrivent les blessés de la cote 304 et du Mort-Homme, en pleine bataille sur la rive gauche de la Meuse :
« De grandes plaques rouges marquent les places où les brancards ont été posés avant d'être descendus dans les caves. Le long des murs, les brancards montés sont en permanence prêts à servir. Les toiles sont noires de sang coagulé et les hommes qui rôdent dans la cour, affamés, les yeux fous, la barbe longue, ont un air accablé de condamnés à mort. À gauche, sous le hangar, c'est pis encore. Des blessés sont morts en route ou pendant qu'on faisait leur pansement. Alors on les a mis de côté pour passer aux survivants... »

Soldats montant en ligne dans le secteur de Verdun, en 1916.

Fantassins de retour des lignes dans le secteur de Verdun.

Le soldat Vergne, du 24e régiment d'infanterie, raconte en des termes simples mais forts le quotidien des combattants des tranchées dans l'enfer de Verdun, surtout la soif :

« Je n'ai pas faim, j'ai soif seulement. Le soir, on descend remplir les bidons à l'étang ; il y a des cadavres qui pourrissent dans cette eau, on sent un peu un goût de vase en la buvant, elle dessèche la langue au lieu de rafraîchir et on boit encore, encore ; on a soif, on a soif. Toutes les nuits, nous sommes là debout et anxieux dans nos trous. Oh ! ces nuits ! qu'elles sont longues ! Oh nuits de Verdun ! Nul ne sort d'ici, sauf les morts, et encore ! et encore ! Non, même les morts n'ont pas encore pu dormir en paix. Je suis toujours ivre de sommeil jusqu'à en tituber... »

La montée en ligne

La marche vers l'enfer et la mort. Telle est l'expression qui s'applique sans doute le mieux à la montée en ligne. Arpentant des boyaux le plus souvent éventrés, en général dans l'obscurité, pour éviter d'être repérés, les soldats découvrent un avant-goût de ce qui les attend sur le front.

« Un ravin profond que j'appellerai le ravin des éclairs... »

Le lieutenant Jacques d'Arnoux, un écrivain talentueux, officier au 62e RI qui vit la Grande Guerre d'un bout à l'autre, évoque le calvaire de sa section qui monte en ligne dans le secteur de Verdun, vers le bois de Nawé, en avril 1916 :

« *Il est minuit, nous arrivons dans un ravin profond que j'appellerai le ravin des éclairs, tant les éclatements y furent pressés, nombreux, ininterrompus pendant l'instant démesuré que nous y avons passé. Le tumulte de ce ravin est aussi prodigieux que son illumination. À côté de moi, immobile, tournant le dos aux éclatements, un officier devise avec une ombre : "Celui qui n'a pas fait Verdun, dit-il, n'a pas fait la guerre..." Les 150 surgissent comme des grands spectres frappant les troncs à pleine cognée, hachant les branches qui pendent en lambeaux. Un chêne déraciné passe à quelques mètres au-dessus des casques. Il tourne lentement sur lui-même et je vois distinctement ses grosses racines blafardes d'où la terre retombe en pluie. Une troupe de 105 arrive en tornade et fracasse le bois dans tous les sens : grêle de coups de foudre s'abattant partout à la fois comme dans le paroxysme d'un orage. La terre est secouée sur ses bases. Nous sommes dans le bois de Nawé. Nos hommes s'engagent à la file indienne, un bâton de pèlerin à la main, suant, soufflant, grommelant. Ils vont, à chaque instant, prosternés sous ces clartés de l'au-delà, trébuchant sur les souches calcinées, tombant dans des crevasses de fange. Ils se relèvent, continuent à marcher péniblement, ployés en deux et comme écrasés par une croix trop lourde...* »

Acheminement du ravitaillement avec des bourricots pendant la bataille de la Somme, en 1916.

Soldats montant en ligne lors de la bataille de Verdun, en 1916.

Un soldat du 41e régiment d'infanterie, Job de Roincé, décrit dans les termes suivants la montée de sa compagnie vers les premières lignes de Verdun, en 1916 :

« En rampant, les poilus se glissent vers les premières lignes. Ici pas de boyaux, pas de tranchées. Seulement quelques trous que les occupants doivent aménager. C'est là, paraît-il. Les hommes hésitent, cherchent à s'orienter. Où sont donc les camarades qu'ils viennent remplacer ? Dans l'obscurité, les mains tâtonnent. Elles ne trouvent que des cadavres. Alors les arrivants devinent... À Verdun, ce sont les morts que l'on relève... »

Des soldats montent à la force des bras des équipements vers les premières lignes.

Paroles d'infirmiers

De tous les combattants plongés dans l'horreur de la Grande Guerre, ceux qui vivent de la façon sans doute la plus intense la douleur des soldats atteints dans leur chair ou dans leur âme sont les médecins et les infirmiers. Faisant preuve d'une extraordinaire abnégation, ces derniers déploient tous les efforts possibles pour venir en aide aux malheureux blessés, parfois au péril de leur vie.

Honneurs rendus à un officier français tué au combat.

« Quel triste spectacle... »

Un infirmier du 118e régiment d'infanterie, J. Carafray, engagé dans le secteur de Verdun en octobre-novembre 1916, alors que l'armée française attaque pour reprendre à l'ennemi les forts de Vaux et de Douaumont, se rappelle la triste besogne qui lui revient :
« Le 2 novembre 1916, mon équipe est commandée pour aller ramasser les blessés à la redoute de Vaux, devant le fort. Quel triste spectacle !

Infirmiers et brancardiers ramassant des morts et des blessés après une attaque.

Infirmiers transportant un blessé pendant l'offensive de Champagne, en septembre 1915.

« Il était devenu subitement fou et ne cessait d'appeler sa mère... »

Gaston Deindis, un infirmier attaché à un poste de secours divisionnaire, se trouve en juin 1916 dans le secteur du fort de Souville. Voici qu'il a vu et vécu :

« Un soldat, dépouillé de tout vêtement, courait dans la nuit, de-ci de-là, au bois de la Caillette, sous les rafales d'obus. Il était devenu subitement fou et ne cessait d'appeler sa mère. Un malheureux pris au poste de secours du même bois, emporté par mes équipiers et moi, était tombé dans le ravin de la Mort. Où est-il ? Nous ne le trouvons plus dans ces trous ; cependant ses râles nous guident ; le voici, il est dans le fond d'un entonnoir, en pleine boue ; nous le cherchons comme un torchon dans une lessive. "Ne m'abandonnez pas", implore-t-il. Dans le fort de Souville, 80 brancardiers se reposent du dur labeur de la nuit ; tous sont assommés par un 380 qui ne pardonne pas... »

Les trous d'obus sont si rapprochés qu'ils se touchent. Dans chaque trou un ou plusieurs cadavres, les uns sur le dos, les autres sur le ventre. Quelques-uns fauchés dans une charge à la baïonnette ont encore les mains crispées sur la crosse de leur fusil.

D'autres ont été assommés à leur poste de mitrailleur. Partout des débris humains, des membres déchiquetés. De la tranchée à demi nivelée que nous suivons sortent de-ci de-là un bras, une jambe, une tête... »

Gaston Gras, un infirmier, est engagé dans le terrible secteur de Douaumont, en octobre 1916. Il raconte ainsi le martyre des fantassins :

« Vers les premières heures de la nuit, notre fusilier mitrailleur, qui s'est dressé pour satisfaire un besoin naturel, reçoit une balle dans la cuisse ; promptement, avec Rousseau, nous lui faisons un bon pansement qui comprime la plaie et il ne se plaint pas trop, persuadé qu'il est d'avoir reçu la bonne blessure. Nous réussissons à faire patienter le malheureux ; il grelotte dans le fond de notre trou ; nous le couvrons d'une toile de tente et nous calmons son désespoir. Il voudrait partir vers l'arrière, se faire soigner ; mais comment pourrait-il faire ? »

Paroles de téléphonistes

Combattants héroïques entre tous, chargés de maintenir les liaisons entre les tranchées de première ligne et les postes de commandement, les téléphonistes paient un lourd tribut à la guerre. Beaucoup de ces hommes courageux trouvent la mort en tentant de rétablir les lignes coupées par les obus.

Téléphoniste au travail dans un poste enterré en 1915.

Le soldat Robichon, du 95e régiment d'infanterie, est téléphoniste pendant un des pires moments de la bataille de Verdun, en juillet 1916, alors que les Allemands tentent un dernier effort pour percer :

« Dans la deuxième quinzaine de juillet, j'ai été téléphoniste. Nous nous tenions au poste de Tavannes. Le spectacle était terrifiant. Toutes les heures, le bombardement le plus violent que j'aie jamais vu se déclenchait et un arrosage systématique, mètre par mètre, de tout le ravin, jusqu'à l'entrée du tunnel de Tavannes, s'exécutait dans une vraie féerie d'enfer. Nous étions blottis dans une petite sape creusée à flanc de coteau et attendions le moment où un obus éclaterait soit au-dessus, soit à l'entrée, pour être exterminés comme de vulgaires lapins dans un terrier. Sitôt qu'une ligne téléphonique était coupée, c'est-à-dire constamment, on partait à deux pour réparer. Je me suis toujours demandé comme il était tout de même possible de sortit vivant d'un pareil enfer. Lorsque les obus arrivaient, c'était la trombe pendant environ cinq minutes, mais pendant ces cinq minutes, sans exagération, pas un seul mètre de terrain n'était épargné... »

« Les lignes téléphoniques sont coupées par les obus 5 ou 6 fois par jour... »

Émile Carlier est téléphoniste au 127e régiment d'infanterie, engagé à Verdun, en mars 1916 :

« Un téléphoniste doit avoir de nombreux et très visibles points de repère où il peut se reconnaître la nuit, explique-t-il. Son salut dépend souvent de la rapidité des réparations. Nos points de repère à nous : le calvaire, un poteau indicateur, les ruines d'un mur, un drapeau, les débris carbonisés d'un équipage de ferme, le cadavre d'un cheval. Plus loin, une corvée de soupe a été surprise par un obus et douze hommes ont été tués. On a enlevé les cadavres, mais les bouteillons, les marmites, les pains gisent encore sur le sol au milieu de flaques de sang coagulé : voici d'excellents repères. Les lignes téléphoniques sont coupées par les obus 5 ou 6 fois par jour et autant la nuit. Nous bondissons de trou en trou d'obus avec notre rouleau de fils et l'appareil qui nous sert à délimiter les cassures. Notre baïonnette nous sert de piquet de terre. Nous sommes en hiver et la neige tombe en abondance, mais nous rentrons souvent baignés de sueur dans notre poste de Bras... »

Téléphoniste pris sous un tir allemand en 1915.

Ci-contre, téléphonistes protégés par leur masque à gaz tendant un fil vers les premières lignes.

Les bombardements d'artillerie

Les bombardements d'artillerie sont sans doute une des pires épreuves que les combattants du front sont appelés à subir. Malgré l'impuissance qu'ils ressentent et la terreur qui les assaille, la plupart des soldats résistent assez bien à cette terrible expérience ; certains ne s'en remettent pas et sombrent dans des pathologies mentales d'une extrême gravité.

Tirs d'artillerie lourde sur le fort de Vaux en novembre 1916.

« J'ai vu des choses horribles... »

Un mitrailleur en secteur à Verdun en 1916, Émile Huet, du 54e régiment d'infanterie, raconte les conséquences d'un tir de barrage sur une tranchée de première ligne :
« Le 21 juin, en montant à l'attaque, j'ai vu des choses horribles. Des hommes d'un régiment qui était sur notre gauche, au nombre d'une compagnie environ, se trouvaient dans un bout de tranchée qui avait été épargné. Au moment où nous passions, le bombardement était épouvantable. Le tir de barrage est tombé juste sur cette tranchée et a recouvert tous les hommes qui étaient dedans. On pouvait voir la terre se soulever par l'effort de ces malheureux. J'ai toujours cette vision devant les yeux... »

« Les obus sont venus sortir les cadavres de leurs tombes... »

Le soldat Chevier, du 113e régiment d'infanterie, se souvient d'une descente du front, la nuit, à Verdun, au ravin de la Fausse Côte :
« Dans la nuit noire, sous la lune, sous la pluie, nous descendons les pentes du ravin de la Fausse Côte. Tout à coup, un hurlement terrible et sinistre ; instinctivement, nous nous couchons. Aussitôt après, nous sommes environnés de feu, un fracas épouvantable, des sifflements aigus, tout vole autour de nous. Une odeur terrible se fait sentir ; il faut continuer notre chemin vers l'avant ; c'est à peine si nous avons la force de nous relever ; cette odeur nauséabonde nous donne envie de vomir. Ce n'est qu'au matin brumeux que, cherchant de nos observatoires, à mi-pente du ravin, le chemin par où nous sommes venus sur cette mer de boue sans nom, nous nous rendons compte que, surpris par une rafale, nous nous sommes couchés au milieu d'un grand cimetière allemand. Les obus sont venus sortir les cadavres de leurs tombes pour les déchiqueter, les projeter en l'air, puis les rejeter à nouveau, avec la glaise immonde, sur nos capotes détrempées par la boue... »

Le caporal Baron, du 70e régiment d'infanterie, décrit de la manière suivante un barrage d'artillerie en 1916 :

« Vers 2 h 30, une explosion formidable tout près de nous : un obus français, un 155, qui est tombé à quelques mètres derrière nous. De toute l'escouade, nous nous retrouvons deux ; les autres sont enterrés plus ou moins profondément. Avec Binard, nous enlevons d'abord Mazé, Clément et Lalès. Leroux et Leroy réussissent à se tirer seuls. [...] Le bombardement est toujours aussi violent. Je déterre d'abord un poilu du 270e, plus facile à dégager. Ils sont encore plusieurs enterrés et ils crient... »

Les gaz, la terreur absolue

Pour les combattants, les gaz constituent une source de crainte et de terreur intenses à l'égard de laquelle ils se sentent désarmés et impuissants. N'ayant que la seule protection, parfois dérisoire, d'un masque qui n'est pas toujours efficace, ils n'ont d'autre choix que d'attendre et de prier.

Les soldats ne sont pas les seuls à subir les terribles effets des gaz. Les animaux déployés sur la ligne de front, les chevaux en particulier, en souffrent tout autant. À ce propos, le soldat Albert Houzieux, du 251e régiment d'infanterie, a laissé le témoignage suivant :

« Le 10 août [1916], nous tenions les lignes tout près des carrières d'Haudromont. Le coin était pourri de gaz. Beaucoup, gazés dans la nuit sans s'en apercevoir, se réveillaient au matin complètement aveugles. J'ai vu aussi bon nombre de chevaux devenus aveugles et demeurés là, sur le bled, sans rien à manger, hennissants pour appeler à l'aide, condamnés à mourir de faim, à moins qu'un obus secourable vînt les délivrer de la vie... »

Officier français vérifiant l'étanchéité d'un masque à gaz.

« Impossible de résister à la tentation d'enlever le masque... »

Le soldat Gabriel Mirabel, du 287e régiment d'infanterie, se trouve pris dans un bombardement par obus à gaz lors d'une relève dans le secteur de Verdun. Il explique :
« Nous voilà partis quand même au petit bonheur. Personne pour nous guider. Nous étions mélangés aux groupes des autres compagnies. On faisait une dizaine de pas, pas plus, puis on s'affalait là où l'on se trouvait, dans un trou d'obus, sur un tronc d'arbre déchiqueté, au bord d'un vaste entonnoir, n'importe où, pourvu qu'on fût couché. Impossible de résister à la tentation d'enlever le masque, tellement le besoin de respirer une goulée d'air frais était grand ; mais, au lieu de l'air que je croyais trouver en soulevant légèrement mon masque un petit peu, ce fut une atmosphère empoisonnée que je fis entrer dans ma poitrine. Ce gaz (l'ypérite) vous brûle les poumons ainsi du reste que toutes les parties qui se trouvent à l'humidité. Comme je suais et étais en nage, j'ai été brûlé au cou, à la poitrine, [...] au front, à la nuque et aux mains. Mais ces brûlures ne devaient apparaître que le lendemain, sous la forme de grosses cloques... »

Ci-contre, un exercice de protection contre les gaz en 1915.

« Il tombe et me supplie de le laisser mourir sur place... »

Le lieutenant Leroy, du 59e bataillon de chasseurs à pied, est pris dans une attaque par les gaz, à Verdun, le 20 août 1916 :
« À deux reprises, dans le ravin de la Noue, où se termine le boyau, je dois, pour diriger mon peloton, enlever mon masque dont les lunettes sont couvertes de buée. Retenant ma respiration, je cherche à voir et retrouve enfin le prolongement du boyau, mais je suis pris de violentes nausées et ma poitrine est en feu. Je remets vite le masque et marche pendant quelques instants, soutenu par le chasseur Leduc, bientôt si gravement intoxiqué qu'il tombe et me supplie de le laisser mourir sur place... »

Soldats progressant au milieu d'un nuage de gaz.

Les agents de liaison, l'héroïsme quotidien

Les agents de liaison, plus connus sous le nom de coureurs, sont exposés à bien plus de risques que beaucoup d'autres soldats du front. Chargés de porter des messages vers les lignes ou des tranchées jusqu'aux postes de commandement, ils ont toutes les chances de tomber sous les balles ou les obus, mais n'en font pas moins preuve d'un très rare courage pour accomplir leur tâche.

Agent de liaison pris sous les tirs ennemis.

Coureurs attendant une accalmie derrière un réseau de fils de fer pour poursuivre leur mission.

En avril 1916, un agent de liaison du 264e régiment d'artillerie de campagne, H. Darmaillac, se trouve dans le secteur de Verdun. Il explique de la façon suivante ce qu'est le quotidien du métier de coureur :

« Ordre de partir à 5 heures 30 pour porter un pli à la 44e batterie. [...] Pendant tout le trajet de 4 kilomètres, il tombe des marmites à chaque minute. Un obus de 105 s'abat à cinq ou six mètres de nous. Il a fallu courir et faire du plat ventre. De retour à 8 heures 30. Une demi-heure après, nouvel ordre à transmettre. Je n'ai pas eu le temps de manger ; un quart de vin et c'est tout. Je suis reparti avec mon camarade Hourlier, de la 46e batterie, qui devait porter des plis à la batterie. À 9 heures, nous quittons le fort de Tavannes. À minuit, nous étions en plein champs, ensuite au village de Fleury, puis au fort de Souville, à la recherche de nos batteries respectives. Nous étions perdus. En cours de chemin, en pleine nuit, des brancardiers transportaient des morts et des blessés, il y en avait une trentaine. Les obus tombaient à droite, à gauche, de tous les côtés. [...] Je suis arrivé à 4 heures 15 du matin, déchiré de partout, couvert d'égratignures... »

« Un poilu couvert de sang nous tombe dans les bras... »

Le territorial Léon Florentin, du 44e régiment, se souvient en ces termes d'un coureur qui s'est comporté avec un extraordinaire héroïsme pendant les premières heures de la bataille de Verdun :

« La porte du PC s'ouvre violemment, un poilu couvert de sang nous tombe dans les bras. Nous le faisons asseoir. Le commandant lui donne à avaler une goutte de rhum. Il revient à lui et prend dans sa cartouchière un bout de papier sur lequel le commandant de la GGI a griffonné en hâte quelques renseignements. Les petits postes ont été attaqués ; plusieurs sont anéantis ; la grand-garde se replie sur les ouvrages en R ; il demande un ordre. Le coureur paraît incapable de porter cet ordre. J'appelle un de nos agents de liaison. "Non, répond l'homme, un gars du Nord. C'est mi qui faut que je m'en revô !" Il prend le papier et s'enfuit. Est-il arrivé ? Encore un héros dont on ne connaîtra jamais le nom, un gamin de vingt ans dont la joue droite avait été enlevée par un éclat d'obus et qui n'a pas admis que quelqu'un d'autre que lui pût accomplir une mission de confiance dont l'avait investi son chef... »

Officier de liaison français sortant d'une tranchée.

Les sapeurs au combat

Comme leurs camarades de l'infanterie, les sapeurs se battent en toute première ligne, dans des conditions tout aussi éprouvantes, et ils subissent des souffrances et des pertes qui ne le cèdent en rien à celles des premiers.

« Les guetteurs, vrais blocs de boue, font peine à voir... »

Un sous-officier du génie, engagé sur le front de Verdun en septembre 1916, évoque en termes simples la vie des combattants dans le secteur de Froideterre et de Thiaumont :

« *Sous le ciel bas de Verdun, ce coin du front est d'une horreur sans pareille. Cette terre morte, chaos indescriptible de trous d'obus de tous calibres, a été prise et reprise plus de seize fois depuis le 19 juin : elle est bourrée de débris de toutes sortes, gorgée de cadavres tant français qu'allemands. Pour aggraver encore l'horreur de ce séjour, une pluie fine et froide fait trop souvent son apparition, transformant ce charnier en un cloaque immonde. Les boyaux sont pleins d'une boue liquide et infecte dans laquelle on enfonce ; les éviter et passer à découvert en profitant de l'obscurité n'est guère plus recommandable ; à tout instant, on risque de choir dans des énormes entonnoirs remplis d'eau bourbeuse. On juge de l'état des premières lignes après plusieurs journées de pluie ; les guetteurs, vrais blocs de boue, font peine à voir. De l'autre côté, ce doit être sans doute la même chose ; aussi l'ennemi, empêtré dans son bourbier, manifeste-t-il tout au moins bien peu d'activité. Pourtant notre artillerie est*

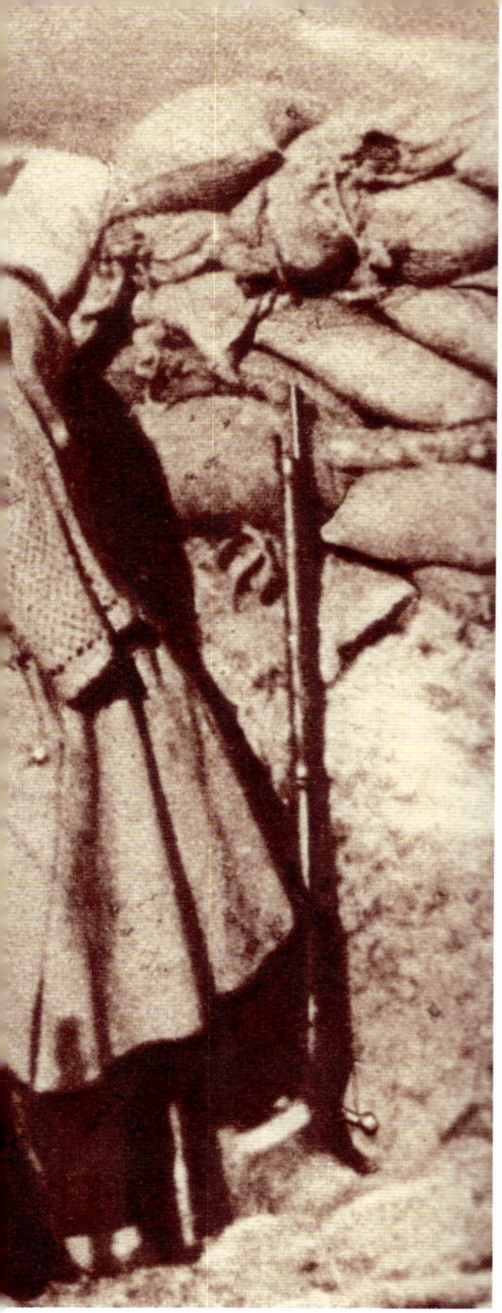

Des sapeurs observent une position ennemie dans le secteur de Saint-Mihiel.

Fantassins et sapeurs occupant un entonnoir de mine en 1915.

Un officier de l'état-major de la 9e brigade, le capitaine Besnier, se rappelle :

« En mai 1916, j'étais capitaine à la 9e brigade. Le lendemain de l'attaque du fort de Douaumont, dans la matinée du 23, je me dirige vers le bois de Vaux-Chapitre, vers le ravin du Bazil où se trouvent les postes de commandement des deux colonels (74e et 274e). Comme je traverse le bois, à découvert, car il n'y a plus de boyaux, une masse qui me paraissait inerte se ranime, tend un bras et me crie : "Attention aux grenades, mon capitaine, il y en a partout !" C'est un sapeur-pionnier du 274e RI, un ravitailleur qui est là, allongé, l'un des pieds presque entièrement détaché de la jambe et souffrant stoïquement, victime sans doute de ces grenades qui parsèment le boyau, les unes éclatées, les autres intactes... »

Sapeurs-mineurs creusant un fourneau de mine.

déjà très active et cette activité ira crescendo jusqu'à la fin. [...] Nos travaux, assez mal situés et vus de l'ennemi du côté de Vaux-Chapitre, sont fréquemment bombardés à partir du 9 octobre. Les grosses marmites, 150 ou 130 autrichiens, tombent au contact de nos galeries avec un bruit effrayant, détruisent plusieurs fois les entrées des descentes, comblent les boyaux d'accès. Coup sur coup, la bougie que nous avons allumée au fond est éteinte... »

Les vainqueurs de Vaux et Douaumont

Le 24 octobre 1916, les Français partent à la reconquête des forts de Vaux et de Douaumont, aux mains des Allemands depuis des mois. Les soldats qui reprennent les deux ouvrages éprouvent un très vif sentiment de fierté et de satisfaction, mais leurs souffrances n'en restent pas moins considérables.

« Le marmitage était effarant... »

Le colonel Picard, commandant le 321ᵉ régiment d'infanterie, lancé à l'attaque du fort de Vaux et qui assure l'occupation de l'ouvrage au début du mois de novembre 1916, rend compte de l'effroyable situation dans laquelle vivent ses soldats dans les termes suivants :

« De la première ligne, les comptes rendus devinrent de tels cris d'angoisse que je me rendis auprès de mes pauvres poilus. Le marmitage était effarant. Je me rappellerai toujours le spectacle que m'offrit l'abri 2649 où se trouvait le commandant Gatinet, du 6ᵉ bataillon, et je ne sais combien d'hommes. Sans tarder, les doléances commencèrent : "Mitrailleuses, fusils-mitrailleurs, fusils, tout était enrayé, perdu de boue ; le Fritz ne tirait que du gros calibre ; impossible de manger, de boire, de dormir, de travailler. Les Noirs, après avoir bien donné, étaient repartis, à bout de forces ; la ligne allait sûrement craquer" ; etc. etc. J'arrêtai tout d'un geste. "Nous sommes les vainqueurs de Douaumont ; c'est acquis pour toujours. Eh bien ! Cela suffit, je pense. Vous êtes ici et moi avec vous pour y crever au besoin. Sachez bien

Mitrailleurs français couverts de boue de retour du fort de Douaumont, en octobre 1916.

Le médecin-major Raoul Mercier est témoin, dans les premiers jours du mois de décembre 1916, d'une manifestation sans équivoque de l'état moral préoccupant dans lequel se trouvent les soldats français en cette fin de bataille de Verdun :

« Parfois, le combattant découvre de subtils moyens de manifester sa mauvaise humeur. Dans la nuit du 10 au 11 décembre 1916, les renforts qui traversent Regret et le Faubourg Pavé de Verdun se mettent à bêler comme des moutons conduits à l'abattoir. La contagion ne tarde pas à gagner la division entière, et rien n'est plus sinistre que d'entendre, dans les ruines, le bêlement plaintif de ces hommes qui vont prendre position pour l'attaque... »

Une des casemates de Douaumont percée par un monstrueux obus de 400 français.

tous que l'honneur est engagé, le vôtre et le mien, et, tant qu'il vous restera vos grenades et vos poignards, vous devrez tenir. Jurez-moi que vous tiendrez jusqu'au bout."
Quelques jours plus tard, le brave Sonolet, capitaine mitrailleur, qui venait d'être décoré pour son héroïque bravoure, me disait : "Mon colonel, vous nous avez réconfortés, remontés à un point incroyable..." »

La Somme, une bataille d'usure

Le 1er juillet 1916, à l'issue d'une interminable attente, Français et Britanniques partent à l'assaut sur le front de la Somme, bien décidés selon les propres mots du commandant en chef français, le général Joffre, à rompre les lignes allemandes et à exploiter le succès obtenu jusqu'à la victoire finale. La grande offensive se transformera bientôt en une terrible lutte d'usure.

Soldats prêts à sortir de leur tranchée sur la Somme en 1916.

La domination de l'artillerie alliée

Pour détruire les organisations allemandes du front de la Somme, les Alliés déploient des moyens en artillerie comme ils n'en ont jamais disposé auparavant. Ce sont en effet plus de 4 000 pièces, soit 1 canon tous les 18 m, qui foudroient les positions ennemies, sous une pluie de 1,5 million d'obus, du 24 juin au 1er juillet 1916.
En dépit de ces formidables moyens, les réseaux de fil de fer barbelé et les nids de mitrailleuses allemands souffrent assez peu, entraînant des pertes considérables chez les Britanniques le premier jour de l'offensive.

L'idée de lancer une attaque majeure sur le front occidental en vue d'en finir avec les Allemands remonte à la fin de1915 et à la conférence interalliée qui se tient à Chantilly, au grand quartier général français, en décembre de cette année.

La conférence de Chantilly

En cette occasion, Joffre fait part de son intention d'engager une bataille majeure dès le 1er mars et au plus tard le 1er juillet 1916. Fort de l'autorité militaire et morale qu'il possède alors, il parvient à convaincre les Britanniques d'attaquer à ses côtés et les Russes à partir à l'assaut en même temps que lui. Enfin, ayant désormais autorité sur l'armée française de Salonique, il obtient qu'elle coordonne son offensive avec la sienne.

Verdun contrarie les plans alliés

Le 14 février 1916, le général Foch, auquel le commandant en chef a confié le soin de préparer l'attaque, livre le résultat de sa réflexion. L'état-major français prévoit d'avancer sur un front de 70 km, entre Hebuterne et Lassigny, en visant Bapaume, Péronne et Ham, de façon à provoquer un écroulement du front allemand qui s'appuie,

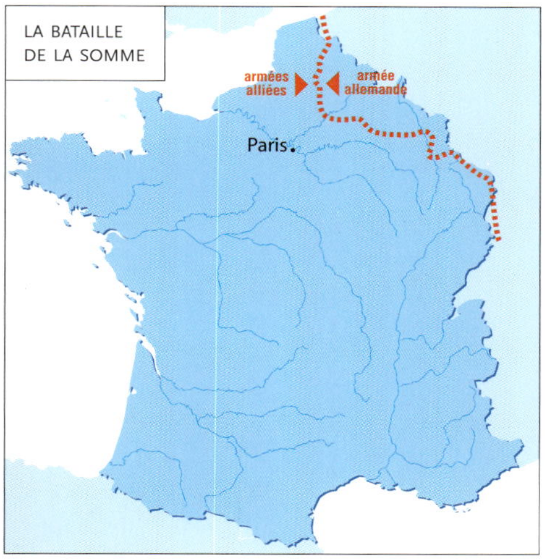

au sud, sur le puissant massif de Coucy-Saint-Gobain. Joffre entend engager trois armées françaises (40 divisions) et compte sur le concours de deux armées britanniques placées sous les ordres de Douglas Haig, qui a succédé à French en décembre 1915. L'offensive allemande sur Verdun, le 21 février 1916, contrarie les plans alliés et contraint le commandant en chef français à réduire progressivement le nombre de divisions allouées à Foch, tout en augmentant la longueur du secteur d'attaque confié aux Britanniques.

Le massacre de l'infanterie britannique

L'offensive alliée va s'appliquer sur l'un des secteurs les plus puissamment fortifiés du front occidental. Les Britanniques déploient 26 divisions sur 25 km et les Français 14 divisions, commandées par le général Fayolle, sur 16 km. La sortie de l'infanterie est précédée d'une formidable préparation d'artillerie entamée le 24 juin et l'aviation alliée domine le ciel. Le 1er juillet 1916, à 7 h 30, alors que les Russes se sont déjà mis en mouvement sur le front oriental, les fantassins de Haig montent à l'assaut mais se heurtent à des défenses qui n'ont guère souffert. Ils parviennent à s'emparer de quelques positions mais subissent des pertes effroyables. Les Français s'engagent deux heures plus tard, au sud de la Somme, avec deux armées, et percent les lignes de l'adversaire.

La bataille dégénère en lutte d'attrition

Alors que le succès est à portée de main, Joffre refuse de faire porter l'effort principal, prévu initialement au nord, sur les forces commandées par Fayolle. Il préfère demander à Haig d'étendre ses attaques. Leurs effectifs ayant été reconstitués, les Alliés reprennent l'offensive le 14 juillet et atteignent la deuxième position allemande. Dans l'intervalle, les Allemands ont décidé d'abandonner toute idée de poursuivre leur effort à Verdun et ramené quelque 23 divisions sur la Somme. Ils sont ainsi en mesure de ralentir, en août, la poussée alliée, voire de lancer de violentes contre-attaques. Désormais, la bataille dégénère en une terrible lutte d'attrition.

Foch et Joffre limogés

En septembre, alors que von Hindenburg et Ludendorff ont remplacé von Falkenhayn, éconduit par Guillaume II, à la tête des armées allemandes, les Alliés reprennent leurs assauts sur la Somme. Le succès semble poindre vers le milieu du mois, grâce notamment à l'emploi de quelques chars sur le champ de bataille, mais les Allemands, employant une tactique de défense très souple qui sait concéder du terrain quand il s'agit d'éviter de trop lourdes pertes, résistent avec énergie. Les pluies incessantes qui tombent en octobre et novembre transforment le champ de bataille en un effroyable bourbier qui paralyse le camp franco-britannique.
Les Alliés ont conquis à peine 200 km au prix de pertes énormes, et l'échec de la bataille sonne le glas du commandement de Joffre, limogé en décembre, peu après l'éviction de Foch.

Sapeurs français devant leur abri lors de la bataille de la Somme.

LA PREMIÈRE ATTAQUE DE CHARS

Lors de la bataille livrée sur la Somme, les Britanniques lancent pour la première fois leurs chars dans la mêlée. L'initiative en revient à Douglas Haig qui entend soutenir les attaques de ses troupes avec tous les moyens possibles. Sur les 49 Mark I expédiés en France, 18 sont engagés dans la région de Flers, à partir du 15 septembre, mais, s'ils sèment le désarroi chez les Allemands, ces engins ne sont pas assez nombreux pour obtenir un véritable succès stratégique. L'ennemi aura tôt fait de se reprendre.

Soldats britanniques à Beaumont-Hamel pendant la bataille de la Somme.

L'OFFENSIVE DE LA SOMME juillet 1916

Le 1er juillet 1916, après des mois de préparatifs fiévreux, les armées françaises et britanniques lancent une offensive de grande ampleur de part et d'autre de la Somme. L'objectif de cette immense attaque est de rompre le front allemand en s'emparant de Bapaume, Péronne et Ham, puis en débouchant en terrain libre. L'ampleur de l'assaut allié ne correspond toutefois pas à ce qu'il aurait dû être. Le nombre de divisions alloué par les Français à l'opération s'est trouvé réduit comme une peau de chagrin par la nécessité d'envoyer des renforts de plus en plus nombreux à Verdun, attaqué par les Allemands, et le rôle principal revient désormais aux armées britanniques de Haig.

❶ Le premier jour
• 1er juillet 1916

L'attaque démarre le 1er juillet, à 7 h 30, au nord de la Somme, impliquant deux armées britanniques et le 20e corps français. Les troupes de Haig, encore peu expérimentées, se heurtent aux barbelés et aux mitrailleuses et sont massacrées sur place. Elles perdent, en cette seule matinée, 60 000 hommes, dont 20 000 tués. À 9 h 30, les Français attaquent au sud du fleuve et s'emparent de plusieurs villages et de 5 000 prisonniers, suscitant quelque espoir de réussite chez Fayolle.

❷ Une occasion manquée
• 2-19 juillet 1916

Du 2 au 4 juillet, les armées françaises continuent de progresser, rompant le front ennemi sur une largeur de 8 km et s'emparant de Biaches, Barleux et Belloy-en-Santerre ; des patrouilles de cavalerie atteignent même les faubourgs de Péronne. Joffre ne saisit pas l'occasion qui s'offre à lui et préfère laisser peser le poids principal de la bataille sur les Britanniques, pourtant traumatisés par leurs pertes du 1er juillet. Le 14, à l'issue d'une préparation d'artillerie de trois jours, les Alliés repartent de l'avant et prennent la deuxième position ennemie à Ovillers, Contalmaison et Longueval.

❸ L'offensive repart
• 20-29 juillet 1916

Le 20 juillet, alors que les Allemands se renforcent et que les Britanniques attaquent vers Pozières, la bataille générale reprend, et, cette fois, l'effort principal porte sur la rive sud de la Somme. Le brouillard épais, le terrain marécageux et la résistance tenace de l'ennemi font échouer ce nouvel assaut qui dégénère en combats confus pendant dix jours.

❹ Joffre persévère
• 30 juillet-2 septembre 1916

Joffre, décidé à user les forces allemandes dans une bataille qui tourne à présent à la lutte d'attrition, attaque de nouveau le 30 juillet au sud et au nord de la Somme. Français et Britanniques se heurtent à une féroce résistance qui leur coûte des pertes importantes et avancent quelque peu vers Pozières et Maurepas.

❺ Un nouvel espoir
• 3-fin septembre 1916

L'offensive, relancée le 3 septembre, semble retrouver du souffle et ranime les espérances de Joffre et de Foch. Tandis que les Français progressent vers Combles et s'emparent de Vermandovillers, tout en s'approchant de Chaulnes, les Britanniques prennent Guillemont. La chute de Bouchavesnes, à 9 km dans les lignes allemandes, le 12 septembre, marque l'apogée de la bataille et l'extrême limite de la progression française. Le 15, les Britanniques tentent de percer avec leurs chars à Thiepval mais échouent. Toutefois, le réduit de Combles finit par tomber, une dizaine de jours plus tard.

❻ L'enlisement
• octobre-novembre 1916

Dès lors, la bataille s'enlise dans la boue et elle meurt dans les convulsions des combats livrés au nord de Thiepval, à Beaumont-Hamel, sur l'Ancre, au nord de la Somme, à Pressoire, Ablaincourt et Saint-Pierre-Waast au sud. Le 23 novembre, les Alliés renoncent et l'offensive est définitivement abandonnée.

EFFECTIFS PRÉSENTS (1er juillet 1916)
Alliés : 26 divisions britanniques, 14 divisions françaises
Allemagne : 7 divisions

PERTES
Alliés : 419 654 tués, blessés et disparus britanniques
204 253 tués, blessés et disparus français
Allemagne : 500 000 tués, blessés et disparus

LA SOMME, UNE BATAILLE D'USURE

COLOGNE
OMIGNON
SOMME
PÉRONNE
BARLEUX
BOUCHAVESNES
BIACHES
COMBLES
4
3
6
BELLOY
MAUREPAS
2
HERBÉCOURT
HARDECOURT
2
3
6
ABLAINCOURT
CURLU
FRISE
1
1
DOMPIERRE-EN-SANTERRE
1
1
ESTRÉES
5
CHAULNES
VERMANDOVILLIERS
5
1
ONTAUBAN
CHILLY
SOMME
1
THIEPVAL
5
ALBERT
6
BEAUMONT-HAMEL

Paroles de poilus de la Somme

Avec Verdun, la bataille de la Somme constitue une des grandes épreuves auxquels les soldats français sont confrontés pendant cette terrible et sanglante année 1916. L'affrontement, presque aussi long que sur la Meuse, s'y étend de juillet à novembre, presque sans interruption et constitue une lutte d'usure tout aussi démoralisante.

Ci-contre : soldats et marins descendant de la ligne de front, dans la Somme, en 1916.

Page ci-contre : cavaliers français au repos pendant l'offensive de la Somme.

« Un extraordinaire degré d'exaltation... »

« Nos hommes sont arrivés à un extraordinaire degré d'exaltation, car ils espèrent fermement voir bientôt la fin de leurs maux », analyse un officier du 33ᵉ régiment d'infanterie engagé sur la Somme à la fin du mois d'août : *« On a amené notre corps d'armée le premier parce qu'il est du Nord et on veut ainsi lui réserver l'honneur de reconquérir son pays, nous a-t-on dit. Si cela pouvait réussir, quelle joie ! En tout cas, vous pouvez être certain que nous ferons tout pour cela et que nous montrerons aux Boches que l'armée française existe et qu'elle ne déçoit pas de sa réputation... »*

« Il faut espérer que la guerre finira que plus vite... »

Un brancardier divisionnaire qui participe à l'offensive sur la Somme écrit, en août 1916 : *« Moi, pour mon compte, je suis envahi de poux boches, faciles à reconnaître, car ils ont une croix de fer sur le dos. Enfin, on s'en fait pas, on rigole tout de même et quelques bonnes pipes suaves chassent les moustiques. Très bien nourris : pinard un demi-litre par jour, souvent un litre, viande tous les matins avec le jus. Enfin, en un mot, on ne peut pas se plaindre. L'intendance s'occupe au moins de nous. Malgré toutes nos fatigues, le moral est excellent, car nous savons que nous sommes supérieurs. Ainsi, dans l'aviation, il est rare qu'on voit un aéro boche ; mais les nôtres survolent les tranchées à une très faible hauteur. C'est vraiment épatant à voir. Très bonnes nouvelles ces jours-ci : déclaration de guerre de l'Italie à l'Allemagne, de la Roumanie à l'Autriche. Tout cela donne courage et notre victoire est tous les jours plus certaine. Il faut espérer que la guerre finira plus vite... »*

Un canonnier du 85ᵉ régiment d'artillerie lourde se confie en ces termes, sur le front de la Somme, au début du mois de septembre 1916 :

« Je souhaite que C. ait eu sa permission car c'est réellement une bonne chose de venir de temps en temps se retremper un peu au sein de sa famille : ça repose des fatigues endurées, ça recale des privations et l'on revient avec plus de courage et de ferme espoir d'arriver enfin à bout de ces hordes de sauvages et de barbares. Plus que jamais maintenant, on peut dire que nous les tenons et que nous les aurons. Nous sommes bien secondés par les Anglais, courageux, qui ont maintenant une armée nombreuse, bien organisée et ne manquent pas de matériel ni de munitions. La TSF vient de nous transmettre la déclaration de guerre de la Roumanie à l'Autriche et de l'Italie à l'Allemagne. Bonnes nouvelles qu'on accueille avec joie... »

Fantassins avançant à couvert en direction des lignes allemandes sur le front de la Somme.

L'opération « Alberich »

En mars 1917, alors qu'il s'apprête à lancer une offensive d'ensemble planifiée depuis des semaines, le général Nivelle, commandant en chef des armées françaises, se trouve confronté à une situation inédite : celle d'un repli allemand en profondeur dans la zone même où doit intervenir son attaque.

Soldats allemands tués en mars 1917.

Ayant succédé à Joffre à la tête des armées françaises du front occidental en décembre 1916, le général Nivelle, auréolé par les succès remportés à Verdun, se lance dans la préparation d'une offensive à ses yeux décisive.

« Nous romprons le front allemand... »

« Nous romprons le front allemand où nous voudrons, lance le commandant en chef, à la condition de ne pas attaquer le point le plus fort et de faire l'opération par surprise et attaque brusquée. » Alors même que Joffre a prévu d'attaquer entre la Somme et l'Oise, épaulé à gauche par les Britanniques (entre Bapaume et Vimy), Nivelle entend frapper entre Soissons et Reims. À cette opération de rupture menée par les trois armées du groupe d'armées de réserve (GAR) s'ajoute une action de fixation sur l'Oise conduite par une armée et une offensive britannique entre Arras et Bapaume. Ce faisant, et par un paradoxe tout à fait curieux, le tout nouveau chef des armées françaises s'attaque à une des parties les mieux organisées et défendues du front occidental.

Les craintes de Ludendorff

Du côté allemand, Hindenburg et Ludendorff, investis à la tête des armées du Kaiser en novembre 1916, sont convaincus de la nécessité, après les saignées de Verdun et de la Somme, de conserver une attitude défensive à l'Ouest pendant toute l'année 1917. Cette nécessité est d'autant plus ancrée chez le quartier-maître général qu'il est persuadé, conformément aux affirmations des experts navals, que la guerre sous-marine va mettre l'Angleterre à genoux avant la fin de l'été. L'intégrité du front occidental n'en serait pas garantie pour autant. Ludendorff n'ignore pas la criante infériorité numérique de ses forces face aux alliés de l'Entente qui s'apprêtent, il le sait bien, à lancer une offensive de grande ampleur. Dans quelle mesure les divisions placées sous ses ordres parviendraient-elles à contenir cet assaut ? Seraient-elles capables de conserver les

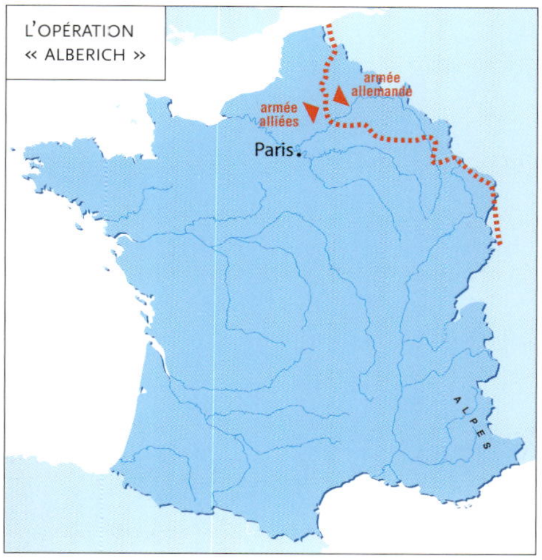

plates-formes ferroviaires vitales de Laon, Saint-Quentin et Cambrai ? L'officier général en doute. Aussi n'envisage-t-il plus qu'une solution : établir ses lignes sur les formidables positions de la ligne Hindenburg, en voie d'achèvement, en procédant à l'évacuation du saillant de Noyon, entre la Somme et l'Aisne.

Soldats français dans une rue de Roye libéré en mars 1917.

Les doutes de Nivelle

En agissant de la sorte, Ludendorff n'ignore pas qu'une partie du plan d'attaque conçu par Nivelle s'effondrera. Aussi donne-t-il l'ordre d'initier l'opération « Alberich », tout en transformant la région que ses troupes sont appelées à abandonner en une sorte de terre brûlée. Les Alliés ne pourraient ainsi pas y organiser la moindre offensive avant longtemps. De son côté, Nivelle, malgré des indices de plus en plus précis, ne croit pas en un repli allemand. Les avertissements qui lui parviennent de toutes parts ne le convainquent pas outre mesure.
Les Allemands, dévastant tout avant de retraiter, commencent à se retirer vers l'est le 16 mars, et les Alliés tardent à les suivre. Lorsqu'ils le font, les divisions de Ludendorff sont déjà assez loin et ne peuvent être rattrapées. Britanniques et Français avancent de plusieurs dizaines de kilomètres en profondeur. Puis, le 22, la résistance ennemie se raidit, montrant que les Allemands ont cessé de reculer et se sont établis sur de fortes positions. Nivelle, jubilant devant cet énorme succès, lance : « *J'aurais soufflé mes ordres à Hindenburg que celui-ci n'aurait pas mieux exécuté ce que je désirais.* » En réalité, le commandant en chef est confronté à une situation qu'il n'a jamais envisagée et une partie de son plan d'attaque s'est écroulée. Aussi décide-t-il de reporter à l'est de Reims l'offensive de flanquement qu'il ne peut plus entreprendre en Picardie. Pour Ludendorff, l'affaire se solde par un immense bénéfice. Non seulement il a déployé ses troupes sur de très fortes positions, mais encore le raccourcissement du front lui permet de disposer d'un nombre plus important de divisions de réserve.

Le magazine *L'Illustration* rapporte, en mars 1917, le spectacle dantesque qui s'offre aux libérateurs de Péronne :

« La culture allemande a fait d'énormes progrès. Péronne n'existe plus. [...] Péronne est plus vide que Pompéi. Tous les objets mobiliers, sans la moindre exception, ont été emportés. Dans la plupart des maisons encore debout, portes et boiseries furent arrachées pour être brûlées. Quantité d'immeubles ont été incendiés. Partout c'est la destruction, sauvagement réfléchie par des barbares... »

Le général Nivelle accueilli dans Noyon évacué par les Allemands.

Le grand repli stratégique allemand

En procédant au repli de ses forces du saillant de Noyon, les responsables militaires allemands, Hindenburg et Ludendorff, entendent faire tomber dans le vide l'offensive alliée du printemps 1917 sur le front occidental. L'opération « Alberich », menée de main de maître, marque un grand succès pour les armées du Kaiser.

❶ Les prodromes
• février-15 mars 1917

Au début de l'année 1917, Hindenburg et Ludendorff, promus depuis quelques semaines seulement à la tête des armées allemandes, s'inquiètent d'une probable offensive alliée sur le front occidental. Pressentant que leurs troupes, usées dans les batailles menées successivement à Verdun et sur la Somme, ne pourront contenir une poussée massive de la part de l'Entente, ils décident de raccourcir leurs lignes en programmant l'abandon du saillant de Noyon, qui constitue une menace pour Paris depuis les derniers mois de 1914.
En procédant de la sorte, les Allemands entendent faire tomber dans le vide l'attaque franco-britannique prévue pour le printemps. Les prémices d'un repli ennemi dans le saillant de Noyon parviennent au haut commandement français dès les derniers jours de février, mais le général Nivelle ne croit pas en une telle éventualité.

❷ Le repli allemand
• 16-31 mars 1917

Le repli allemand débute le 16 mars, surprenant les alliés de l'Entente, qui tardent à le suivre. Pour éviter que cette opération ne tourne à la débandade, Ludendorff a planifié un retrait méthodique et progressif. Le 17, Français et Britanniques entament la poursuite mais tombent sur une région entièrement dévastée. Pour éviter que le saillant ne serve de base de départ à une attaque ennemie, les Allemands ont en effet tout détruit, depuis les habitations jusqu'aux arbres, avant de quitter les lieux. Ce jour-là, les Australiens entrent dans Bapaume évacué et les Britanniques pénètrent dans Barleux et la Maisonnette. De leur côté, les Ire et IIIe armées approchent de Condé-sur-Aisne et de Damery. Avançant sur un front de 20 kilomètres, ce qui ne s'était jamais vu depuis les derniers mois de 1914, elles prennent Lassigny et Roye dès le 17. Le lendemain, les Britanniques progressent de 16 kilomètres et s'emparent de Péronne et de Chaulnes, tandis que les Français sont dans Nesle et dans Noyon. L'avance se poursuit le 19 où la ville de Soissons est assez largement dégagée, alors que Ham, Guiscard et Chauny tombent à leur tour. Les Alliés commencent à sentir un ralentissement dans le rythme du repli allemand le 22 sur une ligne courant d'Arras à Soissons, en passant par Vélu, Nurlu, Clastres, le canal de Saint-Quentin, Coucy, l'Ailette.
À la fin du mois de mars, Hindenburg et Ludendorff ont achevé le report de leur front sur la position Siegfried, partie intégrante de la ligne Hindenburg.

L'OPÉRATION « ALBERICH »

« Maintenant, il n'y a plus que des ruines… »

« L'entrée de Chauny est rassurante, écrit un soldat en mars 1917. Une ligne de maisons en bon état nous escorte. Qu'avait-on raconté ? [...] Tout un quartier est ainsi intact. Les habitants s'y entassent, les visages sont plus douloureux qu'à Noyon : traits tirés, teints pâles, joues osseuses, yeux effrayés. Il faut les mettre en confiance pour obtenir qu'ils racontent les spectacles dont ils ont été les témoins. D'où leur vient tant de circonspection et tant de tristesse ? Brusquement, on en a l'explication, car le décor a changé. Voici les dernières maisons vivantes : maintenant, il n'y a plus que des ruines... »

MOREUIL
MONTDIDIER
1
SOMME
1
1
ARRAS
LENS
ROYE
CHAULNES
COMBLES
BAPAUME
MONCHY
NURLU
HAM
2
DOUAI
ESCAUT
SCARPE
CAMBRAI
SAINT-QUENTIN
2
OISE
VALENCIENNES
HAM
SAINT-QUENTIN
2
OISE

Le désastre du Chemin des Dames 16 avril 1917

Le 16 avril 1917, convaincu d'une victoire éclatante qui permettra de mettre fin à une guerre qui s'éternise, le général Nivelle, commandant en chef du front du Nord et du Nord-Est, lance une formidable offensive sur les crêtes du Chemin des Dames et entre Hurtebise et Reims. L'attaque s'achève sur un désastre sans précédent qui engendre une crise du moral profonde et durable chez les combattants sacrifiés par dizaines de milliers.

Le massacre de l'infanterie française au Chemin des Dames en 1917.

Joffre s'en va

Le 12 décembre 1916, Joffre, généralissime des armées françaises, qui, jusque-là, a exercé un pouvoir sans partage sur les opérations militaires, au grand dépit des parlementaires, abandonne ses fonctions. Peu après, le vainqueur de la Marne bénéficiera d'un honneur suprême, être élevé à la dignité de maréchal. Peu avant son éviction, lors d'une conférence qui s'est tenue à Chantilly, le général en chef a élaboré un plan d'offensive grandiose visant à rompre le front allemand grâce à des attaques menées, dès février 1917, d'une part entre la Somme et l'Oise, d'autre part, en liaison avec les Britanniques, entre Bapaume et Vimy.

LA CONVICTION DE NIVELLE

Nommé commandant en chef le 17 décembre 1916, alors qu'il a été placé huit mois plus tôt à la tête de la IIe armée, celle qui défend Verdun attaqué par les Allemands, Nivelle lance, évoquant les récents succès offensifs obtenus sur l'ennemi :
« L'expérience est concluante, notre méthode a fait ses preuves. La victoire est certaine, je vous en donne l'assurance. L'ennemi l'apprendra à ses dépens. »

Nivelle prend les rênes

Pour succéder à Joffre, le gouvernement Briand désigne un officier de haut rang qui ne lui semble pas manquer de talent et de volonté et dont l'action s'est révélée d'une rare efficacité, le général Nivelle. Ce dernier, lors d'attaques brusquées, audacieuses et violentes, est parvenu, en octobre et en décembre 1916, sur le front de Verdun, à reprendre aux Allemands la plus grande partie du terrain perdu depuis l'offensive de février. En appliquant des méthodes identiques, le nouveau commandant en chef se fait fort de rompre les lignes ennemies là où il l'entend, de déboucher en rase campagne et de venir à bout de l'adversaire.

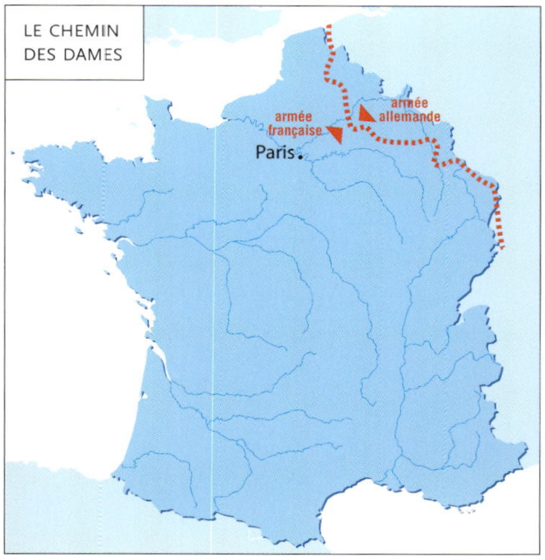

Lance-flammes en action sur les lignes du Chemin des Dames.

Le repli Alberich

Pour ce faire, il reprend un schéma stratégique dont Joffre a été l'instigateur, une offensive en tenaille, mais en lançant l'attaque de rupture sur le Chemin des Dames, en direction de Laon, qu'il entend accompagner d'une action secondaire ou de diversion sur l'Oise et entre Arras et Bapaume. Las ! Le nouveau général en chef, après s'être lancé dans des préparatifs à la fois fiévreux et considérables, est confronté à une situation nouvelle. Von Hindenburg et Ludendorff, qui dirigent les armées impériales, préoccupés par les saignées subies à Verdun et sur la Somme, entendent demeurer sur la défensive en 1917. Ils raccourcissent même leurs lignes en évacuant une partie du saillant de Noyon, laissant derrière eux une région dévastée, d'où aucune offensive ne peut être lancée.

La conférence de Compiègne

Nivelle est contraint de modifier en toute hâte sa conception d'ensemble, en étendant l'attaque générale à l'est de Reims, tout en maintenant son axe d'effort principal sur le Chemin des Dames. Les projets et l'assurance inébranlable du commandant en chef n'en inquiètent pas moins nombre d'hommes politiques et même un certain nombre de ses subordonnés, dont le général Pétain, commandant du groupe d'armées du Centre. Le nouveau gouvernement constitué après la chute de Briand, en mars 1917, sous la responsabilité de Ribot, décide, initiative inédite, de réunir, le 6 avril, un conseil de guerre à Compiègne, auquel tous les protagonistes de cette affaire sont invités à prendre part.

Le désastre du 16 avril

Désavoué par quelques-uns des grands chefs militaires présents, presque lâché par le ministre de la guerre Painlevé, Nivelle jette sa démission dans la balance. Ribot ne lui en renouvelle pas moins sa confiance et l'offensive prévue démarre le 16 avril, quelques jours après les premières attaques lancées par les Britanniques et le groupe d'armées du Nord en Picardie. Elle se solde par un désastre d'une telle ampleur que le soir-même, les projets de rupture sont abandonnés et rapportés à l'idée d'un dégagement de Reims par des attaques menées à l'est et à l'ouest de la ville des sacres. À l'issue d'assauts d'assez grande ampleur entrepris fin avril et dans la première semaine de mai, l'offensive Nivelle agonise et meurt.

Pétain général en chef

Celui-ci, en proie à de vives attaques des parlementaires, renié par ses subordonnés, est relevé de son commandement le 16 mai et remplacé par le général Pétain, qui a les préférences de Painlevé. Lasse de massacres et d'offensives inutiles, l'armée française connaît une crise morale sans précédent et sombre dans les mutineries. Pétain va devoir y rétablir l'ordre mais aussi la confiance.

MENACE DE DÉMISSION DE NIVELLE

Lors du conseil de guerre de Compiègne, Nivelle déclare : « *Le conseil avait pris connaissance de l'opinion de mes généraux, je m'en tiens à mes déclarations du début. Si le gouvernement pense que des facteurs nouveaux imposent un changement dans la conduite de la guerre, qu'il le dise ! Mais en présence d'une situation aussi grave, j'ai le devoir de remettre entre les mains du président de la République ma démission de commandant en chef des armées du Nord et du Nord-Est.* »

Fantassins à l'attaque au Chemin des Dames, mai 1917.

Objectif, le Chemin des Dames

En prévision de l'offensive qu'il a planifiée pour le printemps 1917 sur le front occidental, le général Nivelle rassemble des moyens considérables, presque inédits. Le commandant en chef français est convaincu du succès rapide et de l'effet décisif de son attaque, qui doit emporter les lignes allemandes en quelques heures et déboucher en terrain libre. Au soir même de l'attaque, il est contraint de renoncer aux objectifs ambitieux qu'il s'est fixés et d'engager une lutte d'usure qui s'étendra jusqu'en juillet et coûtera des dizaines de milliers d'hommes.

1 L'armée Mangin
• 16 avril 1917
Pour réaliser la percée sur les positions très fortement défendues du Chemin des Dames, que Joffre n'a pas voulu inclure dans son plan d'attaque de novembre 1916, Nivelle confie la VIe armée au général Mangin. Constituée de quelques-uns des meilleurs corps français et de puissants moyens en artillerie, elle est appelée à enfoncer le front ennemi entre Vauxaillon, à l'ouest, et La Ville-au-Bois, à l'est, puis à marcher en direction de Laon.

2 L'armée Mazel
• 16 avril 1917
À l'assaut principal donné par la VIe armée est associée une attaque de flanquement confiée à la Ve armée, du général Mazel, entre Hurtebise et Reims, notamment en direction de Brimont et de la Suippe, de façon à donner la main à la IVe armée, du groupe d'armées du Centre, engagée en avant des monts de Champagne, à l'est de Reims, sous le commandement du général Anthoine, dès le 17 avril.

3 L'armée Duchêne et le GAR
• 16 avril 1917
Une fois la percée réalisée, les deux armées chargées de la rupture doivent laisser s'intercaler entre elles la Xe armée, du général Duchêne, dont la tâche consiste à mener à bien l'exploitation d'un succès majeur dont le commandant en chef ne doute pas. Les Ve, VIe et Xe armées ont été rassemblées au sein du GAR (groupe d'armées de réserve ou de rupture), confié au général Micheler.

4 À l'assaut des crêtes du Chemin des Dames
• 16 avril 1917
Le 16 avril, à 6 heures, par un temps épouvantable, sous la neige fondue et la pluie, les troupes d'assaut de Mangin quittent leurs tranchées et marchent vers leurs objectifs du Chemin des Dames. En certains endroits, elles atteignent la première ligne allemande, mais, en d'autres, elles tombent face à des nids de mitrailleuses et des réseaux de fil de fer non détruits, tournoient sous la violence du feu et s'arrêtent. Vers Cerny, le 2e corps colonial subit des pertes considérables, en même temps que des contre-attaques, venues de positions bien protégées, qui le clouent sur place. Vers Vauxaillon, le 1er corps colonial est écharpé à son tour. En cette fin de journée, la VIe armée n'a guère avancé de plus de 500 m.

5 L'assaut de la Ve armée
• 16 avril 1917
La Ve armée, avec 5 corps d'armée et 2 brigades russes, s'élance à l'assaut à la même heure que la VIe, mais se heurte elle aussi à de très fortes positions, notamment vers Corbeny, à La Ville-au-Bois et Juvincourt, où une attaque menée avec des chars fait long feu. Elle n'en avance pas moins de 3 km dans ce dernier secteur, s'empare des Cavaliers de Courcy, au nord-ouest de Reims, et approche de la butte de Brimont, à 4 km de ses positions de départ.

6 Les Allemands se replient
• 17 avril 1917
L'espoir d'une percée, anéanti par l'échec du 16 avril, renaît le 17 lorsque les Allemands évacuent la poche de Vailly, entre Vauxaillon et Cerny. Mais ce n'est là qu'un repli tactique qui ne prélude en rien à une défaite avouée. D'autres attaques sont menées pendant la seconde quinzaine d'avril, sans grand résultat et, le 5 mai, le front se fige en avant de l'Ailette. La période du grignotage commence ; elle s'étendra sur une bonne partie de l'été.

EFFECTIFS PRÉSENTS (16 avril 1917)
Français : 49 divisions d'infanterie, 5 divisions de cavalerie, 1 706 canons de 75, 1 758 canons lourds, 172 canons ALGP (artillerie lourde à grande portée), 1 650 canons de tranchée, 24 mortiers de 6 pouces

PERTES
Français : 30 000 tués, 85 000 blessés et 20 prisonniers

LE MASSACRE DES CHARS FRANÇAIS

L'artillerie d'assaut française (AS), nom donné aux chars, est engagée pour la première fois au combat, avec ses Saint-Chamond et ses Schneider, vers Amifontaine, le 16 avril 1917. Cependant, 39 des 82 blindés déployés sous les ordres du commandant Bossut en cette occasion sont détruits par l'artillerie allemande. Parmi les 33 officiers de l'AS tués ce jour-là figure Bossut lui-même (147 sous-officiers et hommes trouvent aussi la mort lors de cette action désastreuse).

LE DÉSASTRE DU CHEMIN DES DAMES

LAON
JUVINCOURT
AMIFONTAINE
CORBENY
6
CRAONNE
4
LA VILLE-AU-BOIS
SUIPPE
4
OULCHES
1
CERNY
1
PONTAVERT
BERRY-AU-BAC
5
BRIMONT
CORMICY
CAUROY
2
AISNE
3
REIMS
JONCHERY
VESLE
CRAONNE
OULCHES

À L'ATTAQUE, LA PEUR AU VENTRE

Sortir de la tranchée sur l'ordre donné par un officier, courir la peur au ventre sous les obus et la mitraille, ne pas s'arrêter pour secourir les camarades qui tombent, telles sont les épreuves auxquelles sont confrontés les soldats lancés à l'attaque.

« L'attaque est pour ce matin »

« Le 18 au matin, nouvel ordre. L'attaque est pour ce matin. Au petit jour, nous sortons des tranchées. Les Allemands nous reçoivent à leur façon. Nous suivons un petit boyau qui mène à la première ligne allemande. À ce moment, un petit Boche se présente. Je lui dis de descendre tout droit. Levant les mains, il continue. Un caporal qui se trouve à mes côtés se retourne, braque son arme et lui tire une balle dans le dos. Le Boche s'écroule. Je fais remarquer au caporal que ce qu'il vient de faire n'est pas très bien. Il me répond que, depuis trois ans, il n'a aucune nouvelle de sa famille qui se trouve en zone occupée et que c'est tant pis pour l'Allemand. On avance d'environ 150 à 200 mètres et on a le temps d'apercevoir Nauroy, tenu par les Allemands. Puis je me retrouve avec quatre autres hommes dans un trou d'obus provoqué par un 210, isolé entre les lignes françaises et allemandes. Le terrain est sans arrêt arrosé par les mitrailleuses. Le lieutenant Diot, commandant la 1re compagnie, se promène à découvert, revolver au poing, ignorant le danger. Il vient jusqu'à nous et nous lance : "Les gars, vous êtes trop avancés, il faut reculer." Un gros orage s'étant produit entre-temps, il faut s'arracher les pieds de la glaise. Je pars le troisième. »

134

9/9 1918

Mon Hélène chérie,

J'aurais voulu te dire pour le 7 toute ma pensée tendre, et mes vœux pour ce que tu sais. Je n'ai pu jusqu'à ce moment trouver le loisir de le faire. Aussi est-ce bien tard que je t'apporte, ma sœur chérie, mes plus affectueux baisers.

Après 4 ans d'angoisse, mêlée d'espérance tu vois enfin apparaître les signes avant-coureurs de la félicité que tu as si bien méritée —

Et là-bas à quelques mille mètres devant moi, sur ce Chemin où passent peu de Dames au milieu de la fumée des obus se dessine l'aurore de la Victoire.

L'épreuve a été longue, mais nous en voyons la fin, sois heureuse mon Hélène aimée.

Ta lettre m'est arrivée il y a plusieurs jours, qui me souhaitait beaucoup de satisfactions et de récompenses. Merci. Mais d'ores et déjà je me sens heureux d'avoir un peu, oh un tout petit peu contribué à la Victoire ; mon rêve se réalise.

« Mon vieux René t'es foutu »

« Au bout du troisième saut, je ressens une brûlure à la poitrine et le sang se met à couler. Nouveau saut. Je me retrouve dans un trou avec un Allemand à la jambe à moitié arrachée. Il me dit : "Brancardiers." Je lui fais le geste, là-bas, en arrière. Il n'avait plus envie de me faire du mal et moi non plus. Nouveau saut. Je sens une drôle de brûlure au bras gauche qui devient peu à peu inerte. À ce moment, je pense : "Mon vieux René t'es foutu." Et je me mets à pleurer. »

« Enfin, j'arrive au premier poste de secours, après avoir croisé un caporal de la 3e section qui m'a lancé : "Attends moi, B." Il s'était attaché son bras aux trois quarts arraché à l'aide d'un morceau de planche trouvé sur le champ de bataille. Le poste est rempli de soldats blessés. On me fait un pansement sur la poitrine, le bras et les jambes. Puis on me dit qu'il ne faut pas rester là, car les Boches vont sans doute contre-attaquer.

Nous avons descendu la crête à pied, soutenus par des prisonniers boches. Quand je me présente devant le médecin-major, celui-ci me dit : "Tu as eu de la veine. Trois centimètres d'écart et tu ne te relevais plus. Le cœur était touché." »

Le témoignage reproduit ici est celui d'un fantassin appartenant au 166e régiment d'infanterie, René B. L'unité à laquelle appartenait cet ancien combattant fut engagée, le 18 juin 1917, dans l'attaque d'une position allemande située sur le mont Blond, une petite butte crayeuse des monts de Champagne, à l'est de Reims.

Soldats français tués devant les tranchées allemandes en 1917.

PAROLES DE MUTINS

Au printemps de 1917, l'armée française sombre dans une des pires crises morales du conflit. À travers la correspondance qui passe entre les mains des commissions de contrôle postal militaires, le désarroi des soldats se fait jour.

« Nivelle a fait tuer beaucoup d'hommes pour rien… »

Un soldat du 79e régiment d'infanterie se plaint, en mai 1917, de l'échec de l'offensive de printemps, cause directe des mutineries, dans les termes suivants :
« La fameuse offensive, annoncée à grands renforts de grosse caisse, est encore ratée cette fois ! C'est une jolie pilule, un fameux bec de gaz, un fiasco complet, un formidable four. Et on n'ose pas avouer à Paris que Nivelle a fait tuer beaucoup d'hommes pour rien. […] Aucune offensive n'a montré depuis le début de la guerre une proportion aussi misérable entre les moyens employés, les espoirs soulevés et les résultats obtenus… »
Un artilleur de la VIe armée, celle qui a été lancée en vain contre les formidables positions du Chemin des Dames en avril et en mai 1917, se plaint de la façon suivante de l'échec de l'offensive de printemps : *« Tous pleins d'un entrain admirable, nous nous sommes lancés à l'assaut. Hélas ! Pour y rester en grande partie, car les bouchers qui nous commandent nous ont fait faire cette attaque sans aucune préparation d'artillerie. C'était tout juste si l'on ne nous avait pas enlevé nos armes pour partir à l'assaut. Ces messieurs ont trop abusé. Ils croyaient que l'on jouait avec nous comme avec des soldats de plomb… »*

Fantassins français au Chemin des Dames en 1917.

En Orient aussi, des mutineries éclatent en juin et en juillet 1917 parmi les soldats à bout de forces, privés de permissions depuis la fin de 1915. Les hommes du 372e régiment d'infanterie expriment leur solidarité avec les mutins de la façon suivante :

« Honneur aux braves poilus du 242e RI, frères d'armes du 372e. Debout, unissons-nous dans le malheur. Dignes soldats, citoyens français. L'heure H a sonné. Après plus de trois mois de résistance dans un secteur conquis par nos armes, des soldats du 242e ont revendiqué leurs droits. Est-ce que nous croiserons les bras en face de la fraternité ? Notre force nous a trahie [sic] après cette lutte implacable dont nous sommes les héros depuis trois ans, mais notre conscience de citoyens est toujours la même. Debout : c'est notre droit et de tout cœur. Aidons aux vaillants poilus de la 57e DI qui luttent avec ardeur pour la devise de notre glorieuse nation française. Liberté-égalité-fraternité/Paix-permissions-repos... »

Soldats montant la garde dans une tranchée.

La deuxième bataille du Chemin des Dames mai-juin 1918

À la fin de mai 1918, deux mois après avoir lancé leur grande offensive sur le front occidental, les Allemands montent à l'assaut des positions alliées établies le long du Chemin des Dames. En quelques heures, les lignes franco-britanniques sont emportées par surprise.

Soldats alliés en position près de Courville, dans la Marne, en 1918.

DES CANONS PAR MILLIERS

Une énorme masse d'artillerie appuie l'offensive allemande du 27 mai. Hormis 925 batteries de division et de corps d'armée, sans parler de 12 batteries d'accompagnement, les VIIe et Ire armées sont soutenues par des pièces très lourdes à longue portée : 9 de 240 mm, 2 de 150 mm modèle 16 et 8 de 170 mm.

L'ennemi avance bientôt en terrain libre, rejetant devant lui les débris de plusieurs divisions. Comme dans les premières semaines de septembre 1914, les armées du Kaiser menacent une nouvelle fois Paris.

Les interrogations de Ludendorff

Dans les derniers jours d'avril 1918, ayant vainement tenté de percer le front allié, d'abord en Picardie, ensuite dans les Flandres, Ludendorff, quartier-maître général allemand, s'interroge sur la meilleure façon de poursuivre l'offensive à l'Ouest. Certes, les pertes infligées à l'armée britannique ont été considérables – de l'ordre de 300 000 hommes en deux mois – et les Français ont dû engager bon nombre de leurs réserves pour venir au secours de leur allié. Toutefois, le résultat décisif n'est pas encore atteint. Disposant de 207 divisions, dont 80 environ n'ont pas été engagées, Ludendorff décide de frapper en un point où personne ne l'attend. Il jette son dévolu sur l'Aisne, en particulier la crête du Chemin des Dames. Son but est d'user durablement

LA DEUXIÈME BATAILLE DU CHEMIN DES DAMES

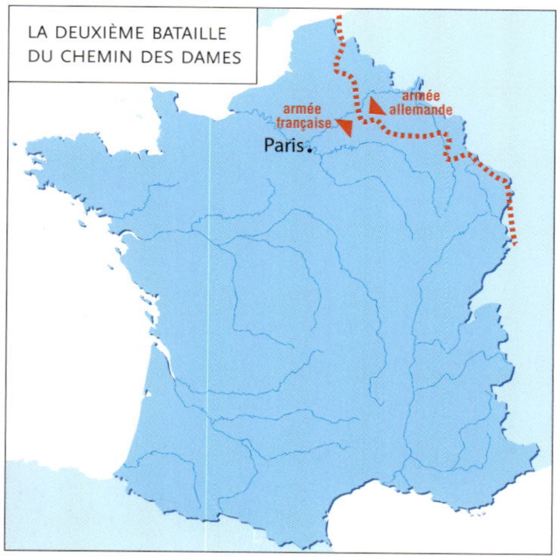

l'armée française avant de se précipiter à nouveau sur les Britanniques, très affaiblis, et d'en finir avec eux.

Dissensions alliées

Dans le camp allié (184 divisions, dont 67 en réserve), les dures batailles livrées de mars à mai ont tendu les rapports entre le maréchal Haig, commandant en chef britannique, et le général Pétain, chef des armées françaises du front du nord et du nord-est. Le premier est obsédé à l'idée d'une nouvelle attaque allemande sur son front (200 des 800 km des lignes qui courent de la mer du Nord à la Suisse). Des dissensions existent également entre Pétain et Foch, commandant en chef des armées alliées. Ce dernier, certain que l'adversaire ne compte plus attaquer pour le moment, recommande de passer à la contre-offensive. Pétain, quant à lui, pense que Ludendorff prépare un autre coup et compte sur l'arrivée des forces américaines pour repartir plus tard en avant. À cette époque, celles-ci ne disposent cependant que de 4 divisions sur le front occidental.

L'erreur du général Duchêne

Pour enfoncer les positions de la VIe armée, du général Duchêne, au Chemin des Dames conquis l'année précédente dans le cadre de l'offensive Nivelle puis de la bataille de La Malmaison, les Allemands ont rassemblé des forces considérables. Face à ces puissants moyens, les quelques divisions alliées en ligne sont fatiguées et incomplètes. Par ailleurs, Duchêne, ignorant les directives de Pétain qui recommandent une défense en profondeur, de manière à éviter un écrasement des premières lignes sous les tirs d'artillerie, a entièrement massé ses divisions sur le front même.

La surprise du Chemin des Dames

Le 27 mai, à l'issue d'une monstrueuse préparation d'artillerie, la VIIe armée allemande, appuyée par des éléments de la Ire, monte à l'attaque sur les 55 km qui séparent Vauxaillon de Berry-au-Bac. En quelques heures, elle franchit l'Ailette et dépasse le Chemin des Dames, disloquant les divisions alliées. Mal employées, les réserves fondent à leur tour dans le creuset de la bataille. Dès lors, l'avance ennemie est irrésistible et Soissons tombe le 29. Ludendorff, surpris de ce succès, décide de l'exploiter et de livrer la bataille décisive qui l'amènera jusqu'à Paris.

La poche se creuse

En dépit de la gravité de la situation, qui suscite une crise politique en France, les Alliés parviennent à tenir aux deux ailes de l'offensive ennemie, autour de deux môles : Villers-Cotterêts à l'ouest, et Reims, qui a failli être évacué, à l'est. Une poche se creuse ainsi en direction de la Marne sur les flancs et dans le fond de laquelle Pétain engage ses réserves. Si Château-Thierry est pris le 1er juin, et si la situation a failli tourner au désastre, l'ennemi n'en est pas moins à bout de souffle. Reims résiste bien à une tentative de débordement et les derniers efforts de Ludendorff pour passer en force sont stoppés deux jours plus tard, à environ 70 km de la capitale. Les Alliés bénéficient heureusement d'un sursis et la victoire allemande revêt plus un caractère tactique que stratégique.

Renforts américains montant vers le front.

LA CRISE POLITIQUE

Lors d'une séance houleuse de la Chambre, Clemenceau, président du Conseil français en place depuis novembre 1917, défend bec et ongles les généraux vilipendés par les députés à la suite du désastre du 27 mai : *« Je remportai un éclatante victoire en couvrant mes subordonnés, écrit-il, mais nul ne peut douter sérieusement que, si j'avais failli un seul instant, le haut commandement était emporté. »*

Chars légers Renault FT17 en route vers la ligne de feu.

La ruée allemande au Chemin des Dames

Le 27 mai 1918, les armées allemandes lancent une grande offensive, baptisée « York », contre le Chemin des Dames. Celle-ci n'est en fait qu'un volet de l'ensemble des assauts qu'elles ont entrepris de mener sur le front occidental en vue d'abattre les armées alliées. Le succès se révélant foudroyant, Ludendorff entreprend de le pousser plus avant et de marcher sur Paris.

❶ L'assaut

• 27 mai 1918

Face aux 7 divisions franco-britanniques qui tiennent l'Ailette, sans parler de 4 autres en réserve, les Allemands alignent 15 divisions d'assaut de la VIIe armée, de von Boehn, soutenues par une puissante artillerie. Les canons ennemis écrasent une grande partie des défenseurs inopportunément massés en première ligne par le général Duchêne, commandant la VIe armée française. L'attaque, ayant démarré à 3 h 30, balaie comme fétu de paille les positions alliées et emporte dans son élan les divisions de réserve jetées en toute hâte dans la mêlée.

❷ Le développement de la bataille

• 28-29 mai

Bordant la Vesle dès le soir du 27 mai, les Allemands poursuivent leurs attaques le lendemain et, s'appliquant à élargir leur succès, ils s'emparent de Soissons, Fère-en-Tardenois et dépassent l'Ourcq dans la journée du 29. Face à l'ampleur du succès qui se profile, Ludendorff décide de continuer la marche en avant, à la fois vers le sud-ouest et la Marne, en vue de menacer Paris. De son côté, Pétain, ayant reçu des renforts, entreprend d'ancrer ses positions sur les plateaux du Soissonnais, à l'ouest, vers Villers-Cotterêts, mais aussi sur la Montagne de Reims, à l'est.

❸ De Villers-Cotterêts à la Marne

• 30 mai -1er juin

La résistance alliée aux ailes entraîne la création d'une poche dans laquelle s'engouffrent les forces allemandes. Le 30, la VIIe armée atteint les rives de la Marne, entre Dormans et Château-Thierry, et parvient à conquérir cette dernière ville le 1er juin. Même s'ils ne réussissent pas à franchir la rivière, les Allemands réveillent le vieux cauchemar de septembre 1914 chez les chefs politiques et militaires français. L'avance de von Boehn se poursuit, s'enfonçant un peu plus en territoire ennemi, alors même que les renforts continuent d'affluer du côté allié. Pétain se trouve ainsi en mesure de contenir la progression adverse sur les flancs et il sauve de la capture la ville de Reims, que Franchet d'Esperey a eu un instant l'intention d'abandonner.

❹ L'arrêt de l'offensive

• 2-4 juin

Malgré leur succès et le danger qu'elles continuent de faire planer sur les Alliés, les troupes allemandes sont à bout de souffle et ne sont plus en mesure de continuer à ce rythme. À gauche, la Xe armée française tient fermement les positions installées en avant de Villers-Cotterêts et, à droite, la Ve armée est solidement ancrée sur la Marne et du côté de Reims. De terribles combats n'en ont pas moins lieu à Longpont et à Ambleny et les troupes américaines affluent vers le fond de la poche, dans la région de Belleau. Le 4 juin, à l'issue d'un dernier effort, les Allemands arrêtent leur offensive.

EFFECTIFS PRÉSENTS (27 mai 1918)
Français et Britanniques : 7 divisions
(4 en réserve d'armée)
Allemands : 15 divisions, 4 000 pièces dont
1 200 lourdes (Reims-Vauxaillon)

PERTES
Français : 139 000 officiers et hommes
(dont 55 000 prisonniers)

LA DEUXIÈME BATAILLE
DU CHEMIN DES DAMES

Ludendorff signale, dans ses mémoires, à propos de l'offensive du Chemin des Dames :

« Le groupe d'armées du Kronprinz allemand avait remporté une grande victoire tactique. L'ennemi avait été forcé d'engager ses réserves dans une plus large mesure que nous n'avions employé nos propres troupes. Paris était sous l'impression de la défaite française et une énorme quantité de gens quittaient la capitale. »

1
VAUXAILLON
NILETTE
CORBENY
CRAONNE
BERRY-AU-BAC
VAILLY
AISNE
2
SOISSONS
BRIMONT
VIERZY
FISMES
2
REIMS
PRUNAY
FÈRE-EN-TARDENOIS
OULCHY-LE-CHÂTEAU
4
BELLEAU
3
VAUX
CHÂTEAU-THIERRY
DORMANS
MARNE
ÉPERNAY
FÈRE-EN-TARDENOIS
DORMANS
CHÂTEAU-THIERRY

Le « Friedensturm »

Le 15 juillet 1918, jouant leur va-tout, les Allemands lancent sur le front occidental, de chaque côté de Reims, une immense offensive grâce à laquelle ils entendent remporter la décision et venir à bout des armées alliées avant l'engagement massif des troupes américaines. Prévenus, les Français leur infligent une terrible défaite sur la Marne et en Champagne pouilleuse.

Contre-attaque américaine en juillet 1918.

UNE FORMIDABLE TEMPÊTE DE FEU

Un témoin de la bataille du 15 juillet rapporte en des termes spectaculaires la formidable intensité de la préparation d'artillerie allemande :

« Et voici l'heure fatidique : minuit dix ! Une épouvantable gamme roula sur l'horizon. Leur offensive commençait par la plus gigantesque préparation d'artillerie. Même à Verdun, l'enfer était moins complet. Les artilleurs ennemis devaient être prêts, les montres des commandants de batteries devaient marquer la même seconde ; toutes les pièces avaient obéi au même ordre, et tous les calibres donnaient. »

Le Friedensturm, littéralement « l'offensive pour la paix », est la dernière d'une série d'attaques massives dans lesquelles les Allemands se sont lancés pour en finir avec la guerre sur le front occidental et remporter la victoire définitive.

Des offensives répétées

Depuis le mois de mars 1918, Hindenburg et Ludendorff, les chefs des armées allemandes, renouvellent leurs coups de boutoir contre les lignes alliées sans laisser aux Britanniques et aux Français le moindre instant de répit. Le 21 mars, ils montent à l'assaut en Picardie et renouent avec la guerre de mouvement, menaçant bientôt Amiens. Le 9 avril, ils repartent à l'attaque dans les Flandres, mais échouent de nouveau. Pressé d'en finir, Ludendorff frappe encore, cette fois sur le Chemin des Dames, le 27 mai, et réussit une percée foudroyante et profonde. Arrêté sur la Marne, il décide, le 9 juin, de

LE « FRIEDENSTURM »

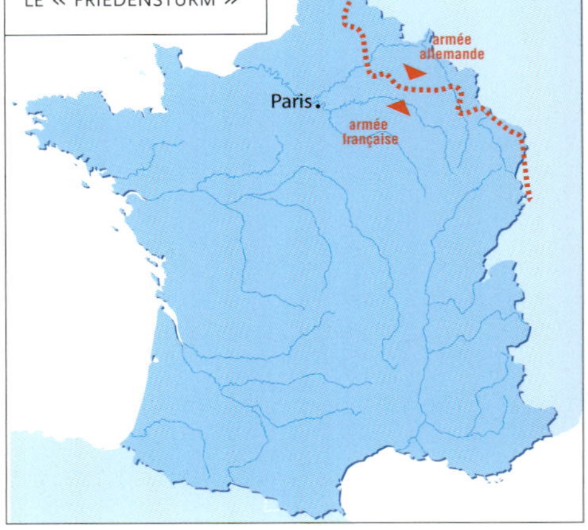

Inhumation de soldats tués pendant la bataille de juillet 1918.

repartir de l'avant pour s'emparer de Compiègne, manœuvre qu'il ne réussit pas, et renonce à une autre tentative d'avancée sur Villers-Cotterêts, trois jours plus tard.

Les espoirs de Ludendorff

La pause dans les combats qui s'ensuit permet aux deux adversaires de remettre de l'ordre dans leurs forces et de réfléchir à la suite stratégique à donner à la bataille engagée le 21 mars précédent. Ludendorff, ayant mis fin à l'attaque engagée le 9 juin dès le 14 du même mois, songe à lancer ses troupes à l'assaut sur un front très large allant de Dormans, sur la Marne, à la main de Massiges, aux confins de l'Argonne et de la Champagne, soit quelque 120 km. Ce faisant, il estime que Reims, à l'attaque de laquelle il ne souhaite pas se porter directement, tombera par encerclement, entraînant une crise grave dans le camp allié et amenant des résultats considérables.

Pétain et Foch s'opposent

Du côté allié, la réflexion et les calculs n'en vont pas moins bon train. Pétain, commandant en chef des armées françaises du front occidental, et Foch, qui dirige les armées alliées sur le même théâtre, s'opposent sur la méthode tactique qui leur permettra de faire face à une attaque allemande dont ils ne doutent pas, ni l'un ni l'autre, qu'elle se produira. Tandis que le second préconise l'échelonnement des troupes en profondeur sur les première et deuxième lignes avec leurs réserves immédiates dès qu'un indice d'offensive est perçu, le premier cultive une autre conception de la bataille. Instruit par la catastrophe du Chemin des Dames, en date du 27 mai précédent, il n'entend conserver dans les tranchées de première ligne que des éléments réduits en nombre qui s'appliqueront à ralentir l'avance ennemie. En revanche, le gros des troupes sera rassemblé sur une ligne principale de résistance, hors de portée de la plupart des canons allemands, où il ne risquera pas d'être anéanti, comme cela s'est déjà produit.

Gouraud joue le jeu

Tirés directement de la directive n°4 du général Pétain, conçue pendant l'hiver 1917-1918, ces principes sont renforcés par la directive n°5, de l'été suivant ; mais encore convient-il de convaincre les commandants d'armée de la nécessité de les appliquer. Leur mise en œuvre suppose en effet d'abandonner pratiquement à l'ennemi des positions conquises au prix de lourdes pertes depuis des années, notamment les monts de Champagne, dans le secteur de la IVe armée, du général Gouraud. Pétain parvient à ses fins avec ce dernier, mais réussit moins bien avec le chef de la Ve armée, le général Berthelot, sur la Marne. De fait, lorsqu'ils attaquent, le 15 juillet au matin, les Allemands avancent quelque peu dans ce dernier secteur, mais sont instantanément arrêtés en Champagne. L'écrasement dans l'œuf du Friedensturm marque le coup d'arrêt final aux grandes attaques allemandes et la fin des illusions pour Ludendorff. Trois jours plus tard, les Alliés lancent leur première grande contre-offensive victorieuse.

Troupes allemandes montant vers le front lors des offensives de 1918.

L'héritier de l'Empire allemand, fils de Guillaume II, le Kronprinz, explique de la manière suivante l'échec de l'offensive du 15 juillet :

« Ce qui porta atteinte à ses combinaisons géniales [celles de Ludendorff] et les fit échouer à la fin de la guerre, ce fut l'amollissement de plus en plus prononcé qui envahit nos soldats, incapables, désormais, de fournir l'effort que, suivant les traditions, on était en droit d'attendre d'eux. Le fonctionnement de la machine était désormais compromis du fait de l'insuffisance et de la mauvaise qualité des matières premières employées. »

L'OFFENSIVE DE LA DERNIÈRE CHANCE

Le 15 juillet 1918, en présence de l'empereur allemand Guillaume II, qui s'est établi sur un observatoire embrassant l'ensemble du champ de bataille, Hindenburg et Ludendorff lancent leur dernière grande attaque à l'ouest, le Friedensturm, ou « offensive pour la paix ». L'échec qui s'ensuit marque un tournant stratégique fondamental dans l'histoire de la Grande Guerre.

❶ Les préparatifs
• 14 juin-14 juillet 1918

Après l'échec de son assaut sur Villers-Cotterêts, Ludendorff envisage une vaste offensive entre la Marne et l'Argonne, dont il attend des résultats décisifs, en l'occurrence une paix négociée avec les Alliés. Pour se donner toutes les chances de réussir ce coup de poker stratégique, le quartier-maître général de l'armée allemande masse des moyens en hommes et en artillerie considérables, répartis en trois puissantes armées. Face à ces moyens colossaux, Foch et Pétain disposent de quatre armées (de l'ouest à l'est, les Xᵉ, VIᵉ, Vᵉ et IVᵉ). Ayant convaincu Gouraud, qui commande la IVᵉ, de reporter sa ligne de résistance principale en arrière du front de bataille, de façon à éviter l'écrasement de ses troupes sous les obus allemands dans les premières tranchées, Pétain réussit moins bien avec la Vᵉ armée de Berthelot, déployée sur la Marne, à l'ouest de Reims. Quelques heures avant l'assaut, dont ils connaissent l'imminence grâce à des reconnaissances aériennes, les Français lancent un coup de main vers le mont Sans Nom, en Champagne, et s'emparent de prisonniers qui leur livrent l'heure exacte à laquelle les forces ennemies quitteront leurs tranchées.

❷ L'attaque à la IVᵉ armée
• 15 juillet 1918

Prévenu, Gouraud commande aussi une contre-préparation d'artillerie sur les lignes de l'ennemi. Celle-ci, commencée à 23 heures, le 14 juillet, permet d'infliger de lourdes pertes aux forces allemandes qui se rassemblent en vue de donner l'assaut. Lorsque, aux premières lueurs de l'aube, ils montent à l'assaut, les Allemands tombent sur des positions de première ligne presque entièrement évacuées et se heurtent quelque temps plus tard à la ligne de résistance où ils sont sévèrement étrillés et arrêtés. Au commencement de l'après-midi, le commandant de la IVᵉ armée, rassuré, déclare : « Ils ont les pattes cassées. »

❸ L'attaque sur la Marne
• 15 juillet 1918

Berthelot, peu convaincu par la méthode Pétain, a décidé de conserver en première ligne une bonne partie de ses moyens auxquels il a commandé de défendre jusqu'au bout certaines positions qu'il considère comme essentielles. Par des ponts et des passerelles lancées sur la Marne, sous le feu très dense de l'artillerie et de l'aviation alliées, les Allemands pénètrent assez profondément dans les lignes françaises et atteignent parfois la seconde position. Ils ne parviennent toutefois pas à avancer au-delà de 5 à 6 km.

❹ Les derniers soubresauts
• 16-17 juillet 1918

Dans les deux journées qui suivent, l'ennemi tente de forcer à nouveau le front français, progressant quelque peu au sud de la Marne et vers la Montagne de Reims, mais ils ne vont guère plus loin en Champagne. Le 17, Pétain affirme : « La lutte s'éteint par l'épuisement des deux parties. » Les Alliés ont gagné la partie.

EFFECTIFS PRÉSENTS

Français : IVᵉ armée, 7 divisions en ligne, 7 divisions en réserve
Allemands : 47 divisions, 2 000 batteries d'artillerie

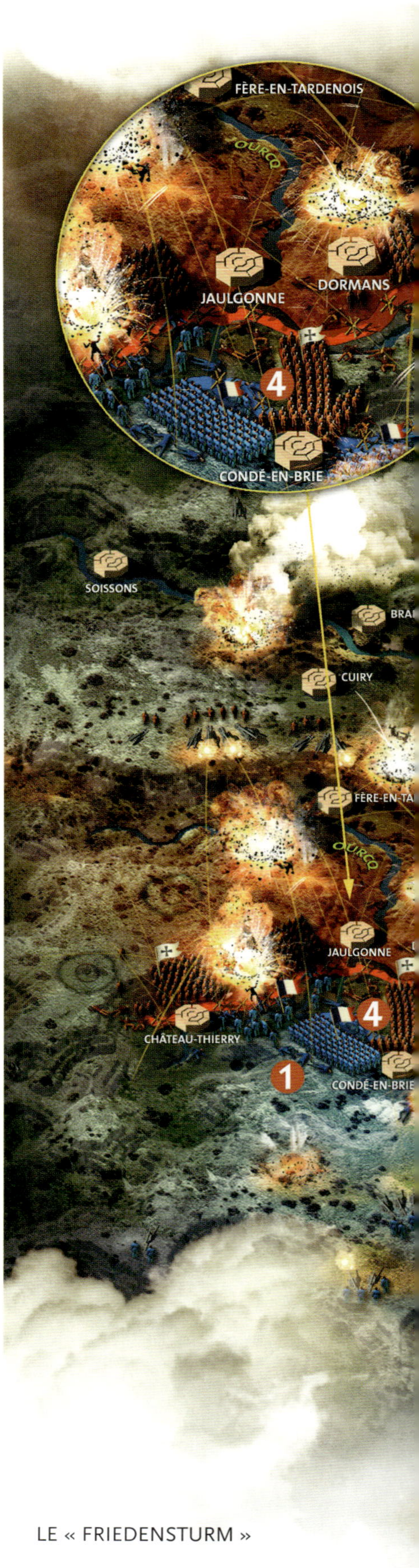

LE « FRIEDENSTURM »

LA NOTE DE FOCH DU 16 JUIN 1918

« La méthode d'attaque allemande (surprise, violence, rapidité d'exécution, manœuvre, profondeur de la pénétration recherchée), écrit le maréchal Foch, commandant en chef des armées alliées sur le front occidental, le 16 juin 1918, indique la méthode défensive à pratiquer : recherche du renseignement (aviation, prisonniers, etc.) ; échelonnement des troupes en profondeur sur les première et deuxième positions avec leurs réserves immédiates, cela dès qu'une attaque est entrevue, et avant d'attaquer. C'est seulement après avoir assuré l'arrêt de l'ennemi devant une des positions que les contre-attaques d'ensemble peuvent être exécutées ; conduire la bataille ; rapidité de décision et d'exécution. »

BERRY-AU-BAC
BRIMONT
FISMES
SUIPPE
VRIGNY
REIMS
MORONVILLIERS
BLIGNY
PRUNAY
AUBÉRIVE
TAHURE
SOUAIN
MASSIGES
POURCY
SUIPPES
ŒUILLY
ÉPERNAY
MARNE
VESLE

Le poilu de 1918

Marqué en profondeur par quatre années de combats, combattant presque professionnel, le poilu de 1918 est d'abord le poilu de la victoire ; mais c'est aussi celui qui se bat pour que l'abominable guerre qu'il a vécue soit la « der des ders ».

« Ils ne pourront plus faire grand-chose... »

Un soldat de l'armée d'Orient, ayant appris la nouvelle de l'offensive allemande en Picardie, dans une lettre de début avril 1918, exhale sa crainte d'une victoire ennemie sur le front occidental, mais se console de l'espoir que les pertes subies par l'adversaire permettront de contenir cette attaque : *« J'ai vu que les Boches avaient remporté d'importants succès. Mais j'espère que la vaillance de nos armées contiendra le flot des envahisseurs et leur fera payer cher les quelques succès remportés. [...] Je crois que les quelques succès obtenus grâce à ces sacrifices n'auront pas de lendemain et qu'ils ne pourront plus faire grand-chose... »*

« Voilà les Boches qui recommencent... »

L'offensive foudroyante lancée par les Allemands au Chemin des Dames, à la fin du mois de mai 1918, suscite de nouvelles craintes dans les rangs des combattants français, mais la confiance n'en subsiste pas moins, comme le montre cette lettre d'un combattant datant des premiers jours de juin : *« Voilà les Boches qui recommencent leurs attaques. Je crois que, décidément, ils cherchent une solution et on ne désespère pas de voir une fin rapide, car ils se rendent compte qu'il n'y a rien à faire pour eux... »*

« Ne t'inquiète pas trop de la guerre... »

Au commencement du mois de juillet 1918, les combattants français devinent qu'un tournant est en train d'être franchi. L'arrêt des offensives allemandes présage bien de l'avenir, même si un sursaut est toujours possible, comme le révèle ce courrier d'un fantassin : *« Les Autrichiens sont tombés sur un bec de gaz en Italie. [...] Ne t'inquiète pas trop de la guerre. Jamais depuis trois mois la situation n'a été aussi bonne. Sans doute la crise continue, mais son tournant dangereux est passé. Il y a des signes excellents. [...] La frottée que les Boches ont reçue ces jours-ci leur passera l'envie de recommencer et, patience, ils ne peuvent plus être vainqueurs... »*

Ci-contre, poilus français dans un village détruit de la Somme en 1918.

Le général Pétain, commandant en chef, passant des troupes en revue, en 1918.

Voltigeur français en 1918.

Les défaites de la Triplice s'accumulant, le moral des soldats français ne cesse de se conforter, comme le révèle cette lettre d'un fantassin de la 77e division d'infanterie (VIe armée), en date de la mi-octobre 1918 :

« Maintenant le moral des troupes est merveilleux ; il y a des peines à souffrir, mais le cours des événements victorieux encourage les poilus. Tous disent la même chose : puisque nous sommes en train de les avoir, il faut aller jusqu'au bout et hâter la fin de notre affreux supplice. [...] Nous marchons jour et nuit et nous sommes bien fatigués, ce que j'ai fait et bien d'autres aussi est surhumain ; mais s'il faut encore donner un petit effort pour avoir la victoire, c'est de grand cœur que nous le donnerons... »

La bataille de Saint-Mihiel 1918

Dans les derniers jours de septembre 1914, les Allemands pénètrent dans la ville de Saint-Mihiel, sise sur la Meuse, au sud-est de Verdun. Ils parviennent ainsi à créer dans les lignes françaises un saillant qui menace non seulement les lignes de communication alliées mais pourrait leur permettre de prendre la région fortifiée à revers. En septembre 1918, Américains et Français partent à l'assaut de la « hernie » de Saint-Mihiel.

Soldat américain lors de la reconquête du saillant de Saint-Mihiel, en septembre 1918.

Le 20 septembre 1914, alors que la bataille de la Marne a déjà pris fin, les Allemands se ruent dans la trouée de Spada et Hattonchâtel, entre la Meuse et le Rupt de Mad, et enfoncent les lignes françaises. Contraignant la IIIe armée du général Sarrail à évacuer une partie des Hauts de Meuse, la crête des Éparges en particulier, les Allemands bombardent ou attaquent les forts d'arrêt de Liouville, des Paroches, du Camp des Romains et de Troyon, et débouchent, le 25, dans la ville de Saint-Mihiel.

La « hernie » de Saint-Mihiel

Ils poussent même au-delà de la Meuse, s'emparant de Chauvoncourt, et menacent désormais de leurs feux, une fois tombé le Camp des Romains, la ligne de chemin de fer qui, passant par Avricourt, mène à Paris. Par ailleurs, le camp fortifié de Verdun peut à tout moment être pris à revers, par le sud-est. Après avoir entrepris des actions de détail sur les flancs nord et sud de la poche, aux Éparges ou encore au bois d'Ailly et au bois Brûlé, le général Joffre décide de frapper un grand coup en lançant les forces de la Ire armée en direction de Chaillon, dans le

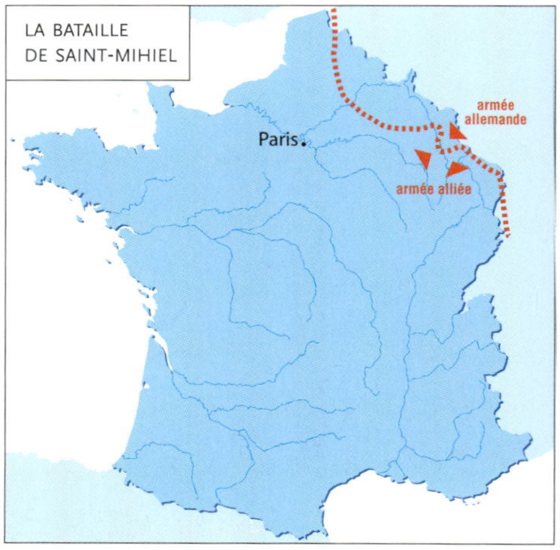

secteur des Côtes de Meuse, et vers Fey-en-Haye, dans le secteur du bois Le Prêtre. L'attaque principale est conduite par les 1er et 2e corps et la division de marche de Verdun, sous le général Gérard, vers Mars-la-Tour et Gravelotte. L'action s'engage le 30 mars 1915, mais elle échoue après une semaine de lutte acharnée, sans résultat véritablement significatif, et doit être arrêtée.

Soldats américains servant un canon léger en 1918.

Les projets alliés

La « hernie » de Saint-Mihiel continue d'exercer sa menace, surtout au moment de la bataille de Verdun, en 1916, jusqu'à l'été 1918 où les Alliés décident d'en finir avec elle. Dans l'esprit de Foch et de Pétain, qui conçoivent l'opération en liaison avec le général Pershing, commandant des armées américaines sur le front occidental, au quartier général interallié de Bombon, le 4 août, il s'agit d'éliminer cette excroissance de manière à faciliter une grande offensive prévue à l'ouest de la Meuse, vers Stenay et Mézières. Pour ce faire, les Alliés prévoient une opération en tenaille partant du plateau de Seicheprey-Limey, en direction de Vigneulles-Thiaucourt, sur le flanc méridional de la poche ; de l'ouest entre Saint-Rémy et la trouée de Spada, vers Hattonchâtel, et du fond du saillant, vers la ville de Saint-Mihiel elle-même. Les deux premières attaques sont confiées aux forces américaines qui, pour la première fois, opèrent en corps d'armée constitués, la troisième à un corps colonial français vers Saint-Mihiel.

Un succès éclatant

L'offensive alliée commence le 12 septembre, alors que le général Ludendorff, quartier-maître général des armées allemandes, a ordonné quatre jours auparavant l'évacuation de la « hernie » pour reporter ses divisions sur les positions bien plus formidables de la ligne Hunding. Elle surprend donc l'ennemi en flagrant délit de préparatifs de retraite. Par temps de brouillard intense, qui facilite leur tâche, les divisions américaines s'enfoncent dans les positions ennemies du bois Le Prêtre à Xivray, au sud, tandis que celles qui attaquent face à l'est emportent l'ensemble des crêtes qui constituent leurs objectifs initiaux, celle de Combres en l'occurrence. Quant aux divisions coloniales françaises, elles entrent dans Chauvoncourt. Dès lors, les Allemands retraitent dans le plus grand désordre pour échapper à l'étau qui se resserre sur eux et finissent par se rétablir sur la ligne Fresnes-en-Woëvre-Norroy. Le succès allié, obtenu au prix de pertes fort réduites, est complet. Le 15 septembre marque bel et bien la fin du saillant de Saint-Mihiel.

Pour venir à bout du saillant de Saint-Mihiel, les Alliés rassemblent des moyens colossaux. Hormis près de 1 500 avions confiés au général aéméricain Mitchell, dont ceux de la division aérienne française, ils disposent de 3 010 canons. Pour amener à pied d'œuvre ces immenses moyens, Français et Américains ont construit ou réparé des centaines de kilomètres de routes et mis en place quelque 40 km de chemin de fer à voie normale et 200 km de chemin de fer à voie étroite. Ils ont aussi prévu près de 20 000 lits et 65 trains sanitaires pour les blessés.

Chars Renault FT17 lors de la bataille de Saint-Mihiel.

Réduire le saillant de Saint-Mihiel

Le 12 septembre 1918, des corps d'armée américains et français partent à l'assaut du saillant de Saint-Mihiel, des positions sur lesquelles les Allemands s'accrochent depuis la fin du mois de septembre 1914 et qu'il s'agit de conquérir afin de permettre le lancement d'une grande offensive en Champagne pouilleuse.

❶ La préparation

• 4 août-11 septembre 1918

Le 4 août 1918, à Bombon, où siège le quartier général des armées alliées sur le front occidental, le maréchal Joffre organise avec Pétain, commandant en chef français, et Pershing, commandant en chef américain, une conférence destinée à étudier une offensive contre le saillant de Saint-Mihiel. Dans l'esprit des plus hauts responsables alliés, il s'agit d'éliminer un saillant qui pourrait constituer une menace pour la grande attaque dont ils prévoient le lancement en Champagne pour les derniers jours du mois de septembre. Pour ce faire, Américains et Français rassemblent des moyens considérables, de l'ordre de douze divisions pour les premiers, et de quatre appartenant au 2e CAC (corps d'armée colonial) pour les seconds. L'assaut serait appuyé par plus de 3 000 pièces d'artillerie et près de 1 500 avions. En face, les Allemands alignent le détachement d'armée C, du général Fuchs.

❷ L'attaque américaine

• 12 septembre 1918

Le 12 septembre 1918, l'attaque américaine va de l'avant, tout d'abord au sud du saillant du bois Le Prêtre à Xivray, menée par le 4e corps à droite et le 1er corps à gauche, avec l'objectif de s'emparer de Vigneulles et de Thiaucourt. À 5 heures du matin, à l'issue d'un pilonnage d'artillerie de quatre heures, l'infanterie américaine sort de ses tranchées et, d'un seul élan, emporte les premières positions ennemies. Au milieu de la journée, c'est au tour de Thiaucourt de tomber et, un peu plus tard, du bois de Nonsard. Vers minuit, les « Sammies », surnom donné aux soldats américains, sont dans Vigneulles. Quant au 5e corps, qui pousse de Trésauvaux à la trouée de Spada, il prend très rapidement Dompierre-aux-Bois.

❸ L'attaque française

• 12 septembre 1918

L'attaque française revient au 2e corps d'armée colonial, du général Blondat, dont la tâche consiste à s'emparer de la pointe du saillant. Successivement, Chauvoncourt, le bois d'Ailly, la forêt d'Apremont, où de terribles massacres se sont déroulés en 1915, passent aux mains des coloniaux, qui entrent ensuite dans Saint-Mihiel et y font prisonniers 2 500 Allemands.

❹ Le repli allemand

• 13-15 septembre 1918

Pour échapper à la menace d'encerclement qui pèse sur elles, les divisions allemandes refluent dans le désordre vers l'est et le nord-est, tandis que les forces américaines qui viennent du sud et du nord finissent par se donner la main à Vigneulles-lès-Hattonchâtel. En deux jours à peine, les Alliés ont obtenu un extraordinaire résultat. L'ennemi, après s'être retranché sur une ligne Fresnes-Hattonville-Xammes-Norroy, est repoussé jusqu'à Woël et Rembercourt. La victoire franco-américaine est totale.

EFFECTIFS PRÉSENTS

Français et Américains : 2e corps d'armée colonial, 1er, 4e et 5e corps d'armée américains (7 divisions), 3 010 canons

PERTES

Allemands : 16 000 prisonniers, 440 canons capturés

LES FÉLICITATIONS DE FOCH À PERSHING

Le maréchal Foch, commandant en chef des armées alliées sur le front occidental, ayant appris le succès américain à Saint-Mihiel, adresse le message suivant au général Pershing : « *La 1re armée américaine sous votre commandement a remporté, dans cette première journée, une magnifique victoire par une manœuvre aussi habilement préparée que vaillamment exécutée.* »

LA BATAILLE DE SAINT-MIHIEL

FRESNES
TRÉSAUVAUX
COMBRES
2
4
HATTONVILLE
HATTONCHÂTEL
VIGNEULLES
DOMMARTIN
XAMMES
MOSELLE
PAGNY
NORROY
2
THIAUCOURT
NONSARD
3
AINT-MIHIEL
3
MONTSEC
BOIS LE PRÊTRE
FEY-EN-HAYE
PONT-À-MOUSSON
1
XIVRAY
RUPT DE MAD
COMMERCY
4
HATTONVILLE
HATTONCHÂTEL
VIGNEULLES

La bataille du Dobro Polje

Le 15 septembre 1918, à l'issue d'une campagne épuisante et harassante de près de trois ans, lors de laquelle elle a été confrontée non seulement à d'intenses combats mais aussi à la dureté du climat et aux terribles atteintes de la maladie, l'armée d'Orient fait voler en éclats le front bulgare devant Salonique.

Cavaliers serbes et spahis marocains progressant à travers les montagnes de la Serbie après la percée du front bulgare, en septembre 1918.

L'idée de frapper un coup décisif dans les Balkans où, après avoir échoué aux Dardanelles, Français et Britanniques ont débarqué en octobre 1915 afin de voler au secours d'une Serbie au bord du désastre, ne date pas de 1918, ni de la prise de commandement, à la tête des armées alliées d'Orient, du général Franchet d'Esperey. Le général Sarrail, de 1915 à 1917, n'a cessé de plaider pour le renforcement de son armée, et le général Guillaumat, pendant le premier semestre de 1918, a œuvré avec énergie pour sortir de l'ornière cette armée d'Orient tant décriée en France même. En fait, c'est bien ce dernier officier général qui est au cœur du projet grandiose d'offensive qui va concrétiser la victoire alliée dans les Balkans.

Le plan de Franchet d'Esperey

En décembre 1917, Clemenceau, arrivé depuis peu au pouvoir, entreprend de limoger Sarrail, commandant des armées alliées en Orient, auquel il reproche d'être resté trop longtemps dans l'inactivité. Il le remplace par le général Guillaumat, un soldat d'une très grande intelligence qui réorganise les troupes alliées engagées dans les Balkans. Pour soulager le front occidental sur lequel les Allemands lancent de furieux assauts depuis mars 1918, le nouveau chef des armées alliées entreprend d'attaquer, dans un premier temps, les formidables positions du Skra di Legen et s'en empare, le 30 mai, remportant une grande victoire. Le 9 juin, Guillaumat, rappelé en France, cède la place au général Franchet d'Esperey. Dans les cartons de Sarrail et Guillaumat, ce dernier trouve des plans d'offensive audacieux susceptibles d'apporter une victoire alliée dans les Balkans où Clemenceau discerne un théâtre d'opérations secondaire.

Le général Tranié à son poste de commandement, lors de l'offensive du 15 septembre 1918.

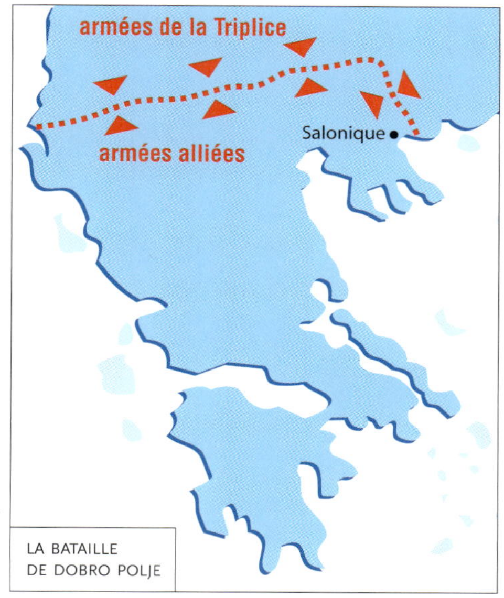

Le général Franchet d'Esperey, commandant en chef des armées alliées en Orient, en 1918.

L'offensive victorieuse

Le projet mûri par Sarrail préconise une attaque en force dans le secteur le plus difficile, voire le plus inatteignable du front d'Orient, en face du Dobro Polje, un massif montagneux presque inaccessible, culminant à 1 785 m et situé en plein centre des lignes tenues par les Bulgares. Il entend ainsi jouer sur l'effet de surprise, l'ennemi ne s'attendant pas à être attaqué en cet endroit. Franchet parvient à convaincre le prince Alexandre de Serbie du bien-fondé de son plan et, en août, le conseil de guerre interallié de Versailles lui donne son accord formel. Dans la plus grande discrétion, condition impérative du succès, les Alliés massent d'énormes moyens, constitués de divisions françaises et serbes, face au Sokol, au Dobro Polje et au Kozjak, des sommets montagneux redoutablement fortifiés. Le 14 septembre, à 8 heures, débute une formidable préparation d'artillerie menée par des centaines de pièces et qui s'étend sur une journée complète. Après quarante-huit heures de terribles combats, les lignes ennemies sont rompues et les Britanniques percent, de leur côté, autour du lac Dojran.

La fin de l'armée bulgare

La poursuite de l'adversaire commence le 18 et, le 29, l'armée germano-bulgare tout entière est prise au piège par la cavalerie alliée qui vient d'entrer dans Uskub (Skopje), à l'issue d'une extraordinaire avancée. Allemands et Bulgares, contraints de mettre bas les armes, laissent aux mains des Serbes et des Français 78 600 prisonniers, 500 canons et 10 000 chevaux. Le désastre est consommé pour la Triplice qui, pour la première fois, vient de perdre la guerre sur un des fronts qu'elle tient. Après la Bulgarie viendra le tour de la Turquie, puis celui de l'Autriche-Hongrie et, enfin, de l'Allemagne.

Le 3 décembre 1918, se penchant rétrospectivement sur les événements qui se sont produits depuis le mois de septembre précédent, le général Franchet d'Esperey écrit :

« Le moral de l'armée d'Orient a été magnifique pendant l'offensive. Officiers et soldats ont accepté les efforts qui leur ont été demandés et supporté sans se plaindre fatigues, diminution du bien-être. »

Victoire en Orient

Après des années d'enfermement dans le camp retranché de Salonique et une lutte de tous les instants contre les mauvaises conditions climatiques et matérielles, mais aussi la maladie, les armées alliées d'Orient, commandées par le général Franchet d'Esperey, lancent une attaque générale contre le front germano-bulgare, le 15 septembre 1918.

❶ Les préparatifs
• juin-septembre 1918

Arrivé à Salonique le 18 juin 1918, le général Franchet d'Esperey a à peine pris le commandement des armées alliées en Orient qu'il se penche sur l'étude d'une grande offensive dans les Balkans. Les deux plans qu'il découvre à son arrivée sont celui de Sarrail, qui propose une rupture du front ennemi dans le secteur central (Dobro Polje et Moglena), là où les défenses sont les plus impor-tantes, mais où la surprise reste possible ; et le projet de son prédécesseur, le général Guillaumat, qui préconise une poussée entre le Vardar et le lac Dojran sous la forme d'une poussée lente et progressive. Penchant pour la première option, le nouveau commandant en chef se lance avec l'énergie qui le caractérise dans la préparation de l'affaire. Ayant obtenu carte blanche de la part du comité interallié, le 5 août, il rassemble les moyens en hommes et en artillerie nécessaires et prévoit la rupture dans le secteur du Dobro Polje, où la Ire armée serbe, épaulée par deux divisions françaises, opérera.

❷ La rupture du front germano-bulgare
• 15-17 septembre 1918

La préparation d'artillerie, conduite par 600 pièces de tous calibres sur un front de 30 km, débute le 14 septembre à 8 heures et s'étend jusqu'au lendemain matin, à 5 heures 30. C'est à cette heure-là que commence l'assaut allié qui emporte le sommet du Dobro Polje en début d'après-midi et se poursuit contre le Sokol. Le soir même, la Ire armée serbe entre en ligne pour appuyer les deux divisions françaises engagées le matin. Il faut deux jours aux Serbes pour rompre le front bulgare, la rupture étant obtenue le 17, sur une largeur de 25 km et une profondeur de 15 km. Parallèlement, les Britanniques et les Grecs, à droite, attaquent vers le lac Dojran, immobilisant la Ire armée bulgare.

❸ L'exploitation et la victoire
• 18-30 septembre 1918

La poursuite des divisions de la XIe armée allemande bousculées sur les crêtes démarre le 18. La Ire armée serbe marche sur un axe Prilep-défilé de la Babouna, tandis que la IIe armée serbe progresse vers Negotin. Prilep tombe aux mains des Alliés le 21 septembre, en même temps que Demir Kapou et Negotin. Dans la nuit qui suit, le mouvement de retraite de la XIe armée allemande s'accélère, prenant de plus en plus l'allure d'une débâcle. Le 22, Serbes et Français franchissent le Vardar, lieu de durs combats à la fin de 1915 et, le 23, la cavalerie française du général Jouinot-Gambetta est jetée dans la mêlée en vue de couper toute retraite aux Bulgares et aux Allemands en déroute. Dans le même temps, la gauche alliée s'est mise en route, débordant les positions ennemies. Le 29, la ville d'Uskub est atteinte par les cavaliers français et la XIe armée allemande se retrouve enfermée dans une nasse. Un armistice ayant été demandé et signé par la Bulgarie, le cessez-le-feu intervient le 30 septembre. La guerre en Orient est gagnée.

EFFECTIFS PRÉSENTS

Français et alliés :
3e corps d'armée grec (général Danglis)
Armée britannique (général Milne)
Groupement d'Anselme (17e DIC, 2e division grecque)
Ire et IIe armées serbes
Armée française d'Orient (général Henrys)
57e DI française
Corps d'armée italien

Triplice : Ire armée bulgare, XIe armée allemande

LA BATAILLE DU DOBRO POLJE

« Les immenses préparatifs faits en vue de l'offensive… »

Le 12 septembre 1918, la commission de contrôle postal de Belfort, chargée de lire la correspondance en provenance de l'armée française d'Orient, note :
« Toute la correspondance de la première quinzaine de septembre est remplie de détails sur les immenses préparatifs faits en vue de l'offensive des armées alliées contre les Bulgares. Nombre de correspondants écrivent qu'ils espèrent, ainsi que leurs camarades, battre leurs adversaires à plate couture et les poursuivre jusqu'en Serbie et en Bulgarie. »

USKUB
VELES
SERBIE
PRILEP
3
CRNA
MONASTIR
DOBRO POLJE
2
FLÓRINA
1
DEMIR KAPOU
3
STRUMITSA
3
BULGARIE
DOJRAN
VARDAR
1
STRUMA
SALONIQUE
GRÈCE
GOLFE
DE SALONIQUE
MONASTIR
CRNA
DOBRO POLJE
2
FLÓRINA

LA DERNIÈRE OFFENSIVE

Lorsque les Allemands, après les Bulgares, les Turcs et les Austro-Hongrois, reconnaissent qu'ils sont vaincus et demandent un armistice, les armées alliées du front occidental s'apprêtent à s'engager, en Lorraine, dans une immense offensive qui doit les conduire en territoire ennemi.

Batterie française déployée en rase campagne pendant les dernières semaines de la guerre.

À ce moment, sur fond de victoire certaine des Alliés, un vaste débat relatif à l'opportunité de lancer une attaque de la sorte parcourt les milieux politiques et militaires français.

Les coups de boutoir de Foch

Le 10 octobre 1918, alors même que les armées allemandes étalées de la mer du Nord à la frontière suisse sont aux abois, le maréchal Foch, commandant en chef des forces alliées, achève la rédaction d'une directive visant à relancer l'offensive. Il s'agit d'abord de frapper vers Solesmes et Wassigny afin de dégager Lille et de marcher également sur Mézières. L'avance des divisions belges, françaises, britanniques et américaines est à ce point irrésistible que l'ennemi recule partout, abandonnant tour à tour les villes qu'il a tenues pendant des années et des positions fortifiées de première importance. Dans les premiers jours de novembre, Groener, qui vient de remplacer Ludendorff aux fonctions de quartier-maître général, commande le recul général des armées déployées entre la Meuse et l'Escaut. En ces instants tragiques pour le Reich de Guillaume II, la révolution gronde en Allemagne et les Alliés approchent à grands pas de Bruxelles.

Foch et Pétain s'opposent sur de nombreux problèmes stratégiques en 1918.

Le débat sur l'armistice

Dans le camp français, un intense débat oppose depuis quelque temps déjà les partisans d'un armistice immédiat avec les Allemands et ceux qui souhaitent poursuivre les opérations militaires jusqu'à la victoire totale sur l'adversaire. Clemenceau est un des tenants de la première solution, pensant que les armées françaises sont épuisées par quatre années et demie de guerre et que mieux vaut en finir par la négociation. Poincaré reproche dès lors au président du Conseil en place de vouloir « couper les jarrets à nos soldats », tandis que Foch entend pousser le plus loin possible l'avantage acquis par l'Entente. Il en résultera une brouille irréconciliable entre le « Tigre » et le commandant en chef des armées alliées.

Embarquement d'un char Schneider sur un wagon de chemin de fer en 1918.

L'offensive de Lorraine

Pendant que la polémique se développe aux plus hauts sommets de l'État et du commandement militaire, le grand quartier général envisage de frapper un coup décisif en un endroit du front où les Allemands ne s'y attendent pas. Ayant constaté que la plus grande partie des armées ennemies est engagée entre Anvers et Verdun, Pétain souhaiterait engager ses forces dans une grande attaque contre le groupe d'armées du duc de Wurtemberg, constitué d'à peine une vingtaine de divisions fatiguées et inexpérimentées. Ce faisant, il escompte non seulement enfoncer les lignes adverses entre Nancy et Avricourt, mais encore déborder le redoutable camp retranché de Metz et, qui sait, pénétrer en Sarre. Le plan concocté par le 3e bureau du GQG est expédié à Foch le 14 octobre, mais, sur le moment, celui-ci ne s'en préoccupe pas. Il ne s'y intéresse qu'une semaine plus tard et donne son approbation au projet, non sans poursuivre ses attaques frontales plus à l'ouest. Pour toutes ces raisons, le projet d'offensive en Lorraine ne sera jamais concrétisé. Ses préparatifs seront entrepris trop tard pour avoir la moindre chance d'aboutir avant l'entrée en vigueur de l'armistice sur le front occidental, le 11 novembre. L'affaire, si elle avait été menée à bien, aurait pu produire des conséquences incalculables sur la suite des événements. En entrant en territoire allemand, les Alliés auraient coupé court à toutes les thèses sur lesquelles les révisionnistes s'appuieront pour exiger l'abrogation de la paix de Versailles : celles d'une Allemagne invaincue sur le plan militaire, mais atteinte par le « coup de poignard dans le dos » que lui auraient infligé les révolutionnaires de novembre 1918.

Fantassins français traversant une ville en ruines dans les dernières semaines de la guerre.

À propos de la poursuite des opérations militaires, Clemenceau confie à Foch :

« Il ne faut pas être exigeant. Nos troupes sont fatiguées. Mais le jour venu, soyez tranquille, je ne me contenterai pas de l'Alsace de 1870. Je réclamerai celle de 1792 et de 1814... »

Attaque en Lorraine

Pendant que Foch, hostile à la signature d'un armistice immédiat avec l'Allemagne, poursuit ses attaques frontales entre la Meuse et la mer du Nord, Pétain prépare une immense offensive en Lorraine, dont il attend des résultats considérables.

❶ Le projet d'offensive

• fin septembre – début octobre 1918

C'est en se fondant sur un certain nombre de constats que le grand quartier général français envisage la possibilité de lancer une offensive de grande envergure en Lorraine. Le premier d'entre eux est que, en ce mois d'octobre 1918, la plus grande masse des armées allemandes (près des quatre cinquièmes) est engagée entre la Meuse et Anvers et qu'à peine vingt divisions tiennent le front entre Verdun et la frontière suisse. Le deuxième est que, au lieu de d'aller de l'avant frontalement contre les lignes ennemies, au prix de pertes importantes, mieux vaudrait déborder l'ensemble du dispositif d'Hindenburg par l'est, en contournant la place forte de Metz, bien trop puissante. Le troisième réside dans l'avantage politique qu'une telle entreprise conférerait aux Alliés, en leur permettant de pénétrer en territoire allemand et de signifier de cette façon la défaite militaire de l'ennemi qu'une habile propagande menée par le grand état-major tente de dissimuler à la population d'un Reich en proie à la révolution et sur le point de se désagréger.
Dans le camp de l'Entente, l'affaire survient sur fond d'un violent et profond débat entre des politiques et des militaires qui s'interrogent sur l'opportunité de répondre par l'affirmative aux demandes d'armistice formulées par les Allemands. Tandis que Poincaré et Foch sont partisans de poursuivre la guerre, Clemenceau, estimant les armées françaises fatiguées, voudrait lui trouver une solution politique, quitte à exiger des gages encore plus importants.

❷ Un dessein contrarié

• mi-octobre – novembre 1918

Le projet de Pétain est transmis au groupe d'armées de l'Est, du général de Castelnau, qui rend très vite sa copie et propose d'attaquer entre Nancy et Avricourt, avec une vingtaine de divisions, 600 chars et des centaines d'avions. Une fois percées les lignes ennemies, tenues par des grandes unités inexpérimentées et épuisées, la masse alliée (Français et Américains) entrerait en territoire allemand. Le plan est expédié au quartier général des armées de l'Entente dès le 14 octobre, mais Foch ne se penche sur lui qu'une semaine plus tard, le 20, et demande d'autres détails. Ceux-ci lui étant parvenus le lendemain, le commandant en chef des armées alliées approuve l'opération le 23 octobre. Il n'en poursuit pas moins ses attaques frontales entre Meuse et Escaut, de sorte que l'idée d'une grande percée en Lorraine, qui aurait sans doute modifié le cours des événements, finit par tomber dans les oubliettes de l'histoire.

EFFECTIFS PRÉSENTS

Alliés : 20 divisions, 600 chars (X^{e} et VIIe armées françaises, IIe armée américaine)

« Couper les jarrets à nos soldats... »

Apprenant le projet de Clemenceau de mettre fin à la guerre par un armistice, Poincaré lui demande de ne pas « couper les jarrets à nos soldats », c'est-à-dire de pousser le plus loin possible l'avantage militaire de l'Entente. Le président du Conseil, avec lequel il n'est guère en très bons termes, lui répond alors :
« Monsieur le président, je n'admets pas qu'après trois ans de gouvernement personnel, vous vous permettiez de me conseiller de ne pas "couper les jarrets à nos soldats". Si vous ne retirez pas votre lettre écrite pour l'histoire que vous voulez vous faire, j'ai l'honneur de vous envoyer ma démission... »

LUXEMBOURG
TRÈVES
ALLEMAGNE
RHIN
FRANCFORT
MANNHEIM
2
2
2
SARREBRUCK
SARREGUEMINES
METZ
NANCY
RASTATT
STRASBOURG
MEURTHE
1
NCE
ÉPINAL
COLMAR
2
2
SARREBRUCK
2
SARREGUEMINES

Double page suivante : Soldats en train de mitonner leur repas en arrière du front.

Deuxième partie

La guerre des combattants au quotidien

Pour tous ceux qui combattent dans les tranchées, la guerre est une expérience terrible et cruelle. Ceux des 8 millions de mobilisés français qui retrouvent leur foyer à la fin du conflit en sortent marqués à jamais dans leur chair, mais aussi dans leur esprit. Les longs séjours en ligne sont terriblement éprouvants pour les « poilus » qui vivent dans la peur quotidienne, reçoivent une nourriture le plus souvent détestable, se gavent de « gnôle » et de « pinard » pour supporter les horreurs auxquelles ils doivent faire face : la vermine, les poux, les rats, les bombardements d'artillerie, les gaz asphyxiants, les camarades tués, blessés ou épouvantablement mutilés par les balles des mitrailleuses ou les obus.

Les pires moments sont sans doute ceux où, au coup de sifflet des officiers, il faut sortir de la tranchée pour attaquer, en affrontant sans protection aucune le feu de l'ennemi. Les combattants, résignés, fatalistes et parfois révoltés, se prennent alors à rêver à leurs foyers où les attend une femme ou une fiancée aimante, mais aussi à cette paix qui tarde tant à venir. Ils maudissent les embusqués, tout autant que les députés et les hommes politiques qui les ont précipités dans cet enfer et ne semblent rien vouloir faire pour les en sortir.

Pourtant, aussi indicibles que soient les souffrances subies, aussi extrêmes que soient les sentiments exprimés, les soldats de la Grande Guerre n'ont pas tenu que sous la contrainte ou encore la crainte des conseils de guerre, ils ont cru à un monde d'après-guerre meilleur, pensé que leur sacrifice bannirait définitivement la guerre des pratiques de l'humanité. Ils ont sans doute été animés par une sorte de patriotisme terrien, lié de près à la société rurale dont ils sont issus, mais ont été également portés par un vrai consentement.

La boue, le calvaire des combattants

Pour les combattants qui vivent quotidiennement dans les tranchées, les souffrances sont multiples et variées. À côté des balles et des obus, des rats et de la vermine, la boue est sans doute une des expériences les plus terribles auxquelles les poilus se retrouvent confrontés.

« J'ai vu plusieurs camarades s'enliser... »

Le soldat Gustave Héger, qui se bat à Verdun en 1916, dresse le constat suivant après avoir pénétré dans le village rasé de Vaux :
« Quelque temps après, à l'occupation du village de Vaux, j'ai vu plusieurs camarades s'enliser dans des trous d'obus sans qu'il nous ait été permis de leur porter secours. L'un d'entre nous qui, malgré la consigne, s'était arrêté pour essayer d'arracher à un trou d'obus un camarade blessé, s'enlisa à son tour, de sorte qu'il y eut deux victimes au lieu d'une... »

« À ce qu'un mulot puisse se faufiler dessous... »

Dans *Ceux de 14*, le grand écrivain combattant Maurice Genevoix, alors qu'il monte en ligne dans la Woëvre, à l'est de Verdun, en novembre 1914, découvre les affres de la boue :
« L'abri-refuge, construit pour une section, a vingt mètres de longueur. À présent que mes yeux se sont adaptés à la demi-obscurité, je me rends compte qu'il fut construit au petit bonheur, sans souci aucun des matériaux ni de leur résistance. La masse couvrante, trop lourde, fait s'incurver les douves du plafonnement, et les piquets d'étai, posés à même le sol amolli d'eau, y plongent comme dans une gélatine. Avant un mois, sans que les marmites y soient pour rien, toute cette grande fosse sera comble, les planches qu'effleure mon képi descendues où sont mes semelles collées au sol, à ce qu'un mulot ne puisse se faufiler dessous... »

Le soldat Jean Putot, du 42e régiment d'infanterie, se souvient d'une montée en première ligne à Verdun, pendant l'automne 1916 :

« Déambulant dans le boyau, l'arme à la bretelle et l'outil sur l'épaule, nous pataugeons dans la boue, courbant le dos sous la pluie persistante. L'eau ruisselle sur les casques et un mince filet d'eau s'infiltre directement sous le col de la capote. Le bas de la capote, alourdi par l'eau et la boue, à chaque pas, frappe les jarrets comme d'un coup de fouet régulier et agaçant. Si, du revers de la main, nous voulons essuyer l'eau qui inonde notre visage, nous ne faisons qu'y ajouter toujours de l'eau... »

Un secteur du front des Vosges baignant dans la neige fondue et la boue.

Le cafard

Le cafard, cette mélancolie incoercible, incontrôlable et inexprimable, fond à l'improviste sur les malheureux poilus. Il les plonge dans le découragement, la nostalgie, une sorte de « malaise intime, indéfinissable, indicible » qui peut les pousser à agir de la pire manière.

Rapport du général commandant le 9e corps d'armée, en 1918.

« Il existe deux catégories de soldats : les intellectuels, sensibles aux événements extérieurs et intérieurs, qui en parlent trop, beaucoup trop même. Les autres qui se résument en trois points : permissions, pinard et une sorte de fatalisme. »

« C'est une honteuse boucherie »

Le cafard pousse à une rancœur, voire à une révolte qui s'expriment parfaitement bien dans les lettres passant entre les mains des censeurs du contrôle postal, ce système de surveillance des correspondances créé en 1915 et qui permet de connaître le fond de l'âme des combattants :

« On a peut-être avancé un peu, écrit un soldat à l'issue de l'offensive lancée en avril 1917 au Chemin des Dames, mais avec des pertes terribles, et prendre quelques tranchées démolies avec tant de morts pour ça, ce n'est pas payé. C'est une honteuse boucherie. Qu'on nous envoie vite dans cette mêlée, qu'on nous y fasse massacrer s'il le faut, mais qu'on n'ait plus en tête ce cafard qui nous ronge continuellement. Oui, j'en suis las de cette vie, surtout que rien ne laisse présager une fin et qu'ils ont encore

Tous les soldats du front, britanniques comme français, subissent les mêmes misères morales.

Le cafard est le compagnon quotidien du combattant, à l'arrière et au front.

le courage de mettre sur les journaux que ce sera beau si le dernier trimestre de 1918 en voit la fin. Faut espérer que la révolution éclatera avant. »

« De vrais criminels »

Un autre combattant, engagé sur le front de Champagne à la même époque, s'exclame : « *Ce sont de vrais criminels qui font durer cette guerre. N'y a-t-il pas déjà assez de sang versé ? Je crois qu'ils veulent l'abolition de la race française et nous les parias, les martyrs du genre humain, nous acceptons sans sourciller de donner notre vie. Pauvre peuple ignorant. Les esprits se développent, mais il sera trop tard et ce sera toujours*

à notre désavantage. Pourtant si le peuple voulait imposer ses volontés, qui pourrait s'y opposer ? On verrait les gros capitalistes et tous ces seigneurs du Palais-Bourbon faire volte-face et il ne serait plus question d'eux ou bien qu'on les envoie défendre leurs biens. Ce serait une chose juste, mais ils sont trop froussards. Ils déposent leurs milliards dans les mains des seigneurs qui eux s'engraissent avec, et nous, les malheureux, pas contents de donner notre sang, il nous faut souffrir de la faim et du froid, couchés dans la paille et dans la boue, puis ils nous donnent une faveur tous les quatre mois, le droit d'aller voir sa famille. Je ne souhaite pas que la censure mette ses yeux sur cette lettre, mais tant pis, ils pourront se rendre compte du bas moral des poilus. »

Les blessures

Des millions de soldats sont blessés plus ou moins grièvement pendant la Grande Guerre. Ce faisant, ils connaissent une des expériences les plus terribles qui soient, risquant des complications souvent mortelles telles que la gangrène ou la septicémie, sombrant parfois dans la folie.

Évacuation de blessés pendant la bataille de Champagne, en 1915.

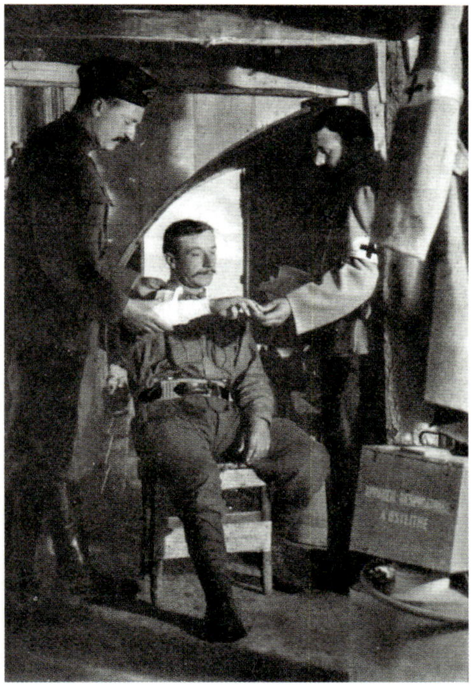

Soldat blessé au bras, pansé par des infirmiers.

« Ils sont là, sur le terrain, grelottants de fièvre, s'éteignant peu à peu... »

Un officier subalterne, Albert Garnier, de la 52e DI, décrit de la façon suivante son expérience sur le champ de bataille de Verdun : *« J'ai rencontré quatre pauvres gars, les membres inférieurs brisés. Depuis deux jours ils sont là, sur le terrain, grelottants de fièvre, s'éteignant peu à peu. Ils ne sont éloignés les uns des autres que de quelques mètres ; ils s'appellent et s'encouragent mutuellement, espérant que d'une minute à l'autre, on viendra les chercher. Ils m'ont imploré de les faire enlever ; je leur ai promis avec force et avec le désir arrêté de signaler leur position pour qu'on essaye de les secourir. [...] Je leur ai promis de les signaler ; j'ai tenu ma promesse ; mais a-t-on pu les secourir à temps ? »*

Le grand écrivain Georges Duhamel, médecin pendant la Première Guerre mondiale, raconte, dans *Vie des martyrs*, une de ses expériences des blessés dans le secteur de Verdun :

*« Des groupes de petits blessés clopinaient vers l'ambulance ; le mouvement incessant des automobiles entretenait une circulation fiévreuse de fourmilière attaquée. [...] L'odeur et les plaintes de plusieurs centaines de blessés nous assaillirent aussitôt. L'ambulance n° ***, que nous venions relever, était aux prises avec la besogne depuis la veille, sans parvenir à l'entamer sensiblement. Les traits tirés par une nuit de travail, médecins et infirmiers allaient, venaient, choisissaient dans le tas des blessés, et en soignaient deux pendant qu'il en arrivait vingt... »*

Premiers soins donnés à des blessés sur le champ de bataille.

Une horreur sans nom, les rats

Pour les combattants des tranchées, les rats sont un ennemi dont l'extermination constitue une priorité, au point que le haut commandement offrira une prime pour chaque animal tué. Vecteurs de nombreuses maladies, ces rongeurs se repaissent souvent de la chair des cadavres des combattants, inspirant aux vivants une horreur sans nom.

« Des rats énormes, gras de viande humaine… »

Un combattant, R. Naegelen, en secteur en Champagne en 1915, découvre les rats avec un sentiment de stupéfaction dont les mots qu'il emploie pour le décrire rendent à peine compte :
« Sur tout le front de la butte de Souain, depuis septembre 1915, les fantassins fauchés par les mitrailleuses gisent étendus face contre terre, alignés comme à la manœuvre. La pluie sur eux tombe, inexorable, et les balles cassent leurs os blanchis. Un soir, Jacques, en patrouille, a vu, sous leurs capotes déteintes, des rats s'enfuir, des rats énormes, gras de viande humaine. Le cœur battant, il rampait vers un mort. Le casque avait roulé. L'homme montrait sa tête grimaçante, vide de chair ; le crâne à nu, les yeux mangés. Un dentier avait glissé sur la chemise pourrie, et de la bouche béante une bête immonde avait sauté. »

« La morsure d'un rat… »

Un officier, R. Arnaud, explique, quant à lui, que dans les moments de calme, le rat est l'ennemi qu'il s'agit d'exterminer :
« Le rat qui grouillait partout, qui dévorait les boules de pain et les victuailles si on négligeait de les pendre à un fil de fer et qui vous réveillait parfois en pleine nuit en courant de toutes ses pattes sur votre visage. Un jour où j'avais pu me déchausser, ce fut la morsure d'un rat aux doigts de pied qui me réveilla. »

La chasse aux rats est une des grandes activités des soldats du front.

LES ALLEMANDS AUSSI

Ernst Jünger, dans son livre *Orages d'acier*, décrit en termes forts la répugnance que les rats lui inspirent, une répugnance qui s'étend aux combattants de tous les camps :
« Ce sont des créatures répugnantes, et je ne puis m'empêcher de penser à leur activité secrète de charognards. Une nuit tiède où je marchais à travers les ruines de Monchy, ils ont débouché de leurs cachettes en bandes tellement inconcevables que le sol avait l'air d'un tapis vivant que ponctuait par places le pelage d'un albinos. »

LE « PINARD », DE LA CONSOLATION À L'EXCÈS

Accusé de bien des maux, de l'ivrognerie à l'indiscipline, le « pinard » constitue un des grands réconforts des poilus qui trouvent, dans sa consommation plus ou moins mesurée, voire excessive, une consolation à l'horreur de la guerre des tranchées. Le vin est le « moral des poilus » écrit même un combattant en 1918.

Distribution de vin à l'arrière du front.

Distribution de vin à des soldats lors de la mobilisation de 1914.

Quête pour le « pinard » des poilus.

Chanson sur le pinard extraite du *Journal d'Aubenas et de Vals-les-Bains*, en date du 24 juin 1918 :

« En sortant de la tranchée,
Parfois je tremble, j'ai peur,
Mais ma gourde caressée
D'un coup me donne du cœur.
La nuit, au poste d'écoute
J'ai sommeil, j'ai faim, j'ai froid.
Mais quand je bois une goutte,
Je suis tout gaillard, ma foi.
Ô pinard, ô merveille,
Que j'aime écouter tes petits glouglous
Divin jus de la treille,
Viens buvons un coup, buvons un coup.
Il est une tâche dure,
C'est de porter des rondins ;
Mais jamais je ne murmure,
Je prends les plus gros sapins.
C'est qu'à mon côté j'attache
Mon compagnon, mon bidon ;
Quand un bras est à la tâche,
L'autre sonne du clairon. »

« Au grand enthousiasme des destinataires… »

Les soldats n'hésitent pas à parcourir d'importantes distances pour se ravitailler en vin, comme le rapportent deux médecins, Huot et Voivenel, dans leurs réflexions sur la Première Guerre mondiale :
« Du bataillon de seconde ligne, chaque jour, des "types à la coule", sous un prétexte plus ou moins acceptable, s'en vont vers le village voisin, portant en bandoulière vingt ou trente bidons qu'ils apportent pleins au grand enthousiasme des destinataires. »

« Ces pauvres bougres, sobres avant 1914… »

P. Truffau, dans ses souvenirs de guerre intitulés *Carnets d'un combattant*, écrit, à propos de l'ivrognerie due à une trop grande consommation de vin :
« Combien en ai-je connu de ces pauvres bougres, sobres avant 1914, et qui, à force d'avoir soif et faim sous la mitraille, ont perdu le nord, en essayant de puiser l'oubli au fond du bidon de pinard ou du quart de gnôle. Ainsi la Grande Guerre aura achevé l'œuvre du troquet. »

LE GÉNÉRAL PÉTAIN À PROPOS DU « PINARD »

En juin 1917, en pleine crise des mutineries, le général Pétain, commandant en chef des armées du Nord et du Nord-Est, souligne à propos de la consommation de vin sur le front : *« Il m'a été rendu compte que, dans certaines régions de la zone des armées, les quantités de vin expédiées à l'arrière et mises à la disposition du commerce sont absolument disproportionnées avec les besoins du ravitaillement local. Il en résulte que les débitants de profession, et surtout les débitants d'occasion dont les agissements sont plus difficiles à contrôler, peuvent solliciter les troupes à des consommations tout à fait exagérées au double point de vue de la santé des soldats et de la discipline militaire. »*

Les cuistots

Souvent critiqués et vilipendés parce que la nourriture n'est que très rarement du goût des poilus, les cuistots (les cuisiniers) risquent parfois tout autant leur vie pour les combattants du front auxquels ils sont tout dévoués.

Cuistot goûtant la soupe qu'il est en train de préparer.

« Le cuisinier est [...] la grande figure de cette guerre... »

Dans *L'Humaniste à la guerre*, publié pendant les hostilités, Paul Cazin s'exclame : « *Le cuisinier est pour moi la grande figure de cette guerre... J'en ai vu un au petit jour, accroupi, les deux poings dans la gelée blanche, le nez sur un brasier où il ne restait que de la peluche, immobile. Je le crus malade. "Qu'est-ce que tu fous là ? Tu ne vois pas que tu te brûles la barbe ?" Et je le tirai brusquement en arrière par le cou. Il ouvrit sur moi des yeux morts navrants. "Je souffle le feu pardi ! Et le café !"* »

Zouaves préparant la soupe près des premières lignes.

« Son sang et des lambeaux de chair se mêlèrent au bouillon gras... »

Le soldat Franck Roy, du 266ᵉ régiment d'infanterie, rapporte cet émouvant témoignage de la mort d'un cuistot, à quelque distance des premières lignes, dans le secteur de Verdun, en 1916 :
« *Il y a dans les rangs beaucoup de jeunes des classes 16 et 17, trop jeunes pour supporter de pareilles épreuves. Quand les chefs font leur ronde, il arrive souvent qu'ils trouvent des guetteurs endormis, même quand la neige tombe. Ils sont là, à demi couverts de neige, à demi congestionnés, et dormant cependant à poings fermés. Il gelait sans cesse ; nos culasses refusaient de fonctionner ; il fallait les empoigner à deux mains. On ne sentait plus ses pieds, ses mains. Pendant quatre jours et trois nuits, on n'a pas dormi une demi-heure. Aussi, avec les émotions et les fatigues, nous faisons peine à voir : jaunes, maigres, tirés, les yeux fous, pleins de boue, la peau toute noire, puant la poudre. Cette fois, on a vu ce qu'aucune guerre n'a jamais vu. [...]*
Ensuite, nous sommes allés au repos au faubourg Pavé qui, lui aussi, est copieusement arrosé. Les pauvres camarades de la 13ᵉ sont venus nous mendier de la nourriture, leur cuistot était en train de surveiller sa soupe, penché sur son fourneau de cuisine roulante, lorsqu'un obus lui fracassa la tête. Son sang et des lambeaux de chair se mêlèrent au bouillon gras... »

Soldats en train de mitonner leur repas en arrière du front.

En 1916, le soldat Thiais découvre une scène d'horreur en redescendant des tranchées de première ligne :

« *À la relève, nous comprîmes pourquoi nous n'avions pas été ravitaillés ; les abris étaient effondrés avec, dessous, les cadavres dont les membres dépassaient ; les cuisines roulantes, les conducteurs, les chevaux, les voitures, les autos gisaient pêle-mêle sur cette unique route. Tout était déchiqueté, éventré...* »

La relève, un rite de la guerre

La relève est partie intégrante des rites de la guerre des tranchées. Elle constitue toujours un moment difficile, voire angoissant pour les soldats qui prennent un secteur et un soulagement tout aussi intense pour ceux qui, laissant leurs tranchées, partent au repos vers l'arrière.

Fusilliers marins en route pour le front des Flandres, vers la fin de 1914.

Fantassins français lors d'une relève sur le front de Champagne.

« La voix rauque, la gorge en feu... »

Georges Féret, soldat au 172e régiment d'infanterie, raconte une relève dans le secteur de Verdun, en juin 1916 :

« Le 27 au soir, le 172e relève le 106e. Le terrain est bouleversé par les obus ; nous cherchons notre route à l'éclair des éclatements. C'est alors que je me trouve face à face avec un gars du 106e. Je lui demande en criant de toutes mes forces, à cause du bruit des éclatements, des renseignements sur les emplacements. Il répond à ma question péniblement, la voix rauque, la gorge en feu. C'est à peine s'il peut articuler ses mots, tellement il a soif. Alors, je lui offre un peu d'eau de mon bidon, il me répond : "Ah ! non, garde-la tu en auras besoin." Ce souvenir ne m'a jamais quitté. »

« Une odeur que j'ai appris à connaître... »

Le soldat Gabriel Mirabel, qui sert au sein du 287e régiment d'infanterie, se souvient d'une relève sous les gaz, toujours dans le terrible secteur de Verdun :

« Nous montons en ligne. En arrivant sur une hauteur, le vent nous apporte une odeur que j'ai appris à connaître à Berry-au-Bac, celle de l'ypérite ou gaz moutarde. Je mets aussitôt le masque. Des camarades se moquent de moi, mais bientôt un, deux, dix puis tous se mettent à tousser. Notre capitaine qui marche en tête nous crie : "Mettez les masques !" Tout le monde s'exécute au milieu des toux et des cris... »

« Je me débattais et commençais à cracher le sang... »

À la fin d'avril 1917, le lieutenant Laporte, du 20e régiment d'infanterie, commande une unité chargée d'une relève au mont du Téton, en Champagne :

« L'on perçut nettement le bruit très caractéristique de la chute d'obus à gaz asphyxiants. [...] "Les gaz ! Mettez vos masques." C'est facile à dire, mais, en pleine nuit, dans un bois touffu, cela ne facilite guère la tâche de celui qui guide, même quand il suit, à distance de visibilité, les derniers hommes de l'unité qui précède. C'est pourquoi, fidèle à mes mauvaises habitudes, contractées dans des circonstances moins défavorables à Verdun, je conservais mon masque suspendu sur la poitrine. L'inévitable se produisit. Une faible explosion, une lueur rougeâtre à quelques mètres devant moi dans le layon que je suivais, une odeur âcre dans la bouche. C'était trop tard ! J'étouffais et je suffoquais ! Le sergent qui me suivait, aidé d'un poilu, me soutint et essaya en vain de me mettre mon masque, de force ! Je me débattais et commençais à cracher le sang... »

Soldats français montant vers le front sous la pluie.

PAROLES D'ARTILLEURS

Souvent oubliés, les artilleurs connaissent une vie quotidienne parfois tout aussi difficile et dangereuse, surtout quand ils appartiennent à l'artillerie légère. Leurs sacrifices, sans être aussi importants que ceux des fantassins, n'en restent pas moins réels lors de la Grande Guerre.

« Les 210 qui nous tirent dessus ! »

Parmi les souvenirs les plus célèbres d'artilleurs de la Grande Guerre figurent ceux de Paul Lintier, intitulés *Avec une batterie de 75 : le tube 1233*, et publiés en 1917. Ce combattant raconte ainsi un bombardement, le 12 août 1915 :

« Nous dormions tous dans la tiédeur dégagée par nos corps, que maintenait sur nous l'imperméabilité des tentes, lorsqu'une formidable secousse est venue agiter les rondins qui isolent de la terre nos lits de branchage et de paille. La guitoune, la forêt tout entière, jusque dans ses racines profondes, et le sol lui-même ont tremblé. L'air en vibrant a égoutté les branches des sapins sur nos tentes. Une bougie qui achevait de se consumer au bout du fil de fer qui pend en spirale de l'unique traverse du plafond, a vacillé au coup. Quelqu'un crie : "Les 210 qui nous tirent dessus !"
"Non. Ce sont les pièces lourdes de là-haut qui bombardent le ravitaillement des Boches", grogne le gros fourrier réveillé aussi, qui s'étire, enfonce son coude dans le flanc de l'adjudant et fait en bâillant une drôle de grimace d'enfant pleurard. Le chef, dont la bougie expirante éclaire étrangement le visage d'un seul côté éclairé, graillonne sans fin, dans un demi-sommeil agité. Une mouche dérangée bourdonne… »

Servants d'une pièce de 75 au repos entre deux tirs.

Pourvoyeurs d'une batterie d'artillerie lors d'une attaque dans la Somme.

Fernand Vancoillé, servant au 15e régiment d'artillerie de campagne, raconte de la manière suivante l'engagement de son unité à Verdun :

« Le capitaine Sargot, voyant qu'on ne pouvait continuer le feu, avait, du trou d'obus où il gisait blessé, crié au lieutenant : "Faites abriter les hommes, c'est une boucherie." Que pouvait, en effet, une batterie de 75, dont vingt servants sur vingt-quatre étaient hors de combat, tués ou blessés ? Mais, "avec le reste", le lieutenant continuait, et il avait répondu au capitaine : "Encore une salve, mon capitaine, c'est pour venger les morts..." Puis, le sifflet aux lèvres, Baratte avait commandé : "Attention au coup de sifflet, mes enfants, tirez bien ensemble." À ce moment précis, un obus avait passé en sifflant, éclatant deux mètres derrière l'héroïque officier. Étonnés de ne pas entendre le sifflet, tous avaient tourné la tête et ils avaient eu une vision d'horreur. Debout, décapité par l'obus qui venait de passer, Baratte se balançait quelques secondes, puis son corps s'abattait... »

Artilleurs procédant à des travaux en 1916.

Paroles d'aumôniers

Souvent en première ligne, les aumôniers partagent la vie et, parfois, le sort des soldats. Ils connaissent autant qu'eux les horreurs de la guerre des tranchées et s'appliquent, par le secours de la religion et une démarche à la fois chrétienne et humaniste, à les atténuer autant que faire se peut.

« Je ne puis me consoler de mon impuissance devant une pareille détresse ! »

Le 17 avril 1917, l'abbé Jean Desgranges, aumônier de la 34e division d'infanterie, accompagne cette unité à l'attaque des monts de Champagne : « *Dans un boyau boueux, je marche sur le corps d'un soldat. [...] Mais, auprès de lui, un camarade dont les jambes ont été pareillement piétinées a accolé sa tête et son buste à la paroi du boyau. [...] Je l'absous et vais chercher deux brancardiers avec une civière. Lorsque le haut du corps est complètement dégagé et que nous nous efforçons de le glisser sur un brancard, nous remarquons que les jambes sont broyées et que la chair forme, avec la terre tassée du boyau, une masse compacte. [...] "Il est mort", disent les brancardiers. Ils le recouvrent d'une toile de tente et le laissent, accourant à l'appel d'autres blessés. Après avoir récité auprès de lui une prière, je m'éloigne à mon tour. Mais lorsque plusieurs heures après, revenant de ma lugubre tournée, je passai de nouveau auprès de cet infortuné, l'idée me vint de saluer sa dépouille. Je m'approche et au moment où j'allais soulever la toile de tente, je sens la main du pauvre martyr qui serre la mienne. Il vivait encore ! Jamais spectacle plus navrant ne m'avait été offert ! J'essaie de lui parler ! Il ne me répond pas ; il semble ne pas*

Tombes de soldats tués au combat. Les aumôniers accompagnent souvent les hommes qui montent à l'assaut, n'hésitant pas à risquer leur vie.

m'entendre, mais ses yeux désolés roulent dans leurs orbites et sa main s'agite encore bien faiblement. Il m'a fallu le laisser là, car, en ramenant encore deux brancardiers, je me serais heurté à la même impossibilité de déterrer ce misérable de cet agglutinement fait de la chair de ses jambes, de son sang et de la boue des tranchées, mille fois tassée par les lourds souliers des combattants. [...] Mais je ne puis me consoler de mon impuissance devant une pareille détresse ! »

Aumônier bénissant les cadavres de soldats tués au cours d'une attaque.

L'abbé Thellier de Poncheville décrit de la manière suivante l'horreur de la bataille de Verdun :

« Sur l'horizon farouche, le regard, pas plus que le pied, ne sait où se poser. Ces lieux sont enveloppés d'horreur. Une tristesse sombre les oppresse, une odeur de putréfaction en émane. La dévastation est passée partout, brutale, hideuse, révoltante. Des paysages d'harmonie que Dieu avait dessinés pour notre joie, la guerre a fait un chaos monstrueux. À perte de vue, vallons et collines sont défoncés, crevassés, déchiquetés fibre par fibre, labourés par des obus qui ont creusé au vif dans leur chair, saturés de flaques de sang... »

Première messe dans le fort de Vaux reconquis à la fin de l'année 1916.

Le foyer, consolation du soldat

Pour les combattants des tranchées, le foyer est, au fur et à mesure que s'égrène le temps, un souvenir de plus en plus vague et lointain auquel on se raccroche pour continuer à tenir, mais dont le manque est toujours insupportable.

Soldats français s'apprêtant à partiren permission.

LE SPLEEN DES COMBATTANTS DES TERRITOIRES ENVAHIS.

Plus que les autres combattants, les soldats des départements envahis ressentent la coupure qui s'est créée avec leurs familles et leurs foyers dont ils sont, le plus souvent, sans aucune nouvelle. À ce propos, un député écrit au ministre de la Guerre en octobre 1917 : *« Ils voient là, quoi qu'on fasse pour leur prouver le contraire, une différence de traitement dont bénéficient certains de leurs camarades. Ceux-ci ont la possibilité de réinstaller leur foyer, de relever leurs maisons, de reconstituer leurs biens. Au contraire, les soldats originaires des pays encore envahis [...] se voient dans l'impossibilité de profiter des mêmes avantages le jour où ils le pourraient... »*

« Les époux, les fiancés gardaient de chères photographies sur le cœur... »

Dans un ouvrage consacré à l'état d'esprit des soldats pendant la Grande Guerre, publié dès 1918, les docteurs Huot et Voivenel, évoquant les sentiments des soldats à l'égard du foyer abandonné pour partir à la guerre, les relient d'abord à l'épouse, à la fiancée ou à la maîtresse si lointaines :
« Ils ressentaient des langueurs, faisaient les gaillards et découpaient, dans les illustrés polissons, des Parisiennes plus ou moins harnachées. Les époux, les fiancés gardaient de chères photographies sur le cœur et les montraient volontiers. Mais, pendant des semaines et des mois, pour cette société toute masculine, la femme n'était plus qu'un mirage. »

« Faites de moi ce que vous voudrez... »

L'éloignement des êtres chers, l'idée qu'on ne les reverra peut-être plus amènent parfois les combattants à accomplir les actes les plus extrêmes. Tel ce soldat de l'armée d'Orient qui, ayant déserté, explique son geste par le motif suivant :
« J'en ai assez. [...] Faites de moi ce que vous voudrez, je ne peux plus rester en Orient. Que l'on m'envoie sur le front de France, même dans les secteurs les plus exposés, mais je ne peux vivre aussi loin des miens, sans relations... »

Soldat écrivant à sa famille en 1915.

La femme, à la fois proche et lointaine

S'il est une absence, voire un manque profond et lancinant qu'expriment avec une force particulière les soldats expédiés sur le front tout au long de la Grande Guerre, c'est bien celui de la femme, épouse ou amie, abandonnée, par la force des choses, des années durant.

« Il dit qu'il aime... »

Dans un livre publié en 1915 sous le titre de *L'Humaniste à la guerre*, Paul Cazin évoque de la manière qui suit les sentiments des soldats à l'égard des femmes :
« Voilà Jacques Bonhomme qui apprend à aimer. Quand on ne se quitte jamais, il faut être joliment bavard pour avoir quelque chose à se dire. Elle est loin maintenant, la bourgeoise, Jacques Bonhomme ne la voit plus de ses yeux, ne sent plus, au lit, la chaleur de son corps. Il pense à elle, il l'imagine. Lui qui n'écrivait jamais, il écrit tous les deux ou trois jours. Aime-t-il plus ? Je n'en sais rien. Il dit qu'il aime... »

Veuve portant la croix de guerre de son mari.

Permissionnaire quittant sa femme pour retourner au front.

« Absente, présente, ils sont hantés par la femme... »

Nulle part plus que dans les Balkans, où se bat l'armée d'Orient, les femmes ne paraissent plus lointaines et inaccessibles aux soldats français, comme le relève Étienne Burnet dans *La Tour blanche*, à propos d'une maison de tolérance :
« Il y avait deux femmes dans l'établissement. Les veinards qui pouvaient les avoir les faisaient asseoir à côté d'eux et les contemplaient avec une tendresse muette. Ce qu'ils contemplaient, ce n'était pas tant ces pauvres bougresses : je suis certain que sur leur rétine flottait l'image d'une épouse ou d'une sœur. [...] Séparés de leurs mères, sœurs, femmes, amies et amantes, il n'y a pour eux qu'une détresse réelle : il leur manque la tendresse féminine. Absente, présente, ils sont hantés par la femme... »

Dans leur ouvrage intitulé *La Psychologie du soldat*, paru en 1918, les docteurs Louis Huot et Paul Voivenel se font l'écho de cette séparation déchirante :

« Certes, ils en parlaient, ils ressentaient des langueurs, faisaient les gaillards et découpaient, dans les illustrés polissons, des Parisiennes plus ou moins harnachées. Les époux, les fiancés gardaient de chères photographies sur le cœur et les montraient volontiers. Mais, pendant des semaines et des mois, pour cette société toute masculine, la femme n'était plus qu'un mirage... »

Les embusqués

S'il est une thématique qui revient souvent sous la plume des poilus, c'est celle de l'embusqué, vocable dans lequel les combattants du front regroupent pêle-mêle ceux qui ont réussi à échapper à la conscription, à être mutés dans des usines comme affectés spéciaux ou à trouver des postes bien confortables à l'arrière. À ces privilégiés, les soldats du front vouent une haine et un mépris sans borne.

Soldats français en permission attablés à un café parisien, en juillet 1916.

Des bouffées de haine

Ces bouffées de haine à l'égard de ceux que les soldats du front nomment aussi les « planqués » sont nombreuses dans les lettres qui passent par les mains des censeurs du contrôle postal, tel ce courrier en date de mai 1917, en pleine crise du moral dans l'armée française du front occidental :
« R. est un embusqué, oh ! ils sont comme lui 800 000, que veux-tu, il y a trop de différences entre lui et nous. Malgré notre maigre augmentation de ces temps derniers, nous gagnons environ 12 ou 13 sous par jour, et le tourneur ou l'ajusteur gagnent 12 ou 15 francs. Nous sommes journellement à la merci d'une marmite tandis que l'ouvrier fait sa journée à peu près en sécurité et quand il rentre le soir au logis, il trouve là-bas les siens, et nous ? Un mauvais gourbi rempli de puces et de rats. Ils tiennent tous le même langage : je m'en tape, je gagne de bonnes journées. Je suis là avec ma femme et mes gars, la guerre peut continuer. »

Permissionnaire français en compagnie de sa famille, à la gare de l'Est, en 1915.

En Orient aussi

Pour les soldats qui combattent en Macédoine et sont considérés comme des privilégiés par les poilus du front occidental, les embusqués ne sont pas loin. Ils sont à Salonique, qui correspond à peu de choses près à Paris pour le front d'Orient :
« Les gens de l'arrière font la noce auprès de ces dames, à Salonique qui a maintenant un cabaret montmartrois. Le monde sélect s'y donne rendez-vous en dégustant force apéros pendant que les pauvres poilus, comme les fantassins qui sont devant nous, croupissent pendant plus d'un mois et demi aux avant-postes dans des trous infects pleins de vermine. »
Un autre militaire d'Orient se plaint que, *« à l'état-major du général en chef, il y a une multitude d'employés, tous très jeunes. Alors que rarement vous voyez des décorations aux hommes qui ont fait des merveilles pendant les quelques jours d'offensive, ces gringalets portent tous des croix de guerre. Où l'ont-ils gagnée ? En faisant des notes bien à l'abri du froid cet hiver, et de la chaleur, cet été. »*

JUSQU'À LA RÉVOLTE

Pendant les mutineries de 1917 dans l'armée française, un soldat s'exclame :
« Nous en avons assez de la guerre, nous voulons la paix, nous ne voulons pas remonter aux tranchées. Nos femmes et nos enfants crèvent de faim à l'intérieur. À l'intérieur, nous voyons toujours les mêmes embusqués. Ce sont toujours les mêmes qui gagnent de l'argent à l'intérieur et nous, nous n'en avons plus. Les embusqués et les profiteurs de la guerre font trop la noce à l'intérieur. »

Les députés

Très souvent, les poilus critiquent, voire honnissent les députés, qu'ils assimilent à des embusqués ou qu'ils accusent sans aucune vergogne de ne pas montrer assez de courage ou de volonté pour mettre fin au massacre des tranchées.

Clemenceau lors de la ratification du traité de Versailles à l'Assemblée nationale.

« En tout cas, vous serez toujours bien vu par vos invités... »

Dans un numéro du *Rigolboche*, un journal des tranchées, en date du 20 juillet 1916, un rédacteur se moque des députés qui viennent régulièrement en visite au front, de la façon suivante :

« *Si les Boches vous repèrent et vous bombardent, abritez-vous de votre mieux et ne dites pas "Oh ! oh ! des marmites !" L'usage veut que l'arrivée soit saluée par l'annonce du calibre de l'obus. Dites : "Ce n'est qu'un 77... Ah ! un 150 ; M... un 210 !" Si vous avez peur de confondre les éclatements à cause du manque d'habitude, dites simplement : "En voilà encore un qui n'est pas en caoutchouc ! Qu'est-ce qu'ils plantent comme betteraves !" etc. Si vous offrez, c'est un beau geste, un seau de vin à un groupe de poilus, dites : "Je paie le seau de pinard !" Mais si les circonstances vous obligent à acheter chez un mercanti des bouteilles cachetées, dites : "Je paie du vin !" En tout cas, vous serez toujours bien vu par vos invités...* »

« Nos députés ont jugé bon de partir en vacances... »

Le Gafouilleur du 1er septembre 1917, dans un article intitulé « Nos élus en vacances », évoque avec un humour caustique un séjour éventuel de quelques députés dans les tranchées :

« *Véritablement lassés par les dures séances de la Chambre, dont les odeurs fétides ont sur la santé des retentissements bien connus, nos députés ont jugé bon de partir en vacances. Ils vont aller reposer leurs cerveaux torturés par les questions angoissantes qu'ils ont eu à résoudre cette année. L'une d'entre elles même, la dernière, a dépassé leurs forces. Ils l'ont laissée en plan, après avoir fait patauger trois mois leurs esprits fatigués dans sa solution... Il est vrai qu'il ne s'agissait que des permissions des poilus ! Leur congé et l'intervention du généralissime est venue heureusement clore ces peu intéressantes recherches. Chacun d'entre nos élus va donc remettre à neuf sa valeur parlementaire et sa loquacité en changeant d'air et de milieu. [...] Nous ferons un plaisir de partager avec eux nos trous individuels, de leur faire promener dans les boyaux humides, le morceau de "cadre majeur" qui leur tend les bras...* »

Parlementaires attendant
le président Wilson à Brest en 1918.

Dans un journal des tranchées qui porte le nom évocateur de *Canard du biffin*, un soldat rédige, non sans une ironie amère, les lignes suivantes :

« *Vois-tu, mon vieux, un député, c'est plus solide et plus courageux que nous ! Oui, quand toi tu reçois une balle, tu gueules comme un veau, tandis qu'un député il en reçoit facilement quinze mille sans broncher...* »

« Vois-tu, mon vieux, un député, c'est plus
solide et plus courageux que nous... »

Les officiers, entre respect et colère

Autant ils apprécient les officiers qui se battent, tout aussi courageusement qu'eux, à leurs côtés, dans les tranchées de première ligne, autant les soldats du front haïssent de façon presque viscérale ceux qui font la guerre dans les états-majors ou se montrent dans les villes de l'arrière.

Officier français menant ses hommes au combat, dans la rue d'un village, en 1914.

Officiers français prenant un peu de détente devant leur abri, en 1915.

« Tout le monde garde ses distances proportionnelles au nombre de galons... »

Un soldat du 340ᵉ régiment d'infanterie s'exprime de la manière suivante, en avril 1917 : « *Je comprends que X ne reconnaisse plus son régiment. En effet, notre ancien colon ne voulait voir que le minimum de punitions et ne punissait que les fautes graves. Mais maintenant ça a bien changé : on ne reconnaît plus le 340ᵉ. La camaraderie qui existait encore entre les chefs et les hommes a entièrement disparu : tout le monde garde ses distances proportionnelles au nombre de galons. Autrefois, les chefs étaient obéis par amitié de leurs hommes qui avaient à cœur de ne pas les peiner. Aujourd'hui on leur obéit par crainte et on ne les aime plus. C'est presque du mépris et de la haine...* »

« Je vois qu'ils en veulent à notre peau à tous... »

Un soldat de la 76ᵉ division d'infanterie se plaint à propos des officiers de sa compagnie, en décembre 1918, dans les termes suivants : « *Je vois qu'ils en veulent à notre peau à tous. Tous les officiers sont en colère de voir que la guerre est finie car ils ne gagneront pas tant d'argent chez eux et ils seront obligés de travailler au lieu de se faire servir comme des princes. Nos braves officiers ne demandent qu'à rester car ils n'ont jamais été aussi heureux. Ils ont tout pour eux. C'est honteux. Ils touchent de 800 à 1 000 francs par mois et ils ont tout pour rien...* »

Dans les quelques mois qui suivent la signature de l'armistice du 11 novembre 1918 et en attendant la paix, le ressentiment des soldats contre les officiers ne cesse de grandir. Un combattant de l'armée d'Orient écrit à ce propos en mars 1919 :

« Lorsque nous étions en ligne, ils nous appelaient mes enfants. On avait presque tout ce qu'on voulait. Maintenant, ils connaissent le service et la prison. Vivement la fuite car j'en ai jamais eu autant marre que maintenant. Car tu le sais bien, ces messieurs veulent se faire respecter maintenant. Ils ne crânaient pas tant quand ils étaient sur le front... »

Groupe d'officiers français dans la Meuse, en mai 1915.

Le sentiment national

La coercition et le poids de la discipline militaire ne suffisent pas à expliquer les raisons pour lesquelles les soldats citoyens de la Grande Guerre ont fait leur devoir, malgré les conditions effroyables dans lesquelles ils se sont battus. Le sentiment national à base de patriotisme terrien explique sans doute la force de tenir des millions de mobilisés précipités dans l'enfer des tranchées.

Carte postale patriotique.

« Tout cela est pour notre patrie... »

En mai 1917, un soldat d'un régiment d'infanterie écrit à ses proches une lettre qui passe entre les mains de la censure :
« Je suis largement compensé de mes peines et de mes fatigues, de mes dangers et de mes souffrances en pensant que tout cela est pour notre patrie, et notre patrie, n'est-ce pas ce que nous devons chérir avant tout ? »

« S'il faut encore donner un petit effort... »

En octobre 1918, quelques semaines avant l'armistice, un soldat de la 12e division d'infanterie, devinant proche la fin de la guerre, écrit :
« Nous marchons jour et nuit et nous sommes bien fatigués, ce que j'ai fait et bien d'autres aussi est surhumain. Mais s'il faut encore donner un petit effort pour avoir la victoire, c'est de grand cœur que nous le donnerons... »

« Quelle race de bandits tout de même que ces gens-là... »

La rancune contre l'ennemi héréditaire que les soldats distinguent dans les Allemands est un des fondements du sentiment national, comme le montre cette lettre d'un fantassin de la 5e division d'infanterie lue par le contrôle postal en octobre 1918 :
« Cette fois-ci le Boche écope dur, j'espère mieux encore jusqu'au jour où il n'en pourra plus et demandera grâce ; ce qui ne saurait tarder, j'espère, car à encaisser chaque jour comme il le fait depuis le 18 juillet, je doute fort qu'il puisse tenir encore bien longtemps. C'est bien son tour et on ne leur fera jamais autant de misères qu'ils nous en ont faites les sales cochons. Quelle race de bandits tout de même que ces gens-là. J'espère qu'ils n'auront plus de longtemps l'envie de recommencer... »

Ci-contre, soldats français lisant la presse en octobre 1916.

Carte postale à la gloire du drapeau de la France.

Au lendemain même de la signature de l'armistice avec l'Allemagne, le 12 novembre 1918, la commission de contrôle postal de Belfort note le sentiment de fierté nationale qui envahit les combattants :

« La joie d'être victorieux dans cette guerre se fait manifestement sentir dans les lettres des soldats. Ils voient dans quel état de misère l'Allemagne a réduit les contrées qu'elle occupait pendant la guerre. Aussi, à leur idée, elle devra tout payer maintenant. La grande victoire remportée sur l'Allemagne orgueilleuse et despote rend notre soldat fier d'avoir contribué à la libération du monde de l'asservissement prussien et le laisse plein d'espoir et de confiance dans l'avenir. »

La paix, un rêve lointain

Les soldats partent en guerre, convaincus de retrouver leurs foyers dans les quelques mois à venir. La déception est immense et, dès lors, une seule idée anime ceux qui se battent dans les tranchées pendant plus de quatre années, celle d'obtenir la paix et de rentrer chez eux pour retrouver leurs proches et connaître enfin une vie normale.

L'armistice signé, les poilus n'attendent plus que la paix.

« Ce serait un vrai bonheur si nous n'entendions plus le canon... »

Un soldat de la 72e division d'infanterie écrit, à propos des rumeurs d'armistice, pendant la première quinzaine d'octobre 1918 :
« *Les Boches demandent un armistice immédiat. Ce serait un vrai bonheur si nous n'entendions plus le canon. Mais savoir si nos gouvernants vont accepter de discuter tout de suite. Pourtant je crois que si Clemenceau consultait l'opinion publique, il serait convaincu que tout le monde est désireux d'en finir. En tout cas, je crois tout de même que c'est le commencement de la fin. J'aurais voulu que tu voies avec quel enthousiasme nous avons lu les journaux cet après-midi...* »

« S'ils ne veulent pas qu'on les tue, ils n'ont qu'à s'en aller... »

Cette lettre, passée entre les mains du contrôle postal, provient d'un combattant du 8e régiment d'infanterie, qui, en octobre 1918, avance l'opinion suivante :
« *On est bien fatigué, mais on marche quand même car on est encouragé de voir bientôt arriver la grande victoire et la paix. Les Boches sont foutus partout et l'on n'a plus de pitié pour eux. Maintenant s'ils ne veulent pas qu'on les tue, ils n'ont qu'à s'en aller tous chez eux, car ce n'est pas nous qui sommes allés les chercher. Non, ce sont eux qui sont venus chez nous pour assassiner les vieillards, les femmes et les enfants. Donc, il faut maintenant aller jusqu'au bout...* »

Le poilu en faction dans les tranchées rêve surtout de paix.

Nostalgie du foyer dont ils sont éloignés et espérance d'une paix prochaine animent les soldats du front.

Un soldat de la Xe armée se demande, dans la dernière semaine d'octobre 1918, si les Allemands vont accepter de faire la paix et reprendre à leur compte les quatorze points du président Wilson, base sur laquelle la fin de la guerre est en train d'être négociée :

« *L'Allemagne va accepter les conditions de Wilson et alors c'est l'armistice à bref délai et c'est la fin. C'est le plus grand homme du siècle. C'est à lui que nous devrons la paix et non à Clémenceau. [...] La réponse de l'Allemagne ne peut être qu'un oui ou qu'un non. Il faut qu'elle accepte nos conditions ou qu'elle ne les accepte pas. Il n'y a pas de milieu : si elle les accepte, c'est la fin dans quinze jours, sinon la fin sera encore plus terrible pour elle et ne sera retardée que peu de temps. Aussi est-ce le moment de se tenir à carreau...* »

L'ARMISTICE, ENTRE JOIE ET SOULAGEMENT

Le 11 novembre 1918 entre en vigueur l'armistice qui aboutit à un cessez-le-feu sur le front occidental. À l'annonce de la nouvelle, les poilus sont partagés entre deux sentiments : la joie de sortir vivants de cette terrible guerre et le soulagement d'en finir pour de bon.

Soldats américains et français le jour de l'armistice, en Alsace.

« Ils se voient battus maintenant... »

Un soldat de la 31e division d'infanterie dont la lettre passe entre les mains de la censure militaire en octobre 1918 proclame :
« Ils se voient battus maintenant, alors ils essaient de nous attirer à discuter avec eux. Il faut espérer qu'on ne se laissera pas prendre à ce piège et que, aussi, ils la connaîtront l'invasion avec toutes ses beautés : plus de routes, plus d'habitants, que des ruines partout. Il n'y a pas un poilu qui n'ait un parent ou un ami à venger, sans compter ceux qui n'ont plus de foyer. (...) Les offres de paix des centraux sont l'objet de toutes les conversations, mais les poilus sont unanimes à déclarer qu'en ce qui concerne l'Allemagne, il faut se méfier et avoir de dures exigences... »

« Cela a surpris je crois tout le monde... »

Un soldat de la 73e division d'infanterie, qui se bat au sein de la IVe armée, se réjouit ainsi de l'acceptation des pourparlers d'armistice par les Allemands, dans la seconde quinzaine d'octobre 1918 :
« Le fait le plus saillant a été la nouvelle de l'armistice demandé par nos adversaires. Cela a surpris je crois tout le monde. Ici, on reste persuadé qu'on ne peut pas s'entendre suivant leurs dernières propositions ; mais on reste persuadé aussi qu'ils n'ont pas dit leur dernier mot. Personnellement, je n'aurais jamais cru que l'Allemagne aurait fait ce pas et surtout le ferait si tôt. Maintenant le moral des troupes est merveilleux ; il y a des peines à souffrir, mais le cours des événements victorieux encourage les poilus. Tous disent la même chose : "Puisque nous sommes en train de les avoir, il faut aller jusqu'au bout et hâter la fin de notre affreux supplice..." »

La délégation alliée, conduite par le maréchal Foch, devant le wagon de l'armistice, en novembre 1918.

Le moment tant attendu de l'armistice.

Un soldat du 297e régiment d'infanterie, écrivant en octobre 1918, se méfie des bonnes intentions avancées par les Allemands :
« D'après les journaux, vous voyez les Boches s'ils savent faire les dociles... Mais il faut bien espérer qu'on ne se laissera pas prendre à leur hypocrisie... »

Un autre, du 147e régiment d'infanterie, dans une lettre rédigée au cours du même mois, appelle de ses vœux la signature d'un armistice, dans les termes suivants :
« Leurs avions nous lancent des proclamations comme quoi l'Autriche a commencé les négociations, qui eux aussi veulent la paix, qu'on doit arrêter l'effusion de sang, ce qui nous éviterait de passer un cinquième hiver dans les tranchées. Je pense comme eux. Si seulement nos gouvernants pouvaient les écouter... »

Les Russes, de l'espoir à la désillusion

Le soldat français nourrit une grande confiance envers la Russie, mais quand celle-ci se désengage, à la suite de deux révolutions qui la frappent en mars et en novembre 1917, un vent de colère et de désillusion se répand sous la forme d'un reproche : « Les Russes nous ont trahis. »

Fraternisation entre les soldats russes et allemands en décembre 1917.

« Si ça ne suffit pas, on attendra les Chinois... »

Un soldat dont la lettre a été contrôlée par la commission de Belfort, en octobre 1917, confie ses craintes à l'égard de la défection russe de la façon suivante :
« Les Russes reculent toujours en débandade vers Petrograd. De ce côté, il faut s'attendre que nous serons lâchés. Donc, comment ferons-nous ? Les patriotards de l'arrière crieront-ils jusqu'au bout ? Oui, je sais que les journaux nous feront croire, nous bourrerons le crâne avec l'armée américaine. Après, ce sera avec les Japonais qui se prépareront et si ça ne suffit pas, on attendra les Chinois... »

« Nous, pauvres Français, nous en subissons les conséquences... »

Un combattant français, ayant appris la révolution bolchevique de novembre 1917 et les négociations avec l'Allemagne impériale, redoute qu'elle n'entraîne la sortie de la guerre de la Russie et permette à l'armée allemande de frapper un grand coup sur le front occidental :
« Ici, le bruit court que la Russie a signé la paix. Si le fait est exact, la situation n'est pas gaie. Si ces gens-là avaient fait leur devoir, l'Autriche serait envahie et, qui sait, la guerre peut-être terminée. Vivement que cette boucherie se termine : nous souffrons de trop. Ah ! Ces Russes, ce sont des lâches ! Que les puissances de l'Entente leur montrent leur lâcheté. Et dire qu'en temps de paix, nous les traitions comme des amis. Quant à moi, jamais je ne pourrais les voir sans éprouver un serrement de cœur en pensant à leur conduite. C'est infâme et nous, pauvres Français, nous en subissons les conséquences... »

Soldats russes arrivant à Marseille en juillet 1916.

LE LÂCHAGE RUSSE

Pour les soldats français, le lâchage russe s'apparente avant toute chose à la perspective démoralisante d'une prolongation indéfinie de la guerre, même si l'arrivée en masse des Américains engendre beaucoup d'espoir. En mars 1918, alors que la Russie bolchevique vient de signer la paix avec l'Allemagne, la commission de contrôle postal de Turin, qui sonde les lettres des troupes françaises déployées en Italie, constate que celles-ci sont blasées par le problème russe et qu'elles ont perdu depuis longtemps toute forme de confiance envers cet allié.

Défilé des brigades russes en France.

Les Américains, au secours de l'Entente

« J'attends les chars et les Américains », proclame le général Pétain en 1917. Les soldats français attendent eux aussi beaucoup de ces magnifiques et enthousiastes combattants du Nouveau Monde qui, depuis l'entrée en guerre des États-Unis, affluent par centaines de milliers pour se battre sur le front occidental.

Soldats alliés à la terrasse d'un grand café parisien.

« Sans les Américains... »

En juillet 1918, un soldat dont la correspondance est lue par la commission de contrôle postal de la VIIIe armée, constate :
« *Sans les Américains, nous aurions peut-être été obligés de capituler. Vous savez par les journaux notre admirable progression dans la Somme et du côté de Soissons. C'est beau et nous en devons une partie à l'armée américaine qui s'est enfin montrée depuis le temps qu'on l'attend. Si les Américains arrivent vite et en grand nombre, nous pensons avoir la victoire plus tôt que nous le pensions...* »

« Il faut nous montrer reconnaissants... »

Un soldat de la 45e division, affectée alors à la Ve armée, clame, en septembre 1918, pensant que la guerre prendra fin en 1919 :
« *Le printemps prochain nous amènera cette défaite allemande. Il ne saurait en être autrement car à ce moment-là, nous disposerons en France de près de quatre millions d'Américains. Il faut nous montrer reconnaissants envers ces gens-là qui nous aident si courageusement...* »

« Il y a aussi des Noirs... »

Un artilleur du 285e régiment d'artillerie lourde remarque, en août 1918 :
« *Les plus petits ont 1,80 mètre. Quels gaillards ! Ce sont de rudes soldats ! Il y a parmi eux des Noirs qui sont californiens. Je n'ai jamais vu d'aussi beaux nègres. Ils sont grands et fort intelligents, de traits réguliers et très civilisés. Ils sont de beaucoup supérieurs aux Malgaches, aux Sénégalais et Marocains...* »

« *Depuis trois jours,* écrit un combattant français du 145e régiment d'infanterie territoriale, *nous vivons au milieu d'eux [les Américains]. Ils ont un moral merveilleux, une organisation admirable, tout ce qu'il y a de pratique, de moderne, d'ingénieux et tu peux croire que ce sont de bons soldats. [...] Nous les avons vu à l'œuvre quand ils partent à l'attaque. Ils ressemblent à des démons. Ils font preuve d'un courage implacable. [...] Ils sont acharnés contre les Boches...* »

Le drapeau d'un régiment américain récemment débarqué en France.

Soldats américains prêts à monter au front.

Les Italiens, entre mépris et compassion

À l'égard des soldats italiens, qu'ils côtoient sur le front d'Italie, de 1917 à 1919, mais aussi en France, les soldats français nourrissent des sentiments qui passent tout d'abord par le mépris puis évoluent vers une certaine compréhension, voire de la compassion.

« Les soldats italiens nous ont traités d'embusqués... »

En décembre 1917, un soldat du 138e régiment d'infanterie, expédié en Italie, pour faire face au désastre subi par cette dernière à Caporetto, écrit :

« Tu ne te douterais pas que les soldats italiens nous ont traités d'embusqués. Ils descendaient des lignes, les malheureux. Mais au lieu de nous fâcher, nous avons ri. Les imbéciles qui n'ont pas encore compris que notre malheureux pays a déjà assez souffert et que nous ne sommes ici qu'en cas de revers possible de leur armée. [...] Les braves macaronis n'en revenaient pas d'entendre chanter "La Madelon" par nos soldats après trois ans de guerre et en ayant fait Verdun, la Champagne et l'Aisne... »

« Les officiers italiens sont poseurs... »

En novembre 1917, un soldat du 78e régiment d'infanterie, faisant part de sa commisération pour la manière dont les soldats italiens sont traités, critique leur hiérarchie dans les termes suivants :

« Les officiers italiens sont poseurs, prétentieux,

Guetteurs français et italien dans une tranchée de première ligne, sur le front d'Italie.

Soldats français montant vers le front, en Italie, vers la fin de 1917.

puants, couverts de galons et de décorations et ne valent pas le dernier sous-lieutenant de l'armée française... »

« On ne les voit jamais travailler... »

Un soldat du 78e régiment d'infanterie, découvrant l'Italie du Nord en décembre 1917, se plaint dans les mots suivants : « *Ici, les gens sont fainéants comme des couleuvres. On ne les voit jamais travailler. [...] Quant aux embusqués [...], ça pullule. C'est épouvantable ! Quelle sale race ! Les femmes sont assez gentilles, mais les hommes sont plutôt brigands, ivrognes et fainéants.* »

Le général Duchêne, commandant la Xe armée française, envoyée en Italie dès la consommation du désastre de Caporetto, fait rédiger, le 10 novembre 1917, la directive suivante à destination de ses troupes :

« *Il est de la plus haute importance que nos troupes, de toutes armes et de tous services, donnent, par leur tenue, leur discipline dans les marches et les cantonnements, la façon dont elles rendent les honneurs, les marques extérieures de respect, l'impression d'une force puissante, organisée, consciente de sa valeur et de son expérience, fière de sa patrie et de ses victoires...* »

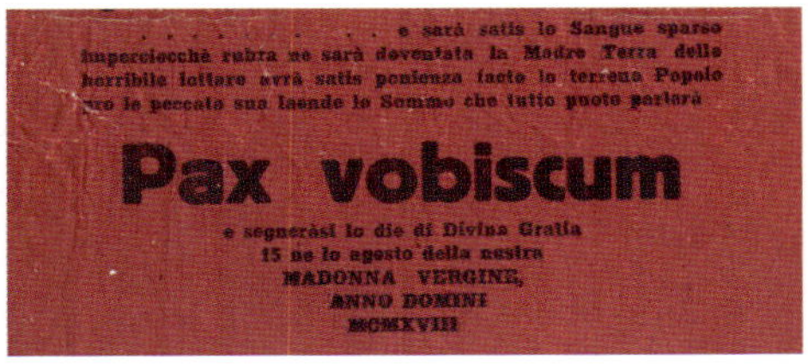

Tract pacifiste italien distribué à des soldats français en 1918.

Soldats français au repos en Italie.

Double page suivante : Ouvriers fabriquant du fil de fer barbelé pour le front.

Troisième partie

L'ARRIÈRE

Le sort de la Grande Guerre se joue sur deux fronts : l'avant et l'arrière. Jamais sans doute dans aucun conflit antérieur, la population n'a joué un rôle aussi important dans l'effort collectif d'une nation pour aboutir à la victoire. Les femmes remplacent les hommes mobilisés dans tous les secteurs d'activités – industries, éducation, transports, commerces, agriculture, administration – et permettent à l'économie de fonctionner.

Elles font leur entrée en force dans le monde du travail, gagnent leur émancipation sociale mais pas encore politique (le droit de vote, un moment envisagé, ne leur sera pas accordé). Pour alimenter en armements et en munitions les combattants, l'industrie tourne à plein, servie aussi bien par des spécialistes affectés spéciaux que par une main d'œuvre féminine qui se révèle d'une efficacité surprenante.

L'arrière constitue aussi ce monde inaccessible, parfois incompréhensible, auxquels rêvent en permanence les soldats qui se battent en première ligne – un monde qu'ils découvrent à l'occasion des permissions qui leurs sont accordées et dont ils se détachent progressivement, convaincus qu'il continue de vivre comme si les combattants du front n'existaient pas. L'arrière, sans connaître les horreurs des tranchées, n'en souffre pas moins : la nourriture est rationnée, l'énergie manque, les zeppelins, les aéroplanes allemands, mais aussi la Grosse Bertha provoquent des victimes. L'État, qui ne s'est jamais autant montré interventionniste, contrôle de près le fonctionnement de l'économie et de la société par le biais de la propagande et de la censure et s'immisce dans les cœurs et les esprits pour mieux les diriger.

La mobilisation

De la mobilisation française d'août 1914, la mémoire collective garde le souvenir d'un rare enthousiasme. Les Français seraient partis à la guerre la fleur au fusil. La réalité est beaucoup plus nuancée. Même si l'« Union sacrée » existe, le pays se range à l'idée d'un conflit avec une résignation souvent mêlée de fatalisme et la conviction que le moment est venu d'en finir une bonne fois pour toutes avec les ennemis de la France.

Départ d'un train de mobilisés en août 1914.

Pour les Français, la guerre est incontestablement une surprise. Personne n'imagine que l'assassinat de l'archiduc d'Autriche François-Ferdinand à Sarajevo, le 28 juin 1914, puisse aboutir à un conflit majeur. Bien d'autres crises tout aussi graves ont secoué l'Europe dans les décennies précédentes sans pour autant déboucher sur un affrontement généralisé.

La crise de juillet-août 1914

Malgré une certaine prégnance de l'idée de revanche et l'intérêt que porte toujours l'opinion au retour dans le giron de la France des provinces annexées d'Alsace-Lorraine, les Français restent très attachés à la paix. L'affaire de Sarajevo, aussi importante soit-elle, n'apparaît que comme un simple épisode des soubresauts qui, depuis longtemps, agitent la péninsule balkanique. Même l'assassinat de Jean Jaurès par Raoul Villain, le 31 juillet, ne constitue pas pour les Français, quoiqu'ils soient choqués, un événement susceptible de faire plonger l'Europe dans l'horreur. En fait, les rumeurs de guerre de juillet 1914, si elles exacerbent les sentiments des milieux nationalistes, se heurtent à de

Régiment d'infanterie quittant la capitale en août 1914.

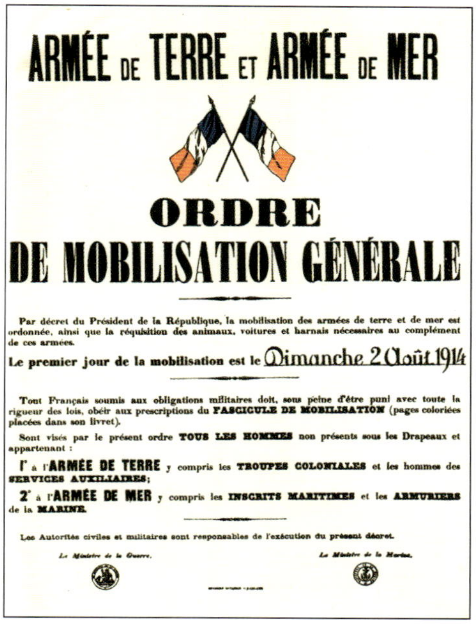

ARMÉE DE TERRE ET ARMÉE DE MER

ORDRE
DE MOBILISATION GÉNÉRALE

Par décret du Président de la République, la mobilisation des armées de terre et de mer est ordonnée, ainsi que la réquisition des animaux, voitures et harnais nécessaires au complément de ces armées.

Le premier jour de la mobilisation est le Dimanche 2 Août 1914

Tout Français soumis aux obligations militaires doit, sous peine d'être puni avec toute la rigueur des lois, obéir aux prescriptions du FASCICULE DE MOBILISATION (pages coloriées placées dans son livret).

Sont visés par le présent ordre TOUS LES HOMMES non présents sous les Drapeaux et appartenant :

1° à l'ARMÉE DE TERRE y compris les TROUPES COLONIALES et les hommes des SERVICES AUXILIAIRES;

2° à l'ARMÉE DE MER y compris les INSCRITS MARITIMES et les ARMURIERS de la MARINE.

Les Autorités civiles et militaires sont responsables de l'exécution du présent décret.

Le Ministre de la Guerre. Le Ministre de la Marine.

vives oppositions et à l'hostilité des pacifistes et des syndicalistes, qui organisent manifestation sur manifestation pour empêcher toute marche vers les extrêmes.

L'union sacrée

La décision de mobiliser, prise le 1er août, par les autorités gouvernementales provoque elle aussi la surprise dans l'opinion. Toutefois, dès que la nouvelle de l'invasion allemande du territoire national est connue, les Français modifient leur attitude. Considérant cette initiative comme une agression insupportable, ils s'inscrivent désormais dans une logique de défense de leur pays et sont prêts à se battre pour assurer cette tâche d'une importance vitale. La nation tout entière, à quelques rares exceptions, se rassemble autour de ses dirigeants et de son armée dans le cadre d'un phénomène patriotique unique, l'« Union sacrée ». Lors d'une séance solennelle qui se déroule le 4 août, le président de la Chambre des députés, Paul Deschanel, évoque « la plus sainte des causes pour la patrie, pour la justice, pour la conscience humaine... ». Les divergences politiques et idéologiques semblent s'effacer, et les Français paraissent se réunir avec conviction et résolution autour d'une thématique commune : oublier leur différends et se rassembler. Même les pacifistes et les syndicalistes sont emportés par cette vague de patriotisme défensif qui balaie le pays. Les dirigeants du Bureau socialiste, organisme à vocation internationaliste, réunis à Bruxelles dans les derniers jours de juillet, ne peuvent rien pour empêcher le phénomène de prendre une dimension qui surprend les dirigeants politiques eux-mêmes. Les insoumis et les déserteurs sont rares, et les « cris ou chants séditieux » contre lesquels le préfet de police de Paris a souhaité prémunir la capitale en menaçant du conseil de guerre ceux qui en seraient les auteurs, sont pratiquement inexistants.

Résignation mais résolution aussi...

Les Français partent donc en guerre, résignés à l'inévitable certes, mais tout autant résolus à y faire face. Après les grandes crises internationales qui, de Tanger aux Balkans, ont frappé l'Europe, l'opinion est convaincue que le moment de régler pour de bon et de façon définitive l'antagonisme avec l'Allemagne est venu. Personne ne se doute que le conflit risque de s'éterniser. Dans tous les pays concernés, l'idée selon laquelle il ne dépassera pas quelques mois et que les hommes mobilisés retrouverons leur foyer avant Noël est largement répandue. Le réveil n'en sera que plus difficile et la désillusion plus amère.

Train transportant des turcs en gare de Champigny-sur-Marne, en août 1914.

LE CARNET B

Avant la Première Guerre mondiale, l'état-major français, redoutant une opposition à la guerre des milieux pacifistes et syndicalistes, qui entraînerait des perturbations dans les opérations de mobilisation, décide de prendre des précautions. Aussi de sévères mesures sont-elles prises pour museler toute opposition au moment fatidique et des listes de personnalités à arrêter et incarcérer sont-elles dressées sous l'appellation de carnet B. Les taux d'insoumission extrêmement bas enregistrés au début du conflit amènent les autorités à revoir à la baisse les arrestations prévues.

Des poilus artisans

Face au désœuvrement qui est le leur, entre deux attaques ou deux relèves, les combattants des tranchées s'occupent comme ils le peuvent. Les plus habiles d'entre eux, utilisant la matière première qu'ils trouvent sur place, fabriquent des objets de plus ou moins bon goût qu'ils destinent à la postérité.

Poilus gravant des timbales lors d'une période de calme.

L'artisanat de tranchée constitue en lui-même un legs émouvant, un témoignage de la vie qu'ont menée les combattants de la Grande Guerre quatre années durant. Il participe de la véritable culture, voire de la civilisation du front qui s'est créée et développée lors de ce long et meurtrier conflit.

Un legs émouvant

La plupart des objets qui sortent des mains des artisans plus ou moins habiles de cette nouvelle forme d'expression artistique sont destinés à un usage personnel et conservés comme de pieux souvenirs. D'autres vont aux familles auxquelles ils sont envoyés ou donnés à l'occasion d'une permission ; d'autres encore sont offerts par les « mutilés du cœur » à leurs marraines de guerre ; mais bon nombre résultent de commandes passées aux poilus et rapportent donc un peu d'argent. Pour beaucoup de ceux qui les fabriquent, c'est aussi retrouver et refaire, et surtout ne pas oublier, les gestes d'un métier qu'ils ont été contraints d'abandonner en raison de la mobilisation.

Une extraordinaire diversité d'objets

Les artisans, improvisés ou non, des tranchées fabriquent les objets les plus variés, depuis les plus courants jusqu'aux plus étonnants. Un étui de cartouche peut devenir, s'il est fermé par un capuchon en bois ou une simple balle, un encrier portatif. Le cuivre récupéré sur les obus non explosés est transformé en bagues, en bracelets ou en coupe-papier, ou encore en briquet, ou bien en boîte à tabac. L'on retrouve aussi parfois des modèles réduits d'avion. Les douilles d'obus de tous calibres sont également prélevées parmi les monceaux qu'elles forment autour des batteries d'artillerie pour être transformées, de façon plus ou moins réussie, à coups de marteau ou de poinçon, en vases à fleurs. Bien

UN ARTISANAT PARFOIS DANGEREUX

L'artisanat de tranchée, de par les matériaux de base auquel il a recours, peut se révéler parfois dangereux pour ceux qui s'y adonnent. Bien des soldats ont été tués ou mutilés par l'explosion d'obus ou de fusées d'obus qu'ils ont récupérés en vue de les transformer en œuvre d'art.

d'autres sont façonnés en bois, comme ces cannes magnifiquement sculptées pour certaines d'entre elles. Comme les soldats ont interdiction formelle de fumer la cigarette lorsqu'ils sont en ligne, de crainte d'être repérés par l'ennemi, la pipe, dont le fourneau est souvent renversé, afin de ne laisser filtrer aucune lumière, devient un objet des plus courants.

Cuivre et ivoire

La plupart de ces objets sont fabriqués dans les tranchées elles-mêmes, mais les plus volumineux le sont pendant les périodes de repos, à l'arrière, en des lieux où le recours à des outils spécifiques devient indispensable. Beaucoup sont des plus banals, mais certains d'entre eux constituent de véritables œuvres d'art, tels ceux qui combinent à la fois le cuivre et l'ivoire. D'autres s'adressent à des représentations beaucoup moins conventionnelles, comme ces douilles décorées de symboles érotiques dont les familles se débarrasseront au lendemain de la guerre afin d'entretenir une image presque irréelle de ce qu'ont été les poilus de la Grande Guerre.

Soldats fabriquant des objets dans une tranchée près d'Arras, en 1915.

Coupe-papier en cuivre, fait à partir d'un étui de cartouche.

Briquet en cuivre.

Encrier façonné à partir d'une ogive d'obus allemand.

Les cantonnements

Les soldats ne restent pas en permanence sur la ligne de front. Leur vie est réglée à la fois par la relève, le séjour dans des positions moins exposées que les tranchées de première ligne et les périodes de repos où ils séjournent dans des cantonnements qui se révèlent souvent bien décevants et entraînent de virulentes critiques.

Soldats français au repos en 1915.

Tout au long des hostilités, les soldats accordent une particulière attention aux cantonnements dans lesquels ils sont logés lorsqu'ils reviennent d'un séjour au front. Après la dure vie des tranchées, ils entendent être logés de façon décente, mais la déception les attend le plus souvent.

Un problème récurrent

Les cantonnements sont l'objet de plaintes récurrentes et soutenues de la part des combattants. Pour des soldats épuisés qui viennent de risquer leur vie pendant les semaines passées sur le front, le fait même d'être logés convenablement constitue non seulement une obligation de la part des autorités mais devient encore, au fil des mois, une sorte de droit. Souvent, il est vrai, les régiments qui rentrent des lignes sont mis au repos dans des villages parfois détruits en partie, où les conditions de vie se révèlent particulièrement difficiles. Rares sont les hommes qui sont logés dans de véritables maisons ; la plupart se retrouvent dans des granges où ils disposent de simples paillasses, voire de paille jetée sur le sol en guise de lit. Par ailleurs, le retour à l'arrière signifie souvent, pour les combattants fatigués tant physiquement que moralement, des corvées et exercices militaires en tout genre qui excitent leur colère et leur ressentiment. Enfin, il n'est pas rare que les cantonnements choisis se trouvent sous les coups de l'artillerie lourde ennemie, au risque d'entraîner des tués et des blessés parmi la troupe. Rares sont, au bout du compte, les mesures qui sont prises pour améliorer cet aspect de la vie quotidienne des soldats jusqu'au milieu de 1917, quand les mutineries se propagent dans l'armée française.

Les réformes de Pétain

Aussi, dès qu'il prend ses fonctions, à la tête des armées françaises, et pour mettre fin aux mutineries, le général Pétain s'intéresse-t-il de fort près aux conditions dans

« DES LOCAUX RÉPUGNANTS... »

« *Comme cantonnements*, écrit un soldat du 3e régiment d'infanterie coloniale en décembre 1918, *on les a empilés dans des locaux répugnants de saleté et d'une contenance notoirement insuffisante où ils ont été parqués comme des bestiaux. S'ils sont arrivés à avoir un peu moins de saleté, c'est à force de faire eux-mêmes les corvées auxquelles ils se sont livrés depuis trois semaines. Travail d'esclaves que les armées réservent généralement aux prisonniers ennemis. Tâche d'autant plus répugnante que les vainqueurs en étaient réduits à enlever le fumier et les excréments des vaincus...* »

Corvée d'eau près d'un cantonnement en 1915.

lesquelles vivent les soldats pendant les périodes de repos. Dans les derniers mois de 1917, le généralissime insiste sur le fait que « toute troupe sortant de la tranchée et surtout de la bataille doit être mise au repos : par là, il faut entendre qu'elle doit être établie dans une zone assez éloignée du front pour qu'elle soit soustraite aux émotions immédiates du combat et au bombardement ennemi ; les cantonnements qui lui sont attribués doivent être assez confortables pour qu'elle y trouve le bien-être qui lui est nécessaire ». Pétain décide d'accompagner l'amélioration de la qualité des logements attribués aux soldats d'une véritable détente psychologique : « Arrivée au cantonnement, explique-t-il aux chefs de corps, la troupe doit être laissée au repos absolu pendant le temps voulu pour qu'elle puisse se détendre moralement et physiquement ; elle en profitera pour procéder aux soins de propreté, aux réparations et remplacements d'effets, de matériel, aux nettoyages de ses armes, aux petites améliorations de son installation. » Pétain fait organiser également les cantonnements en les faisant équiper du matériel nécessaire (lits, sacs de couchage, ustensiles de cuisine, lavoirs, séchoirs...) afin que les hommes trouvent tout ce dont ils ont besoin au moment de leur arrivée. Ce n'est qu'au bout de ce temps de récupération, qui ne devra pas dépasser trois à quatre jours, que la vie militaire pourra reprendre son cours.

Dans l'esprit du commandant en chef, il convient en effet de ne pas confondre détente nécessaire avec oisiveté. À côté de cette détente, les soldats doivent réapprendre le sens de la discipline militaire, quelque peu distendue par la vie des tranchées, en effectuant des exercices et en renouant les liens hiérarchiques.

Soldats traversant un village en ruines en 1917.

La médecine de guerre

L'afflux de millions de blessés dans les ambulances et les hôpitaux confronte les médecins de la Grande Guerre à un formidable défi. Les blessures dues aux balles ou aux obus ne sont pas les seules à bouleverser en profondeur les conceptions en usage jusque-là. L'emploi des gaz et la maladie engendrent eux aussi des réflexions fondamentales sur la médecine de guerre.

Arrivée de blessés transportés par ambulance dans un hôpital.

La Grande Guerre est à l'origine de dizaines de millions de tués ou blessés parmi les soldats du front.

Des blessés par millions

Près de la moitié des 75 millions d'hommes mobilisés au sein des nations plongées dans cette immense tourmente trouvent la mort (9,4 millions) ou subissent des blessures plus ou moins cruelles (21,2 millions) ; des millions d'autres sont victimes de diverses maladies. Le phénomène, d'une ampleur exceptionnelle, contraint la médecine de guerre à des révisions en profondeur de ses théories et de ses pratiques. La plupart des blessures proviennent de l'artillerie, dont la puissance ne cesse de s'accroître au fil du conflit, et celles par balle constituent la seconde cause. Mais à elles deux, ces armes sont responsables de la mort ou de la mutilation de huit hommes sur dix, les autres étant victimes des gaz ou d'armes blanches.

Blessés, mutilés et gazés

Les blessures des membres représentent près de 70 % des atteintes subies par les combattants. Elles sont à l'origine d'un débat important sur la manière dont des soins doivent leur être apportés. Au début des hostilités, les chirurgiens militaires, forts des enseignements des conflits du passé, sont partisans d'une attitude tendant à préserver, dans toute la mesure du possible, les bras et jambes touchés, c'est-à-dire éviter l'amputation. Les effets des éclats d'obus ou de grenade aux bords déchiquetés, la pénétration dans les chairs de corps étrangers, tels que des morceaux de tissu et de cuir ou encore de terre, provoquent de si terribles dommages et risquent d'entraîner des conséquences si redoutables, notamment la gangrène, qu'aucune autre solution n'est possible. Les techniques employées dans ce cas ne varient guère par rapport à celles qui ont été utilisées lors des conflits précédents. De même, peu habitués à de telles blessures, les médecins hésitent au départ à agir sur les soldats touchés au crâne, au thorax et au ventre. Dans cet autre cas, confrontés à la perspective d'une issue mortelle, ils évoluent plus ou moins vite vers des interventions précoces, dans les postes de secours situés à peu de distance de la ligne de front. Enfin, les soins à donner aux gazés les confrontent à des situations inédites, à l'égard desquelles ils se montrent souvent impuissants.

Opération dans une église transformée en hôpital.

Le paludisme et la grippe espagnole

Par un extraordinaire paradoxe, eu égard aux conditions de vie qui prévalent sur les tranchées, les soldats du front occidental ne connaissent pas de grandes épidémies. Les vaccinations, notamment celles destinées à enrayer le tétanos ou le typhus ou encore la typhoïde, permettent de limiter les effets d'un grand nombre de maladies. Toutefois, il en est d'autres contre lesquelles la médecine ne peut rien, du moins dans un premier temps, et qui sont susceptibles d'engendrer de véritables pandémies. Tel est le cas du paludisme qui s'abat sur l'armée d'Orient au printemps et à l'été 1916, alors que personne ne s'y attend. De 1915 à 1918, ce sont en effet plus de 96 000 hommes qui sont atteints par ce mal souvent mortel dans cette Macédoine des premières années du XXe siècle où l'anophèle prolifère. Les dommages sont tels que le commandement et les services médicaux s'entendent pour juguler le mal en prenant des mesures extrêmes. Traitement par la quinine et recours aux moustiquaires constituent les deux fondements sur lesquels s'arc-boute ce combat. Une commission antipaludique est même créée en 1917 en vue de contrôler l'application des directives officielles sur le terrain.

Salle d'opération en cours de désinfection.

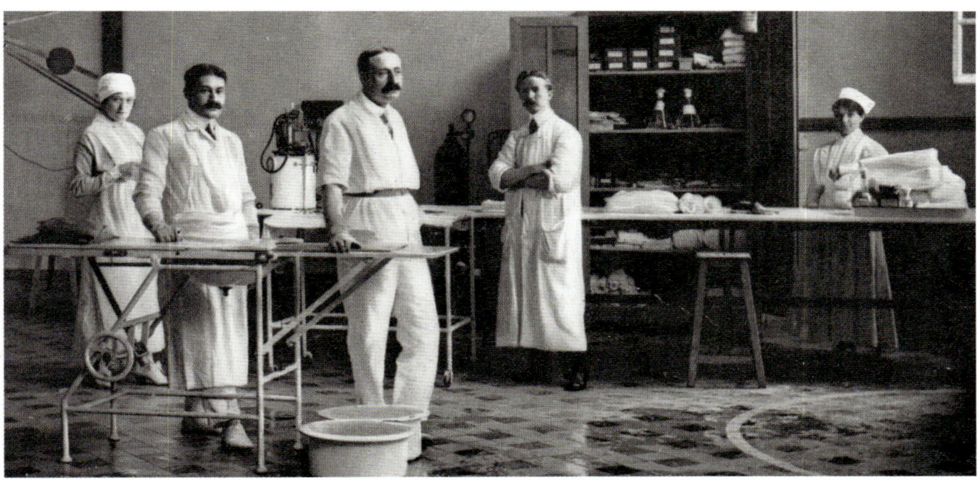

LA GRIPPE ESPAGNOLE DE 1918-1919

Comme les civils, affaiblis pour bien d'entre eux par les privations dues au conflit, les soldats sont confrontés à l'immense pandémie de grippe espagnole qui s'abat sur le monde au commencement de 1918 et au cours du printemps 1919. Certaines unités de l'armée française, tant en France que dans les Balkans, se retrouvent paralysées par l'importance du nombre des malades.

Ambulances, postes de secours et hôpitaux

Les millions de blessés qui affluent du front pendant les années de guerre contraignent les responsables militaires à réorganiser en profondeur le système qui permet de les recueillir sur le champ de bataille lui-même avant de les acheminer vers les hôpitaux de l'arrière.

Embarquement d'un blessé dans un train sanitaire.

Le service de santé des armées est bien vite débordé, dès le début des hostilités, par un nombre de blessés auquel personne ne s'attend, mais aussi par des types de blessures qui surprennent un corps médical ancré dans des convictions périmées.

Le service de santé des armées entre en guerre

Fort de 1 300 médecins et de 185 pharmaciens au commencement de la Grande Guerre, ce service est organisé en fonction d'un conflit dont la durée ne pourra excéder, dans l'esprit de chacun, plus de quelques mois. Ces pronostics pour le moins optimistes sont bien vite battus en brèche. La guerre de tranchées bouleverse la donne en profondeur et les blessés se pressent dans les ambulances par centaines de milliers, victimes en majorité (près de 80 % d'entre eux) non des balles, comme le corps médical l'avait prédit, mais des éclats d'obus. Lors de la guerre de mouvement qui s'étend d'août à novembre 1914, l'impéritie des services médicaux s'est révélée extraordinairement choquante. La priorité ayant été accordée aux convois de renforts en route vers la bataille, les trains surchargés de blessés restent en attente, entraînant la mort par septicémie ou gangrène de milliers de soldats. Face aux contraintes liées à la guerre de positions, les autorités entreprennent de rationaliser le traitement des blessés, qu'ils soient graves ou légers. Le corps médical, trop peu étoffé, grandit grâce à la mobilisation des médecins civils soumis, en fonction de leur âge, aux obligations militaires et à l'envoi au front d'étudiants en médecine chargés d'exercer des fonctions auxiliaires.

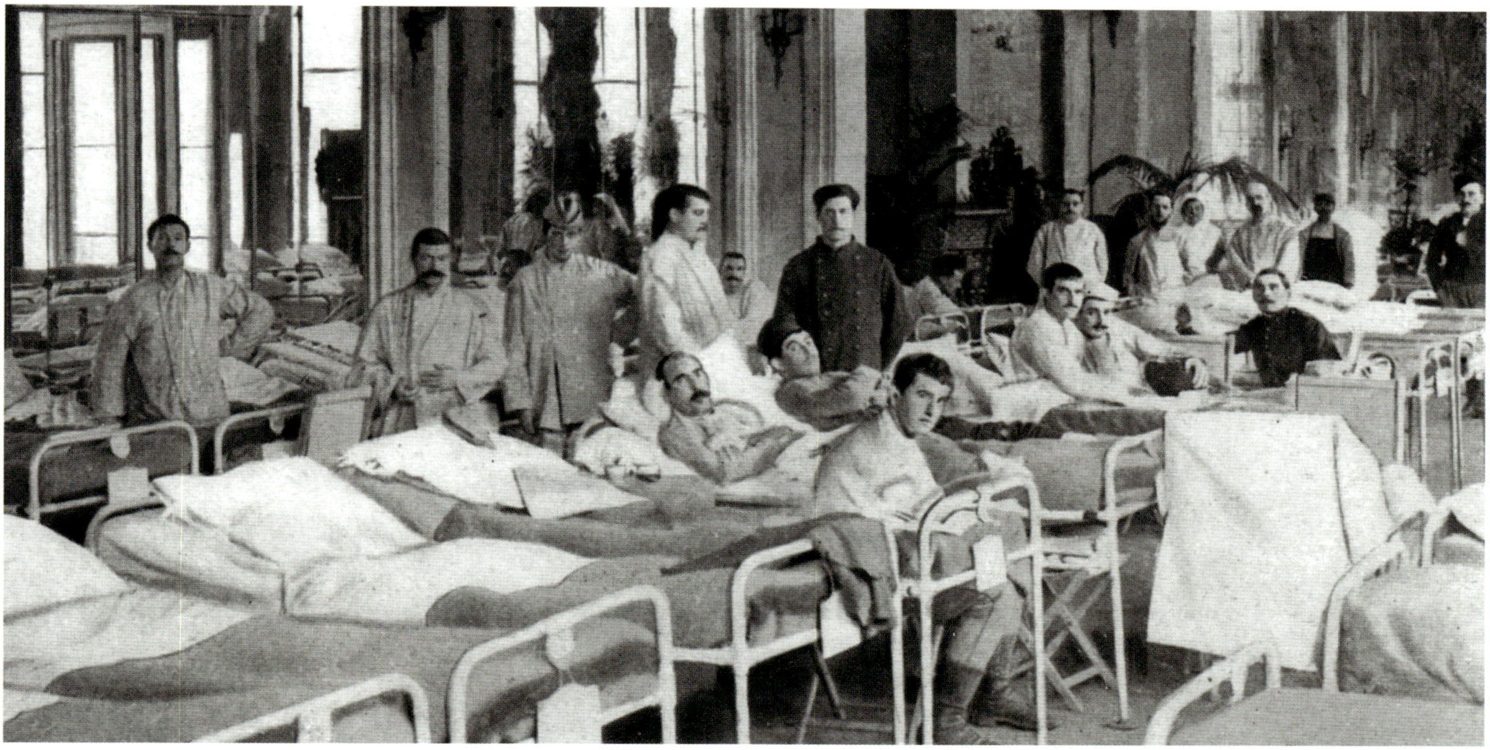

Salle d'hôpital pour grands blessés.

Postes de secours et ambulances

Hormis l'accroissement phénoménal du nombre d'ambulanciers et d'infirmières, l'armée française s'engage dans le développement d'un système le plus efficace possible, malgré les vicissitudes des combats. Près des premières lignes officient les postes de secours, vers lesquels sont dirigés les blessés légers et les éclopés qui peuvent marcher et vers où les brancardiers transportent les hommes qui sont plus grièvement atteints. En ces lieux qui se trouvent souvent sous les tirs de l'ennemi, médecins et infirmiers donnent les premiers soins. Les blessés sont ensuite expédiés vers les ambulances des unités dont ils dépendent, qui sont de véritables hôpitaux dirigés par des officiers du service de santé d'un rang élevé, les médecins-chefs. C'est dans ces centres, en général à l'abri, que s'effectuent les opérations urgentes, telles que les amputations, et que se déroulent les opérations de triage.

Les hôpitaux

Vient dès lors l'acheminement, par véhicules automobiles, vers les hôpitaux d'évacuation ou en direction des gares têtes d'étape d'où partent des trains sanitaires qui sont expédiés vers les dépôts d'éclopés ou les hôpitaux de l'arrière par les gares régulatrices. Hormis les hôpitaux du temps de paix, des dizaines de grands centres de soins doivent être créés, le plus souvent de toutes pièces, dans les grands hôtels des villes d'eaux thermales et des stations balnéaires. Des couvents désaffectés, des maisons particulières ou des écoles sont transformés, de leur côté, en hôpitaux auxiliaires des sociétés de la Croix-Rouge. Par ailleurs, de nombreux pays neutres amis de la France créent, grâce à divers financements, des établissements de très grande qualité. De 1914 à 1918, près de 5 millions de soldats français, dont 2,8 millions de blessés, 1,8 million de malades et 140 000 gazés, passent entre les mains du service de santé aux armées.

Séance de radiographie dans un hôpital militaire.

« LES PANSEMENTS MACULÉS [...] FAISAIENT AUX PIEDS COMME UN ÉPAIS TAPIS... »

L'aide-major Poiteau rend compte de la façon suivante du travail des médecins dans un poste de secours :

« Les pansements maculés qu'on jetait à terre et dont on n'avait pas le temps de se débarrasser, avaient fini par s'accumuler sur le sol et faisaient aux pieds comme un épais tapis dans lequel on enfonçait jusqu'aux chevilles. Parmi les grands blessés, parmi ceux qui allaient mourir, les uns demandaient leur mère, comme des enfants qui ont besoin d'être dorlotés, rassurés. D'autres, impatients de vivre et se sentant abandonnés par la vie, se lamentaient de rage et de désespoir... »

Les marraines de guerre

Pour les soldats soumis à une vie quotidienne effroyable dans les tranchées et n'ayant aucune attache familiale ou sentimentale avec l'arrière, les marraines de guerre représentent un extraordinaire soutien psychologique, le sentiment de savoir que, quelque part, quelqu'un pense à eux.

Pour ceux qui, au front, n'ont personne à qui penser ou écrire, la marraine de guerre constitue un grand réconfort.

Les mutilés du cœur, telle est l'expression qu'Henri Lavedan, écrivain français entré dans la postérité et académicien de son état, a employée pour désigner les soldats qui, par la force des choses, se retrouvent sans soutien d'aucune sorte au front et ressentent le besoin d'entretenir des liens avec quelqu'un à l'arrière.

Les « mutilés du cœur »

L'idée des marraines de guerre part donc d'un sentiment pour le moins noble : permettre aux combattants sans famille ou dont les proches se sont retrouvés dans les territoires envahis par les Allemands, sans avoir la possibilité de correspondre avec eux, de bénéficier d'un peu d'affection, de soutien matériel ou d'appui financier, à travers des lettres, des colis ou encore des mandats. L'affaire est d'importance quand on connaît l'impact du courrier sur la psychologie des

poilus. Les chefs militaires, n'ignorant pas l'intérêt de soutenir du mieux possible le moral de ces derniers, ne manquent pas d'encourager les initiatives prises en ce sens par les nombreuses œuvres créées en France. Hormis des lettres, les marraines adressent à leurs filleuls des colis qui permettent d'améliorer l'ordinaire plutôt maigre qui leur est alloué par l'armée. Les soldats esseulés peuvent aussi recevoir des vêtements chauds pour l'hiver ou bien le tabac qui leur manque, ou encore des livres.

Dérives et mariages par milliers

Les volontaires de tous âges, empressées de servir la patrie à travers un geste qui demande au bout du compte un effort minime mais dont les conséquences sont immenses, ne manquent pas. Certaines marraines prennent même plusieurs filleuls sous leur aile protectrice ; l'une d'entre elles en comptera jusqu'à mille avec lesquels elle entretiendra une correspondance suivie avec l'aide de ses filles. Des soldats peuvent tout aussi bien être en liaison avec plusieurs marraines,

d'aucuns en comptant jusqu'à quarante à la fois. À ces dérives, qui ne prêtent guère à conséquence, s'en ajoutent d'autres beaucoup moins avouables. Nombreux sont les journaux ou revues dans lesquelles les milliers de petites annonces passées par des marraines ou des filleuls cachent des réalités moins sentimentales. Faut-il pour autant jeter la pierre à ceux qui se livrent à une telle démarche si on les rapporte aux terribles réalités de la guerre ?
Les correspondances échangées entre les soldats du front et leurs marraines n'en permettent pas moins, au fil du temps, de créer des liens tangibles entre individus, surtout à partir de 1915 lorsque, les permissions ayant été instituées, les combattants peuvent enfin se rendre à l'arrière. À la fin des hostilités, des dizaines de milliers de mariages auront permis d'unir ceux qui se sont rencontrés et ont appris à se connaître grâce à une correspondance régulière.

Pour les poilus sans famille, la marraine de guerre est un lien affectif puissant avec l'arrière.

Les permissions, ou le repos du soldat

Pour les citoyens soldats engagés dans une des guerres les plus longues et les plus cruelles que la France ait jamais livrées, les permissions constituent bien vite une nécessité urgente, puis un droit presque inaliénable. Elles forment même une des bases sur laquelle les mutins de 1917 fondent leurs revendications.

Soldats prêts à partir en permission en octobre 1917.

Joffre institue les permissions

Les Français qui partent en guerre au cours du mois d'août 1914 pensent être rentrés chez eux dans quelques semaines seulement, au pire dans quelques mois. Face au conflit qui s'éternise et dont personne n'entrevoit la fin, confronté aux protestations des familles et aux pressions du Parlement, le général Joffre, commandant des armées françaises du Nord et du Nord-Est, en vient à instituer un système de permissions dès le mois de juillet 1915. En septembre 1916, le grand quartier général décide de porter leur durée à une période de sept jours tous les quatre mois, où ne sont comptés ni le temps nécessaire pour se rendre chez soi, ni celui qu'il faut pour revenir à son corps. Des tours plus ou moins réguliers sont institués au sein des régiments, en prenant bien soin de respecter des quotas précis, de façon à y conserver un niveau d'effectifs suffisant. Dans bien des cas cependant, notamment en cas d'offensive amie ou d'attaque allemande, le haut commandement est amené à supprimer les permissions, au plus grand dam des combattants qui les considèrent comme un droit acquis.

La méthode Pétain

Cette idée est si fortement enracinée dans les mentalités qu'elle figure en tête des revendications exprimées par les mutins au printemps et à l'été 1917.

Sagement, Pétain, devenu commandant en chef à l'issue du désastre du Chemin des Dames, s'emploie à régulariser le rythme des permissions, afin de couper court à toute notion d'injustice, et il en fixe, en septembre 1917, le régime à dix jours tous les quatre mois. Dans le même temps, le généralissime s'applique à réduire les

Pendant leurs permissions, les paysans mobilisés vaquent souvent à des travaux agricoles.

PERMISSIONNAIRES D'ORIENT

Au printemps et à l'été 1917, l'armée d'Orient connaît des mouvements de protestation résultant surtout de l'absence quasi totale de permissions pour des soldats qui se battent à des milliers de kilomètres de la France.
En juin puis en août, plusieurs régiments refusent de remonter au front, arguant du fait qu'ils n'ont pas revu leurs familles depuis 1915. Les choses rentrent dans l'ordre lorsque le haut commandement, en la personne du général Sarrail, promet d'accorder des permissions régulières à ceux que l'on nomme les « jardiniers de Salonique ».

délais d'acheminement des permissionnaires, dus aux retards parfois considérables et à la lenteur des trains.

Contacts avec l'arrière

Les permissions constituent un moment privilégié dans la vie misérable des soldats, l'occasion de revoir leurs proches, de renouer avec un arrière dont ils ont été séparés, pour certains, depuis de longs mois, voire presque une année. Toutefois, bien des soldats, s'ils sont évidemment heureux de renouer des liens avec leurs familles, n'en éprouvent pas moins une certaine déception. Ce sentiment tourne parfois à la rancœur, lorsqu'ils découvrent que le pays se comporte parfois comme si la guerre n'existait pas, que la vie continue alors qu'ils souffrent et, souvent, meurent au combat.
Pour ceux dont le moral ne résiste pas à cette épreuve ou qui n'ont plus le courage de risquer à nouveau leur vie en revenant au front, la solution de la désertion à l'intérieur, malgré les risques qu'elle comporte, devient tentante et, parfois, le pas est franchi en ce sens.

Poilu profitant d'une permission pour participer à une foire à la ferraille.

LES ÉCRIVAINS FACE À LA GRANDE GUERRE

Devoir de mémoire et de témoignage pour les uns, nécessité d'entretenir le moral de l'opinion pour les autres, en excitant son patriotisme, dénonciation des horreurs de la guerre pour certains : les attitudes des écrivains français face à la Grande Guerre sont tout à la fois diverses et opposées.

Henri Barbusse, l'immortel auteur du *Feu*.

Georges Duhamel, Maurice Genevoix, Louis Pergaud, Ernest Psichari, Alain-Fournier, Guillaume Apollinaire, Roland Dorgelès. Tels sont les noms de quelques auteurs français parmi les plus connus qui ont pris part à la Grande Guerre, ont témoigné des horreurs du conflit pour certains, n'en sont jamais revenus pour bien d'autres ou se sont appliqués à maintenir vivante la flamme du patriotisme pour certains.

Maintenir la flamme du patriotisme

Pour nombre de ces intellectuels, dont beaucoup ont attiré l'attention sur eux lorsque débutent les hostilités, la guerre constitue en effet un instant privilégié, qui permet de régler enfin ses comptes avec l'Allemagne, en concrétisant dans les faits l'idée de revanche. Ainsi Paul Bourget, qui claironne à l'issue des hostilités que « le travail des écrivains a été de maintenir dans le pays l'esprit de guerre ». Certains de ces hommes, tels le nationaliste Maurice Barrès ou bien l'académicien Boylesve, ou encore Charles Maurras et Henri Lavedan, ou bien les grands historiens Louis Madelin et Ernest Lavisse, mettent leur talent au service de la propagande officielle. « En temps de guerre, écrit le premier d'entre eux, il faut que les individus, les familles de toute la nation s'exaltent et se pénètrent de hautes idées et d'enthousiasme... » Ce dernier affirmera un jour : « L'Allemagne empoisonne l'opinion comme elle empoisonne l'air, comme elle empoisonne l'eau des puits. Elle est la grande empoisonneuse de la terre... »

Le devoir de témoigner

À côté de ces écrivains qui tiennent, bourrage de crâne oblige, le devant de la scène, d'autres, dont la voix est bien moins entendue pendant la guerre mais qui connaîtront un immense succès au lendemain des hostilités, se sont fait un devoir de témoigner des aspects les plus terribles du conflit qui s'est abattu sur l'Europe et le

Roland Dorgelès, auteur des *Croix de bois* au lendemain de la guerre.

monde. Ainsi en va-t-il d'Henri Barbusse, qui publie son célèbre roman, *Le Feu*, en 1917, en le dédiant « à la mémoire des camarades tombés à côté de moi à Crouy et sur la cote 119 », et décroche le très envié prix Goncourt. Roland Dorgelès publie quant à lui un extraordinaire roman intitulé *Les Croix de bois*, illustré par le dessinateur Dunoyer de Segonzac, et Maurice Genevoix accède au panthéon des écrivains de guerre avec *Ceux de 14*. De son côté, Georges Duhamel connaît un succès mérité avec *Vie des martyrs* et *Civilisation*, qui obtient lui aussi le prix Goncourt en 1918.

Morts à la guerre

Nombreux sont les écrivains dont la mort au combat privera la littérature française de talents déjà confirmés ou prometteurs. Tel est le cas de Charles Péguy, tué lors de la bataille de la Marne, ou encore celui d'Alain-Fournier, l'immortel auteur du *Grand Meaulnes*, disparu en septembre 1914 dans le secteur de Saint-Mihiel, ou bien Ernest Psichari, mortellement atteint sur le front, ou enfin le grand poète Guillaume Apollinaire, qui succombe de blessures reçues peu de temps auparavant et de la grippe espagnole.

Barbusse, récompensé du prix Goncourt pour *Le Feu*.

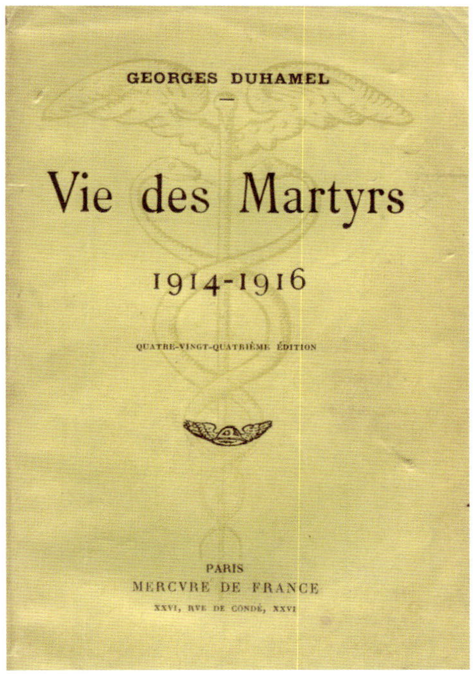

GEORGES DUHAMEL

Vie des Martyrs

1914-1916

QUATRE-VINGT-QUATRIÈME ÉDITION

PARIS
MERCVRE DE FRANCE
XXVI, RVE DE CONDÉ, XXVI

HENRI BARBUSSE

LE FEU

(Journal d'une escouade)

ROMAN

PRIX GONCOURT

ERNEST FLAMMARION, ÉDITEUR
Quatre cent quatrième mille

Deux grands ouvrages qui témoignent des horreurs de la guerre : *Vie des martyrs*, de Georges Duhamel, et *Le Feu* (Journal d'une escouade), d'Henri Barbusse, tous deux parus pendant le conflit.

« POURQUOI FAIT-ON LA GUERRE ? »

Dans son roman *Le Feu*, Henri Barbusse exprime de la façon suivante ses sentiments sur la guerre : « *Après tout, pourquoi fait-on la guerre ? Pourquoi on n'en sait rien ; mais pour qui, on peut le dire. On sera bien forcé de voir que si chaque nation apporte à l'idole de la guerre la chair fraîche de quinze cent jeunes gens à déchirer chaque jour, c'est pour le plaisir de quelques meneurs qu'on pourrait compter ; que les peuples entiers vont à la boucherie, rangés en troupeaux d'armées, pour qu'une caste galonnée d'or écrive ses noms de princes dans l'Histoire ; pour que des gens dorés aussi, qui font partie de la même gradaille, brassent plus d'affaires – pour des questions de personnes et des questions de boutiques. Et on verra, dès qu'on ouvrira les yeux que les séparations qui se trouvent entre les hommes ne sont pas celles qu'on croit, et que celles qu'on croit ne sont pas...* »

Le front intérieur

Dès que la guerre semble devoir se prolonger de façon indéfinie, la France se lance dans une mobilisation sans précédent de ses ressources industrielles, agricoles et énergétiques. Les résultats, en dépit d'immenses difficultés, seront à la hauteur des efforts consentis par un pays saigné à blanc à l'issue des hostilités.

Ouvriers fabriquant du fil de fer barbelé pour le front.

Des effectifs en hausse vertigineuse

La mobilisation générale d'août 1914 engendre une baisse spectaculaire de la production industrielle. En septembre de la même année, le pourcentage d'employés dans les usines est tombé à 34 % de ce qu'il était un mois plus tôt. Le secteur de l'industrie n'en gagne pas moins progressivement en puissance en 1915-1916. En décembre de cette dernière année, il est revenu à 98 % de la normale. Pour la seule région parisienne, de 61 000 en janvier 1915, il est passé à 145 000 personnes.

Dès le début du conflit, le monde de l'agriculture ressent durement les effets de la mobilisation générale. Ce sont en effet près de 2 millions de paysans, sur les 5,2 millions en activité, qui rejoignent les armées. Quatre années plus tard, en 1918, 3 millions d'agriculteurs, représentant quelque 60 % du total, se battent dans les tranchées.

Les terres perdues

Pis encore. Hormis ces problèmes aigus de main-d'œuvre, qui ne peuvent être compensés par une mécanisation encore embryonnaire, une partie importante des surfaces cultivables, de l'ordre de 2,5 millions d'hectares (6 % du total), se retrouve aux mains de l'ennemi ou dans les zones de combat. Que cette superficie soit assez négligeable n'empêche pas qu'elle corresponde aux terres dont le rendement est habituellement le plus élevé.

Avant le conflit, elles fournissaient au pays plus d'un quart de son avoine, près de 50 % de son sucre et 20 % de son blé. Enfin, le monde agricole souffre de la réquisition d'une bonne partie de son cheptel, notamment les chevaux, à des fins militaires et de la mobilisation de centaines de milliers de petits artisans ruraux, tels que les charrons, les forgerons et bien d'autres spécialistes encore. Les conséquences d'une telle situation se font lourdement sentir sur la production, qui n'atteint pendant toutes les hostilités qu'entre 60 et 70 % de celle d'avant-guerre.

Aussi la France doit-elle s'adresser à l'étranger, à l'Australie, à l'Amérique latine ou aux Indes en particulier, pour se fournir en viande.

Une industrie en expansion relative

Analysant l'expansion de l'industrie française tout au long des cinquante-deux mois de la guerre, Alexandre Millerand avance :
« C'est sans doute le tour de force le plus extraordinaire auquel il ait jamais été donné d'assister : improviser de toutes pièces une industrie sans personnel, sans matières premières, sans même pratique de fabri-cation. En quelques mois, il a fallu trans-former en procédés industriels des procédés de laboratoire... »
En quelques années, la France, privée de ses grands centres de production du Nord et de l'Est, procède d'abord au réaménagement des sites industriels qui sont traditionnellement implantés dans le sud-ouest, le centre et l'ouest de son territoire.

Le ministre de la Guerre, Alexandre Millerand, inspectant une usine de munitions.

Le chimiste Turpin, inventeur de l'explosif désigné sous le nom de mélinite.

En 1918, près de 3 000 entreprises de la région parisienne travaillent pour les besoins des armées. De nouveaux sites sont créés en Provence, en Normandie, en Bretagne et dans la région lyonnaise. Comme les effectifs de la métallurgie sont tombés de 400 000 à 130 000 personnes en 1914, l'État entreprend de les développer en faisant appel aux travailleurs étrangers ou coloniaux et à la main-d'œuvre féminine. Tant et si bien qu'ils atteignent 500 000 hommes et femmes au milieu de l'année 1916. La perte de production due à l'occupation d'un certain nombre de bassins industriels n'en reste pas moins considérable. Pour 5,2 millions de tonnes de fer en 1913, le pays n'en livre plus que 1,3 million en 1918 ; pour 4,7 millions de tonnes d'acier, il n'en produit plus que 1,1 million lors de la dernière année de guerre.

Le secteur de l'énergie

La guerre contraint la France à développer et à moderniser en profondeur le secteur de l'énergie. Pour compenser la faiblesse de ses ressources, elle s'engage dans un programme sans précédent de constructions hydroélectriques.
La production d'électricité est pratiquement multipliée par deux au cours des hostilités (94 %) et des usines hydrauliques et des centrales thermiques sont édifiées dans le Massif central (17 % de la production nationale) et dans le Sud-Est (57 %).

La mobilisation industrielle

Lorsqu'elle entre en guerre, en août 1914, l'armée française dispose de stocks de munitions assez importants. Mais, du fait même de l'intensité insoupçonnée des combats, elle se retrouve, en quelques semaines à peine, face à une grave crise qui nécessite des mesures d'urgence. La prolongation indéfinie des hostilités contraint les autorités à s'engager dans un processus de production de masse.

Ouvriers contrôlant des obus de gros calibre dans une fabrique de munitions.

Dès le début du conflit, la France, envahie, laisse aux Allemands une partie importante de son potentiel industriel. L'ennemi est en mesure d'utiliser en effet à sa guise, pendant les quatre années qui suivent, près de 75 % de la production de charbon, 63 % de celle de l'acier, 81 % de celle de la fonte, mais aussi 55 % des pièces de forge.

L'armée manque de munitions

Par ailleurs, la mobilisation draine vers les armées une partie très importante de la main-d'œuvre ouvrière, en sorte que, dans les derniers mois de 1914, l'industrie ne dispose plus que de 34 % des ouvriers qu'elle comptait au commencement des hostilités. Les combats livrés au cours des mois d'août et septembre, des frontières du nord et du nord-est à la Marne, confrontent l'armée française à une crise des munitions sans précédent et contraint les autorités politiques et militaires à prendre des mesures exceptionnelles pour éviter le pire. Moins d'une semaine après la victoire sur la Marne, les stocks d'obus atteignent à peine 50 %, qui ne correspondent plus qu'à six semaines de consommation. Joffre, s'inquiétant de la situation, demande que les usines fabriquent plus de 100 000 obus par jour. À ce moment, les chiffres des sorties sont bien loin d'atteindre un tel niveau ; ils n'ont été que de 14 000 en août.

Mobilisation des moyens industriels

Les responsables se rendent compte bien vite de la nécessité d'engager une politique de production correspondant à une réalité que personne ne peut plus ignorer : la guerre risque de durer longtemps et la mobilisation industrielle est devenue une nécessité vitale pour le pays. Pour ce faire, le gouvernement, dès septembre 1914, décide de réorganiser les usines métallurgiques afin qu'elles fabriquent le métal nécessaire à l'usinage des obus en plus grandes quantités. Dans le même temps, des entreprises privées, telles que Citroën par exemple, reçoivent d'énormes commandes d'obus. Désormais la production des munitions n'est plus du seul ressort des arsenaux de l'État, comme Saint-Étienne, Bourges ou encore Ruelle. Alexandre Millerand, l'énergique ministre de la Guerre, dira, à ce propos : « C'est sans doute le tour de force le plus extraordinaire auquel il ait jamais été donné d'assister : improviser de toutes pièces une industrie sans personnel, sans matières premières, sans même pratique de fabrication. En quelques mois, il fallut transformer en procédés industriels des procédés de laboratoire... »

La main-d'œuvre masculine se faisant rare, les femmes sont appelées à venir travailler dans les usines chargées de produire les obus. Un million d'entre elles environ se consacrent à cette tâche harassante pendant les hostilités, dans des conditions de travail souvent difficiles, voire dangereuses. Aussi un Comité du travail féminin est-il créé afin de protéger matériellement et psychologiquement celles qui œuvrent si durement pour l'effort de guerre.
À ce propos, en juillet 1917, le ministre de l'Armement, Albert Thomas, tirant la sonnette d'alarme, écrit :
« Disposer sans réserve, même dans les circonstances actuelles, de la main-d'œuvre féminine, serait commettre une lourde erreur. L'intérêt national exige qu'elle soit utilisée raisonnablement et avec de grands ménagements, car elle présente une réserve d'avenir qui doit être sauvegardée dans son intégrité... »

Une usine à munitions de la région parisienne en 1916.

Le sous-secrétariat d'État aux munitions et à l'artillerie

La dynamique initiée par Millerand est relayée par le socialiste Albert Thomas, qui, devenu sous-secrétaire d'État aux munitions et à l'artillerie en mai 1915, renforce le rôle de l'État dans l'industrie de l'armement. En juin de la même année, le vote de la loi Dalbiez permet de prélever sur les armées, non sans susciter les protestations des militaires, quelque 550 000 ouvriers mobilisés et de les affecter à la production de guerre. Souvent en improvisant, mais en prenant aussi les mesures radicales qui s'imposaient, la France est parvenue à négocier le virage fondamental de la guerre industrielle.

Tournage d'obus de 75 dans une fabrique de munitions.

Les femmes à l'usine et aux labours

L'irruption des femmes dans la plupart des métiers exercés par les hommes avant la mobilisation de 1914 est sans aucun doute un des phénomènes de société majeurs engendrés par la Grande Guerre et lourd de conséquences pour tout le XXe siècle.

Ouvrière travaillant à la fabrication d'obus dans une usine de munitions.

Le départ pour le front de millions d'hommes qui, avant les hostilités, occupaient un poste dans l'économie des pays impliqués dans la guerre, crée une situation inédite à laquelle les autorités répondent en incitant les femmes à prendre les places laissées vacantes. Le phénomène, d'une ampleur sans précédent, touche l'ensemble des nations prenant part au conflit.

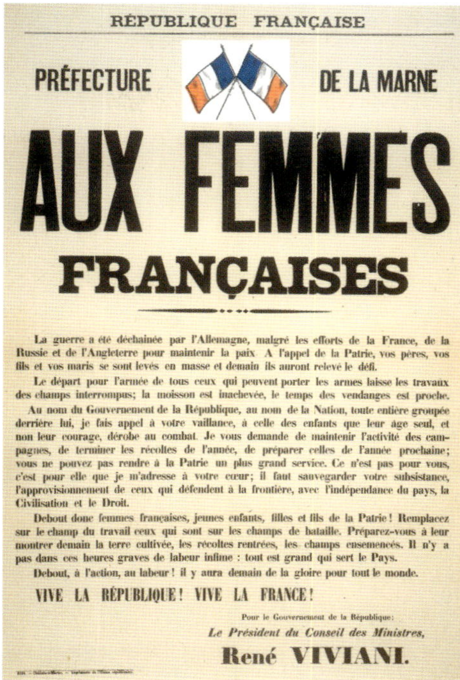

RÉPUBLIQUE FRANÇAISE

PRÉFECTURE DE LA MARNE

AUX FEMMES FRANÇAISES

La guerre a été déchainée par l'Allemagne, malgré les efforts de la France, de la Russie et de l'Angleterre pour maintenir la paix. A l'appel de la Patrie, vos pères, vos fils et vos maris se sont levés en masse et demain ils auront relevé le défi.

Le départ pour l'armée de tous ceux qui peuvent porter les armes laisse les travaux des champs interrompus; la moisson est inachevée, le temps des vendanges est proche.

Au nom du Gouvernement de la République, au nom de la Nation, toute entière groupée derrière lui, je fais appel à votre vaillance, à celle des enfants que leur âge seul, et non leur courage, dérobe au combat. Je vous demande de maintenir l'activité des campagnes, de terminer les récoltes de l'année, de préparer celles de l'année prochaine; vous ne pouvez pas rendre à la Patrie un plus grand service. Ce n'est pas pour vous, c'est pour elle que je m'adresse à votre cœur; il faut sauvegarder votre subsistance, l'approvisionnement de ceux qui défendent à la frontière, avec l'indépendance du pays, la Civilisation et le Droit.

Debout donc femmes françaises, jeunes enfants, filles et fils de la Patrie! Remplacez sur le champ du travail ceux qui sont sur les champs de bataille. Préparez-vous à leur montrer demain la terre cultivée, les récoltes rentrées, les champs ensemencés. Il n'y a pas dans ces heures graves de labeur infime : tout est grand qui sert le Pays.

Debout, à l'action, au labeur! il y aura demain de la gloire pour tout le monde.

VIVE LA RÉPUBLIQUE! VIVE LA FRANCE!

Pour le Gouvernement de la République:

Le Président du Conseil des Ministres,

René VIVIANI.

L'agriculture manque de bras

Les sociétés plongées dans la grande conflagration de 1914 étant encore très rurales, l'un des secteurs qui souffre le plus de l'absence de main-d'œuvre est l'agriculture. Dès le 6 août 1914, en France, un appel est adressé par les autorités en direction des femmes d'agriculteurs, qui sont au nombre de 3,2 millions, afin d'assurer la moisson et de l'engranger. Ces femmes se retrouvent souvent confrontées à des tâches écrasantes, en étant contraintes d'assurer la bonne marche d'exploitations qui peuvent atteindre plusieurs dizaines d'hectares.

Des femmes dans l'industrie de guerre

Une autre branche d'activité où les femmes occupent une place centrale est celle de l'industrie de guerre. Pour ce seul secteur, le nombre de travailleurs passe de 50 000 à 1,7 millions de personnes entre 1914 et 1918, dont un tiers de jeunes filles ou de mères de famille, en France. Les allocations attribuées par les gouvernements aux familles des mobilisés sont le plus souvent insuffisantes pour leur permettre de vivre décemment, d'autant que les prix ne cessent de monter. Aussi bon nombre de femmes sont-elles amenées à travailler dans les usines chargées de la fabrication de munitions, comme les obus ou les cartouches, ou bien dans les industries chimiques qui produisent poudres et explosifs. Dès le mois de janvier 1915, les Britanniques sont incitées à s'engager dans l'industrie d'armement, où la sécurité est pour le moins précaire et le nombre d'heures de présence très élevé (de 12 à 14 chaque jour), gagnant le surnom de munitionnettes. Les conditions de vie ne sont guère faciles et certains pays vont même jusqu'à abroger les textes législatifs qui, avant les hostilités, interdisaient le travail féminin la nuit ou le dimanche. Les places laissées vacantes dans les administrations, les transports et les écoles doivent être elles aussi occupées. En France, quelque 12 000 institutrices, parfois improvisées ou peu formées, succèdent aux 30 000 instituteurs ayant rejoint le front en 1914.

Institutrices et infirmières

Outre l'enseignement, les femmes apprennent aussi à conduire des camions, des autobus ou des tramways, tout comme elles sont employées dans les chemins de fer, parfois même à la garde des voies ferrées. Elles succèdent aux hommes dans de nombreux autres secteurs, comme la poste, afin de distribuer le courrier, ou la médecine. L'infirmière apparaît comme une véritable sainte laïque. À l'issue du conflit, les sociétés européennes se sont engagées dans des changements irréversibles. En participant à l'effort de guerre, les femmes ont ouvert la voie de la reconnaissance sociale et de l'émancipation. Avant même la fin de la guerre, elles ont gagné le droit de vote en Grande-Bretagne.

Faute de chevaux et d'hommes, des femmes labourent un champ en tirant elles-mêmes une charrue.

Veuves et orphelins de guerre

Plus de 1,4 million de mobilisés trouvent la mort au cours de la Grande Guerre, laissant derrière eux, phénomène unique dans l'histoire de la France, quelque 636 000 veuves et environ 700 000 orphelins de père.

Une veuve et sa fille évacuées dans le sud de la France en 1918.

En France, ces centaines de milliers de veuves, bien souvent dépourvues de tout, sont l'objet d'une attention particulière de l'État, alors que dans bien d'autres pays – en Belgique ou en Grande-Bretagne –, le soin de leur apporter de l'aide est dévolu à des associations privées dans le cadre d'un système original appelé « liberté subsidiée ».

L'engagement de l'État

Prise en compte du sacrifice consenti par ceux qui sont tombés au front pour défendre la République, l'attitude de l'État français reste pour le moins originale dans cette Europe qui a sombré dans une des pires guerres de son histoire. Jusqu'à la fin des hostilités, les veuves et les orphelins de guerre sont indemnisés en fonction d'une loi qui remonte fort loin, en l'occurrence à avril 1831, et leur donne droit à des pensions de la part des pouvoirs publics. Toutefois, dès que les hostilités ont cessé et face à l'ampleur jusque-là inconnue de l'hémorragie démographique, les autorités décident de légiférer en prenant des mesures en tout point exceptionnelles. Pour ce faire, elles soumettent une loi au Parlement (31 mars 1919), selon laquelle ceux qui souffrent de la disparition d'un père ou d'un mari bénéficieront d'une pension que leur versera un ministère tout spécialement créé à cet effet en janvier 1920. Dès juillet 1917, un Office national des pupilles de la nation a été constitué pour venir au secours des orphelins de guerre et l'aide accordée aux veuves revient à l'Office des mutilés, apparu lui aussi pendant les hostilités.

Disparités et inégalités d'un système

Hormis des pensions plus ou moins importantes selon les critères déterminés par l'administration, les veuves de guerre bénéficient d'un certain nombre d'avantages. Dès 1918, l'Office des mutilés décide de créer des foyers dans lesquels les plus âgées d'entre elles pourront être accueillies. Au début des années 1920, 228 députés proposent d'accorder le droit de vote à celles qui ne se sont pas remariées, sans toutefois que cette initiative se traduise jamais dans les faits. Une loi en date d'octobre 1921 leur octroie la possibilité de se rendre une fois par an, aux frais de l'État, sur le lieu où leur mari a été inhumé. La loi de janvier 1923 ouvre des emplois réservés aux victimes de guerre, en particulier aux veuves. Le système, aussi généreuses que soient les bases sur lesquelles il a été mis en place, n'en présente moins des disparités et des inégalités. Les épouses des militaires de carrière et des fonctionnaires sont plus avantagées que les autres, en vertu d'un texte adopté dès mars 1915. Par ailleurs, les fiancées ou les concubines des hommes tombés au front sont totalement ignorées par le législateur. Les pensions, quant à elles, dépendent de bon nombre de critères. Elles ne sont pas les mêmes selon les grades des tués et les circonstances dans lesquelles sont intervenus les décès. Pour mieux défendre leurs droits, les veuves se regroupent en associations qui ne cessent de se multiplier avec le temps. À la fin des années 1920, elles sont en effet au nombre de 50 000, soit une pour douze femmes endeuillées par la guerre.

Celui qui ne reviendra plus...

Veuve de guerre employée comme garde-champêtre.

UNE PUISSANTE ORGANISATION

Si sa sincérité n'est nullement mise en doute dans cette affaire, l'État français s'engage également dans le processus d'indemnisation des victimes de guerre sous la pression de puissantes associations. L'une d'entre elles, l'Union fédérale des associations françaises de blessés, mutilés, réformés, anciens combattants de la Grande Guerre, veuves, orphelins et ascendants, joue un rôle de premier plan. Elle regroupe diverses associations nées en 1915 et en 1916 et qui décident de se transformer en Union fédérale lors d'un congrès qui se déroule au Grand Palais, à Paris, en novembre 1917. Celle-ci est officiellement créée quelques mois plus tard, en février 1918, pour devenir, en 1936, Union fédérale des associations françaises d'anciens combattants et victimes de guerre et des jeunesses de l'union fédérale.

Financer la guerre

Conflit à caractère industriel, confit de longue haleine aussi, qui nécessite la mobilisation de toutes les ressources des nations engagées, la Première Guerre mondiale a un coût financier colossal qui contraint les gouvernements à faire largement appel à l'impôt et à l'emprunt.

Échange de billets devant une banque en 1914.

Le financement de la guerre, longue, terrible et coûteuse, revient, si l'on compte les dépenses qui s'y rapportent encore pour l'année 1919, à quelque 176,9 milliards de francs or à la France. Ce chiffre constitue à lui seul une véritable gageure quand on sait que ce pays dispose d'un budget annuel de 5 milliards de francs or avant la grande conflagration d'août 1914.

Des dépenses de guerre colossales

Ce surcroît de dépenses pour l'État tient tout d'abord à l'acquisition des armes, des équipements et des habillements de toutes natures nécessaires aux forces engagées dans les combats. Il se rapporte aussi à la solde plus élevée que les troupes sont amenées à percevoir, aux allocations versées aux veuves et aux orphelins de guerre, aux salaires plus importants donnés aux ouvriers et aux ouvrières des usines qui travaillent pour la défense nationale. Il se situe également dans un contexte où il faut nourrir et loger les prisonniers ennemis, fournir des moyens financiers à certains pays alliés dont les revenus sont moins importants et qui sont tout ou partie envahis, tels que la Belgique, la Serbie, le Monténégro, la Roumanie ou la Grèce, et aider les nationaux qui se trouvent internés en Allemagne ou dans d'autres États de la Triplice.

LE COÛT FINANCIER DE LA GUERRE

(en francs or)

1914 : 8 milliards
1915 : 20,9 milliards
1916 : 28,1 milliards
1917 : 35,3 milliards
1918 : 41,8 milliards
1919 : 39,9 milliards

Épargnants déposant leur or en échange de monnaie papier.

L'appel à l'impôt et aux taxes

Pour boucler des budgets de plus en plus inflationnistes, l'État n'a d'autre solution que d'avoir recours aux impôts et aux taxes de toutes natures. L'impôt sur le revenu, voté à peine deux semaines avant l'entrée en guerre du pays, ne peut recevoir un début d'application pratique, en raison des résistances qu'il rencontre et des difficultés que suscite sa mise en place, qu'au début de 1916 ; mais son rendement reste tout de même assez marginal. Les pouvoirs publics tirent de bien plus grands profits d'un certain nombre d'autres taxations directes, telles que celles qui sont appliquées en 1917 sur les exemptés,les réformés et les sursitaires. Pour des raisons financières et éthiques, un prélèvement fiscal sur les bénéfices de guerre est également institué en 1916, mais il rapportera bien peu de choses.

Les emprunts et la planche à billets

Pour financer la guerre, l'État se tourne donc vers l'émission d'une masse monétaire de plus en plus considérable. Alexandre Ribot, ministre des Finances au début du conflit, exprime cette politique en termes clairs : *« C'est à la banque que nous devrons avoir recours pour soutenir la guerre jusqu'au bout. »* De fait, alors que les réserves d'or ne cessent de décroître au fil des années, passant de 1 210 t à 990 t, le volume de monnaie en circulation augmente de façon vertigineuse, allant de 9,6 milliards de francs or en 1914 à 30 milliards à la fin de 1918. Une autre ressource qui rapporte d'immenses dividendes réside dans les emprunts de la victoire lancés dès 1915 et la France, tout comme la Grande-Bretagne, s'adresse à l'un des pays les plus riches du monde, les États-Unis, pour obtenir les prêts nécessaires à son effort de guerre, accumulant des dettes considérables.

Souscrivez tous à l'emprunt, pour qu'elle n'ait pas longtemps à attendre.

DES IMPÔTS POUR LE MOINS ORIGINAUX

Pour remplir ses caisses et financer la guerre, l'État n'hésite pas à recourir à des impôts qui, dans leur destination, apparaissent pour le moins originaux. Certains produits, tels que le cidre, la bière, le café, le thé, le cacao et la saccharine, sont l'objet d'une surtaxe. Même les spectacles de music-hall, de cinéma et de théâtre donnent lieu à des prélèvements exceptionnels, au grand dam des propriétaires de ces établissements. Le fisc entend même imposer les foyers qui emploient des domestiques ou qui possèdent des chiens, et certains projets quelque peu aberrants, comme la taxation, qui ne sera jamais appliquée, des chapeaux hauts-de-forme, des canots de plaisance, des notes d'hôtel au-delà d'un certain chiffre et même des palmes académiques.

Les emprunts de guerre

Tous les belligérants sont confrontés à un problème récurrent au cours des hostilités, celui du financement de leur effort de guerre. Hormis des emprunts à l'étranger qui grèveront leurs finances pendant des années, les pays engagés dans le conflit demandent à leurs citoyens respectifs d'échanger leur or contre des bons de défense nationale.

Affiche réalisée pour l'emprunt de 1917.

Au début de la Première Guerre mondiale, les Français détiennent une fortune mobilière colossale, de l'ordre de 120 milliards de francs-or, déclinée en 70 milliards de titres nationaux et 50 milliards de titres étrangers.

Emprunts russes et emprunts turcs

Ils ont prêté, par le truchement d'emprunts qui ont connu de considérables succès, des fonds à la Russie tsariste et à l'Empire ottoman, mais aussi à l'Allemagne, à des pays d'Amérique du Sud, à la Belgique, aux Pays-Bas, à l'Autriche-Hongrie et même à l'Égypte. Les Français ne sont donc pas ignorants dans ce domaine. La plus importante de ces opérations a concerné la Russie qui a reçu quelque 15,5 milliards de francs-or (10,5 milliards provenant des épargnants et 5 milliards de l'État français). Deux emprunts ont été réalisés au profit de la Turquie à la veille du conflit et d'autres ont été initiés au profit de la défense nationale, d'abord en 1906, puis en 1909. Toutefois, l'emprunt de 1913, fondé sur un taux de 3,5 %, rencontre un succès mitigé qui s'explique en partie par l'inquiétude que suscite le débat relatif à la création d'un impôt sur le revenu.

Comment financer la guerre ?

Lorsque survient la Grande Guerre, l'État se retrouve face à un problème de financement qu'il lui faut résoudre dans de très brefs délais. La prolongation indéfinie des hostilités n'arrange en rien les affaires du gouvernement en place. Comme l'augmentation des impôts n'est guère possible et que l'entrée en vigueur de l'impôt sur le revenu n'interviendra pas avant 1920, force est de se tourner vers d'autres solutions. Comment financer la guerre ? Telle est la question qui se pose dès les premières semaines du conflit. L'Allemagne n'attend pas quant à elle. Dès le milieu du mois de septembre 1914, elle institue un emprunt à long terme qui se traduit par un succès. La France a recours de son côté à un emprunt à court terme par le truchement de bons du Trésor au porteur dont le montant atteint le seuil confortable de 23 milliards de francs-or à la fin de la même année.

« Un placement de premier ordre… »

Le premier véritable emprunt de guerre intervient en 1915 et, à ce propos, le ministère des Finances souligne : « *L'État offre aux souscripteurs un placement de premier ordre et la Banque de France les rassure sur l'avenir en leur garantissant qu'en aucun cas, ils ne s'exposent à la gêne.* »
Fort de cette caution de la plus haute institution financière de leur pays, soucieux de bien faire, les Français souscrivent pour plus de 13,30 millions de francs-or en cette occasion. Toutefois, l'emprunt de 1916 ne rapporte qu'un peu plus de 10 millions de francs-or et celui de 1917 un peu moins, de l'ordre de 10 millions de francs-or. Néanmoins, l'opération, renouvelée en 1918, dans le cadre de l'emprunt « de la victoire », connaît un succès sans précédent, avec 22,16 millions de francs-or. Pour que la population, à quelque milieu social qu'elle appartienne, échange son or contre des bons de défense nationale, les autorités ne ménagent pas leur peine. D'importantes campagnes de promotion et de propagande, par voie d'affiches, de conférences, de tracts et même de démarchage, accompagnent ces opérations.

LES ENCOURAGEMENTS DU GÉNÉRAL JOFFRE

La propagande d'État n'est pas la seule à faire appel au patriotisme des Français pour les encourager à souscrire.
Le général Joffre, commandant en chef, s'adresse lui-même aux soldats mobilisés pour les encourager à convaincre leurs familles d'acheter des bons du Trésor en 1915 : « *Dites-leur que souscrire à l'emprunt, c'est servir la France, c'est combattre pour elle avec vous, c'est vous apporter l'aide la plus efficace que l'on puisse vous fournir à l'heure actuelle, et en même temps assurer votre avenir, et en même temps que votre avenir, celui de vos enfants.* »

Le ministre français des Finances Klotz, en 1917.

Les taux élevés des emprunts contractés par les différents gouvernements de ces années de guerre auront des conséquences plus que redoutables. Ils sont à l'origine de l'inflation qui frappe le pays dès la guerre, d'un endettement considérable de l'État, de la paupérisation des classes moyennes et de la disparition quasi totale des rentiers qui ont fait la fortune de la France avant le conflit.

Français échangeant leur or pendant la guerre.

La bande dessinée, au service de la propagande

Les premiers magazines illustrés qui s'adressent à la jeunesse naissent avec la Belle Époque et cette partie de la presse connaît un développement important avant la Grande Guerre. Pendant les hostilités, ils servent à diffuser auprès des enfants et des adolescents des messages à peine voilés de propagande.

Fantassins français à l'assaut, tels que les montre le magazine illustré *La Jeune France*, en 1916.

Dès la Belle Époque, les magazines destinés à la jeunesse – *Le Cricri, L'Épatant, Le Bon Point, Le Petit Illustré, Le Diabolo journal, L'Illustré national* ou *La Jeunesse illustrée* – connaissent une vogue importante. Les enfants aussi bien que les adolescents découvrent des héros qu'ils vont apprendre à apprécier au fil des aventures dans lesquelles les plongent leurs auteurs. Parmi ces figures appelées à devenir mythiques figurent le savant Cosinus, Plick et Plock, et Bibulus, ceux connaissant le plus grand succès restant certainement les Pieds Nickelés, trois personnages matois et roublards inventés par Forton, Lili, une petite fille espiègle apparue en 1909, et Bécassine, une gentille bonne un peu godiche d'origine bretonne, créée par Pinchon en 1905.

Nouveaux journaux illustrés

Lorsque, en août 1914, les hostilités éclatent, le nombre de journaux illustrés qui continuent de paraître connaît une importante diminution. Certains d'entre eux ne reparaîtront plus jamais, mais d'autres reviendront à nouveau dans les librairies. De nouveaux titres sont même publiés au fil des mois, tels *La Croix d'honneur*, qui prend la place des *Romans de la jeunesse*, à partir du mois de juin 1915, ou encore *La Jeune France*, qui paraît à l'initiative de la maison Offenstadt, spécialisée dans les publications pour la jeunesse dès avant la guerre de 1914-1918. En décembre 1914, un autre nouveau journal est proposé aux enfants sous le titre *Les Trois Couleurs* ; il remporte un succès considérable pendant toutes les hostilités. L'éditeur Jules Rouff sort de son côté une série hebdomadaire de récits de guerre appelée *Collection Patrie*.

Former l'esprit de la jeunesse

Les héros tant appréciés par les enfants avant le conflit continuent leur carrière pendant la Grande Guerre, mais leur rôle n'est plus tant de distraire que d'éduquer, de donner aux lecteurs une vraie fibre patriotique et d'adapter l'esprit de la jeunesse aux nécessités du temps. Les dessinateurs se lancent dans cette mission sacrée avec la même verve et une imagination tout aussi développée qu'ils l'ont fait avant le conflit. Pinchon et Forton inventent de nouvelles aventures en les situant désormais dans un contexte guerrier, mais d'autres auteurs font recette, tels Léon Groc, ou encore Georges Spitzmuller, Gustave Le Rouge, George Edwars, Falco, Valvérande ou encore Ymer. Les thèmes développés dans les journaux illustrés ne sont guère innocents. Ils tendent à ancrer dans les esprits malléables d'une jeunesse confrontée à un terrible conflit le ressentiment, voire la haine, envers l'ennemi, les Boches, souvent appelés Huns ou Vandales. L'adversaire y est présenté sous un jour cruel, cupide, hypocrite, brutal et violent. Il est aussi tourné en dérision et montré comme dénué de toute intelligence. La jeunesse apprend aussi à être fière du combat que les poilus français mènent sur le front. Des poilus qui, bien évidemment, sortent toujours vainqueurs des aventures dans lesquelles ils sont plongés et se révèlent à la fois courageux et ingénieux, finissant toujours par l'emporter.

Les Pieds Nickelés déguisés en soldats allemands dans *L'Épatant*.

Bécassine et les Pieds Nickelés s'en vont en guerre

Si Bécassine dame le pion aux Allemands, les Pieds Nickelés – Ribouldingue, Filochard et Croquignol – s'en donnent à cœur joie dans *L'Épatant*, qui paraît non plus en couleurs mais en noir et blanc pour d'évidentes raisons d'économie. Les trois compères savent se faufiler sans se faire prendre derrière les lignes ennemies et s'y promener à leur aise. Ils se jouent de tous les dangers et parviennent même à faire prisonnier l'empereur Guillaume II, « l'empereur des Apaches », comme on peut le lire dans *La Jeune France*. Dans d'autres magazines, le lecteur peut se délecter d'aventures, telles que *Le Carnet d'un reporter*, *L'Espionne de la marine* ou encore *La Dame noire des frontières*.

DES IMAGES SANS BALLON

Pendant la Première Guerre mondiale, les magazines pour enfants ne sont constitués que d'images en dessous desquelles sont imprimés des textes qui racontent telle ou telle histoire. Le ballon qui va faire le succès de la bande dessinée n'existe pas encore en France, même s'il est employé aux États-Unis.

Un des nombreux journaux destinés aux enfants en 1914-1918 : *La Croix d'honneur*.

Bibi Fricotin, un des héros préférés des enfants.

Bécassine, créée par Pinchon, contribue elle aussi à l'effort de guerre.

Le GQG

De 1914 à 1918, les armées françaises en campagne sont dirigées depuis le grand quartier général (GQG), où officient successivement, en tant que commandants en chef, les généraux Joffre (août 1914-décembre 1916), Nivelle (décembre 1916-mai 1917) et Pétain (mai 1917-novembre 1918).

Le général Joffre, commandant en chef français, en visite sur le front britannique, en 1915.

Au cours du mois de décembre 1913, quelques temps seulement avant l'éclatement de la Grande Guerre, le gouvernement français promulgue un décret qui divise en deux entités séparées le territoire national si un conflit venait à se produire. La première d'entre elles, dite « zone de l'intérieur », est placée sous l'autorité du ministre de la Guerre ; la seconde, dite « zone des armées », revient au commandant en chef, dont l'organe d'exécution est le grand quartier général.

La prépotence du GQG

Au cours de la première année et demie de guerre, le général Joffre, en tant que commandant en chef, n'exerce ses fonctions que sur le seul théâtre d'opérations occidental, c'est-à-dire le territoire français. Le corps expéditionnaire d'Orient, devenu corps expéditionnaire des Dardanelles, dépend directement de l'état-major général du ministère de la Guerre, tout comme l'armée d'Orient, lorsqu'elle voit le jour, au début du quatrième trimestre de 1915. Le GQG n'en assure pas moins une pleine et entière prépotence sur la conduite de la stratégie et des opérations militaires, le gouvernement français lui ayant laissé la bride sur le cou depuis les défaites d'août 1914 et son exil à Bordeaux. Au nom d'une doctrine qui fait que les autorités politiques n'entendent pas se mêler de la chose militaire, le grand quartier général dispose d'un pouvoir extraordinairement important. Celui-ci se trouve renforcé en décembre 1915 lorsque, après la conférence de Chantilly, dans le souci de mieux coordonner les opérations sur l'ensemble des fronts où opèrent des forces françaises et alliées, Joffre devient commandant en chef des armées françaises (il prend notamment en compte l'armée d'Orient contre la création de laquelle il s'est opposé quelques mois plus tôt). Le combat mené par le Parlement pour acquérir des responsabilités dans le domaine du contrôle de l'armée entraîne un âpre combat contre Joffre et son entourage.

Joffre recevant Poincaré au GQG.

La victoire n'en revient pas moins aux députés lorsque le commandant en chef est contraint à la démission, au début de décembre 1916, après avoir été malmené par l'affaire de la défense de Verdun et l'échec de l'offensive de la Somme.

Le général Pétain, commandant en chef français en 1917-1918.

Un retour à un plus juste équilibre

La guerre traînant en longueur et changeant de nature, de nombreux organismes font leur apparition au sein du GQG à partir de 1915. L'un d'entre eux est, en octobre de cette même année, un service d'études économiques, qui assume les travaux et projets sur les problèmes économiques et industriels liés à un conflit promis à durer longtemps. En décembre 1915, un chef d'état-major général des armées est adjoint à Joffre en vue de le soulager d'une partie de sa lourde tâche. Les commandements assurés par le général Nivelle, de décembre 1916 à mai 1917, et par le général Pétain, de mai 1917 à la victoire, sont marqués par une ingérence de plus en plus marquée des autorités gouvernementales et parlementaires dans les affaires du GQG. Dans le même temps, celui-ci concentre entre ses mains des moyens de plus en plus considérables, avec la création, en février 1917, d'une réserve générale d'artillerie, et au début de 1918, d'une réserve d'aviation promise à devenir, en mai de cette année, la division aérienne.

LE GQG EN AVRIL 1916

En avril 1916, alors même que fait rage la bataille de Verdun, le grand quartier général est placé sous le commandement du général Joffre, général en chef, dont dépend le général de Castelnau, chef d'état-major général des armées françaises. Sous les ordres de ce dernier se trouvent deux majors généraux, les généraux Pellé et Janin. Le premier coiffe un 1er bureau, chargé des questions d'effectifs et de personnel et subdivisé en 1er bureau du Nord-Est (front occidental) et 1er bureau des TOA (théâtres d'opérations extérieurs) ; un bureau de la presse, un bureau des théâtres d'opérations extérieurs et diverses directions, dont celle de l'arrière (transports et communications, ravitaillement et évacuation des blessés). Le second dirige le 2e bureau, investi du travail de renseignement et subdivisé en 2e bureau du Nord-Est et 2e bureau des théâtres d'opérations extérieurs. Le 3e bureau, dont la mission consiste à planifier les opérations, est sous la houlette du lieutenant-colonel Renouard.

Le commandement unique

En mars 1918, pris dans l'étreinte mortelle de l'énorme offensive lancée par les Allemands en Picardie, les alliés de l'Entente décident, non sans grandes difficultés ou réticences, de se doter d'un commandement unique dont la direction est confiée au général Foch, un des officiers de haut rang les plus brillants de l'armée française.

Clemenceau (au centre) en compagnie des généraux Pétain (à gauche) et Weygand (à droite) lors d'une séance du Conseil supérieur de la guerre, en 1918.

Jusqu'à l'institution du commandement unique, les alliés de l'Entente se sont heurtés aux plus grandes difficultés pour coordonner leurs opérations militaires sur l'ensemble des fronts où combattent leurs armées.

De Chantilly au Conseil supérieur de la guerre

Pendant les deux premières années de guerre, par une sorte d'entente tacite, la France, la Grande-Bretagne, la Russie, l'Italie et la Serbie, engagées dans leur combat contre les pays de la Triplice, s'accordent pour mieux combiner la conduite des opérations. En décembre 1915, lors de la conférence de Chantilly, au quartier général de Joffre, ils conviennent d'un effort commun qui leur permettrait de lancer des attaques simultanées sur tous les fronts pour mars, ou au plus tard juillet 1916 (les Allemands les devanceront en partant à l'assaut à Verdun, mais l'offensive de la Somme aura tout de même lieu). Moins d'un an plus tard, en novembre 1916, peu avant la démission de Joffre, en pleine crise politico-militaire, le généralissime français préside une autre réunion des commandants en chef alliés lors de laquelle il parvient à faire approuver un plan d'attaque pour 1917. Si elles marquent une évidente bonne volonté de la part des acteurs en présence, ces initiatives restent des plus limitées. Ce n'est qu'au début de 1917 qu'un semblant d'unité se dessine. En février de cette année, lors de la conférence de Calais, le nouveau commandant en chef français, le général Nivelle, bénéficiant de la confiance du Premier ministre britannique, Lloyd George, est chargé de coordonner l'action des armées franco-britanniques ; mais le désastre du Chemin des Dames a tôt fait de rendre cet accord totalement caduc. Une autre catastrophe militaire, la défaite italienne de Caporetto, entraîne la création, à Rapallo, en novembre 1917, d'un Conseil supérieur de la guerre chargé de coordonner l'action alliée sur l'ensemble des fronts. Cette institution,

Foch en compagnie de Clemenceau, un des plus ardents partisans du commandement unique.

Clemenceau, Lloyd George, Foch, Pétain, Pershing, commandant en chef américain, et Wilson, le chef d'état-major impérial britannique. Foch y obtient *la direction stratégique des opérations*, termes qui lui confèrent pratiquement le commandement unique des armées alliées. Son élévation à la dignité de maréchal, le 6 août, lui donne enfin l'autorité nécessaire pour pouvoir exercer ces fonctions jusqu'à l'armistice et la victoire.

L'ACCORD HISTORIQUE DE DOULLENS

Lors de la réunion tenue à Doullens le 26 mars 1918, Britanniques et Français tombent d'accord pour confier à Foch la coordination stratégique des opérations sur le front occidental dans les termes suivants : « *Le général Foch est chargé par les gouvernements britannique et français de coordonner l'action des armées alliées sur le front ouest. Il s'entendra à cet effet avec les deux généraux en chef qui sont invités à lui fournir tous les renseignements nécessaires.* »

installée à Versailles, s'attachera quelque temps plus tard un comité exécutif militaire dont la direction revient au général Foch.

La conférence de Doullens

L'évolution décisive intervient en mars 1918 lorsque les Allemands, décidés à en finir, partent à l'assaut du front occidental et progressent rapidement en Picardie. La menace d'une rupture du front allié et les divergences stratégiques entre les commandants en chef britannique et français (respectivement Haig et Pétain) sont telles qu'une solution doit être trouvée à tout prix. Aussi Poincaré, Clemenceau, Haig et les principaux chefs militaires alliés se rencontrent-ils à Doullens, tout près de la ligne de feu, pour définir une stratégie commune, le 26 mars. À l'issue d'une longue discussion où les fiertés nationales sont mises de côté, les Alliés finissent par confier au général Foch la coordination des armées alliées sur le front occidental. Cette formule est toutefois assez loin de satisfaire le principal intéressé, qui souhaite avoir la direction de la bataille d'ensemble. Satisfaction lui est donnée le 3 avril suivant, lors de la conférence de Beauvais, qui réunit

De gauche à droite : Pétain, Haig, Foch et Pershing en 1918.

Vie et mort des gouvernements français

De 1914 à 1918, cinq gouvernements successifs conduisent une France plongée dans la pire des guerres. Le conflit, aussi dur et contraignant qu'il soit, n'empêche pas la vie politique d'aller bon train. Les défaites militaires défont souvent les cabinets ministériels.

Aristide Briand, président du Conseil, en compagnie du Premier ministre britannique Lloyd George.

Au début de la Grande Guerre, la France, où des élections législatives ont eu lieu en 1913, vit sous un gouvernement dirigé par Viviani, qui parvient à rassembler l'ensemble des sensibilités politiques autour de lui et à créer ce qu'on appelle l'Union sacrée.

L'Union sacrée

Dès que le conflit s'annonce, la France est confrontée en effet au problème de l'union des sensibilités et des courants qui constituent ses forces politiques. Viviani, qui se trouve à la tête d'un cabinet réunissant à la fois des socialistes et des radicaux-socialistes, réussit, malgré l'assassinat de Jaurès, le 31 juillet 1914, à réunir l'ensemble de la classe politique française autour du thème de l'Union sacrée. « *Nous sommes sans reproche, nous serons sans peur* », lance Raymond Poincaré, le président de la République, dans le message qu'il adresse aux Chambres au début d'août. Ce sentiment d'exaltation s'effrite progressivement face aux défaites essuyées quelques semaines plus tard en Belgique, au Luxembourg, en Alsace et en Lorraine ; face aussi à l'extraordinaire migration du cabinet Viviani et des corps constitués de l'État à Bordeaux, en vue de fuir l'avance allemande sur Paris.

Le gouvernement d'Union sacrée résiste un peu plus d'un an à la terrible pression des événements. À bout de souffle, en butte à de puissantes attaques, il s'effondre en octobre 1915, à la suite de la démission de Delcassé, ministre des Affaires étrangères, due au fiasco politico-militaire qui vient de se produire dans les Balkans, où la Bulgarie est entrée en guerre contre l'Entente.

Les cabinets Briand et Ribot

À Viviani succède Aristide Briand, qui reprend la thématique de l'Union sacrée, mais subit de nombreux coups de boutoir. L'affaire de Verdun, dans les premiers mois de 1916, où Gallieni, ministre de la Guerre, est en lutte ouverte avec Joffre, lui porte un coup sensible. Mais, en fin politique, Briand

Clemenceau, lors d'une réunion du Conseil supérieur de la guerre en 1918.

parvient à se maintenir au pouvoir. Son cabinet n'en vacille pas moins dans les derniers mois de 1916 lorsque les parlementaires, décidés à avoir raison du commandant en chef, lancent une attaque en règle contre le président du Conseil, accusé de trop laisser faire le GQG. Grâce à un remaniement ministériel, qui amène le général Lyautey rue Saint-Dominique, au ministère de la Guerre, le gouvernement bénéficie d'un court sursis. Il n'en disparaît pas moins, en mars 1917, dans la tourmente née d'une intervention du nouveau et éphémère ministre à l'occasion d'un comité secret. Alexandre Ribot, approché par Poincaré, accepte de prendre la suite ; mais, miné par l'échec de l'offensive Nivelle, déstabilisé par la crise sociale, le désarroi politique du pays, le pacifisme en pleine expansion et les mutineries dans l'armée, il finit par céder la place à celui qui, en son sein, a été ministre de la Guerre, Paul Painlevé, en septembre 1917.

Le « Tigre » au pouvoir

Celui-ci, aussi honnête homme qu'il soit, ne peut résister bien longtemps aux assauts menés contre lui, notamment par Clemenceau, qui s'érige en homme providentiel et s'inquiète des dérives pacifistes et défaitistes d'un pays à bout de souffle. En novembre 1917, à l'issue d'une longue et virulente bataille, le « Tigre » arrive au pouvoir, décidé à conduire la guerre jusqu'à la victoire. À peine installé et s'étant intronisé lui-même ministre de la Guerre pour mieux suivre les affaires militaires, le nouveau président du Conseil lance une offensive sans précédent contre les partisans d'une paix blanche et ceux qui s'appliquent à saper le moral du pays. Malgré de nombreuses crises, Clemenceau tiendra jusqu'au dernier quart d'heure.

L'APPEL AUX ARMES DE CLEMENCEAU

En août 1914, face à la guerre qui déferle, Georges Clemenceau, adhérant à l'Union sacrée, lance un émouvant appel aux armes :

« Et maintenant, aux armes tous ! J'en ai vu pleurer qui ne seront pas des premières rencontres. Le tour viendra de tous. Il n'y aura pas un enfant de notre sol qui ne soit pas de l'énorme bataille. Il faut vaincre et pour cela, nous avons besoin de tous les bras... »

Le cabinet Painlevé, tel qu'il se présente en septembre 1917.

Les procès de trahison

À peine arrivé au pouvoir, en novembre 1917, Georges Clemenceau, décidé à mener la lutte jusqu'à la victoire et à éradiquer les courants pacifistes qui parcourent certaines parties de la classe politique française, entreprend de lutter contre ce qu'il appelle « la trahison ».

Séance de la Haute Cour de justice en 1918.

Depuis des mois déjà, celui auquel on a donné le surnom de « Tigre », pour mieux souligner le caractère intransigeant de cette grande personnalité, s'est inquiété du défaitisme qui s'insinue dans toutes les classes de la société française en un moment de la guerre où le doute n'a jamais été aussi concret. Une crise sociale profonde frappe en effet le pays, et les mutineries continuent de toucher l'armée, même si leur intensité a décru.

Le discours du 22 juillet 1917

Les attaques du grand homme politique portent d'abord contre Malvy, ministre de l'Intérieur du gouvernement Ribot, auquel il reproche son inertie face au journal *Le Bonnet rouge*, accusé de recevoir de l'argent allemand pour conduire une campagne pacifiste en France. Miguel Almereyda, rédacteur en chef de cet organe de presse, entretient des rapports assez étroits avec Malvy, des rapports que Clemenceau dénonce à la tribune du Sénat, le 22 juillet 1917. Il reproche au ministre de l'Intérieur l'insuffisance *« de la surveillance des étrangers, [...] la tolérance des entreprises d'une bande d'antipatriotes qui ont mis la France en danger... »*. Almereyda, emprisonné à la suite de cette intervention, meurt en prison – assassiné, selon certaines rumeurs, pour l'empêcher de parler –, contraignant Malvy à démissionner, le 30 août, et entraînant la chute du ministère Ribot. L'affaire Bolo Pacha entraîne elle aussi des répercussions politiques de première importance. Homme d'affaires louche, voire escroc de grande envergure, aventurier aussi, Paul Bolo est accusé de menées pro-allemandes en France, charges qui lui valent d'être traduit en conseil de guerre en septembre 1917. Condamné à mort, sans que sa culpabilité soit vraiment prouvée, cette personnalité sera exécutée en avril 1918 ; mais l'affaire éclabousse le sénateur Charles Humbert, appréhendé à son tour et jugé seulement après la fin de la guerre, ce qui lui

Le procès de Bolo Pacha, exécuté en avril 1918.

a sans doute valu de ne pas subir le même sort que Bolo. L'affaire Mata Hari, espionne à la solde des Allemands, fusillée le 15 octobre 1917, ne contribue pas peu, même si elle ne revêt pas les mêmes proportions que les autres procès, à inquiéter l'opinion.

Le capitaine Bouchardon, instructeur d'un certain nombre de procès de trahison de 1917-1918.

L'affaire Caillaux

Dans le contexte de trahison dans lequel ils s'inscrivent, ces événements renforcent la position de Clemenceau ; ils le désignent comme un vrai recours pour un pays en proie au doute, un homme capable de former un gouvernement de salut public, partisan de la guerre à tout prix. Aussi, après la chute du cabinet Painlevé, en novembre, sur fond de révolution bolchevique en Russie, Poincaré, le président de la République, demande au « Tigre » de prendre la présidence du Conseil. Dès son accession au pouvoir, affirmant que « *le pays saura qu'il est défendu* », celui-ci accentue la lutte sur le « *front intérieur* », contre la « *trahison* » et les pacifistes. Il s'en prend notamment à Joseph Caillaux, ancien président du Conseil, favorable à une paix de compromis. Accusé d'intelligence avec l'ennemi, cet homme politique est arrêté en janvier 1918, après que son immunité parlementaire eut été levée. En octobre de la même année, il est déféré devant la Haute Cour de justice, condamné à trois ans de prison et à la privation de ses droits civiques. Il sera amnistié en 1924, tandis que Malvy, jugé en juillet 1918, sera banni.

« NOUS SOMMES EN GUERRE... »

Le 22 juillet, devant le Sénat, Georges Clemenceau lance un appel à la mobilisation contre le défaitisme, dans des termes à la fois intenses et émouvants : « *Nous sommes en guerre. Il y a quelque part, à Verdun, un immense trou d'obus, grand comme la moitié de cette salle, dans lequel deux hommes sont enterrés, enfoncés l'un dans l'autre, le Français les dents sur le Boche. Ils sont dans leur trou comme le symbole de cette guerre. Derrière eux, il y a le monde civilisé qui est là. La vie du monde entier se joue : tout ce que l'homme a voulu, tout ce qu'il a essayé d'atteindre va lui être arraché. C'est le plus grand événement de la vie du monde. Nous en avons les joies, nous en avons les douleurs...* »

La poste aux armées

Souvent décriée et vilipendée par les poilus, qui lui reprochent régulièrement à la fois ses retards et son inefficacité, la poste aux armées n'en reste pas moins le lien qui unit les combattants à leurs familles tout au long du conflit.

Vaguemestre distribuant du courrier à des soldats qui attendent impatiemment des nouvelles de leurs proches.

S'il est un phénomène considérable et singulier qu'engendre la Première Guerre mondiale, c'est bien celui de l'extraordinaire accroissement de la correspondance militaire et civile. Éloignés de leurs proches, les combattants ne cessent de leur écrire et de leur adresser des lettres qui arrivent au front et en partent par centaines de milliers chaque jour.

La gratuité du courrier

L'afflux du courrier est d'autant plus considérable que, dès le début des hostilités, les autorités gouvernementales décident de la gratuité de son affranchissement. Avant le conflit, les soldats recevaient, chaque semaine, un timbre spécial sur lequel étaient imprimées les lettres FM (franchise militaire). La guerre venue, les timbres en question disparaissent et la gratuité est décidée d'un commun accord entre la poste militaire et l'administration des Finances, dans le cadre d'un système qui reçoit l'appellation de Trésor et Postes. En quelques semaines, les autorités militaires et l'administration des Postes parviennent également à concilier le bon fonctionnement du service du courrier et les nécessités du secret militaire.

Les secteurs postaux

L'acheminement de la correspondance destinée aux armées revient au bureau central de la poste militaire, sis au Conservatoire national de musique et de déclamation à Paris. Les lettres, qui y sont expédiées par centaines de milliers, sont triées en fonction d'un certain nombre de critères. La plupart du temps, elles comportent un numéro de secteur postal (SP), permettant d'identifier les unités ; celles qui n'en ont pas sont ventilées en fonction d'autres indications, telles que les mentions « infanterie », « cavalerie », « artillerie », etc. Une fois effectué le tri général par secteurs

Des soldats lisent leur courrier à la lumière d'un feu, dans la forêt d'Argonne en 1916.

(de 1 à 20, de 21 à 40, de 41 à 60, etc.), vient le moment du tri détaillé, qui donne autant de lots qu'il existe de vaguemestres. Les envois sont ensuite entreposés dans des sacs qui portent un collier sur lequel figurent toutes les indications utiles à l'acheminement, à la condition qu'elles soient compatibles avec le secret militaire. Puis les lettres atteignent les bureaux frontières, ou gares régulatrices, qui marquent la limite entre la zone des armées et la zone de l'arrière. Une fois franchie cette étape, elles parviennent aux ambulants d'armée, qui les transmettent aux vaguemestres d'étape. De là, elles sont expédiées aux bureaux divisionnaires qui achèvent leur tri. Aux soldats qui sont en ligne ou au repos, le courrier est distribué par les vaguemestres qui courent autant de risques, lorsqu'ils effectuent leur tâche, que les combattants eux-mêmes.

Retards et censure

La propagande a beau affirmer que les lettres arrivent en moyenne au front trois jours après avoir été postées, la réalité est souvent fort différente. La plupart du temps, les retards sont importants, voire considérables, et il n'est pas rare qu'ils se chiffrent à une, voire deux semaines. Aux régiments engagés dans des attaques, la correspondance venue des proches parvient, bien évidemment, de façon très irrégulière. Lorsqu'une grande offensive se prépare ou que des mouvements de troupes importants se produisent, la distribution des plis et colis est retardée à dessein par les autorités militaires. Ce sont les mêmes bureaux divisionnaires qui assurent la transmission des plis venus du front et destinés à la zone de l'arrière et qui y apposent les cachets de la franchise militaire conférant la gratuité d'acheminement. Cette étape franchie, le courrier est sondé au hasard par les commissions de contrôle postal dont les censeurs parcourent un certain pourcentage des lettres qui passent par leurs mains. Pendant les premières années de guerre, il s'agit avant tout de découvrir des preuves ou des indices d'espionnage ou encore des traces d'indiscrétion de la part des soldats. Par la suite, les censeurs seront invités à donner leur sentiment sur le moral des combattants aux plus hautes autorités militaires, devenant en quelque sorte des sondeurs avant la lettre. Les correspondances contrôlées ou censurées dans ce cadre portent en général le mention « Ouverte par l'autorité militaire ».

Carte postale distribuée aux combattants et portant les drapeaux des armées alliées.

Enveloppes portant les marques des bureaux-frontières et des bureaux ambulants d'armée.

Fantassins réunis autour d'une table pour rédiger leur courrier.

DES CARTES TOUTES PRÊTES

Souvent, au lieu d'écrire des lettres, soit parce qu'ils n'en ont pas le temps, soit parce que le secret militaire s'impose, les soldats utilisent des cartes toutes prêtes, portant les drapeaux français et alliés. La partie réservée à la corres-pondance, au verso, ne permet d'y porter que quelques lignes et son en-tête précise bien qu'elle ne doit comporter *« aucune indication de lieu d'envoi ni aucun renseignement sur les opérations militaires passées ou futures »*.

La chanson patriotique et guerrière

Même si un tel phénomène s'est déjà produit dans le passé, notamment lors de la guerre franco-prussienne, la Grande Guerre est caractérisée par une rare et extraordinaire éclosion de chansons et de refrains patriotiques de toutes sortes.

La chanson à caractère patriotique n'est pas un phénomène propre à la Première Guerre mondiale. Les couplets et les refrains qui exaltent, le plus souvent de façon outrancière, la volonté d'une revanche et la haine de l'ennemi sont légion dès après la guerre qui oppose, en 1870-1871, la France à la Prusse.

Souvenir de la guerre franco-prussienne

La défaite subie face à cette dernière engendre une floraison de textes parfois caricaturaux qui stigmatisent la barbarie prussienne, portent au pinacle la bravoure et la constance du soldat français, proclament la nécessité de se venger un jour du « Boche » et déplorent avec constance la perte des provinces d'Alsace et de Lorraine.
De tous les auteurs qui se distinguent dans cet exercice, le plus célèbre est très certainement Paul Déroulède, partisan d'un nationalisme revanchard et fondateur de la Ligue des patriotes. En 1872, celui-ci fait publier un recueil de poésies qu'il baptise *Chants du soldat* et qui donne naissance à des chansons dont le succès est immédiat et considérable, notamment dans les cafés-concerts. Déroulède, qui meurt en 1914, à la veille d'une guerre qu'il n'a cessé d'appeler de ses vœux, n'est pas le seul à exceller dans le genre. D'autres, tels Gaston Willemer ou encore Lucien Delorme, jouent un rôle non négligeable dans la préparation de l'opinion à une confrontation qu'ils estiment inéluctable, en héroïsant la résistance des Alsaciens-Lorrains à l'occupation allemande et leur attachement à la France dont ils ont été séparés de force.

De dignes successeurs de Déroulède

La chanson patriotique connaît une extraordinaire explosion lorsque la Grande Guerre plonge l'Europe dans le cauchemar et l'horreur. Les textes de Déroulède et de quelques autres auteurs contribuent certainement à convaincre l'armée et l'opinion de

La chanson la plus célèbre de la Grande Guerre, « La Madelon ».

la nécessité de partir en guerre pour en finir une bonne fois pour toutes avec la morgue et le militarisme allemands. Parmi ceux qui, fort nombreux, reprennent le flambeau de Déroulède figure Théodore Botrel, auteur de *La Paimpolaise*. Ce « barde breton » ne manque pas d'être encouragé par les autorités officielles à parcourir le front afin d'y interpréter des succès qui maintiendront au plus haut, personne n'en doute, le moral des combattants. De tous les refrains de plus ou moins bon goût dont il est l'auteur, les plus connus sont *La Crève aux Boches*, *Ma petite Mimi*, qui désigne la mitrailleuse, et *Rosalie*, la baïonnette « toute blanche » quand elle est partie, mais qui ressort « vermillon » après avoir été plongée dans la poitrine d'un « Boche ». Un autre des émules de Déroulède est Paul Marinier, auteur des *Loups*, terme peu affable qui désigne les Allemands, et de *La Ronde des petits poilus*.

Du patriotisme au pacifisme

Si bon nombre des chansons traduisent un patriotisme exacerbé, d'autres se réfèrent à un pacifisme qui ne cesse de grandir au fur et à mesure que les hostilités se prolongent. Certes, quelques-uns des auteurs de refrains contre la guerre, tels Gustave Hervé ou encore Gaston Brunschwig, plus connu sous le nom de Montéhus, sombrent dans le refrain cocardier dès que les hostilités éclatent, emportés par le souffle de l'Union sacrée. Toutefois, la contestation pacifiste enflera progressivement, malgré la surveillance de la censure, s'exprimant à travers des classiques tels que *La Chanson de Craonne*. Les chansons qui connaissent toutefois le plus de succès, imprègnent en profondeur la mémoire collective et sont promises à une pérennité qui déborde largement le cadre du conflit ne se réfèrent pas aux couplets chauvins et revanchards d'un Botrel ou d'un Déroulède. Exprimant des sentiments bien plus simples et populaires, redonnant à la guerre un visage humain, elles portent pour noms *La Madelon* ou encore *Le rêve passe*.

« La Chanson de France », un des innombrables couplets patriotiques composés pendant la Grande Guerre.

Ci-dessous, le « barde breton » Théodore Botrel en visite au front.

THÉODORE BOTREL

Chantre du sentiment particulariste breton, d'inspiration catholique et royaliste, Théodore Botrel naît à Dinan en septembre 1868. Auteur de nombreuses chansons, il connaît un très grand succès avec La Paimpolaise et Kenavo. Pendant la Grande Guerre, cet auteur connu est approché par le ministère de la Guerre qui lui demande de sillonner le front afin d'y interpréter des refrains patriotiques censés maintenir le moral de la troupe. Il meurt en juillet 1925 à Pont-Aven.

L'ARMÉE D'ORIENT MALADE DU PALUDISME

Bien plus que les Bulgares, les Turcs ou les Austro-Hongrois, les soldats français qui se battent sur le front d'Orient, dans les Balkans, sont confrontés à un ennemi redoutable, le paludisme. Cette maladie transmise par un moustique, l'anophèle, provoque des coupes claires dans les rangs des régiments qui se battent à Salonique de 1915 à 1917.

Évacuation d'un malade à Monastir en Orient.

De 1915 à 1918, quelque 378 000 soldats français sont expédiés sur le front des Balkans, et plus de 356 000 d'entre eux subissent les atteintes de la maladie, qu'il s'agisse d'atteintes exotiques, comme le paludisme, la dysenterie, le typhus exanthématique ou la dengue, ou encore de la pandémie de grippe espagnole de 1918.

Les avertissements du corps médical

En réalité, les Balkans, en particulier la région de Salonique, sont un des foyers parmi les plus virulents du paludisme en Europe. La vallée du Vardar où se déroulent bien des combats est infestée de marécages dans lesquels les moustiques se développent d'une extraordinaire manière dès que commence la saison chaude, à partir des mois d'avril et de mai. Si le haut commandement, en la personne du général Sarrail, ne veut pas entendre parler de ces impondérables, le corps médical ne cesse de lancer des avertissements. Six mois après l'arrivée des premières unités françaises dans les Balkans, malgré les interventions des médecins auprès des plus hautes autorités militaires, rien n'a été fait en prévision d'une éventuelle épidémie. « Il faut bien dire, écrit l'un de ces médecins, que le commandement n'a pas compris les raisons hygiéniques d'établir les campements sur les hauteurs et que malheureusement malgré tout ce que nous avions annoncé et répété, la direction du service de santé n'a pas eu suffisamment d'autorité pour lui faire accepter en première ligne ces considérations prophylactiques. »

La crise sanitaire de 1916

Les conséquences ne tardent pas à se faire sentir. Malgré les cachets de quinine qui ont été distribués dès le mois de février 1916, une extraordinaire épidémie éclate et se propage avec une rare virulence au moment des premières chaleurs, en avril-mai. Des nuages denses d'anophèles survolent les positions occupées par l'armée d'Orient, diffusant le mal avec une violence inouïe. De quelques dizaines de cas en mai et en juin, le nombre de malades passe à 1 700 à la fin de juillet et à 3 400 en septembre, au plus fort de ce que l'on peut appeler une pandémie. Entre 26 000 et 28 000 cas de paludisme sont diagnostiqués au cours de cette terrible année 1916, faisant dire au général Sarrail : « Mon armée est immobilisée dans les hôpitaux. » À la fin de l'automne, ce sont 75 % des soldats expédiés à Salonique qui sont touchés par cette grave maladie.

La commission antipaludique

Face à une telle catastrophe sanitaire, des mesures drastiques doivent être adoptées de toute urgence, au risque de transformer un problème médical en un drame militaire de première grandeur. Craignant que le désastre ne gagne en ampleur au cours de l'année suivante, Sarrail décide de prendre des mesures exceptionnelles. En janvier 1917, le commandant de l'armée d'Orient crée une commission antipaludique dont la mission est de se battre exclusivement contre cette atteinte (22 médecins, 300 infirmiers et une trentaine de membres du personnel administratif). Cet organisme, sillonnant sans cesse le front, institue la prise obligatoire de quinine, contrôle régulièrement les unités pour s'assurer que cette prescription a bien été observée, ordonne la distribution de moustiquaires et institue une campagne de prévention et de propagande d'une ampleur hors du commun auprès des soldats pour les sensibiliser au problème. Appuyées par le commandement, ces mesures portent leurs fruits, de sorte que, au printemps et à l'été 1917, une nouvelle catastrophe peut être évitée.

Soldats français débarquant en Orient en 1916. Le paludisme fera des ravages parmi eux.

UN TÉMOIGNAGE ACCABLANT

Le docteur Peaudelau, médecin à l'armée d'Orient, décrit de la façon suivante la situation sanitaire des Balkans où les troupes françaises débarquent, en octobre 1915 : *« C'est le pays des moustiques qui volent lourdement à ras de terre, en essaims innombrables et qui sont la plaie de ces régions pestilentielles. [...] On y contracte en général un paludisme grave, à forme algide, qui terrasse rapidement les étrangers. Quant aux gens du pays, ils payent aussi un lourd tribut à la maladie. Dans les villages de Karasouli, de Boémica, d'Amatovo, on y voit rarement des vieillards, les indigènes ne deviennent pas vieux ; les hommes et les femmes présentent un amaigrissement cachectique, une figure terreuse et émaciée. Les enfants, eux, ont de véritables ventres de batraciens, et ce développement de l'abdomen est dû à l'énorme hypertrophie de la rate... »*

En 1916, le camp de Zeitenlick, près de Salonique, est un lieu infesté de moustiques.

Les réfugiés

Tout au long de la guerre, qu'il s'agisse des Belges ou des Serbes, la France est une terre d'asile et un refuge pour les populations dont les pays sont envahis par les armées de la Triplice et qui tentent d'échapper aux rigueurs de l'occupation étrangère.

Réfugiés dans le sud de la France en mars 1918.

UN PROBLÈME RÉCURRENT

Le problème des réfugiés n'est pas une affaire nouvelle dans la France de la Grande Guerre. Déjà, en 1870-1871, fuyant les troupes allemandes, des dizaines de milliers d'hommes, de femmes et d'enfants originaires du nord du pays, notamment des Ardennes et de la Picardie, trouvent refuge dans les départements préservés de l'invasion. Par ailleurs, quelque 130 000 Alsaciens et Lorrains abandonnent tous leurs biens à l'issue de la guerre franco-prussienne et gagnent le territoire français pour ne pas devenir allemands.

Au cours de la Première Guerre mondiale, le territoire français accueille des centaines de milliers de réfugiés venant de Belgique envahie, de Serbie ou d'autres pays occupés par les Allemands, les Bulgares ou les Autrichiens. À ces étrangers s'ajoutent aussi des Français fuyant les départements envahis par les troupes du Kaiser.

Les « Boches du Nord »

Dès que les armées allemandes pénètrent en Belgique et au Luxembourg et avancent vers les frontières françaises, les populations du Nord et de l'Est commencent à fuir devant eux ou sont plus simplement exilées de force sur ordre du commandement militaire français. Le souvenir des exactions commises pendant la guerre franco-prussienne, quelque quarante-quatre ans auparavant, n'est pas étranger à ce phénomène, qui prend rapidement une ampleur exceptionnelle. Cet afflux engendre des problèmes presque insurmontables dans les départements qui accueillent les fugitifs, lesquels sont logés aussi bien dans les villes (Paris et sa banlieue notamment) que dans les villages situés, le plus souvent, le plus près possible des foyers perdus ; néanmoins, bon nombre de ceux que certains surnommeront bientôt les « Boches du Nord » gagnent les territoires du Midi où l'accueil qui leur est réservé est parfois inamical. L'exode de 1914 n'est rien en comparaison de celui de 1918 qui touche près de deux millions de personnes chassées de chez elles par les grandes offensives allemandes du printemps et de l'été. Des milliers d'autres sont évacuées des territoires occupés par l'ennemi, en particulier en 1917, et expédiées dans les pays neutres que sont la Suisse et les Pays-Bas, lesquels les font passer ensuite en France. La vie de ces exilés dans leur propre pays n'est guère facile. Logés, nourris et vêtus par les autorités municipales dont elles dépendent, elles perçoivent une indemnité (30 sous environ) qui équivaut à celle que reçoivent les familles des mobilisés. Ils ne retrouveront leurs foyers que dans les dernières semaines de 1918 et devront apprendre à vivre dans des régions totalement dévastées.

Les Belges et les Serbes

La même panique agite les Belges que l'armée allemande chasse devant elle en août-septembre 1914. Les troupes du Kaiser se livrent, il est vrai, à un certain nombre d'actes (exécutions, villages incendiés) qui n'encouragent pas les habitants de ce pays presque entièrement envahi à demeurer dans leurs foyers. Près de 1,5 million de citoyens belges quittent ainsi leur pays pour échapper à l'occupation, dont 325 000 en France (en région parisienne et en Normandie), mais la plupart en Grande-Bretagne et aux Pays-Bas (on en trouve 30 000 au Havre). De la même façon que les habitants des départements du Nord envahis, les réfugiés belges touchent une indemnité de la part des autorités françaises et reçoivent de quoi se nourrir, se vêtir et se loger. Beaucoup trouvent par ailleurs du travail pour subvenir à leurs besoins et un comité belge est créé en janvier 1915 pour défendre les intérêts de ces exilés. Environ 17 000 Serbes expatriés en raison de l'invasion de leur pays par les armées de la Triplice, en 1915, viennent grossir les rangs de ces malheureux, mais bien d'autres gagnent la Suisse, l'Italie, la Grèce ou encore la Grande-Bretagne.

Infirmières prenant soin de petits réfugiés.

Enfants du Nord réfugiés dans le Midi au début de 1918.

Les dames blanches

Qu'il soit blessé par balle ou éclat d'obus, qu'il ait été atteint d'une maladie qui amène son évacuation, le soldat qui séjourne plus ou moins longtemps dans un hôpital a affaire aux infirmières, ces dames blanches qui se montrent si compatissantes à son égard.

Infirmières en compagnie de soldats mutilés dans un hôpital.

Dès le commencement des hostilités, instruites par la cruelle expérience de la guerre franco-prussienne, une quarantaine d'années auparavant, les autorités françaises font appel aux services d'un certain nombre de sociétés créées dans le droit fil de la Croix-Rouge de Genève pour venir en aide aux blessés. L'Union des femmes de France, l'Association des dames françaises et la Société de secours aux blessés militaires sont pour la plupart d'entre elles constituées d'infirmières qui ont suivi une formation paramédicale des plus sérieuses et se montrent d'une rare efficacité. Toutefois, les premières batailles ayant été livrées, l'afflux des blessés et des malades est tel que le recours au volontariat s'impose de toute urgence.

Les sociétés de secours aux blessés

De tous les milieux sociaux, depuis la haute bourgeoisie jusqu'aux classes les moins favorisées, des femmes se présentent dans les hôpitaux pour accomplir, les unes ce qu'elles considèrent comme un devoir patriotique normal, une contribution à l'effort de guerre de la nation ; les autres comme un acte d'humanité d'autant plus indispensable que beaucoup d'entre elles ont un ou des parents au front.

Leur travail commence souvent à proximité du front, parfois sous les obus, où elles recueillent les malheureux qu'une balle, un obus ou les gaz de combat ont à jamais marqués dans leur chair et leur esprit et qui viennent des postes de premiers secours ou des ambulances de campagne. Certaines d'entre elles paieront d'ailleurs de leur vie le dévouement dont elles ont fait preuve.

À chaque arrêt dans une gare, elles interviennent dans les trains sommairement transformés en wagons sanitaires qui transportent les blessés vers l'arrière.

Un sacerdoce de tous les instants

L'essentiel de la tâche qui revient aux dames blanches se déroule cependant dans les hôpitaux, à l'abri des combats. Le travail ne manque pas. Pour celles qui ne savent rien de ce qu'est la guerre, l'horreur est quasi permanente. C'est qu'il faut en effet nettoyer les blessures infectées, parfois maculées de terre et pleines de vermine, assister les médecins dans les opérations les plus difficiles, telles que les amputations, changer les pansements, aider les invalides à faire leurs besoins, vaquer à la toilette de ceux qui ne peuvent bouger de leur lit. Le rôle des infirmières ne se réduit pas à ces seules tâches médicales ou sanitaires. L'aspect psychologique et social de leur sacerdoce est tout aussi important, quand il s'agit d'assister les moribonds jusqu'à leur dernier souffle ou encore de tenir compagnie quelques instants à ceux qui réclament un peu de secours moral.

Soldat blessé réconforté par une religieuse infirmière.

DES CHIFFRES ÉLOQUENTS

De 1914 à 1918, quelque 71 193 Françaises occupent avec courage et pugnacité un emploi d'infirmière. Ces femmes, de quelque milieu qu'elles proviennent, servent sur tous les fronts, aussi bien en France qu'en Russie, en Italie ou en Orient. 105 d'entre elles meurent sous les obus, 246 de maladies contagieuses. Par ailleurs, 24 tombent aux mains de l'ennemi. Les récompenses sont à la hauteur du dévouement que, pour la plupart, elles n'ont eu de cesse de montrer. Quelque 373 sont décorées de la Légion d'honneur, 4 616 reçoivent la médaille des épidémies, 4 071 la médaille de la reconnaissance française et 214 diverses décorations étrangères.

Salle d'un hôpital pendant la Grande Guerre.

La Grosse Bertha

Du 23 mars au 9 août 1918, tout en conduisant leurs grandes offensives de rupture sur le front occidental, les Allemands bombardent Paris et sa banlieue au moyen de trois canons à très longue portée installés dans le Laonnois. À ces pièces, les Parisiens donnent le nom générique de Grosse Bertha.

Le 23 mars 1918, vers 7 heures 15, alors même que l'armée allemande vient de lancer une formidable offensive en Picardie, une mystérieuse explosion se produit quai de Seine, à Paris. Vingt minutes plus tard, une nouvelle déflagration ébranle un autre quartier de la capitale, suivie par d'autres à intervalles réguliers. Aussitôt, les autorités militaires, croyant à une attaque menée par des bombardiers, font décoller des chasseurs qui ne trouvent rien.

Des explosions mystérieuses

Depuis la fin d'août 1914, en effet, les Allemands ont procédé à des bombardements aériens de l'agglomération parisienne (ces attaques ne cesseront d'ailleurs que le 15 septembre 1918, tuant 275 Parisiens et en blessant 602). Sans doute est-il logique que, en ce 23 mars 1918, les responsables politiques et militaires pensent immédiatement à un raid par la voie des airs. Ce jour-là, 21 impacts sont enregistrés, dont 18 sur la capitale elle-même (15 personnes sont tuées et 36 blessées). La population parisienne est en émoi. Il lui faut attendre 16 heures, ce même jour, pour connaître la vérité. Le laboratoire municipal, qui vient d'examiner les éclats retrouvés sur les lieux des explosions, se montre formel : il s'agit bien d'obus. Comme aucun canon connu

À peine informé du drame de l'église Saint-Gervais, le président Poincaré se rend sur place :

« Spectacle épouvantable. La voûte de la grande nef est en partie effondrée. De malheureux décapités sont restés assis sur des chaises. [...] Quand je m'avance dans l'église, on retire des cadavres mutilés et déchiquetés. Je me rends à la morgue où sont déjà entassés, couverts de plâtre, morcelés, hideux, des cadavres, presque tous des femmes et des jeunes filles... »

Bénédiction des personnes tuées par l'obus de la Grosse Bertha tombé sur l'église Saint-Gervais, le 29 mars 1918.

LA « GROSSE BERTHA »

Ce terme générique s'applique à une batterie de trois canons de 210 mm, installée vers Crépy-en-Laonnois, et dont la portée atteint 108 km. Au fil des tirs, le calibre des pièces va en croissant, du fait de l'usure, pour atteindre près de 240 mm. Les obus, envoyés sous un angle de 50 à 55°, atteignent un poids de 175 kg environ ; ils mettent environ 4 minutes, après être passés par la haute atmosphère, pour atteindre leur cible.

Parisiens évacués de la capitale pendant les tirs de la Grosse Bertha.

ne dépasse une portée de 30 à 35 km, l'idée selon laquelle les Allemands ont rompu le front se répand. La rumeur ne dure guère. Le communiqué publié en fin d'après-midi explique : « L'ennemi a tiré sur Paris avec une pièce à longue portée. Depuis huit heures du matin, de quart d'heure en quart d'heure, des obus de 240 mm ont atteint la capitale et sa banlieue. » Comme les lignes sont situées à une centaine de kilomètres de l'agglomération, force est de se rendre à l'évidence : ce sont bien un ou des canons à l'allonge pour le moins exceptionnelle qui sont incriminés dans cette affaire.

Des pièces monstrueuses

La propagande officielle, s'appliquant à rassurer la population, proclame avec hauteur : « Sans doute ce canon est un spécimen curieux de mécanique et de balistique, mais il est dépourvu de toute valeur militaire. C'est un bluff "kolossal" que peut seul enfanter un cerveau germanique. Il ne saurait en effet tirer plus de trente coups sous peine de mettre en péril la vie de ses servants... » Qu'importe ! L'effet de la « Grosse Bertha », sobriquet qui s'inspire du nom de la fille de l'industriel allemand Krupp, produit un effet moral considérable parmi les Parisiens et les banlieusards, d'autant que le bombardement se prolonge pendant des jours, des semaines. Il frappe au hasard, suscitant la peur et, parfois, des tragédies d'une très grande ampleur, comme celle, le 29 mars, de l'église Saint-Gervais, sur laquelle un obus s'écrase en plein office du vendredi saint, tuant 90 fidèles et faisant des dizaines de blessés. En comptant l'impact des bombardements aériens, qui se poursuivent pendant le printemps et l'été, au moins un million d'hommes, de femmes et d'enfants fuient la capitale. Les tirs des canons allemands à longue portée ne s'arrêtent en définitive que le 9 août. Quelque 350 obus ont été envoyés sur la capitale et sa banlieue, provoquant la mort de 256 personnes et en blessant 625.

Magasins de la capitale dont les vitrines ont été protégées contre les effets de souffle des obus de la Grosse Bertha.

Double page suivante : Renault FT17 à Francfort, en avril 1920.

Quatrième partie

LES ARMES DE LA GRANDE GUERRE

La Première Guerre mondiale constitue assurément une ère de bouleversements intenses dans le domaine des armements qui, du fait de leur immense pouvoir de destruction, lui confèrent le caractère d'un conflit total. Elle favorise dans des proportions encore jamais vues le développement d'un grand nombre de moyens de combat directement liés la deuxième révolution industrielle, tels que les gaz asphyxiants ou encore l'aviation, la mitrailleuse et le sous-marin.

Les gaz, issus des progrès de l'industrie chimique, sont employés d'abord sur le front russe puis créent une immense surprise en avril 1915 à Ypres, semant la panique dans les troupes alliées. Les aéroplanes quant à eux connaissent une expansion extraordinaire. Ayant donné naissance à des spécialités comme la chasse, le bombardement ou l'observation, ils sont utilisés en masse dans la bataille ou encore pour bombarder les villes et y détruire les usines et saper le moral des civils. Le sous-marin, en gestation avant les hostilités, est chargé non seulement de couler les navires de combat, mais encore d'envoyer par le fond les flottes commerciales par le fond et de perturber la vie économique, voire empêcher l'approvisionnement en matières premières et en nourriture des pays ennemis.

La grande conflagration de 1914-1918 débouche aussi sur des inventions nouvelles : le char, conçu pour passer à travers les systèmes fortifiés de l'adversaire et qui jouera un rôle de première grandeur lors de la Seconde Guerre mondiale. Elle met également en avant le rôle des communications radio, des chemins de fer et précipite les forces armées dans l'ère de la motorisation

Le canon de 75, orgueil de l'armée française

S'il est un symbole emblématique de la Grande Guerre, c'est bien le canon de 75, conçu pour donner à la France vaincue pendant la guerre contre les Prussiens, en 1870-1871, une arme d'une très grande efficacité qui lui permette de prendre sa revanche.

Canon de 75 en batterie et son caissor.

Lorsque éclate la guerre de 1870, l'armée française dispose de canons en bronze se chargeant par la bouche, alors que les Prussiens et leurs alliés sont armés de pièces bien plus modernes, caractérisées par une culasse et usinées en acier forgé.

L'avis du comité de l'artillerie sur le canon de 75 (avril 1896)

« Les expériences exécutées jusqu'ici permettent d'espérer que l'on se trouve en présence d'un matériel capable de remplir toutes les conditions d'un bon service de guerre et qui constitue, en même temps, par rapport aux artilleries étrangères, un progrès des plus considérables. »

Genèse d'une arme

L'inefficacité de cette artillerie dépassée et l'efficience des pièces déployées par l'ennemi amènent l'état-major général de l'armée à réclamer le développement d'un matériel de campagne nouveau, disposant d'une cadence de tir élevée. En 1892, le chef récemment nommé à la tête de la direction de l'artillerie du ministère de la Guerre, le général Mathieu, initie les études sur le futur canon léger dont le calibre est déterminé à 75 mm. La pièce en question, hormis un poids lors de la mise en batterie d'un peu plus de 1 100 kg qui doit la rendre très manœuvrable, devra pouvoir tirer à la fois des obus explosifs ou à balles (shrapnels) d'une masse souhaitée, pour les premiers de 5,3 kg, pour les seconds de 7,2 kg. Elle prendra la suite du canon de 52 mm, bien moins puissant, dû au capitaine Sainte-Claire Deville.

L'œuvre du lieutenant-colonel Deport

La charge de réaliser la nouvelle arme revient au lieutenant-colonel Deport, qui dirige les ateliers de Puteaux. Le travail de conception commence en mai 1892 et, en quelques semaines, ayant étudié plusieurs systèmes de freins de recul, l'officier supérieur soumet diverses propositions à un comité technique de l'artillerie présidé par le général de La Hitte. En février 1893, Deport est invité à fabriquer un prototype dont une des principales caractéristiques réside dans son frein à longue course, la longueur du recul allant de 1,14 à 1,22 m. Les premiers essais de tir de la pièce, désignée matériel C pour des raisons de préservation du secret militaire, sont menés au fort du mont Valérien, et le canon est présenté au ministre de la Guerre en place, le général Loizillon, le 25 novembre 1893, à Bourges. Toutefois,

Les inventeurs du canon de 75, Sainte-Claire Deville (à gauche) et Deport (à droite).

Pièce de 75 lors de la bataille d'Arras en 1915.

le lieutenant-colonel Deport, déçu de n'avoir pas été promu au grade de colonel, demande sa mise à la retraite. La tâche de poursuivre son œuvre revient au capitaine Sainte-Claire Deville, affecté à Bourges à la fin de 1894 et secondé par le capitaine Rimailho dès le début de l'année suivante.

Le canon de 75 modèle 1897

Comme le frein hydropneumatique destiné à équiper la pièce en question connaît de nombreux problèmes, notamment de fuites d'huile, Sainte-Claire Deville et Rimailho décident d'en développer un autre, à diaphragme ou piston libre, dit modèle 2, qui se révèle bien supérieur. Dans le même temps, obus et caisson sont l'objet d'un développement accéléré, de sorte que, vers la fin de 1897, la mise en service du matériel C est espérée pour l'année suivante. En mars 1898, celui-ci reçoit la dénomination officielle de canon de 75 modèle 1897. Présenté pour la première fois au public lors du défilé du 14 juillet 1899, à Longchamp, à la plus grande surprise des Allemands qui se lanceront dans la réalisation d'un canon de 77 mm bien moins efficace, le 75 devient la pièce d'artillerie légère standard de l'armée française. Il est à la fois fiable, robuste et manœuvrable. Au moment de l'entrée en guerre d'août 1914, un peu plus de 4 000 d'entre eux sont affectés organiquement aux divisions et aux corps d'armée.

CARACTÉRISTIQUES DU CANON DE 75

Calibre : 75 mm
Longueur du tube : 2,72 m
Cadence de tir théorique : 28 coups/min
Cadence de tir pratique : 6 coups/min
Portée maximale : entre 8 000 et 11 000 m
Poids de la pièce en batterie : 1 140 kg
Poids en ordre de marche, avant-train compris : 1 970 kg
Poids du caisson à munitions : 1 950 kg
Poids de l'obus explosif : 5,3 kg

L'équipe d'une pièce de 75 mm se compose de 7 hommes :

– 1 chef de pièce, qui commande la manœuvre du canon ;
– 2 pourvoyeurs, chargés de prélever les obus dans le caisson à munitions ;
– 1 pointeur, dont la tâche consiste à assurer la visée ;
– 1 déboucheur, qui perce les évents des fusées avant que les obus soient passés au chargeur, qui les introduit dans la culasse ;
– le tireur, qui actionne le tire-feu.

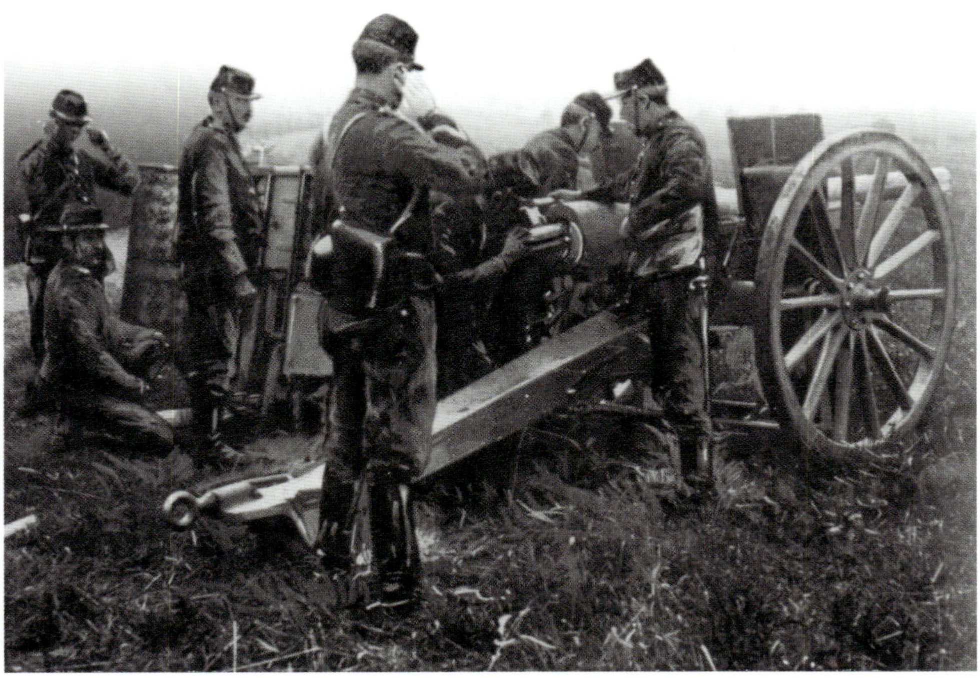

Équipe d'une pièce de 75 en action avant la Grande Guerre.

L'ARTILLERIE LOURDE SUR VOIE FERRÉE

L'évolution de la guerre et la nécessité de détruire des organisations défensives profondément enterrées ou encore très éloignées du front amènent les belligérants à se doter d'une artillerie d'un calibre très important dont certaines des pièces, en raison de leur masse, sont montées sur voie ferrée.

Pièce de 320 sur voie ferrée en septembre 1917.

L'idée de développer une artillerie montée sur voie ferrée ne date pas de la Première Guerre mondiale. Déjà, pendant la guerre franco-prussienne de 1870-1871, à l'occasion du siège de Paris, les Allemands déploient des pièces installées sur des affûts-trucks dont l'efficacité se révèle redoutable.

Une idée antérieure à la Grande Guerre

Dans les années qui suivent le conflit, l'état-major français ne montre guère d'intérêt à l'égard de cette technique, même si le comité de l'artillerie adopte un canon de 155 mm sur affût-truck en 1888 et si la firme Schneider fabrique, pour le compte d'un certain nombre de pays étrangers, des mortiers de 200 et de 293 mm montés sur rail. Néanmoins, face à l'écrasante supériorité dont l'artillerie lourde allemande administre la preuve au début des hostilités, le haut commandement français est contraint d'en venir à une plus juste appréciation des réalités. Dans un premier temps, face à l'urgence, le grand quartier général réquisitionne des canons affectés à la défense des côtes – montés sur rail – et même certaines des pièces très lourdes commandées par le Danemark et l'Argentine. Une commission d'artillerie lourde sur voie ferrée est créée dès le mois d'octobre 1914 en vue d'étudier la possibilité d'installer des canons de côte et de marine (dont quelques-uns proviennent directement de cuirassés) sur des affûts-trucks.

Schneider et Saint-Chamond

Ce processus à la fois complexe et long est confié à de grandes entreprises françaises spécialisées dans l'armement, parmi lesquels Schneider, Saint-Chamond et Batignolles. Diverses techniques d'installation sont utilisées : certains canons sont simplement placés avec leur affût d'origine sur des trucks conçus pour tirer depuis des épis courbes ; d'autres, dont le calibre est

Le canon de 400 est une des pièces les plus lourdes jamais employées par l'artillerie lourde sur voie ferrée, même si cette dernière dispose en 1918 d'une pièce monstrueuse dont le calibre atteint 520 mm.

Le premier est réalisé en 1916 en deux types différents :
– le 400 berceau modèle 1915 Saint-Chamond et
– le 400 berceau modèle 1916 Saint-Chamond.

En ordre de marche, son poids atteint quelque 140 t et son tube, d'une longueur de 10,65 m, est capable d'envoyer un obus de 900 kg à au moins 15 000 m. Le projectile en question, après être monté à une hauteur de 1 000 m lorsque l'élévation du tube est la plus importante, peut s'enfoncer d'une quarantaine de mètres dans le sol avant d'exploser. Une douzaine de canons de 400 sont livrés à l'armée française pendant la Première Guerre mondiale.

Pièce de 274 sur voie ferrée.

Obusier de 293 mm sur voie ferrée.

supérieur à 240 mm, sont installés sur des affûts dits « tous azimuts » ; d'autres encore prennent place sur des affûts dits « à glissement », eux aussi destinés au tir depuis des épis courbes ; enfin, des pièces opèrent depuis des épis droits sur des affûts dits « à berceau ».

L'ALVF se développe

L'artillerie lourde sur voie ferrée connaît un développement considérable pendant les hostilités. Pratiquement inexistante au début de la Première Guerre mondiale, elle compte quelque 550 pièces à son issue, toutes réunies en cinq régiments. Quatre d'entre eux rassemblent 506 canons sur épis et un autre en dispose de 42 « tous azimuts ». Ces pièces sont ventilées en canons longs dont les portées s'échelonnent entre 20 000 et 30 000 m. Bon nombre consistent en des batteries de mortiers dont la tâche est de détruire les organisations ennemies de plus en plus puissantes et profondément enterrées. Elles font merveille en détruisant notamment les forts de Douaumont et de Vaux, avant l'assaut du 24 octobre 1916, ou en écrasant les tunnels du mont Cornillet, en prélude à l'assaut français du 20 mai 1917.

L'ARTILLERIE LOURDE

En août 1914, l'armée française entre en guerre convaincue du rôle crucial qu'une artillerie légère très mobile, fondée sur le canon de 75, peut jouer dans la guerre de mouvement. Pourtant, dès le début du conflit, l'artillerie lourde apparaît comme une des armes prédominantes. Les combats menés pendant presque quatre ans dans les tranchées lui confèrent très vite un rôle décisif.

Mortier de 370 en 1918.

En 1914, les armées françaises lancées dans la bataille des frontières sont animées par une croyance que résume bien cette formule : « Les Allemands sont forts, mais nous avons notre 75. » Alors que l'ennemi a doté ses corps d'armée et ses divisions de batteries d'obusiers lourds, composées de pièces de 105 et de 150 mm (des canons de 210, de 305 et de 420 sont même engagés contre les fortifications de l'adversaire), Joffre ne dispose que de fort peu de canons de cette catégorie. Le plus moderne d'entre eux est le 155 CTR, conçu par le capitaine Rimailho, dont 104 exemplaires sont en service.

La prise de conscience

Les autres matériels lourds sont d'abord fort anciens et affichent une cadence de tir très insuffisante. La guerre s'enterrant dans les tranchées et l'artillerie de gros calibre gagnant en importance, l'état-major français prend conscience de donner à cette spécialité le développement nécessaire. Tout se passe d'abord dans l'improvisation et il faut aller chercher dans les dépôts les vieux canons du système de Bange, en date des années 1880 (90, 95, 120 et 155 mm), dont les performances sont pour le moins limitées. En novembre 1914, le GQG prend la décision de doter chaque corps d'armée d'une artillerie lourde. Puis, en août 1915, le commandant en chef obtient l'autorisation de réquisitionner les pièces qui équipent les places fortes en vue de les répartir dans les armées.

Les plans de Joffre

Ce n'est toutefois là qu'un pis-aller. « Il fallait créer du nouveau », écrit en effet le généralissime des armées françaises. Aussi dès la bataille d'Artois (mai 1915), la décision est-elle prise de commander des matériels modernes, en l'occurrence des obusiers Schneider de 120 et de 155 mm, des Saint-

Chargement d'une pièce de 305 pendant la bataille de la Somme.

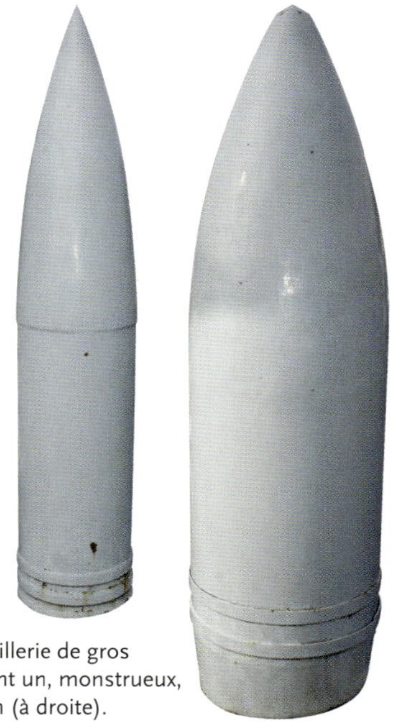

Obus d'artillerie de gros calibre, dont un, monstrueux, de 520 mm (à droite).

Chamond de 155 mm, mais aussi des mortiers de 220 et de 280 mm. Dans le même temps, un programme relatif à la constitution d'une artillerie encore plus lourde (240, 270, 340, et 240, 274 et 305 sur voie ferrée) est initié en septembre de la même année. De janvier 1915 à janvier 1916, veille de la bataille de Verdun, des progrès considérables ont été accomplis. Dans ce laps de temps, le nombre de canons de 90 mm passe à 1 230 en janvier 1916, celui des pièces de 120 mm de 110 à 1 020 et celui des 155 mm de 300 à 790. Enfin, les Français alignent 180 canons de 220 mm, 30 de 280 mm et 10 de 370 mm, alors qu'ils n'en avaient aucun, hormis 17 de 220 mm, un an auparavant.

Le rôle décisif de Pétain

Aussi importants qu'aient été les efforts produits, la situation reste encore assez peu satisfaisante lorsque, en mai 1917, le général Pétain devient commandant en chef des armées françaises. Celles-ci disposent alors de 77 groupes courts sur les 180 programmés un an avant et de 102 groupes longs sur les 160 prévus. Le nouveau généralissime, soucieux de préserver l'infanterie, s'engage dans un processus de développement à outrance de l'artillerie lourde. À l'occasion de l'offensive menée à Verdun, en août 1917, les Français alignent un canon lourd tous les 30 mètres ; à la Malmaison, en octobre de la même année, ils en ont un tous les 12 mètres. Dans le même temps, Pétain organise un centre d'études d'artillerie, rénove les règlements d'emploi et s'engage dans un processus d'accroissement de l'artillerie lourde à grande puissance (ALGP). En 1918, il n'est pas rare qu'une attaque de grande envergure soit appuyée par 8 000 canons, dont une grande proportion de lourds. L'artillerie lourde est devenue une des pièces maîtresses du champ de bataille, capable d'agir tant dans le domaine tactique que sur le plan stratégique.

Pièce de 155 long en action à Verdun, en 1916.

Dans ses *Mémoires*, Joffre écrit, à propos de l'artillerie lourde au début de la guerre :

« Les seuls matériels d'artillerie de gros calibre dont l'emploi était prévu dans les armées en campagne étaient ceux qui entraient dans la composition de quatre régiments d'artillerie lourde. [...] La forme que prit la guerre dès le lendemain de la victoire de la Marne m'amena aussitôt à envisager l'emploi sur le front des matériels entrant dans la composition des équipages de siège, mais encore de tous les types de gros mortiers et de canons longs dont on pouvait immédiatement disposer... »

Naissance de l'artillerie de tranchée

Même si elle fait appel dans un premier temps à des mortiers qui existent déjà dans les panoplies des belligérants ou à des initiatives spontanées sur le terrain, l'artillerie de tranchée, de par les mortiers de tous types auxquels elle donne naissance, est aussi une des armes nouvelles de la Grande Guerre.

Servant de mortier de 58 n° 1.

Pour une armée française qui, fondant sa doctrine sur l'offensive à outrance, dispose d'une artillerie articulée autour du canon de 75, le passage de la guerre de mouvement à la guerre de tranchées pose de nombreuses interrogations et des difficultés matérielles non moins considérables. Tout d'abord, les pièces qui équipent les unités en campagne sont caractérisées par un tir tendu et disposent d'une portée assez limitée ; ensuite, leur calibre pour le moins léger ne leur permet pas d'infliger des dommages de quelque importance que ce soit aux organisations défensives allemandes.

Une artillerie insuffisante

Certes, le général Joffre est en possession d'une artillerie lourde, mais celle-ci n'existe qu'en quantités fort modestes au commencement des hostilités, de l'ordre de 300 tubes plus ou moins obsolètes allant du 155 au 95. Néanmoins, dès les premières semaines de la guerre de tranchées, les Allemands utilisent des canons spécialement adaptés, manœuvrables, à tir courbe et capables de délivrer une puissante charge dont l'explosion provoque des dégâts très importants dans les lignes ennemies, voire de détruire les réseaux de fil de fer barbelé. Il s'agit des Minenwerfer, étudiés et développés par l'état-major allemand, instruit par les leçons de diverses guerres, avant même le grand conflit mondial.

De l'improvisation à la technique éprouvée

Ne possédant aucune arme de la sorte, les Français, à l'instar de ce qu'ils ont fait avec les grenades, improvisent de toutes les manières possibles. La première démarche consiste à aller chercher dans les arsenaux les vieux mortiers datant des premières décennies du XIXe siècle et dont les projectiles consistent en des obus de forme sphérique aux effets assez redoutables, d'une portée de 600 m environ. Une autre initiative est de

Mortiers sur un polygone de tir avant 1914.

faire appel au génie inventif d'un certain nombre de militaires. Des douilles percées d'obus allemands de 77 mm montées sur berceau en bois sont employées pour lancer à des distances de 300 m des charges dotées d'explosif et de grenaille. Des douilles d'obus français de 75 mm sont utilisées de la même façon.

Les crapouillots

La mise au point du mortier de 58, à l'issue d'un travail d'études et d'expériences conjoint mené par le général Dumézil et le commandant Duchêne, ouvre un très large champ à l'artillerie de tranchée. En janvier 1915, après des essais opérationnels concluants, près de 200 de ces engins sont commandés et les fabrications en grandes séries de projectiles sont planifiées. Dès lors, une nouvelle version, le mortier de 58 n° 2, est mise au point avec des caractéristiques telles qu'elle peut expédier un engin explosif de 16 kg à 600 m ou un autre de 45 kg à quelque 350 m. Les bases sont désormais jetées pour le développement d'une subdivision de l'artillerie et d'un corps de canonniers, les crapouillots, dont le rôle et le poids dans la guerre des tranchées s'affirmera avec force tout au long du conflit.

Essai d'un mortier de tranchée en 1915.

LE MORTIER DE 58

Dans les dernières semaines de 1914, un officier d'une grande ingéniosité, le commandant Duchêne, propose d'aller un peu plus avant en faisant fabriquer un tube plus ou moins simple pouvant projeter à des distances plus ou moins importantes un projectile assez lourd. L'idée, venue à la connaissance de Joffre, provoque la curiosité et l'intérêt du grand quartier général qui expédie Duchêne à l'École centrale de pyrotechnie de Bourges pour développer un système répondant à ces caractéristiques. Celui-ci est testé en novembre de cette même année avec un obus en fonte de 120 mm équipé d'ailettes. Amélioré et pourvu d'une bombe de 16 kg, le système imaginé par l'officier donne naissance au mortier de 58.

L'ARTILLERIE ANTIAÉRIENNE

L'extraordinaire développement de l'aviation qui caractérise la Première Guerre mondiale et les dangers multiples que représente cette arme nouvelle, tant pour les combattants que pour les civils, entraîne une montée en puissance corrélative de moyens au sol destinés à la contrer du mieux possible.

Mitrailleuse antiaérienne et son équipe de tir.

La Grande Guerre constitue assurément la première manifestation de l'influence dont l'arme aérienne peut se prévaloir dans les opérations, influence qui se signale par la production de dizaines de milliers d'aéroplanes et de moteurs. En même temps que naissent et se développent des spécialités, telles que la chasse, le bombardement et le renseignement, les deux camps en présence s'appliquent à trouver les armes et les équipements nécessaires pour lutter contre les appareils ennemis depuis le sol.

Naissance de l'artillerie contre-avions

L'idée d'une artillerie contre-avions n'en est pas moins antérieure à la Première Guerre mondiale, mais les expériences menées en ce sens sont restées plutôt modestes et la France ne dispose que d'un exemplaire d'un canon antiaérien lorsque débutent les hostilités. Il s'agit d'une pièce de 75 mm installée sur un véhicule automobile, dont le champ de tir, désavantage flagrant, est

« UN COUP DE CANON EXCEPTIONNELLEMENT HEUREUX... »

Dans un numéro de la revue *La Science et la Vie* en date de 1916, G. Vercourt, étudiant de façon scientifique le tir des armes terrestres antiaériennes, en vient à la conclusion suivante : *« Les spécialistes du tir contre aéronefs estiment qu'il faut un coup de canon exceptionnellement heureux pour descendre un appareil et [...] les aviateurs affirment que l'émotion et le danger d'un barrage aérien ne sont que jeux d'enfant à côté des risques du combat avec un aéroplane ennemi. »*

Projecteurs sur automobile tentant de découvrir un zeppelin, près de Revigny.

limité à l'arrière. Toutefois, une commande d'une trentaine d'exemplaires de ce matériel a été passée par le ministère de la Guerre en 1913, et les premiers autocanons dits « modèle 1913 », d'une portée en altitude d'environ 6 500 m, entrent en service quelques semaines à peine après l'éclatement du conflit. Dans le feu du combat, les artilleurs français, faute de mieux, n'en ont pas moins recours à des procédés plus ou moins efficaces. Comme les aéroplanes et les dirigeables allemands se montrent de plus en plus entreprenants, des canons de 75 de campagne sont installés sur des plates-formes de fortune ou sont à demi enterrés de manière à pouvoir être pointés vers le ciel. Ces solutions n'en présentent pas moins de nombreux inconvénients. Non seulement le tir est des plus imprécis, mais encore les pièces en question subissent des dommages irréversibles qui les usent à une cadence très rapide.

Du 75 au 105 mm antiaérien

Faute de disposer d'assez d'auto-canons de 75 mm « modèle 13 », l'armée française utilise, au fil des semaines, des canons de 37 et 47 mm montés sur des camions ou plus simplement fixes. Pour en étendre le champ de tir, à l'initiative d'officiers tels que Sainte-Claire-Deville, un des pères du 75, des pièces sur affûts spéciaux pouvant pivoter sous un angle de 360° sont produites et mises en service en 1915. L'artillerie antiaérienne n'est pas limitée au 75 mm puisque, en 1917, des canons de 105 mm sont montés à leur tour sur des affûts semi-fixes. Le succès de la formule est toutefois limité, en raison de leur cadence de tir insuffisante. Aussi la production de tels matériels se réduit-elle à quelques dizaines d'exemplaires seulement.

Une doctrine de l'artillerie antiaérienne

Dans le même temps, des militaires comme le chef d'escadron Eugène Pagézy s'interrogent sur les méthodes applicables au tir antiaérien. Leurs réflexions menées dans un domaine entièrement vierge et nouveau aboutissent, à la fin de l'année 1915, à la rédaction d'un document de doctrine qui constitue la base de toute l'action de la défense contre-avions (DCA) jusqu'à la fin de la Grande Guerre. L'adoption d'équipements de détection tels que des appareils acoustiques et la mise en service de projecteurs permettent d'accroître dans des proportions en tout point considérables l'efficience de cette arme nouvelle. En 1914, 2 aéroplanes sont abattus par des canons antiaériens français ; en 1918, le palmarès de ces derniers est de 218.

Canon antiaérien surmonté sur un véhicule en 1915.

Le système de Bange

Au début de la Première Guerre mondiale, l'armée française manque cruellement de canons lourds, ou du moins de pièces de gros calibre modernes. Hormis 104 Rimailho de 155CTR, elle ne dispose que de 112 obusiers de Bange de 120 mm et de 84 Baquet de 120 mm courts dans son artillerie de campagne.

Mortier de Bange en batterie avant la Grande Guerre.

Caractéristiques du canon de Bange de 155 mm long modèle 1877

Masse : 2 530 kg
Portée maximale : 9 900 m
Vitesse initiale : 465 m/s
Poids de l'obus : 40 kg

Les dotations en canons de Bange ne se limitent pourtant pas à ces simples obusiers de 120 ; un grand nombre de pièces composant ce système d'arme né après la défaite française de 1870-1871 se trouvent encore dans les parcs d'artillerie ou arment les fortifications du pays.

La « barrière » de Bange

L'histoire de la « barrière » de Bange, nom donné à l'ensemble des pièces conçues par ce brillant colonel artilleur, commence dans les années qui suivent l'écrasement de la France par la Prusse. Le système ainsi développé comprend une large gamme de calibres allant du 80 mm de campagne jusqu'au 270 mm de siège, en passant par du 90 de campagne, du 120 et du 155 mm longs de campagne et de place, des mortiers de 220 et de 270 mm et du 240 de côte. Quand ils apparaissent, ces canons sont à la pointe de la modernité. Tirant les enseignements de la guerre contre les Prussiens, de Bange les a dotés d'un système de chargement par la culasse, qui a fait

Canon de Bange de 120 mm en 1915.

CARACTÉRISTIQUES DU CANON DE BANGE DE 120 MM LONG DE CAMPAGNE

Longueur du canon : 3,25 m
Masse totale : 3 200 kg
Vitesse initiale : 525 m/s
Masse en batterie : 2 700 kg
Portée maximale : 11 200 m

cruellement défaut à l'artillerie française pendant les opérations de 1870-1871. Par ailleurs, toutes ces pièces sont caractérisées par leur assez grande précision de tir, et certaines d'entre elles, classées dans l'artillerie lourde, bénéficient d'une portée qui dépasse les 10 000 m, ce qui ne manque pas d'être considérable pour leur temps. Si de Bange conçoit une pièce de 155 mm modèle 1877 (en version de place et de siège) dont la masse atteint 5 700 kg, il estime nécessaire de réaliser un canon moins lourd et bien plus mobile pour les batteries de campagne. Aussi se lance-t-il dans le développement d'un 120 mm long dont le poids n'atteint que 3 200 kg et qui peut être tracté par un avant-train attelé de six chevaux seulement. Celui-ci peut s'enorgueillir d'être le premier canon lourd affecté au service de l'artillerie de campagne française. Néanmoins, à peine l'ensemble des commandes passées par l'armée ont-elles été honorées que les de Bange deviennent obsolètes. Au début des années 1890, l'évolution technologique aidant, les pièces d'artillerie commencent à être équipées de freins de recul qui leur permettent non seulement de gagner en précision, mais de disposer aussi d'une cadence de tir bien plus élevée. Le 155 de Bange recule de quelque 5 m au moment du tir, posant des difficultés non négligeables à l'équipe qui le sert pour repositionner. Les autorités militaires entreprennent alors d'installer des freins hydrauliques sur certaines pièces du système imaginé par l'officier supérieur (120, 220 et 240 mm), mais l'investissement financier est tel que cette initiative reste, au bout du compte, très limitée.

Dans la Grande Guerre

Au commencement de la Grande Guerre, les canons du système de Bange n'occupent plus qu'une place restreinte au sein de l'artillerie rattachée aux armées en campagne, de l'ordre de 120 pièces de 120 mm long. Mais plus de 3 500 autres (120 mm long ou 155 mm court) sont affectées dans les places ou entreposées dans les parcs d'artillerie. Cette masse se révèle d'une incontestable utilité, même si elle est certainement dépassée, et nombreux sont les canons de ce type qui sont affectés sur le front. Quelques aménagements leur sont apportés au cours du conflit, notamment des suspensions qui permettent de faire tracter le 120 long par un véhicule automobile, à des vitesses fort limitées au demeurant. Le 120 et le 155 de Bange sont progressivement remplacés par des modèles conçus dans le cadre d'un programme lancé en 1911 par l'état-major général de l'armée, mais certains d'entre eux demeurent en ligne jusqu'à la fin des hostilités, rendant des services estimés. Quelques-uns seront même employés au début de la Seconde Guerre mondiale, jusqu'en juin 1940, et même par l'armée finlandaise.

Canons de Bange de 155 en action en 1915.

Le fusil Lebel

Si une arme symbolise le soldat français de la Grande Guerre, c'est bien le fusil Lebel. D'une grande précision, caractérisé par une excellente interchangeabilité de ses pièces, le modèle 1886/93, dans sa dénomination militaire, ne s'en adapte pas moins assez mal à la guerre des tranchées.

Zouaves de l'armée d'Orient armés de Lebel.

Pendant la première moitié des années 1880, une commission placée sous la direction du général Tramond et composée du colonel Gras, inspecteur des manufactures d'armes et créateur du fusil du même nom, du colonel Lebel, commandant de l'école de tir de Châlons, du capitaine Desaleux et de l'ingénieur Vielle se lance dans la définition d'un modèle nouveau de fusil.

La poudre V ou poudre sans fumée

Le défi que ces personnalités doivent relever n'est guère évident : il s'agit en effet de développer une arme d'un calibre moindre que celui des précédentes (celui du Kropatschek modèle 1885 atteint 11 mm), en sachant que plus ledit calibre est faible, plus l'encrassement du canon est rapide et important. L'apparition d'une poudre dite « poudre V », rebaptisée « poudre B » quelque temps plus tard, offre l'opportunité de poursuivre dans cette voie. Mieux, comme elle ne produit pas de fumée au moment du tir, elle permet de dissimuler ses utilisateurs aux vues de l'ennemi. Faute de temps, la commission Tramond ne peut guère innover ; aussi décide-t-elle d'adapter à la munition de 8 mm sélectionnée pour la nouvelle arme le fusil Kropatschek modèle

Prisonniers allemands à Verdun, en août 1917, gardés par des soldats français armés de Lebel.

1885, en apportant à ce dernier de nombreuses modifications importantes (adoption d'une épée-baïonnette) ou de détail.

La satisfaction du général Boulanger

Dès que la mise au point du nouveau fusil a été achevée (mai 1886), la production des premiers prototypes est confiée à la manufacture de Châtellerault. Aussitôt qu'ils sortent des ateliers, ceux-ci sont envoyés dans quelques unités chargées de les tester, et le sentiment qu'ils y produisent ne manque pas d'être spectaculaire. Le général Boulanger, ministre de la Guerre en titre, se montre lui-même très impressionné et demande que la fabrication en grandes séries soit lancée dans les délais les plus courts possibles. Après des débuts quelque peu chaotiques, celle-ci prend son rythme de croisière grâce à l'achat de machines-outils aux États-Unis et environ 900 000 exemplaires du fusil baptisé du nom du colonel Lebel et dénommé modèle 1886 sortent des chaînes chaque année. Dans les années qui suivent, en 1888 notamment, le Lebel subit quelques transformations, un quillon permettant de former les faisceaux lui étant ajouté au début des années 1890.

Le Lebel au combat

Très supérieur au fusil allemand Gewehr 1871/74, le Lebel est employé par l'armée française dans de nombreuses campagnes menées avant la Première Guerre mondiale. Il arme notamment les soldats qui se battent au Niger, en Côte d'Ivoire et au Dahomey dans la première moitié des années 1890. Puis il est employé à Madagascar, au Soudan et par la mission Marchand, qui marche sur Fachoda, dans la seconde moitié de la même décennie. Au cours des années 1900-1914, il sert, entre autres théâtres d'opérations, dans la guerre menée contre les Boxers en Chine, mais aussi lors de la pénétration française au Maroc. Pendant la Grande Guerre, le fusil modèle 1886/93 révèle de nombreuses insuffisances par rapport au Mauser modèle 1898 en service dans l'infanterie allemande. Non seulement il est bien moins robuste que ce dernier, mais encore il se recharge beaucoup moins rapidement. Par ailleurs, il présente une propension à l'enrayage due à l'infiltration de la boue dans son mécanisme. Il s'adapte cependant assez bien à certains équipements nouveaux qui lui sont adjoints, tels que le tromblon VB, qui permet d'expédier des grenades à une distance respectable, et des lunettes (modèles 1916 et 1917).

L'ÉPÉE-BAÏONNETTE DU FUSIL LEBEL

Longueur totale : 0,665 m
Longueur de la lame : 0,52 m
Masse nue : 0,475 kg
Masse du fourreau : 0,200 kg

Baïonnette du fusil Lebel.

CARACTÉRISTIQUES DU FUSIL MODÈLE 1886/93 DIT « LEBEL »

Calibre : 8 mm
Longueur totale : 1,307 m
Longueur du canon : 0,80 m
Vitesse initiale : 632 m/s
Masse à vide : 4,180 kg

LE FUSIL KROPATSCHEK MODÈLE 1885

Calibre : 11 mm
Longueur totale : 1,243 m
Longueur du canon : 0,75 m
Masse à vide : 4,200 kg

LES MITRAILLEUSES, OU LA MORT QUI FAUCHE

De toutes les armées déployées sur les champs de bataille, qui sont aussi des champs de mort de la Grande Guerre, la mitrailleuse est, avec l'artillerie, celle qui a sans doute prélevé le tribut le plus lourd sur les combattants des tranchées. Des centaines de milliers d'hommes en ont été victimes de 1914 à 1918.

Soldat français ramenant une mitrailleuse allemande à Fleury, en 1916.

Les origines de la mitrailleuse, dont la mise en service en grandes quantités va bouleverser en profondeur les tactiques de combat, remontent au XIXe siècle et aux travaux pionniers menés dans ce domaine par l'Américain Richard Jordan Gatling (1818-1903). Au début des années 1860, ce médecin de formation, devenu inventeur prolixe, développe une arme dont la puissance de feu permettra, à ses yeux, de favoriser la cause sudiste dans une guerre de Sécession qui vient d'éclater.

LA MITRAILLEUSE HOTCHKISS

La Hotchkiss modèle 1914 est sans doute un des principaux modèles de mitrailleuse utilisée par l'armée française pendant la Grande Guerre. D'un poids de 25 kg environ, elle dispose d'un affût qui atteint une masse identique et dispose d'une cadence de tir de 600 coups par minute. Son canon, qui peut être rapidement démonté et changé, résiste bien à l'échauffement résultant d'un tir prolongé. De 100 exemplaires en 1914, sa production passe à 16 900 en 1918 (2 300 en 1915, 9 350 en 1916 et 17 200 en 1917).

Mitrailleurs en position avec leurs armes, le long d'un chemin, avant la Grande Guerre.

De Gatling à Maxim

La première mitrailleuse Gatling est constituée d'un axe central autour duquel sont disposés six canons animés d'un mouvement rotatif et alimentés par un chargeur. Malgré des défauts importants, cette arme autorise des tirs en rafales qui peuvent se révéler redoutables pour l'infanterie ou la cavalerie. Au fil des années, Gatling parvient à améliorer son invention, tant au niveau de l'efficacité que de la cadence de tir. La Gatling est fort peu employée pendant la guerre de Sécession, l'armée américaine ne l'adoptant qu'en 1866 ; elle n'en intéresse pas moins les militaires français et russes. Employée dans la guerre hispano-américaine et la guerre russo-japonaise, elle devient obsolète quelques années avant le grand conflit mondial, en 1911. Le pas décisif est franchi dans les années 1880 par Hiram Maxim, un autre Américain, naturalisé anglais, qui conçoit une arme ayant recours à la force de recul, ou emprunt de gaz, pour assurer un rechargement automatique. L'invention de Maxim est à l'origine de la mitrailleuse moderne dont les effets vont se révéler si meurtriers sur les champs de bataille de la Grande Guerre.

Hotchkiss et Saint-Étienne

Contrairement à une légende tenace qui voudrait que l'armée française en ait négligé ou ignoré le développement, le nombre de mitrailleuses en service en France et en Allemagne au début de la Première Guerre mondiale est, à quelques unités près, le même, soit de l'ordre de 5 000. La grande différence entre les deux camps en présence sur le front occidental, en ce début d'août 1914, réside dans les méthodes d'emploi tactique d'une telle arme. Les Allemands la déploient sur le front de combat même, alors que les Français ne l'utilisent que dans leurs formations de deuxième ou troisième ligne. La guerre des tranchées fera bientôt de cette arme le pivot défensif de toutes les lignes de campagne fortifiées. Tandis que l'armée allemande dispose de la Maxim de 7,92 mm, l'armée française entre en campagne, au mois d'août 1914, avec deux modèles principaux de mitrailleuses, la Hotchkiss et la Saint-Étienne, mais aussi des Colt et des Vikers. Seules les deux premières survivront à la dure expérience des premiers mois du conflit.

Mitrailleuse en batterie dans les ruines d'un village.

UN TÉMOIGNAGE DU LIEUTENANT FOURNIER

Le lieutenant Fournier décrit combien les soldats qui tiennent les tranchées comptent sur les mitrailleuses pour stopper les attaques ennemies :
« Grâce à nos mitrailleuses, l'ennemi est repoussé. Aussitôt, les fatigues sont oubliées, les poilus sont heureux ; ils s'inquiètent de l'état des mitrailleuses et forment le souhait qu'un obus ne vienne pas les mettre en miettes. Dans leur abnégation, ils ne pensent pas à eux et ils n'ont qu'un désir : arrêter l'ennemi coûte que coûte. »

Le fusil-mitrailleur Chauchat

L'absolue nécessité de mettre à la disposition des troupes lancées à l'attaque des armes automatiques d'accompagnement beaucoup plus maniables et bien moins lourdes que des mitrailleuses conduit l'armée française à adopter une arme nouvelle, le fusil-mitrailleur Chauchat.

Entraînement au tir au Chauchat.

L'idée de donner à l'infanterie des armes légères automatiques destinées à la soutenir dans l'offensive remonte aux premières années du XXe siècle. Ses initiateurs, le commandant Louis Chauchat et l'ingénieur Charles Sutter, s'inspirent des travaux d'un technicien d'origine hongroise qui porte le nom de Rudolph Frommer.

Développement d'un fusil-mitrailleur

En fait, les deux techniciens penchent pour une formule plus proche de celle du fusil-mitrailleur que de la mitrailleuse légère lorsqu'ils abordent la conception de leur fusil automatique, en 1903, dans le cadre d'une commission spéciale dépendant du comité de l'artillerie. Quelques prototypes sont développés par les ateliers de Puteaux et un modèle plus abouti est réalisé en 1910. Les essais menés l'année suivante révèlent quelques défauts, dont le principal réside dans l'inadaptation de la munition de 8 mm destinée à cette arme. Par ailleurs, et bien que d'autres expérimentations soient conduites en 1912 et en 1913, l'armée française, animée par le culte de l'offensive, s'intéresse assez peu aux problèmes de l'appui de l'infanterie dans le domaine du feu. Néanmoins, Chauchat persévère. Promu lieutenant-colonel et affecté, en 1912, à la manufacture d'armes de Saint-Étienne, il y poursuit ses études et décroche une commande de 100 exemplaires de son fusil-mitrailleur baptisé modèle 1913 CS (pour Chauchat-Sutter).

Adopté dans l'urgence

Alors que le Chauchat est exclusivement utilisé par les unités chargées de la protection des forts et ouvrages, donc à des fins défensives, avant d'être versé dans l'aéronautique, le brusque passage de la guerre de mouvement à la guerre des tranchées entraîne d'importantes révisions tactiques. L'état-major, ayant besoin d'armes à cadence de tir rapide susceptibles d'accompagner les fantassins dans leurs attaques, se tourne vers le modèle 1913 CS et en commande plusieurs milliers d'unités. Ce dernier est plus ou moins modifié (chargeur en demi-lune encastré en dessous de l'arme et dispositif de ventilation) et rebaptisé modèle 1915 CSRG, pour Chauchat-Sutter-Ribeyrolle-Gladiator

Fusil-mitrailleur Chauchat avec son chargeur en demi-lune.

CARACTÉRISTIQUES

Longueur totale : 1,14 m
Longueur du canon : 47 cm
Masse totale : 9 kg environ
Calibre : 8 mm
Vitesse initiale : 700 m/s
Cadence de tir : entre 350 et 400 coups/min
Chargeur : 20 cartouches

(l'ingénieur Ribeyrolle est responsable de la production au sein de la société des cycles Clément et Gladiator, chargée dans un premier temps de fabriquer le fusil-mitrailleur en grandes séries). Il commence à être livré aux formations combattantes vers la fin de 1915 et le début de 1916.

Des qualités et des défauts

Disposant d'une cadence de tir de 350 à 400 coups par minute, le fusil-mitrailleur Chauchat fonctionne par long recul du canon. À l'usage, il révèle de nombreux défauts, dont le pire est une détestable propension à l'enrayage. Par ailleurs, les aciers d'assez mauvaise qualité employés pour sa fabrication nuisent à la fiabilité de cette arme au combat. Enfin, l'important recul qui se produit au moment du tir constitue un autre problème important. Le Chauchat, fabriqué à plus de 250 000 exemplaires (270 000 selon certaines sources), est ainsi une des armes automatiques les plus prolifiques de la Première Guerre mondiale. Mieux, il est non seulement utilisé par l'armée française et toutes les autres troupes de l'Entente, mais aussi par les forces américaines qui viennent combattre sur le front occidental en 1917-1918. Hormis le modèle 1915, les Sammies du général Pershing emploient une variante modifiée dont le calibre est de 7,62 mm, comportant un chargeur droit.

Équipe de Chauchat au combat sur le front.

Le tromblon VB

Parmi les armes nouvelles que révèle la Première Guerre mondiale, une des plus efficaces dans les combats de tranchées plus ou moins rapprochés est le tromblon Viven-Bessière, dit « tromblon VB ». Grâce à ce moyen, l'infanterie dispose d'une puissance de feu qui se révèle bien utile lorsqu'il s'agit de réduire les centres de résistance ennemis.

L'idée de doter l'infanterie d'armes qui puissent lui conférer une puissance de feu certaine lorsque aucune artillerie n'est en mesure de la soutenir remonte à la veille de la Grande Guerre.

Les grenades à fusil

En 1913, en effet, Britanniques et Allemands s'intéressent de près aux grenades à fusil, dont ils équipent leurs troupes alors même que l'armée française, bien trop absorbée par l'effort qu'elle est en train de porter sur le canon de 75, ignore cette nouvelle arme. Néanmoins, la situation évolue très sensiblement au moment où, à l'automne 1914, la guerre de mouvement s'enlise dans les tranchées. Faisant feu de tout bois, les Français se penchent sur le développement de divers systèmes permettant de propulser à plus ou moins grande distance des grenades. Le premier et le plus simple d'entre eux consiste en une baguette prolongée par une charge explosive et glissée dans le canon d'un fusil. La mise à feu et la propulsion sont assurées par une cartouche sans balle ; mais le dispositif manque évidemment de précision du fait même de sa trop grande légèreté qui le rend sensible au vent. Dans les dernières semaines de 1914, grâce à l'aide des Britanniques, qui fournissent une partie de leurs stocks de grenades Marten Hale à baguette de 8 mm, l'infanterie française dispose d'un équipement compatible avec le fusil Lebel. L'improvisation ne dure qu'un temps et la Marten Hale, bien trop dangereuse pour le tireur, est abandonnée aussitôt qu'apparaît, en 1915, la grenade Feuillette. Ce dernier engin marque un évident progrès par rapport à la Marten Hale, quoi qu'il présente aussi de nombreux défauts, notamment sa trop grande sensibilité au vent qui amène l'état-major français à la retirer du service lorsque la grenade Viven-Bessière fait son apparition, en 1916.

Servant de tromblon Viven-Bessière.

Fantassins américains initiés au maniement du tromblon VB par des Français en 1918.

CARACTÉRISTIQUES DE LA GRENADE EXPLOSIVE VB

Masse totale : 475 g
Charge explosive : 60 g
Portée maximale : 180 m

CARACTÉRISTIQUES DE LA GRENADE PORTE-MESSAGE VB

Masse totale : 490 g
Portée maximale : 350 m
Durée de l'émission de fumée : 40 s

CARACTÉRISTIQUES DE LA GRENADE FEUILLETTE

Masse totale : 410 g
Charge explosive : 70 g
Portée maximale : 100 m

Naissance et succès du tromblon VB

Cette année-là, en effet, un pas décisif est franchi avec la mise en service du système VB, qui consiste en un tromblon fixé à l'extrémité du canon d'un fusil et en une grenade en fonte quadrillée produisant de nombreux et dangereux éclats au moment de l'éclatement. La mise à feu de cette dernière est activée par une balle qui met le feu à l'amorce d'une fusée à retard. Au sommet de la grenade se trouve un capot de protection en laiton qui permet d'équilibrer l'engin en vol et de lui conférer une bien meilleure précision. Celle-ci est encore améliorée avec l'apparition, en 1917, d'un appareil de repérage monté sur la hausse du fusil lanceur. Le tromblon Viven-Bessière connaît un succès franc et immédiat qui amène le haut commandement français à généraliser son emploi et à porter à seize le nombre d'engins en service dans chaque compagnie. La puissance de feu de l'infanterie s'en trouve considérablement accrue.

Grenades porte-message et cartouche signal

Hormis des charges explosives à fragmentation, le système VB donne naissance à diverses adaptations plus ou moins ingénieuses, parmi lesquelles la grenade porte-message et la cartouche signal. Le premier de ces dispositifs est caractérisé par un corps en fonte empli d'un mélange fumigène (fait en général de soufre, de salpêtre et de réalgar). À l'intérieur est aménagé un étui de fer de faibles dimensions dans lequel peut être entreposé un message. Une fois tiré et ayant atteint l'endroit voulu, l'engin produit une fumée qui lui permet d'être repéré et découvert par le destinataire. Enfin, la cartouche signal offre la possibilité de produire des artifices de diverses couleurs, avec ou sans parachute. En 1916, les arsenaux français développent une grenade dite DR, mais le mauvais fonctionnement de cet engin ne lui permettra en aucune façon de détrôner la très fiable grenade VB.

Tromblon VB avec grenade explosive (au centre) ;
à droite, avec grenade porte-message ;
a gauche, protège tromblon.

Tromblons VB en batterie dans une tranchée de première ligne.

Les lance-flammes

À l'instar des gaz de combat, le lance-flammes est sans contestation aucune une des armes les plus terrifiantes et les plus immorales que la Première Guerre mondiale ait engendrées, même si son efficacité militaire s'est révélée au bout du compte relativement limitée.

Jets de liquides enflammés depuis une tranchée française, sans doute en 1916.

L'idée de projeter des liquides enflammés pour combattre l'ennemi est fort ancienne ; elle trouve ses origines dans les feux grégeois. Toutefois, le concept de lance-flammes portatif moderne ne date que du commencement du xxe siècle.

Les travaux de Richard Fiedler

Il éclot dans l'esprit d'un scientifique allemand du nom de Richard Fiedler, qui invente un équipement consistant en une bouteille contenant, dans sa partie inférieure, un gaz sous pression (de l'azote), dans sa partie supérieure, un produit inflammable (du pétrole). Une fois mélangés, le gaz et le produit en question transitent par un tuyau en caoutchouc à l'extrémité duquel se trouve un système d'allumage qui permet de les enflammer. Cet appareil se révèle en réalité une arme de combat rapproché, dans le sens où il dispose d'une portée qui ne dépasse pas une vingtaine de mètres. Par ailleurs, son efficacité militaire est sérieusement bridée par le fait qu'il n'est utilisable qu'une seule fois et que son temps d'utilisation n'est que de moins de deux minutes.

L'intérêt de l'armée allemande

Le lance-flammes ou « flammenwerfer » de Fiedler est testé, sous diverses versions (à grande et à petite capacité), en présence des représentants de l'armée allemande une dizaine d'années après son invention, en 1911. Il entre en service peu de temps après et des compagnies spécialisées dans sa mise en œuvre au combat sont constituées au sein de trois bataillons de sapeurs. La guerre des tranchées qui débute quelques semaines à peine après l'éclatement de la Première Guerre mondiale contribue à convaincre les militaires allemands de l'utilité potentielle du lance-flammes. Celui-ci semble avoir été employé pour la première fois au front en octobre 1914 contre des troupes françaises. Mais c'est en forêt d'Argonne, à Malancourt, vers la fin du mois de février 1915, qu'il est déployé en nombre. Les Allemands y ont recours une nouvelle fois sur la butte de Vauquois dans la dernière décade de mars (les historiens britanniques parlent quant à eux d'une attaque conduite par les Allemands à Hooge, dans les Flandres, à la fin de juillet 1915). Les premières expérimentations sur le terrain consistent, faute d'avoir des appareils à mise à feu automatique, d'abord à lancer des engins incendiaires dans les positions adverses, puis d'arroser ces dernières de pétrole.

Avantages et inconvénients du lance-flammes

L'effet produit sur l'ennemi est foudroyant. Face à cette arme nouvelle, les soldats français sont pris de panique et abandonnent leurs tranchées. Mais, bien vite, les insuffisances et les défauts des « flammenwerfer » sont connus et les parades susceptibles de leur être opposées définies. Tout d'abord, l'équipe qui met en œuvre le lance-flammes, surtout le soldat qui transporte les réservoirs, est très vulnérable aux tirs de l'ennemi. Par ailleurs, l'appareil ne peut guère être employé pour l'assaut mais plutôt pour le « nettoyage » des positions ennemies, en arrière des premières vagues. Aussi, la surprise initiale passée, son impact se révèle-t-il assez vite réduit. En fin de compte, les « flammenwerfer », à l'instar des gaz de combat, produisent certes un effet tactique sur le cours des opérations, mais en aucun cas ils n'auront une quelconque influence stratégique.

Un lance-flammes français du modèle Schilt.

Essai de lance-flammes Schilt.

LES LANCE-FLAMMES FRANÇAIS ET BRITANNIQUES

Pour répondre aux attaques par « flammenwerfer » lancées par les Allemands, les Français, s'étant emparés de quelques-uns de ces appareils sur le champ de bataille, décident de produire leurs propres lance-flammes. Ainsi naît le modèle Schilt, qui dispose d'une capacité en gaz comprimé de 500 l, de 80 l de liquide inflammable et d'un tuyau souple. Les premiers essais en vraie grandeur sont menés par des soldats du corps des sapeurs-pompiers de Paris détachés au sein du 1er régiment du génie, sur la butte de Vauquois, en juin 1915. L'armée française, tout comme l'armée britannique, fera toutefois un usage moindre de cette arme que l'armée allemande. L'armée austro-hongroise déploie elle aussi des « flammenwerfer » en assez grand nombre, surtout sur les fronts russe et italien.

Protéger les poilus, le casque Adrian

Les blessures à la tête, du fait des balles, des éclats d'obus ou des shrapnels, étant de plus en plus nombreuses, le haut commandement français décide, en 1915, d'équiper ses troupes d'un casque en tôle d'acier, dû au colonel Adrian, qui confère au poilu sa silhouette définitive et légendaire.

Soldats français portant la cervelière, au début de 1915.

UNE DÉCLARATION DE CLEMENCEAU

« Le casque légendaire de nos poilus restera le souvenir présent d'une épopée dont la grandeur nous dépasse déjà. Dans la famille de nos chers disparus, il sera la pieuse relique qui perpétuera le culte des héros dont le sacrifice a préservé l'honneur et la liberté du pays. »

Au commencement de la Grande Guerre, les soldats de l'armée française portent le képi et le calot. Les batailles livrées dans le cadre de la guerre de mouvement, puis l'enlisement des tranchées entraînent nombre de blessures fort graves, souvent mortelles, à la tête. En février 1915, le général Joffre, commandant en chef des armées du Nord et du Nord-Est, ne manque pas de constater cette tendance pour le moins inquiétante, tout en concluant : *« La grande majorité des blessés actuels est constituée par des blessés à la tête qui, dans la plupart des cas, auraient été efficacement protégés par un casque métallique. Cette coiffure aurait arrêté non seulement les éclats d'obus et les balles de shrapnels, qui n'ont pas une force de pénétration considérable, mais encore beaucoup de balles de fusils qui ne possèdent plus qu'une vitesse restreinte, ayant d'abord frappé le parapet de la tranchée. Ces observations sont d'ailleurs confirmées par les statistiques. Les dragons (parce qu'ils portent un casque dont le cimier a été démonté) ont perdu moins de monde dans les tranchées que les hussards. »*

Le président de la République
Raymond Poincaré portant le casque Adrian.

Une improvisation, la cervelière

En attendant que la lourde bureaucratie militaire trouve une solution, les soldats s'engagent dans des initiatives plus ou moins individuelles qui permettent d'apporter une solution, aussi provisoire soit-elle, au problème des blessures à la tête. Ils adoptent d'abord des moyens de fortune, tel celui qui consiste à placer sous leur képi le couvercle de leur gamelle. Dans les premiers mois de 1915, à l'issue de diverses expériences menées à Bourges en janvier, des calottes d'acier de forme arrondie sont distribuées aux soldats en vue d'être placées sous le képi. Portant le nom de cervelière, cet équipement est l'objet d'une vaste diffusion puisque 700 000 exemplaires ont été distribués au milieu de la même année. Il en résulte une nette régression des blessures par shrapnels dont les balles, dans plus de 50 % des cas, se révèlent inoffensives.

La Bourguignotte

Dans l'intervalle, en février 1915, les autorités, ayant pris la décision d'équiper d'un casque les soldats qui se battent sur le front, s'adressent à une cinquantaine de sociétés et retiennent les projets d'une quinzaine d'entre elles. Celui du colonel Adrian, présenté en avril de cette même année, retient l'attention dans le sens où il se révèle facile et rapide à produire en très grandes séries. Adopté officiellement le 21 mai suivant, le casque Adrian est immédiatement mis en fabrication et déjà réalisé en 3 millions d'exemplaires lorsque s'achève l'année 1915. D'un poids de 0,865 kg, le casque modèle 1915 est constitué d'une tôle d'acier de 0,5 mm d'épaisseur. Bien qu'il constitue un sensible progrès, il n'en reste pas moins beaucoup moins efficace que les modèles industrialisés par les Allemands et les Britanniques, beaucoup plus lourds. Il n'en est pas moins adopté par les armées belge, roumaine, italienne et serbe, mais aussi par les soldats des brigades russes dépêchées en France.

LOUIS AUGUSTE ADRIAN

L'homme qui conçoit la bourguignotte est Louis Auguste Adrian, né en 1859 et sorti de Polytechnique en 1880, où il décide de servir dans l'arme du génie. Capitaine en 1885, il séjourne à Madagascar dans les années 1890, puis poursuit sa carrière dans l'intendance, dont il devient sous-directeur en 1907, et il est promu colonel l'année suivante. Au cours de la Grande Guerre, hormis le casque qui porte son nom, l'officier conçoit une baraque démontable dont le succès sera considérable. Devenu intendant général, Adrian meurt en 1933.

Soldats britanniques en 1915.

Le casque britannique.

Le casque alllemand.

La guerre des mines

La guerre des mines n'est pas une nouveauté lorsque éclate la Grande Guerre, mais les caractéristiques particulières de ce conflit lui confèrent une dimension qu'elle n'a jamais atteinte de par le passé, à travers les terribles expériences vécues par les combattants à Vauquois, aux Éparges, à la cote 108, près de Berry-au-Bac, ou encore à la main de Massiges.

Sapeurs creusant une galerie avant la Grande Guerre.

La construction d'un front fortifié de la mer du Nord à la frontière suisse favorise assurément la résurgence d'un certain nombre de techniques de combat plus ou moins anciennes liées à la guerre de siège.

Une technique guerrière ancienne

Le fourneau de mine est un de ces moyens. Ses origines remontent aussi loin qu'à l'Antiquité où, pour s'emparer d'une place forte, l'assiégeant creusait des galeries souterraines qui lui permettaient de déboucher chez l'ennemi ou de faire effondrer les murailles de ses forteresses. L'invention de la poudre, au milieu du XIIIe siècle, confère une ampleur bien plus importante à une technique de combat qui consiste aussi bien à forer des souterrains qu'à empêcher l'adversaire de faire de même : évaluer l'avancée des travaux grâce à des méthodes d'écoute, creuser soi-même des galeries pour faire des contre-mines.

Une initiative allemande

Ce sont les Allemands qui, dès le mois de décembre 1914, inaugurent une nouvelle guerre des mines sur le front occidental, en l'occurrence en territoire belge. Les Alliés, décidés à répondre par des initiatives de la même sorte, créent des corps de sapeurs mineurs qui sont appelés à intervenir un peu partout et dont le recrutement s'opère parmi les anciens mineurs de fond. La guerre des mines figure parmi les épisodes les plus atroces de la Grande Guerre. Des milliers de soldats, qui entendent, souvent impuissants, les mineurs ennemis creuser leurs galeries, sont engloutis dans les abris où le devoir militaire leur commande de rester. Les contre-mines permettent de faire sauter à l'explosif les travaux de l'autre camp. Des combats terribles opposent les soldats qui, après avoir foré leurs propres souterrains, se retrouvent face à face.

Entrée de sape de mine en Champagne en 1915.

D'autres affrontements se déroulent en surface où, une fois l'explosion survenue, les deux adversaires tentent d'occuper le cratère que cette dernière a creusé.

De Massiges à Vauquois

Si la technique de la mine est employée presque partout sur le front occidental, les adversaires en présence y ont plus particulièrement recours en des lieux qui en constituent aujourd'hui encore des symboles. L'un d'entre eux est la butte de Vauquois, entre Verdun et l'Argonne, où Français et Allemands rivalisent, surtout en 1915 et en 1916, dans la taille démesurée et le nombre des fourneaux qu'ils font sauter, de l'ordre de 321 pour les premiers et 218 pour les seconds. Le plus monstrueux est celui du 14 mai 1916, dont la masse de poudre employée est estimée à 60 tonnes. La crête des Éparges, de sinistre mémoire, n'est pas non plus épargnée, ni la cote 108 ou le mont des Singes, dans la région de Berry-au-Bac, ni la main de Massiges, en Champagne pouilleuse, qui en porte encore les stigmates. Du côté britannique, l'explosion la plus importante est sans doute celle du fourneau qui précède l'offensive de la Somme, en juillet 1916, dont le bruit est perçu jusqu'en Angleterre même.

LA MINE DU 3 MARS 1916 À VAUQUOIS

Un officier du 46ᵉ RI, André Pézard, dans *Nous autres*, à Vauquois, raconte l'explosion de la formidable mine qui, le 3 mars 1916, secoue la butte de Vauquois :

« 10 heures du matin. - PAN-HAN-HAN-HAN ! Cataclysme ! [...] Le mascaret de terre a passé ; je suis déjà retombé d'aplomb que je me précipite comme un fou à la poursuite de mon équilibre perverti.- Aux armes ! C'est une mine formidable, la plus terrible à coup sûr des mines de Vauquois, qui vient de sauter tout contre nous ; elle a dû arracher d'un bloc tout un quartier de la butte. L'abri-caverne a vacillé comme un train qui déraille. La détente de mes reins, suivie d'un piaffement furieux, laisse mes jambes toutes tremblantes, et le brusque plongeon que j'ai piqué de la tête m'a fait craquer le cou. Nous avons sauté comme les grains d'un grelot affolé. »

Mine explosant devant une pièce servie par des marins britanniques.

Soldats français arpentant un cratère provoqué par une mine.

La guerre des forts

Au début de la Grande Guerre, la plupart des belligérants disposent de systèmes fortifiés ou de forteresses dont la destination est de protéger leurs frontières ou leurs villes les plus importantes dans le domaine politique ou stratégique. Les opérations menées au cours des premières semaines du conflit auront tôt fait de faire disparaître le mythe de l'invulnérabilité des grands forts.

Le fort de Souville, dernier rempart avant Verdun, en 1916.

En août 1914, à l'ouverture des hostilités, la protection des frontières françaises, tant au nord qu'à l'est, est assurée par des systèmes fortifiés édifiés au lendemain de la guerre franco-prussienne de 1870-1871, notamment à l'initiative de Séré de Rivières.

Le système Séré de Rivières

Ce dispositif défensif constitué de deux ensembles courant, le premier sur les Hauts de Moselle (Belfort-Épinal), le second sur la Meuse moyenne (Toul-Verdun), est destiné à permettre dans les meilleures conditions possibles la mobilisation de l'armée française en cas de conflit. Il comporte deux trouées, celle de Charmes et celle de Dun-Stenay, dans lesquelles l'état-major pense pouvoir canaliser les forces ennemies et les détruire par des attaques de flanc. Entre les forteresses d'Épinal et de Belfort ont été aménagés six forts dits « d'arrêt », tandis que la trouée de Charmes est gratifiée de l'important fort de Manonviller. Le rideau défensif de la Meuse, quant à lui, comprend la forteresse de Toul, le camp retranché de Nancy, la région fortifiée de Verdun, avec les forts essentiels de Douaumont et de Vaux, construits à partir de 1885 et renforcés progressivement jusqu'en 1913 (béton de haute qualité, tourelles d'artillerie). En arrière de cette ligne qui couvre la frontière stratégique de l'est vient une région fortifiée formée des camps retranchés de Langres, de Besançon et de Dijon, dont les ouvrages n'ont guère été modernisés depuis les années 1880. Enfin, les vieilles forteresses des confins du nord de la France ont été déclassées au lendemain de la guerre franco-prussienne. Le haut commandement français ne garde en service que quelques forts isolés, de même que les places fortes de Maubeuge (modernisée avant la guerre), Longwy, Lille, Dunkerque, Montmédy, Les Ayvelles, Charlemont et Hirson. Derrière ce rideau viennent quelques places comme Reims, Laon et La Fère, ces deux dernières étant déclassées en 1912.
Enfin, le camp retranché de Paris, avec ses 150 kilomètres de périmètre, constitue une formidable position.

Un des forts de Liège détruits par l'artillerie allemande en août 1914.

À l'épreuve de la guerre

Après les expériences malheureuses de Liège, Namur et Anvers, où les grands forts ne résistent pas aux coups de l'artillerie lourde de siège (210, 305 et 420 mm) mise en œuvre par l'armée allemande, les Français connaissent la cruelle leçon de Maubeuge, forteresse qui ne résiste à l'ennemi, malgré son importante garnison, que du 24 août au 7 septembre 1914. Longwy et Montmédy ne font guère mieux, à la fin d'août de la même année, et le fort des Ayvelles, près de Mézières, est évacué sans combat. Le système défensif de l'est joue un rôle important dans la bataille de l'été 1914. Le fort de Manonviller se rend après un bombardement à l'artillerie très lourde le 27 août, mais la position fortifiée de Nancy, au Grand-Couronné notamment, résiste aux assauts de l'adversaire. Les ouvrages de la ligne Toul-Verdun (Troyon, Les Paroches, Camp des Romains) connaissent des destinées diverses et parfois funestes lors de la bataille livrée au sud-est de Verdun pendant le mois de septembre 1914. La vulnérabilité des fortifications permanentes face aux obus de gros calibre entraîne des conséquences redoutables dans le camp français. En 1915, le grand quartier général, n'ayant plus aucune confiance dans ces ouvrages, ordonne leur désarmement et le transfert de leur artillerie aux armées de campagne. Il en va ainsi des forts de Verdun, déclassés malgré les protestations du gouverneur de la place, le général Coutanceau, qui sera limogé. En février 1916, l'ennemi s'emparera sans combat de la forteresse de Douaumont, mettant en péril l'ensemble du front dans la région.

LE CAMP RETRANCHÉ DE PARIS EN 1914

Avec un périmètre de quelque 150 km, le camp retranché de Paris constitue, en août 1914, un ensemble formé de deux ceintures de forts : la première, la plus proche de la capitale, dite « ceinture intérieure », avec 16 forts anciens qui ont défendu la ville pendant la guerre de 1870-1871 ; la plus éloignée, dite « ceinture extérieure », avec 17 forts achevés au début des années 1880 mais jamais modernisés depuis, hormis la mise en place de quelques pièces d'artillerie sous coupole blindée.

Le général Seré de Rivières, créateur du système du même nom après la guerre franco-prussienne.

Les gaz, une arme terrifiante

De toutes les armes utilisées pendant la Première Guerre mondiale, la plus terrifiante, celle à l'égard de laquelle les combattants se sentent le plus démunis, mais aussi la plus immorale, est les gaz de combat. L'influence de ces derniers sur le cours des hostilités n'en reste pas moins limitée.

Soldats français équipés de masques à gaz.

UN BILAN TRAGIQUE

Les statistiques établies au lendemain de la guerre révèlent que 94 000 soldats sont morts sous les effets des gaz de combat et que 1,36 million autres ont été intoxiqués. Ils subiront les effets de cette arme terrible et effrayante toute leur vie durant et bon nombre en mourront, minés par l'asthme et la tuberculose, dans les années qui suivent l'arrêt des hostilités.

La surprise d'Ypres

Le 22 avril 1915, dans le saillant d'Ypres, les Allemands prennent la grave initiative de lancer la première attaque aux gaz de l'histoire des conflits. Utilisant un produit à base de chlore, la chlorine, qu'ils entreposent dans des réservoirs portatifs, ils profitent des vents favorables pour lâcher vers les lignes ennemies un nuage mortel de couleur vert-jaune qui sème une immense panique dans le camp d'en face. Frappés de stupeur, les soldats alliés s'enfuient éperdument ou meurent dans d'atroces souffrances. Surpris par l'efficacité de la nouvelle arme, le commandement allemand ne parvient pas à exploiter assez vite son succès et, au bout de quelques jours, la brèche se referme. Toutefois, près de 15 000 combattants français, britanniques et canadiens ont subi les effets des gaz au cours de cette éprouvante bataille. Français et Britanniques ne tardent pas à répondre à l'initiative allemande en développant leurs propres produits toxiques (notamment une association de chlorine et de phosgène), et les adversaires en présence disposent bientôt de masques de plus en plus évolués qui permettent d'assurer plus ou moins efficacement la protection de leurs soldats.

Des réservoirs aux obus

L'emploi des gaz de combat est pourtant formellement interdit par des conventions internationales signées à La Haye dans les années qui précèdent la Grande Guerre, les prohibant aussi bien sous la forme « d'émissions de vapeur » que par recours à des obus. L'utilisation de réservoirs qui répandent les vapeurs mortelles sur les lignes ennemies se révélant fort aléatoire et dangereux, du fait de possibles changements de direction du vent, les Allemands en viennent à employer des obus remplis de gaz liquide qui s'évapore dès l'impact. Toutes les préparations d'artillerie sont bientôt accompagnées de tirs de projectiles spéciaux qui permettent de neutraliser encore mieux les défenses de l'adversaire.

Alerte aux gaz dans une tranchée française en 1915.

Soldats français sortant d'un abri avec leur masque à gaz.

Le phosgène et l'ypérite

L'armée allemande a recours, à partir de décembre 1915, à un autre gaz encore plus terrifiant, le phosgène, dont les effets immédiats consistent en des vomissements, des maux de tête et de la toux qui disparaissent peu après l'ingestion du produit. Ce n'est là qu'un répit puisque les hommes atteints meurent une journée plus tard, les poumons noyés. L'ypérite, ou gaz moutarde, est utilisée pour la première fois par les Allemands lors de la bataille des Flandres, en juillet 1917 (son nom provient de la ville d'Ypres). Cette initiative marque un pas fondamental dans le domaine de la guerre chimique, dans le sens où l'ypérite n'est pas simplement un gaz asphyxiant, mais aussi un produit vésicant, c'est-à-dire capable de s'attaquer à la peau, aux muqueuses, aux yeux et aux poumons.

UNE INTERROGATION MORALE

Le général allemand Deimling, auquel revient la mission d'employer pour la première fois les gaz à Ypres, consignera les propos suivants sur cette affaire : *« La mission d'empoisonner l'ennemi comme des rats me fit l'effet qu'elle doit faire à tout soldat loyal : elle me dégoûta. Mais si ces gaz toxiques devaient amener la chute d'Ypres, peut-être cette victoire déciderait-elle de toute la campagne. Devant un but aussi grand, il fallait taire les objections personnelles. »*

Émission de gaz en réservoirs sur le front italien en octobre 1917.

Les masques à gaz

Face au terrible danger que représentent les gaz de combat, les adversaires en présence s'appliquent à trouver des parades. Ainsi naissent les masques à gaz qui ne cessent de se perfectionner tout au long du conflit, même s'ils ne constituent pas une protection absolue.

Essai de masque à gaz en 1915.

Lorsque les Allemands utilisent pour la première fois les gaz de combat, dans les Flandres, en avril 1915, l'armée française ne dispose d'aucun moyen de protection pour ses soldats. Il lui faut improviser dans l'urgence la plus totale si elle entend conjurer une grave menace.

Compresses, tampons et cagoules

Aussi, dans la hâte, quelques jours seulement après l'attaque ennemie, les services du ministère de la Guerre mettent-ils au point et font-ils distribuer des protections de fortune, telles que des tampons, des compresses et des cagoules.

Les premières compresses (dont les dénominations sont C1, C2 et C3) consistent en de petites enveloppes de gaze renfermant un morceau de coton qui peut être imprégné d'une solution de carbonate de soude et d'hyposulfite.

Elles sont conçues respectivement en mai, juin et juillet 1915, fort peu de temps après la terrible surprise d'Ypres, et fabriquées à raison de 2 millions (pour la C1) et de 1 million d'unités (pour la C2 et la C3). Viennent ensuite les tampons dits polyvalents, ou tampons P, dont le développement est nécessaire en raison du recours, de la part de l'ennemi, à des gaz de type nouveau. Les premiers, désignés P1, sont mis en service en août 1915 contre le phosgène, utilisé au cours du mois précédent ; ils sont humidifiés avec du sulfanilate de soude, tandis que les suivants, destinés à contrer l'acide cyanhydrique, font appel à l'acétate de nickel. Parmi les autres protections du même type distribuées aux soldats du front figure le tampon T (ou Tambuté), qui présente des avantages pratiques évidents, dans le sens où ses éléments constitutifs sont placés dans un masque et non directement sur la bouche et le nez (3,8 millions d'unités produites). À ces compresses et tampons est adjointe une indispensable protection pour les yeux qui consiste en des lunettes indépendantes du reste de l'équipement. Parallèlement, en mai 1915, l'armée française s'équipe de cagoules

Assaut français attaquant à Verdun en août 1917, équipés de leur masque à gaz.

Le premier équipement de protection français contre les gaz (1915).

Masque à gaz pour enfant.

Masque à gaz en forme de cagoule de 1915.

dotées de compresses, dont l'usage est apprécié jusqu'à la fin de 1915 lorsque les masques à gaz font leur apparition.

Les masques M2 et ARS

La combinaison des lunettes et des systèmes de protection des voies respiratoires, renforcée par le recours à des tampons de ricin ricinate et de carbonate de nickel urotropine sulfanilate, donne naissance aux premiers masques à gaz complets. Le développement de tels équipements se heurte à de nombreuses difficultés que la commission de protection des services chimiques de guerre a bien du mal à surmonter. À la fin de 1915, les autorités militaires finissent par donner leur aval à la fabrication d'un appareil désigné M2, qui se révèle d'une très grande efficacité et entre en service en mars 1916 (29 millions d'unités produites). Diverses transformations sont apportées au modèle de base pour donner naissance au M2A, dès le mois d'avril suivant, puis au M2B, constitué d'une seule pièce, au commencement de 1917. L'efficience de ce masque est néanmoins mise en cause par l'utilisation de nouveaux produits chimiques du côté allemand, notamment les arsines, apparues à l'été 1917. Aussi, en avril 1918, l'armée française commence-t-elle à être dotée du modèle ARS, bien mieux adapté aux substances toxiques bien plus létales en usage à l'époque.

« LE MASQUE TROP SATURÉ EST IMPUISSANT À NOUS PROTÉGER COMPLÉTEMENT... »

Le lieutenant Leroy, du 59e bataillon de chasseurs à pied, rend compte de la façon suivante d'une attaque par les gaz à Verdun, en août 1916 :
« Le bombardement redouble de violence, tout le secteur est couvert d'un brouillard épais de gaz ; celui-ci s'accumule surtout dans les boyaux et ravins que nous devons suivre. Le masque trop saturé est impuissant à nous protéger complètement ; nos poitrines sont ravagées. Oppressés, nous nous dirigeons dans le boyau, à tâtons, sans voir, chacun tenant un bout de capote du camarade qui précède. Bientôt des gémissements se font entendre. [...] Beaucoup tombent, épuisés, et ceux qui suivent comme des aveugles passent sur leurs corps. Les plus vaillants relèvent ces malheureux et les soutiennent de leur mieux pour les sortir de cet enfer... »

Pour sortir de la guerre des tranchées : les chars

L'invention du char découle d'une interrogation et d'une pensée simples, du moins à l'origine : comment s'extraire de l'impasse stratégique dans laquelle la guerre a sombré depuis les derniers mois de 1914 et sortir enfin de la guerre des tranchées ?

Chars Renault FT 17 traversant un village en ruine en 1918.

La naissance d'une arme nouvelle

Dès les premières semaines de la guerre des tranchées, les états-majors s'interrogent sur la façon et les moyens à trouver pour s'extraire de la situation dans laquelle sont plongées les armées en présence. Si les Allemands ne s'intéressent guère à cette arme nouvelle, les alliés de l'Entente s'engagent au contraire avec enthousiasme dans le développement de véhicules blindés et chenillés capables de franchir les fortifications de campagne de l'ennemi.

LE RENAULT FT 17

Le char léger Renault FT 17 est sans contestation aucune l'un des véhicules de ce type les meilleurs et les plus efficaces de la Grande Guerre. Au milieu de l'année 1916, la société Renault se lance dans la construction de cette machine, caractérisée par une masse de près de 6,5 tonnes, servie par un équipage de deux membres et dotée d'une tourelle dans laquelle est monté un canon de 37 mm ou une mitrailleuse. Son blindage est assez peu conséquent, de l'ordre de 16 mm, son autonomie ne dépasse pas 35 km et sa vitesse est très faible. Toutefois, mis en service en mai 1918, le FT 17 se montre d'une grande efficience, surtout lorsqu'il est employé en masses importantes. Précédant ou accompagnant l'infanterie, travaillant parfois en liaison avec l'aviation, il joue un rôle non négligeable dans la victoire alliée de 1918, cela malgré des pertes importantes. Ce char sera fabriqué en 3 177 exemplaires.

Dès 1915, les Britanniques sont les premiers, à l'initiative d'un certain major Swinton, à développer des engins de ce type, en partant du principe selon lequel ces tanks, comme ils les appellent pour des raisons de secret, pourront écraser sous leur poids les réseaux de fil de fer barbelé et se jouer des tranchées. Churchill, premier lord de l'Amirauté, intéressé par le projet, offre à Swinton l'aide éclairée d'un ingénieur naval, Eustache d'Eynecourt. Peu après, en juin 1915, un comité de coordination de l'armée et de la marine se met au travail, en vue de réaliser un prototype qui donne naissance au char Mark I, dont une centaine d'exemplaires est commandée en 1916.

L'effort français

Parallèlement, les Français, à l'initiative du colonel Estienne, un artilleur de grand talent, se penchent à leur tour sur le problème. L'officier, par une sorte de prescience

Intérieur d'un char Saint-Chamond.

Char Saint-Chamond franchissant un fossé lors d'un exercice.

étonnante, propose aux responsables du grand quartier général de développer un engin cuirassé terrestre capable de se jouer des fortifications de l'ennemi et de transporter un canon et des fantassins à une vitesse de 5 à 6 km/h. Estienne s'engage encore plus avant en soulignant que des engins de la sorte, à condition d'être suffisamment nombreux et employés en masse, pourraient emporter 20 000 hommes à travers les lignes allemandes et permettre de rompre le front ennemi. Travaillant au contact étroit de l'ingénieur Brillié, il réalise, en 1916, un prototype qui donne naissance au char Schneider, commandé en 400 exemplaires par les soins de Joffre.

Dans le même temps, le commandant en chef français passe un marché de 400 chars Saint-Chamond, modèle dû au colonel Rimailho, artilleur lui aussi. L'industrie française, hormis le char léger FT 17, développe une machine plus lourde, le FCM 2C, qui ne pourra entrer en service avant la fin de la guerre.

Char Schneider en avril 1918.

Les chars au combat

Les Britanniques sont les premiers à engager des tanks au combat, en septembre 1916, lors de l'offensive de la Somme, avec des résultats plus ou moins probants.

À l'occasion de l'attaque du Chemin des Dames, Nivelle déploie à son tour quelques dizaines de chars, vers Berry-au-Bac, mais ces engins sont détruits par l'artillerie allemande. Ayant organisé leurs blindés en un Royal Tank Corps dès juin 1917, l'armée britannique les emploie en masse lors de la bataille de Cambrai, en novembre suivant. Quelque 378 Mark IV transportés sur place dans le plus grand secret percent le front allemand, sans toutefois qu'un tel succès puisse être exploité. En 1918, les chars britanniques et français, ces derniers organisés en bataillons, sont de toutes les grandes attaques alliées.

LE GÉNÉRAL ESTIENNE

Né en 1860, Jean-Baptiste Estienne fait carrière dans l'arme de l'artillerie et se passionne pour les techniques modernes. Intéressé par l'utilisation des aéroplanes à des fins de réglage des tirs d'artillerie avant la Grande Guerre, cet officier aux multiples facettes est un des tenants les plus convaincus des chars au sein de l'armée française pendant les hostilités. À l'origine du développement d'un certain nombre de modèles, dont le Schneider et le FT 17, il devient inspecteur général de l'artillerie d'assaut, nom donné à l'arme blindée en France. Technicien mais aussi théoricien de la guerre des chars, il en imagine l'action en masse capable d'agir dans le domaine stratégique. Estienne meurt en 1936.

LES TRANCHÉES, OU LA GUERRE FIGÉE

Les tranchées ne constituent pas une invention propre à la Grande Guerre. Déjà, bien avant le conflit du début du XXe siècle, des fortifications de campagne ont été édifiées par les belligérants, lors de la guerre de Sécession, de la guerre des Boers ou de la guerre russo-japonaise.

Soldats français dans un boyau menant aux premières lignes dans l'Oise, en 1915.

L'armée française part en guerre animée par la doctrine selon laquelle l'esprit offensif doit primer, quoi qu'il en coûte, sur toute velléité défensive.

Primat de l'esprit offensif

Les règlements en usage, s'ils précisent que les soldats peuvent être amenés à creuser le sol pour se protéger des tirs de l'ennemi, ajoutent qu'une telle solution ne doit être appliquée qu'en dernier recours : « Dans le dressage de la troupe, peut-on lire, il convient d'exercer les hommes à manier habilement les outils portatifs dont ils devront faire usage toutes les fois que cela sera nécessaire, mais seulement lorsque c'est nécessaire. L'abus de la fortification, c'est-à-dire l'adhérence exagérée de l'individu ou du groupe au terrain produirait des conséquences funestes. »

« Une véritable guerre de siège... »

Alors même que le commandement allemand encourage les fantassins à établir des positions défensives enterrées toutes les fois que cela se révèle nécessaire, les autorités françaises y répugnent, jugeant qu'une telle façon de procéder est contraire aux règlements militaires français dédiés à l'offensive à outrance. Lorsque ses armées, ayant remporté la bataille de la Marne, se heurtent aux tranchées allemandes établies sur les hauteurs de l'Aisne ou de la Champagne pouilleuse, Joffre est contraint de réviser ses conceptions en profondeur. Spontanément, les soldats français s'enterrent, ne serait-ce que pour échapper aux tirs des mitrailleuses et de l'artillerie allemandes. Au fil des semaines, l'armée française adapte ses règlements à la nouvelle donne tactique et stratégique du front occidental. En octobre, un texte officiel souligne : « Les batailles déjà livrées au cours de la présente guerre ont fait ressortir l'importance toute particulière de la fortification sur le champ de bataille. Sur de nombreux points du front, la lutte a même pris le caractère d'une

Soldats creusant une tranchée dans les premiers mois de la guerre.

véritable guerre de siège. [...] Il y a lieu [...] d'attirer sur ces points l'attention des officiers et des hommes et de leur faire comprendre que remuer la terre et creuser des tranchées constitue, non point une corvée, mais une véritable manœuvre dont les conséquences immédiates sont d'accroître la force de résistance momentanée des troupes, en ménageant les existences, et, par conséquent, d'augmenter leur puissance offensive ultérieure. »

Tranchée à Souain (Champagne) en 1915.

Du provisoire qui dure

Dans l'esprit des rédacteurs de cette instruction, la guerre de position dans laquelle se retrouvent les deux camps en présence quelque temps après la Marne revêt un caractère éminemment provisoire. Se protéger revient à économiser des forces et des moyens pour mieux repartir à l'attaque. Les vaines offensives de 1915 auront tôt fait de ramener le haut commandement français à de plus justes réalités. Il en résultera une instruction fondamentale sur les travaux en campagne, en date du 21 décembre de cette même année, qui entend faire des travaux de campagne une seconde nature pour les combattants et dont une des maximes clefs est la suivante : « Tout soldat doit manier l'outil aussi bien que le fusil. » Les armées ne sortiront de la guerre de tranchées qu'après quatre ans de massacres abominables.

LE MANUEL D'INSTRUCTION MILITAIRE À L'USAGE DE L'INFANTERIE

En octobre 1906, un peu moins de huit ans avant la Première Guerre mondiale, l'armée française publie un manuel d'instruction à l'usage de l'infanterie, actualisé en 1912, qui précise : *« Si la puissance de l'armement et les enseignements des guerres récentes ont montré la nécessité, pour les troupes d'infanterie, de faire usage fréquent de la fortification de champ de bataille, il convient de ne pas perdre de vue que la protection à rechercher contre les projectiles ne doit, en aucun cas, diminuer l'esprit d'offensive de notre infanterie, ni entraver son aptitude au combat. [...] La fortification n'est qu'un moyen et non un but. »*

Le char Renault FT-17

Entré massivement en service pendant les grandes batailles de 1918, le char Renault FT-17 est, à n'en point douter, un des outils de la victoire alliée. Maniable et efficace, cet engin blindé joue un rôle central dans toutes les offensives qui conduisent au succès final de l'Entente.

Renault FT-17 à Francfort en avril 1920.

Construit en près de 3 200 exemplaires, le char léger FT-17 trouve ses origines dans un projet en date du milieu de l'année 1916. À ce moment, la société Renault se lance dans la réalisation d'un engin blindé léger dont l'idée revient à un officier clairvoyant qui porte le nom de Jean-Baptiste Estienne.

La naissance d'un concept novateur

Artilleur de formation, scientifique aux multiples talents et centres d'intérêt, le colonel Estienne, qui a été un des pionniers de l'aviation de réglage d'artillerie en France, s'enthousiasme dès 1915 pour les chars. Dans cet outil militaire qu'il juge en tout point révolutionnaire, cet officier supérieur discerne le moyen capable d'extraire les alliés de l'Entente de la guerre de tranchées dans laquelle ils s'enlisent depuis des mois. Il imagine, dans une sorte d'extraordinaire prescience, un corps de bataille blindé, constitué d'une vingtaine de milliers d'hommes et de centaines de véhicules, dont la tâche essentielle consisterait à percer les organisations défensives ennemies et d'en finir avec la guerre.

Du char lourd au char léger

En 1916, Estienne, en étroite liaison avec l'ingénieur Brillié, procède au développement d'un char semi-lourd dont le prototype est construit par la firme Schneider. Toutefois, le brillant officier poursuit ses études sur un véhicule blindé léger dans lequel il discerne un moyen intéressant d'accompagnement de l'infanterie au plus près de la bataille. Pour ce faire, les autorités militaires entrent en contact avec la société automobile Renault, également spécialisée dans les moteurs à explosion. Les ingénieurs de cette firme se mettent au travail pendant le deuxième trimestre de 1916 et, en octobre de cette même année, le prototype du nouveau char est achevé.

Caractérisé par une tourelle rotative dans un champ de 360°, la première qui ait jamais été montée sur un véhicule de la sorte, le char en question comprend une caisse constituée de plusieurs plaques blindées et une queue démontable placée à l'arrière en vue de permettre le franchissement des obstacles.

FT-17 lors du défilé du 14 juillet 1919.

fait que grandir dans les semaines suivantes, de sorte que, en juillet, quelque 480 de ces engins prennent part à la grande contre-offensive alliée qui suit l'arrêt des attaques allemandes sur le front occidental.
Préfigurant parfaitement le concept de char moderne et sans doute le meilleur engin blindé de la Première Guerre mondiale, le FT-17 se révèle un véhicule de combat bien réussi. S'il subit des pertes assez importantes, il n'en est pas moins utilisé, même après le conflit, par de nombreuses armées étrangères.
L'arrêt des hostilités entraîne la fermeture d'une grande partie des chaînes d'assemblage (la production continue jusqu'au tout début des années 1920), alors que les commandes dépassent 7 800 exemplaires.

Propulsé par un moteur Renault à quatre cylindres refroidis par eau, qui développe une puissance d'à peine 35 ch, il affiche des performances modestes, mais qui sont en réalité bien adaptées au cadre dans lequel il est censé être employé.
L'armement, monté dans la tourelle rotative, consiste parfois en un canon de 37 mm (quelques exemplaires reçoivent même une pièce de 75 mm), mais le FT-17 est doté, le plus souvent, d'une mitrailleuse Hotchkiss.
L'équipage, installé en avant du moteur, est formé quant à lui de deux membres : un conducteur et un servant.

Le FT-17 dans la bataille

Souvent critiqué pour la faiblesse de son armement et de son blindage, le FT-17 est commandé en grandes séries à partir du premier trimestre de 1917, soit d'abord 150 exemplaires armés d'une mitrailleuse, mais les essais menés dans les semaines qui suivent amènent les autorités militaires à accroître les marchés passés avec Renault et ses nombreux sous-traitants.
Le FT-17 est engagé au combat pour la première fois, à la fin du mois de mai 1918, à Berzy-le-Sec et à Chaudun. Son rôle ne

CARACTÉRISTIQUES

- Équipage : 2 membres
- Moteur : 1 Renault à 4 cylindres de 35 ch
- Dimensions : longueur (queue de stabilisation comprise) 5 m, largeur 1,71 m, hauteur 2,13 m
- Performances : vitesse 7,7 km/h, autonomie environ 35 km
- Masses : 6 480 kg

FT-17 à Constantinople, en mars 1920.

L'AVIATION, AU-DESSUS DES TRANCHÉES

De toutes les armes nouvelles qui naissent à la faveur de la Grande Guerre, l'aviation est sans doute celle qui bouleverse le plus en profondeur la stratégie et la tactique militaires.

Dans la guerre de tranchées vers laquelle le conflit évolue pendant les dernières semaines de 1914, observer les positions ennemies, repérer ses batteries d'artillerie, ses nids de mitrailleuses et ses ouvrages constituent une tâche primordiale qui revient à l'aviation d'observation. Celle-ci, dotée d'avions relativement lents et souvent mal armés, sillonne le front en permanence, sous les attaques des chasseurs ennemis et les dangers d'une météorologie changeante.Certaines de ces machines sont équipées d'appareils photographiques qui permettent de ramener des clichés sur lesquels les interprétateurs vont pouvoir travailler ou qui vont servir à la création de cartes très précises des lignes adverses et utiles lors des attaques ordonnées par le haut commandement.

D'abord l'observation

Des escadrilles destinées au réglage d'artillerie sont également créées dès 1915. Elles offrent la possibilité de corriger la trajectoire des tirs de pièces dont la portée peut atteindre plusieurs kilomètres. Enfin, les tâches d'observation sont également confiées à l'aérostation, dont les ballons captifs peuvent voir très loin à l'intérieur des positions ennemies.

SPAD au combat au-dessus du front, sous les tirs antiaériens allemands.

Le bombardement

Une autre des missions de l'aviation révélées par la guerre est le bombardement. Cette spécialité, née en France dès le mois de novembre 1914, mais adoptée aussi par les Allemands et les Britanniques, est chargée d'attaquer, au moyen de projectiles qui sont au départ des obus empennés et deviennent progressivement de véritables bombes, les arrières du front. Elle a pour tâche de détruire les ouvrages d'art, les voies de chemin de fer,

DES AVIONS À LA CHAÎNE

L'aviation est loin de constituer, comme on pourrait le penser, un phénomène marginal lors de la Première Guerre mondiale. La production aéronautique pendant les quatre années que dure le conflit en est un frappant témoignage. La France construit à elle seule quelque 52 000 avions et 92 000 moteurs. L'Allemagne en fabrique, quant à elle, respectivement 38 000 et 41 000. Un des avions les plus prolifiques de la guerre est le chasseur français SPAD S.XIII, dont 7 300 exemplaires quittent les chaînes d'assemblage.

L'AVION DES AS, LE SPAD S.XIII

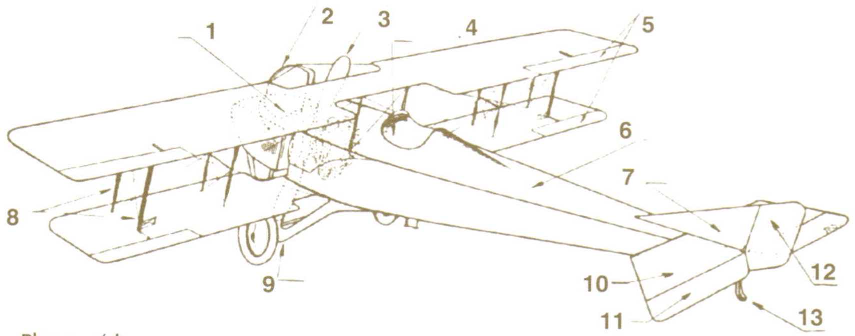

1 – Plan supérieur
2 – Moteur
3 – Mitrailleuse
4 – Poste de pilotage
5 – Ailerons
6 – Fuselage
7 – Dérive
8 – Mâts de cellule
9 – Train d'atterrissage principal
10 – Empennage horizontal
11 – Gouverne de profondeur
12 – Gouverne de direction
13 – Béquille de queue

les bivouacs ou les véhicules en marche. Dès le début du conflit, des aéroplanes allemands lâchent des bombes sur Paris et les dirigeables du Reich en font autant sur les cités britanniques, dont Londres, en 1915. La guerre aérienne contre les villes et le moral des civils, qu'il s'agisse d'opérations concertées ou d'actions de représailles, prend une ampleur beaucoup plus importante en 1917-1918, avec la création, en Grande-Bretagne, d'une force aérienne spécialisée, qui aurait dû bombarder Berlin en 1919 si la guerre s'était poursuivie.

L'aristocratie de la chasse

La nécessité de protéger les avions d'observation menacés par les aéroplanes ennemis ou d'attaquer les appareils de bombardement, qui constituent une grande menace, conduit à l'avènement de l'aviation de chasse. Le symbole fort de cette spécialité, considérée comme la plus prestigieuse et la plus aristocratique, est le chasseur monoplace armé d'une ou deux mitrailleuses tirant à travers le champ de l'hélice.

SPAD et Nieuport en France, Sopwith et Royal Aircraft Factory en Angleterre, Fokker et Albatros en Allemagne sont les principaux constructeurs d'avions de chasse du conflit.

Équipages britanniques à l'entraînement.

Avions alliés en route pour les lignes allemandes.

LES AS, OU L'EXALTATION D'UNE NOUVELLE CHEVALERIE

La naissance de l'aviation de chasse entraîne l'avènement d'une nouvelle race de héros, celle des as, dont les vertus sont assimilées à celles des chevaliers du Moyen Âge. L'idée vient des journalistes qui s'appliquent à exalter la guerre dans les airs, comme pour mieux gommer, dans l'esprit de l'opinion, les horreurs des combats des tranchées.

Elle intéresse d'autant plus le haut commandement militaire que le conflit traîne en longueur et que les ressorts moraux y prennent une importance grandissante. Ces héros de l'air, tel le capitaine Navarre, surnommé « la Sentinelle de Verdun » (photo ci-contre), sont vantés par la presse et adulés par l'opinion. Ils reçoivent le nom d'as. Fonck et Guynemer, avec respectivement 75 et 53 victoires homologuées, sont les pilotes de chasse français les plus renommés, tandis que Richthofen (80 victoires) atteint le sommet de la gloire en Allemagne.

Les avions de chasse

Au début de la Grande Guerre, le combat entre aéroplanes n'est envisagé que par quelques esprits novateurs ou éclairés qui ne sont pas écoutés. En quelques mois cependant, ce qui ne constitue qu'une anticipation avant 1914 devient une réalité et l'avion de chasse s'impose comme un instrument de domination du ciel.

Combats aériens entre aéroplanes français et allemands au-dessus de Verdun, en 1916.

Dans les premières semaines des hostilités, si les aviateurs s'affrontent parfois dans les airs, c'est avec les carabines, les mousquetons ou les armes de poing qu'ils emportent à bord de leurs appareils.

De Saulnier à Fokker

Dès avant le conflit, quelques ingénieurs ou militaires ont envisagé de monter des mitrailleuses, armes automatiques au tir rapide, sur des aéroplanes. En mai 1914, l'avionneur Raymond Saulnier présente à l'état-major général français un système de tir à travers l'hélice, faisant appel à une arme automatique, mais le projet est rejeté sous prétexte qu'il présente une utilité limitée et aussi parce qu'il manque de fiabilité. Quand ils remportent la première victoire aérienne de l'histoire, le 5 octobre 1914, près de Reims, les aviateurs français Frantz et Quenault ne manœuvrent pas un chasseur, mais un biplan de reconnaissance Voisin doté d'un fusil-mitrailleur. Dans les semaines qui suivent, Roland Garros, le vainqueur de la Méditerranée, bricole un système génial qu'il installe sur un monoplan Morane-Saulnier et avec lequel il remporte trois

UNE EXPLICATION DE FOKKER

Dans ses Mémoires, Anthony Fokker explique : « *Le corps de l'aviation n'eut plus qu'une idée, ce fut d'imiter le dispositif Garros, et ils me firent venir à Berlin, où l'on avait transporté les restes de son avion [celui de Garros], afin que j'entreprisse de l'adapter à l'usage des appareils allemands. [...] On me donna une mitrailleuse allemande Parabellum un mardi soir, et je pris le premier train pour Schwerin en l'emportant sous le bras. Le vendredi suivant, je revins au quartier général de l'aéronautique avec la mitrailleuse synchronisée dont on s'est servi depuis dans tous les combats aériens.* »

Chasseur Nieuport armé d'une mitrailleuse tirant par-dessus le champ de l'hélice.

victoires aériennes en avril 1915. Le dispositif Garros permet à une mitrailleuse montée dans l'axe d'un appareil et orientée vers l'avant de tirer à travers le champ d'une hélice équipée de déflecteurs d'acier, les balles qui ne passent pas étant déviées par ces derniers. Le pilote français, abattu au cours du même mois, ne parvient pas à détruire son avion. Aussi son invention tombe-t-elle aux mains des Allemands qui confient au constructeur Anthony Fokker le soin de l'étudier. Celui-ci en extrapole un système de tir synchronisé qui ouvre la voie au développement du chasseur.

Fokker E III capturé intact par les Français.

Du Fokker Eindecker au SPAD

Dès lors s'engage une course technologique entre Allemands et Alliés, course marquée par la domination des airs plus ou moins prolongée de l'un ou l'autre camp. Le monoplan Eindecker, équipé du système Fokker, permet aux premiers de s'imposer entre l'été 1915 et le printemps 1916. La mise en service, du côté français, des Nieuport XI, XII et XVII donne la supériorité aux Français, notamment à Verdun et sur la Somme. Mais, pendant les six premiers mois de 1917, avec les Albatros D III et D V, l'aviation impériale allemande reprend le dessus, et le déploiement d'abord du SPAD S.VII, ensuite du SPAD S.XIII, baptisés les « chasseurs des as », redonne à l'aéronautique militaire française la première place dans cette compétition effrénée. L'adoption par les Allemands du Fokker D VII, d'excellente facture, ne change rien à la donne.

La maîtrise de l'air

L'intrusion du chasseur dans la guerre aérienne, en 1915, bouleverse en profondeur le visage du conflit. Lors de la bataille de Verdun, en février 1916, l'aéronautique allemande s'empare du ciel, avec ses Fokker Eindecker, empêchant les Français de faire sortir leurs moyens d'observation et donc de régler leurs tirs d'artillerie. Ces derniers réagissent en engageant sur place leurs meilleures escadrilles de chasse et leurs pilotes les plus aguerris.

À l'issue d'une lutte de plusieurs semaines, ils réussissent à reprendre le contrôle des airs et à redresser la situation. Lors de l'offensive de la Somme, en juillet de la même année, chasseurs français et britanniques conservent la maîtrise de l'air. Pendant les grandes batailles de 1918, la division aérienne, du général Duval, balaie l'aviation allemande et peut intervenir dans les combats au sol grâce à ses escadres de chasse équipées de SPAD.

Les bombardiers

S'il est une arme nouvelle que la Grande Guerre révèle dans toute son ampleur, c'est bien le bombardier, cet aéroplane capable d'emporter une charge qu'il est susceptible de larguer tout aussi bien sur des objectifs purement militaires, dans les arrières immédiats du front, que sur des cibles civiles, situées en général dans les agglomérations.

Bombardier français Voisin à l'attaque.

LES ILIA MOUROMETS RUSSES

Les Russes, à l'initiative d'Igor Sikorsky, sont les véritables inventeurs du bombardier lourd stratégique. Peu avant la Grande Guerre, cet ingénieur de talent conçoit en effet une lignée de quadrimoteurs qui reçoivent la désignation d'Ilia Mouromets. Des appareils de ce type sont employés pour des missions de guerre sur l'Autriche-Hongrie et l'Allemagne.

Une des premières idées d'emploi de l'avion, alors même que celui-ci n'est pas devenu un engin fiable, réside dans le bombardement des villes, objectifs hautement vulnérables dans l'esprit de ceux qui prônent une telle politique, grâce à des appareils à vocation stratégique.

Voisin, Farman et Caproni

Dans les premières semaines de la guerre, les aéroplanes se contentent de lâcher des obus modifiés ou des balles Bon (fléchettes en acier utilisées par paquets de 100 unités) sur les troupes ennemies ; toutefois, les aviateurs français mettent bien vite en avant le rôle stratégique de l'aviation et décident de l'employer contre le territoire allemand. Pour ce faire, ils disposent de machines telles que des Voisin à peine modifiés dont la distance franchissable et la capacité d'emport de charge restent fort limitées. L'industrie aéronautique sort divers autres modèles de bombardiers, dont les Voisin type 8, mais aussi le Farman F.40.
Cependant, ce n'est qu'assez tard, malgré certaines initiatives de l'avionneur Gabriel Voisin, qu'elle s'engage dans la voie des appareils lourds, avec le Farman Goliath, apparu trop tard pour être déployé au combat. En Italie, le principal constructeur de bombardiers stratégiques reste Gianni Caproni, un proche de Giulio Douhet, prophète de la puissance aérienne.

L'avionneur transalpin développe une lignée d'appareils de ce type parmi lesquels le Ca.2, caractérisé par trois moteurs de 100 ch chacun, puis le Ca.3 (269 exemplaires), qui répond à la même configuration et fait l'objet de commandes étrangères, notamment de la part des aviations militaires française et américaine.

Les « Riesenflugzeugen » ou avions géants

Après avoir largué ses premières bombes sur la Grande-Bretagne avec ses zeppelins, dès 1915, l'aviation allemande poursuit sa campagne stratégique en 1916-1917. Pour ce faire, elle utilise des avions à long rayon d'action, parmi lesquels des Gotha (comme le G V et le G VI) et des Friedrichshafen, caractérisés par leurs moteurs à hélices propulsives et leur capacité d'emport de bombes élevée. Ces appareils, surnommés « Riesenflugzeugen » ou bombardiers géants, n'influent en aucune façon sur le déroulement du conflit. Pour répondre aux raids aériens allemands, l'Angleterre crée, lors des premiers mois de 1918, un corps de bombardement aérien indépendant, l'Independent Air Force, confié au général Trenchard et destiné à agir sur le territoire ennemi. Les premiers raids sur l'Allemagne n'en sont pas moins intervenus dès la fin de 1914, à l'initiative du Royal Naval Air Service, et les Britanniques les poursuivent dans les années qui suivent. Toutefois, l'Independent Air Force leur confère une ampleur nouvelle, en engageant des monomoteurs légers De Havilland DH.9, aux capacités limitées, mais aussi progressivement des avions bien plus lourds, comme le Handely Page 0/100 puis le Handley Page 0/400. La Royal Air Force, créée en avril 1918, prévoit d'aller beaucoup plus loin, à Berlin, en faisant construire des appareils d'une bien plus grande allonge, comme le Vickers Vimy et le Handley Page V/1500. Ces machines apparaissent néan-moins bien trop tard pour être engagées dans des opérations de guerre.

Largage de bombes à la main par l'observateur d'un aéroplane français.

Les bombardiers tactiques

Hormis des bombardiers stratégiques, l'Entente et la Triplice utilisent des avions de bombardement destinés à intervenir dans la bataille. Ces bombardiers tactiques sont caractérisés par leur faible capacité d'emport de charge, et ils consistent surtout en des monomoteurs relativement légers.

Les Britanniques disposent, entre autres, de De Havilland DH.4 et DH.9, et les Français déploient, dans les deux dernières années du conflit, des Breguet 14B.2. Ceux-ci opèrent notamment dans la division aérienne du général Duval, grande unité réservée dont la mission est d'attaquer les arrières immédiats de l'ennemi.

Bombardier français Breguet 14B.2 en 1918.

Le tir à travers l'hélice

S'il est une invention qui bouleverse en profondeur la guerre aérienne, c'est bien celle du tir à travers l'hélice. Ses initiateurs, les Saulnier, les Garros, les Fokker et quelques autres encore, ignorent qu'ils vont donner au combat aérien un nouveau visage.

Fokker E III armé de mitrailleuses synchronisées, capturé par les Français.

Fokker et le tir à travers l'hélice

Au kronprinz de Prusse venu lui rendre visite, Anthony Fokker explique de la façon suivante le principe de la synchronisation : *« Les balles pouvaient passer en toute sécurité dans l'espace libre entre les palettes [sic] de l'hélice à cause de leur vitesse beaucoup plus élevée que celle desdites palettes [sic]. Je comparai ce mouvement à celui des pierres qu'un gamin lancerait entre les ailes d'un moulin à vent hollandais effectuant une dizaine de tours à la minute... »*

L'histoire de cette invention, remarquable entre toutes, remonte à la veille de la Grande Guerre. En mai 1914, l'avionneur Raymond Saulnier soumet aux autorités militaires le projet d'un système permettant de tirer à travers le champ d'une hélice d'avion à moteur tractif.

L'idée de Saulnier

À une époque où bon nombre d'appareils sont dotés de moteurs propulsifs, compliquant d'autant le problème du tir aérien, l'inventeur français écrit : « La mitrailleuse sera fixée rigidement au fuselage de l'appareil et placée à côté du pilote, de façon que celui-ci puisse recharger l'arme. Le pilote, seul à bord, visera avec l'appareil, au moyen d'une hausse et d'un point de mire disposés devant lui sur le capot ; lorsque le pilote jugera que le but peut être atteint, il mettra en marche, au moyen d'un système d'embrayage, le percuteur de l'arme, laquelle, commandée par le moteur, débitera des balles à raison d'environ sept par seconde. Comme l'hélice se trouve devant le pilote, il y a lieu de prévoir un système de commandes spéciales, pour que le moteur fasse partir le coup lorsque l'hélice a une position telle qu'elle ne puisse être atteinte par la balle. Un tel dispositif est facile à réaliser et nous comptons vous en présenter un modèle sous deux ou trois semaines environ. » Trois mois avant l'éclatement des hostilités, l'idée d'un avion de chasse moderne, doté d'une mitrailleuse synchronisée, est clairement exprimée, mais les bureaucrates du ministère de la Guerre n'en ont cure. L'affaire refait surface quelque temps plus tard lorsque les aviateurs se rendent compte de l'intérêt d'un aéroplane répondant à un certain nombre de caractéristiques qui en feraient le chasseur idéal : un monoplace à moteur tractif très maniable et doté d'une ou plusieurs mitrailleuses orientées vers l'avant de manière à pouvoir être servies et approvisionnées par le pilote lui-même.

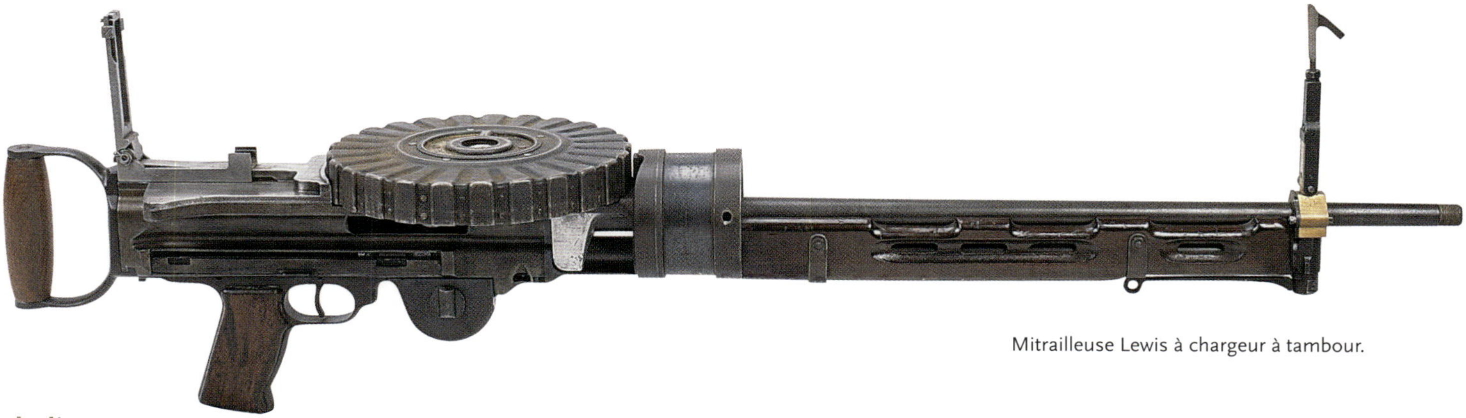

Mitrailleuse Lewis à chargeur à tambour.

L'hélice Garros

Roland Garros, un aviateur émérite qui a traversé en solitaire la Méditerranée en 1913, se lance presque seul dans cette aventure technique. Pendant les derniers mois de 1914 et les premières semaines de 1915, il développe une hélice qui permet une très nette avancée. L'hélice dite « Garros » dispose d'un déflecteur en acier sur chacune de ses deux pales dont la fonction consiste à dévier celles des balles d'une mitrailleuse qui ne parviennent pas à franchir le champ qu'elle balaye. Le pilote français monte son système sur un Morane-Saulnier Parasol à bord duquel Garros remporte successivement trois victoires aériennes dans les premiers jours d'avril 1915. Malheureusement, quelques temps plus tard, l'aviateur tombe en territoire ennemi, à la suite d'une panne, et n'a pas le temps de mettre le feu à son aéroplane, livrant involontairement son secret aux Allemands.

Nieuport 11 armé d'une mitrailleuse montée sur le plan supérieur de la voilure.

Le pas décisif de Fokker

Ceux-ci s'empressent de le confier à Anthony Fokker, un Néerlandais qui travaille pour eux. Ayant examiné le dispositif, l'avionneur en extrapole un système bien plus ingénieux qui consiste à synchroniser, grâce à un système de cames, le tir avec le fonctionnement de l'hélice (ainsi, toutes les balles en traversent le champ sans aucun dommage pour l'hélice elle-même). Fokker, en ayant équipé un monoplan Eindecker, confère à l'aviation allemande un avantage redoutable par rapport aux alliés de l'Entente. Dans un premier temps, ceux-ci adoptent un dispositif bâtard et fort peu pratique, où la mitrailleuse, pour ne pas interférer avec l'hélice, est fixée sur le plan supérieur de la voilure. Puis, grâce aux travaux menés par des techniciens comme Alkan et Constantinesco, Français et Britanniques rattrapent leur retard à partir de 1916.

Roland Garros (au centre), inventeur d'un des premiers systèmes de tir à travers l'hélice.

Les moteurs d'aviation français

À côté d'un secteur des cellules d'un extraordinaire dynamisme, qui parvient à fabriquer plus de 50 000 appareils de 1914 à 1918, l'industrie aéronautique française tire une bonne partie de sa puissance de ses motoristes dont le génie inventif porte cette branche à des sommets de production.

Ouvriers en train d'achever un Voisin doté d'un moteur propulsif.

Tout au long de la Grande Guerre, l'industrie française des moteurs d'aviation, aux mains de quelques firmes dynamiques et inventives, produit en très grandes quantités pour les besoins de l'aéronautique militaire, de l'ordre de 92 000 exemplaires. En 1914, ce sont quelque 860 propulseurs qui sortent des ateliers pendant les cinq mois de guerre ; en 1915, ce nombre est porté à 7 086, en 1916, il atteint 16 785, en 1917, 23 092 et en 1918, il culmine à 44 563, soit près du double de l'année précédente.

Des firmes en pointe

Le développement aussi considérable de la production de cette branche industrielle n'a été rendu possible que par une mobilisation industrielle à outrance et une rationalisation poussée des processus de fabrication. Sans une telle expansion, le secteur des avions lui-même n'aurait pas connu une aussi grande montée en puissance. À côté des sociétés qui ont déjà pignon sur rue – Renault, qui se consacre à cette activité depuis la seconde moitié des années 1900-1910, mais aussi Gnome, créée par les frères Seguin –, des firmes nouvelles et innovantes s'imposent au cours des hostilités dans le domaine des moteurs. Parmi ces dernières figure Hispano-Suiza, dont la production ira notamment aux chasseurs SPAS S.VII et S.XIII, les meilleurs avions de ce type que la France ait conçus à cette époque. Dirigée par un ingénieur d'origine suisse, Marc Birkigt, cette compagnie installée à Bois-Colombes en 1914 s'engage dans la réalisation de propulseurs pour le

LE MOTEUR ROTATIF

Inventé par les frères Seguin, créateurs de la société Gnome, le moteur rotatif a pour caractéristique majeure d'être constitué d'un vilebrequin fixe autour duquel tournent des cylindres disposés en étoile et une hélice qui restent solidaires. Bien qu'il provoque un effet de couple important, ce système autorise un excellent refroidissement grâce aux grandes quantités d'air qu'il est capable de brasser.

compte de l'État en 1915 et se classe au cinquième rang de ses fournisseurs trois ans plus tard. Un autre constructeur important est la société Lorraine, qui commence à se consacrer à cette activité en 1915, à partir de brevets Mercedes-Benz saisis en France au moment de la déclaration de guerre. La compagnie Samlson, constituée par Émile Samlson peu avant les hostilités, est elle aussi un bel exemple de réussite. Alors qu'elle ne sort que 10 moteurs par mois en 1913 et emploie à peine une centaine d'ouvriers, elle en produit déjà 300 dans le même laps de temps en 1916 et dispose d'un effectif de 5 000 personnes.

De brillants progrès techniques

Au commencement de la Première Guerre mondiale, l'industrie française des moteurs se consacre en grande partie à la réalisation d'engins rotatifs, tels que les Gnome, les Clerget et les Le Rhône dont la puissance ne dépasse pas 80 ch. Des progrès sont bien sûr effectués par les motoristes engagés dans cette voie, mais les rotatifs ne pourront jamais dépasser, pour des raisons d'ordre technique, les 150 ch. Aussi sont-ils peu à peu supplantés par des modèles en étoile et en ligne dont le refroidissement exige le recours à des produits liquides spécifiques et qui se révèlent à la fois plus fiables et plus pratiques. Grâce à ces technologies, les propulseurs atteignent, en 1918, des puissances que personne n'a imaginées quatre ans auparavant : 220 ch pour les Hispano-Suiza, 240 ch pour les Canton-Unné et 300 ch pour les Renault. La production de ces divers types d'engins est un reflet fidèle de la domination des deux derniers. Si, à la date de septembre 1914, l'industrie livre 76 moteurs rotatifs, 60 en ligne et 9 en étoile, elle en fournit respectivement 473, 3 243 et 558 en août 1918.

Bancs d'essai chez un motoriste français pendant la guerre.

LA PRODUCTION DE MOTEURS EN FRANCE, 1914-1918

	1914	1915	1916	1917	1918
Janvier	–	307	1 001	1 579	2 567
Février	–	370	965	1 204	3 117
Mars	–	696	1 178	1 552	3 139
Avril	–	584	1 249	1 721	4 029
Mai	–	652	1 262	1 986	3 847
Juin	–	603	1 295	1 885	4 274
Juillet	–	538	1 552	1 960	4 490
Août	40	571	1 561	1 965	4 320
Septembre	100	533	1 579	1 899	3 934
Octobre	137	648	1 727	2 089	4 196
Novembre	209	687	1 624	2 537	3 502
Décembre	374	897	1 792	2 715	3 148
Total	**860**	**7 086**	**16 785**	**23 092**	**44 563**

Chasseurs Nieuport équipés d'un moteur rotatif.

La photographie aérienne

La guerre de tranchées engendre de nouveaux besoins, notamment dans le domaine du renseignement. Une partie des moyens aériens des différents belligérants est ainsi consacrée à la reconnaissance photographique qui permet de disposer d'informations extraordinairement précises sur les systèmes défensifs de l'adversaire.

Le village de Beine, près de Reims, photographié par un avion français, en avril 1917.

L'idée d'utiliser des photographies prises depuis le ciel à des fins militaires remonte avant la Première Guerre mondiale, mais l'expérimentation opérationnelle d'un tel procédé n'intervient, du mois au sein de l'aéronautique militaire française, que vers la fin de l'année 1914. Grâce à des appareils dédiés qui ne cessent de se perfectionner et à des techniques de prises de vue sans cesse plus précises, les états-majors disposent, au fil des mois, de clichés de plus en plus fins des lignes allemandes.

Du cliché à la carte d'état-major

De ces photographies sont tirées les cartes dont les responsables ont besoin pour étudier et déchiffrer les organisations de l'ennemi, qui gagnent en profondeur et en complexité. Le procédé de restitution qui permet de passer des clichés aux cartes se révèle d'autant bienvenu que, lorsque la guerre éclate, ces dernières n'ont pas été

Photographie aérienne du mont Cornillet sous les obus, en Champagne, le 2 mai 1917.

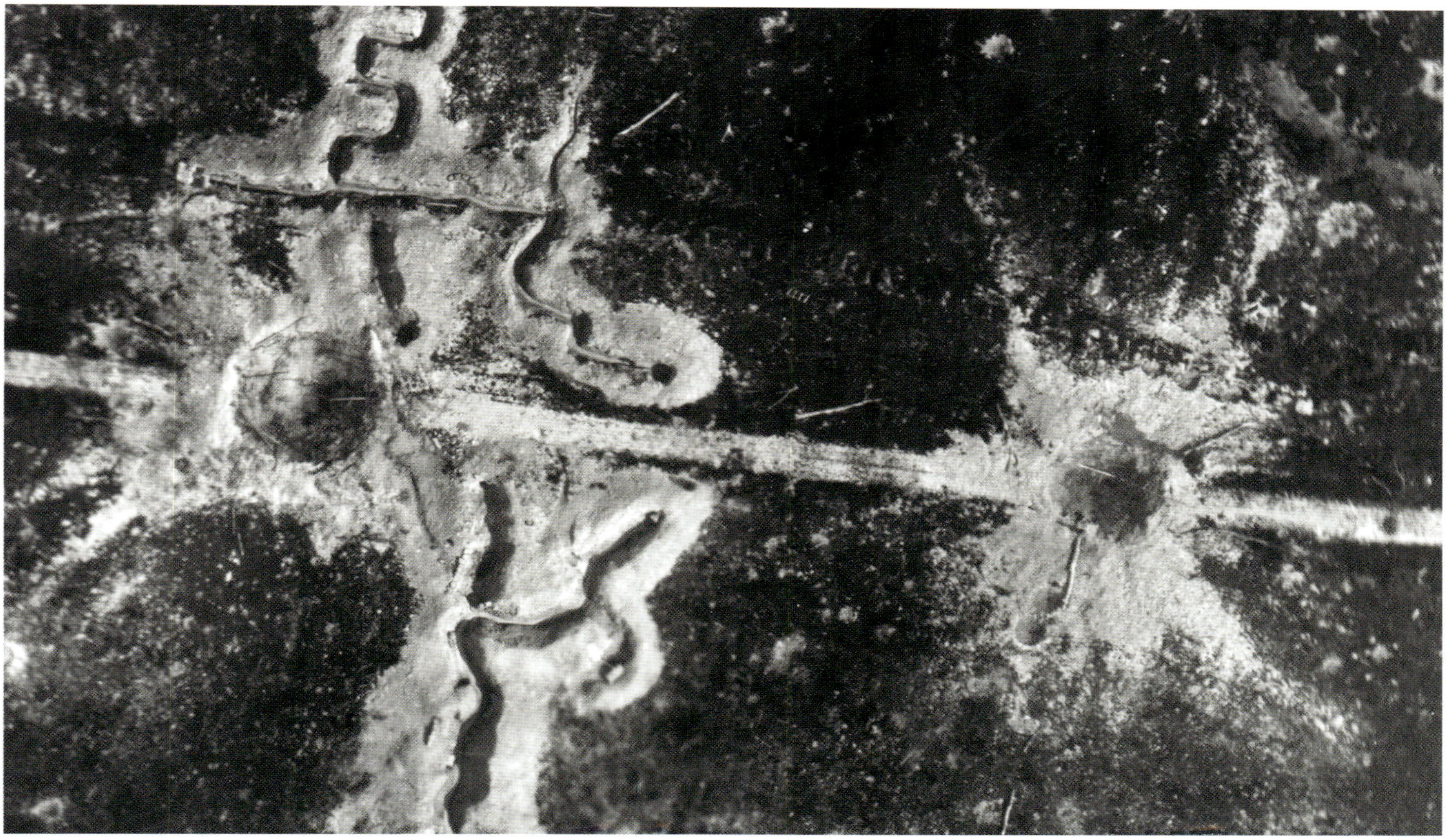

Entonnoirs de mines à Tahure mai 1917.

révisées depuis plus d'un demi-siècle. À partir de 1916, l'aviation française applique la technique de la couverture photographique, qui consiste en un assemblage des prises de vue d'un secteur donné et en une large diffusion au niveau des états-majors, grâce à des reproductions imprimées. Par ailleurs, les survols soutenus et permanents des lignes ennemies offrent la possibilité de connaître dans le détail l'évolution des défenses, et donc de mieux diriger les tirs d'artillerie ou de préparer avec plus de soin une attaque.

Appareils à grande focale et laboratoires de campagne

Les matériels utilisés pour la photographie aérienne connaissent une très nette amélioration au cours des hostilités, avec l'apparition des caméras ayant différentes longueurs de focale, mais aussi des photos à plaques. Les appareillages à grande focale permettent aux aéroplanes qui en sont équipés d'opérer à haute altitude, souvent hors de portée de l'artillerie antiaérienne, qui ne cesse de gagner en puissance, voire même de la chasse. Dès le retour sur leur terrain, les avions chargés des missions photographiques confient leurs clichés à des laboratoires de campagne qui les développent et en font des tirages en quelques heures seulement avant de passer aux mains d'interprétateurs qualifiés capables de discerner le moindre détail.

La reconnaissance lointaine et la photographie aérienne

Si, pendant une grande partie du conflit, la photographie est utilisée dans le cadre de la guerre de tranchées, l'aviation de reconnaissance lointaine, qui fait preuve d'une très grande activité dans les derniers mois des hostilités, lui confère une bien plus grande dimension stratégique. Grâce à des officiers comme Paul-Louis Weiller, les techniques de la grande reconnaissance évoluent rapidement à partir de 1917. La comparaison des clichés rapportés jour après jour permet de discerner les préparatifs d'une offensive, en tenant compte, par exemple, de l'accroissement des réseaux routiers ou de chemin de fer dans tel ou tel secteur. Cette méthode, si elle échoue dans la détection de la grande attaque du 21 mars 1918, permet de déceler celle du 15 juillet suivant et de prendre les mesures nécessaires pour la contrer.

PAUL-LOUIS WEILLER

Un des pionniers les plus importants de la photographie aérienne pendant la Grande Guerre, du moins dans ses applications à la reconnaissance stratégique, est un centralien promis à une belle carrière dans l'industrie, le commandant Paul-Louis Weiller. Initiateur d'un projet de restitution de cartes d'état-major à partir de clichés pris depuis des aéroplanes (1914-1915), cet artilleur devient commandant d'une escadrille de reconnaissance puis d'une unité, constituée dans un premier temps de deux escadrilles de Breguet 14A2 en 1918, le groupement Weiller. Rattaché au grand quartier général, ce groupement est chargé de conduire des missions à caractère stratégique sur les arrières des Allemands.

Les dirigeables

Prédécesseurs des aéroplanes, les dirigeables, partie intégrante de la famille des plus légers que l'air, sont longtemps considérés comme des vecteurs stratégiques capables d'attaquer les villes ou les flottes de l'adversaire. Ils n'en jouent pas moins un rôle de second plan pendant les hostilités.

Carte postale d'avant 1914 représentant un zeppelin attaqué et détruit par un aéroplane baptisé « Triple-Entente ».

Dès l'avènement des premiers ballons, qu'ils soient à air chaud ou gonflés à l'hydrogène, les pionniers se préoccupent de leur dirigeabilité, c'est-à-dire de la possibilité de les faire déplacer dans quelque direction que ce soit.

Naissance des dirigeables

Le problème est résolu par le Français Giffard en septembre 1852 ; mais il n'en faut pas moins attendre l'extraordinaire expérience d'autres Français, mais militaires ceux-là, Renard et Krebs, pour qu'un engin volant de ce type accomplisse un premier circuit fermé. Le 9 août 1884, en effet, La France, un aérostat souple, propulsé par un moteur électrique de moins de 100 kg, s'envole de l'établissement d'aérostation de Chalais-Meudon, tout près de Paris, fait demi-tour à Villacoublay et revient à son point de départ, soit un peu plus de 7,5 km parcourus en 23 minutes.

La « zeppelinite »

Si la France joue un rôle pionnier dans ce domaine, elle ne s'en laisse pas moins distancer par son principal ennemi européen, l'Allemagne. À l'initiative du comte Ferdinand von Zeppelin, celle-ci s'engage dans la construction de gigantesques dirigeables rigides dont le premier effectue son vol le 2 juillet 1900. Soucieux de servir son pays, cet aristocrate imaginatif et patriote entend lui permettre de disposer d'une puissante flotte aérienne. Le développement de cette arme de guerre stratégique prend une telle ampleur, dans les années qui précèdent le premier conflit mondial, que le vieux continent en prend peur et souffre d'un syndrome auquel certains donnent le nom pour le moins imagé de « zeppelinite ».

Zeppelin abattu par un aéroplane allié.

LE COMTE FERDINAND VON ZEPPELIN

Né à Constance en 1838, Ferdinand von Zeppelin choisit la carrière des armes à l'âge de vingt ans et effectue ses études à l'école des cadets de Ludwigsburg avant d'être admis à l'université de Tübingen. L'officier découvre avec surprise les ballons lors de la guerre de Sécession, où il agit comme observateur, et participe à la guerre franco-prussienne (1870-1871) dans l'aérostation. Mis à la retraite en 1895, avec le grade de général, il se consacre dès lors à la construction d'une flotte de dirigeables pour son pays et meurt pendant la Grande Guerre, en mars 1917.

L'échec des zeppelins

Au commencement de la Grande Guerre, les dirigeables sont considérés comme un moyen d'action à longue distance capable d'agir sur les arrières de l'ennemi et d'y produire d'importants effets. Les Allemands alignent douze de ces monstres des airs, dont neuf zeppelins, les Français six et les Britanniques quatre. Dès le début des opérations, les aérostats du Reich sont utilisés pour bombarder des places fortes, comme Liège, en août 1914, ou effectuer des missions de reconnaissance lointaine. Ils attaquent aussi des villes dans lesquelles ils frappent les zones résidentielles, à Anvers ou Nancy, en 1914. À partir de janvier 1915, ils sont engagés dans des attaques de nuit sur l'Angleterre de manière à atteindre le moral des civils. Une cinquantaine de raids (354 sorties) sont conduits jusqu'en avril 1918, coûtant seize zeppelins sans que les Britanniques ne plient cependant. Sur Paris ou sur les cités belges, les résultats ne sont guère plus probants.

Les déceptions alliées

Les Britanniques et les Français ne réussissent guère plus avec leurs propres dirigeables dans la guerre terrestre. D'août 1914 à février 1917, les seconds n'accomplissent pas plus de 63 sorties. Lorsque, au cours de ce dernier mois, le Pilâtre de Rozier est détruit en Alsace, l'état-major français décide d'affecter tous les aérostats en sa possession aux forces navales. Assurant la protection des convois, la reconnaissance et la chasse aux sous-marins de la Triplice, ces engins effectuent 3 428 sorties jusqu'à la fin des hostilités. De leur côté, les Britanniques rencontrent de grandes déceptions avec leurs dirigeables rigides, qu'ils destinent à l'escorte de leurs forces navales, mais la Royal Navy n'en utilise pas moins avec succès des souples dont le travail au profit de la guerre navale reste impressionnant.

Dirigeables français Astra-Torrès sur leur terrain.

Les ballons d'observation

Les ballons captifs qui, avec les dirigeables, forment l'aérostation, jouent un rôle déterminant dans la guerre des tranchées qui se déroule sur le front occidental. Utilisés pour repérer les batteries d'artillerie de l'ennemi et diriger et régler contre elles les tirs des canons amis, ils se révèlent cependant très vulnérables aux attaques de l'adversaire.

Préparation d'un ballon sphérique pour une ascension, en 1915.

Le ballon constitue assurément le premier moyen utilisé par les militaires pour observer les positions de l'ennemi à partir du ciel. Il est employé dans cette tâche dès les guerres de la Révolution et des unités spécialisées sont créées à cette fin. Au cours des années 1880-1890, l'armée française se dote d'une inspection puis d'une direction de l'aérostation, et des plus légers que l'air sont employés avec succès lors de campagnes coloniales (Madagascar et Tonkin).

Du sphérique au Caquot

Au commencement des hostilités, alors que l'aéroplane occupe déjà une place prééminente, l'aéronautique militaire française ne compte que quatre compagnies d'aérostation. Les plus hautes autorités de l'armée ont même décidé de supprimer purement et simplement cette spécialité dont l'existence ne cadre guère avec la doctrine à laquelle elles se sont converties, celle de l'offensive à outrance. Cette spécialité connaît toutefois un retour en grâce lorsque, au lendemain de la course à la mer, les combattants s'enterrent face à face dans des tranchées qui courent de Nieuport à la frontière suisse. Dans la guerre de positions qui s'annonce, les ballons d'observation vont acquérir un rôle essentiel : celui de pouvoir observer les lignes de l'ennemi à de grandes distances et de diriger contre elles les tirs des batteries d'artillerie. En ces premiers mois des opérations, les Français ont un important retard technique sur leurs adversaires. Alors que l'Allemagne aligne des ballons captifs de bonne qualité et d'une grande efficacité, les Drachen, les armées de Joffre ne disposent que d'engins sphériques de 750 m3 aux qualités aérodynamiques très médiocres, qui ne peuvent être utilisés par vent fort (moins de 30 km/h). Le capitaine Saconney, chargé de la réorganisation de cette spécialité dans les derniers mois de 1914, développe certes des trésors d'ingéniosité, mais il ne peut, dans l'immédiat, rien faire d'autre que de déployer les quelques sphériques disponibles dans les dépôts (en décembre 1914, à peine une trentaine de ballons de ce type servent au front). À l'initiative d'un officier talentueux, Albert Caquot, l'armée française s'engage au cours de l'année dans la conception d'un nouveau ballon, directement inspiré du Drachen. D'une très grande stabilité, cet engin de forme ovoïde est capable d'offrir une remarquable résistance aux rafales de vent et peut être treuillé à des altitudes plus importantes. Il est produit en grandes séries (1 000 unités de 1915 à 1918, dont 200 attribuées aux armées alliées) et se révèle, dès son entrée en service, intervenue en 1916, d'une qualité de très loin supérieure à celle de son équivalent allemand. Dans le même temps, la technologie des treuils permettant de faire monter ces aérostats dans les airs connaît un développement considérable.

Les aérostiers au combat

Organisée en compagnies (75 à la fin de 1915), l'aérostation prend de plus en plus d'importance au cours de la guerre. En 1916, chaque corps d'armée français possède son ballon captif. Les capacités mêmes des engins de ce type, le danger qu'ils représentent pour les organisations au sol de chaque adversaire, en font une cible privilégiée. Comme les avions de chasse constituent pour eux un danger mortel, ils sont protégés par de forts moyens en mitrailleuses et en canons antiaériens. Les aérostiers sont les seuls, dans l'aviation militaire française, à disposer d'un parachute et ils emportent parfois avec eux une mitrailleuse qui leur permet de se défendre.

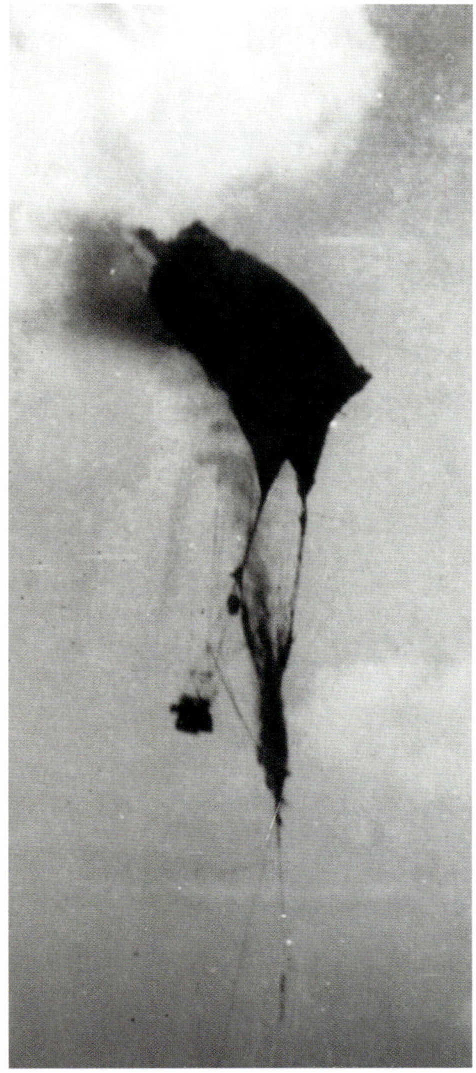

Ballon français descendu en flammes par un chasseur allemand.

LE DÉSASTRE DE MAI 1916

Le 5 mai 1916, une effroyable tempête balaie le front occidental, entraînant un désastre au sein des compagnies d'aérostation françaises. Quelque 24 ballons avec 28 observateurs à leur bord sont en effet emportés par le vent et détruits. Seuls 18 hommes parviennent à se tirer d'affaire en sautant en parachute (5 sont tués, 2 blessés et 9 autres faits prisonniers).

Ballon sphérique français, avec sa nacelle.

La division aérienne

Tout au long des grandes batailles de 1918, les Français jettent dans la mêlée des masses compactes d'aviation organisées autour d'un concept à la fois singulier et inédit : la division aérienne. Regroupant plusieurs centaines de chasseurs et de bombardiers, cet organisme joue un rôle de premier plan dans les combats livrés lors de cette dernière année de guerre.

SPAD biplaces au combat en 1918.

En août 1917, le général Pétain, commandant en chef des armées françaises du Nord et du Nord-Est, nomme le colonel Duval, adjoint au groupe d'armées du Centre, à la tête du service aéronautique du grand quartier général.

L'emploi de l'aviation en masse

Convaincu de la nécessité d'organiser et d'employer l'aviation en masse, de façon à compenser, par le recours à des moyens matériels, la faiblesse numérique insigne de l'armée française, cet officier supérieur s'engage dans cette tâche en n'ignorant pas qu'il dispose de fort peu de temps. L'élimination de la Russie laisse en effet supposer aux alliés de l'Entente que, dès les premiers mois de 1918, des centaines de milliers de soldats allemands pourront être transférés sur le front occidental, donnant une écrasante supériorité à Ludendorff. Pour Duval, le constat est évident : si des groupes de combat (chasse) plus ou moins permanents ont été créés au lendemain de la bataille de la Somme, à la fin de l'année 1916, la plus grande partie des moyens aériens français sont dispersés dans les armées du front, au détriment de toute rationalisation guerrière. Aussi décide-t-il, à travers quelques initiatives fortes, de les rassembler dans des organisations spécifiques qui leur permettront de peser d'un poids important dans la bataille. En février 1918, il crée des escadres de chasse et de bombardement qu'il organise ensuite en plusieurs groupements autonomes mis à la disposition exclusive du service aéronautique du GQG.

Les protestations des armées

Ce faisant, le chef de l'aviation française s'attire de nombreuses critiques. Privés de leurs escadrilles de chasse, les commandants d'armée ne peuvent plus en effet assurer de façon efficace la protection de leurs avions d'observation au-dessus du front. Ils réclament donc la rétrocession des unités de cette spécialité passées en réserve de GQG ; mais Duval tient bon. Il n'ignore pas que s'il cède, c'en serait fini du dessein qu'il caresse depuis les derniers mois de 1917 : se doter d'un outil capable de conquérir la maîtrise du ciel sur la ligne de feu, et, une fois atteint cet objectif, intervenir avec tous les moyens disponibles dans la bataille terrestre. Grâce aux efforts colossaux déployés par l'industrie aéronautique nationale, il dispose de deux appareils de très grande qualité qui vont lui permettre de remplir cette tâche : le SPAD S.XIII pour la chasse, le Breguet 14B.2 pour le bombardement.

Batailles défensives et offensives

Le banc d'essai des idées de Duval, promu général en mai 1918, est la bataille de Picardie, dans laquelle les Allemands s'engagent en mars de cette même année. Pour freiner l'avance ennemie, qui menace Amiens, le chef du service aéronautique jette plusieurs dizaines d'escadrilles organisées en deux groupements et en un groupe de bombardement de nuit dans la mêlée. En quelques jours, il parvient à ravir la maîtrise du ciel à l'ennemi, puis harcèle sans répit les troupes qui montent vers le front, attaquant à la bombe les routes, les voies de chemin de fer, les gares et les bivouacs allemands. En mai, Duval franchit une nouvelle étape. Il réunit en une seule masse, de près de 600 avions de chasse et de bombardement, les groupements Ménard et Féquant, qu'il baptise du nom de division aérienne. Ayant pris la tête de cet ensemble, de façon à mieux contrer ceux qui n'en acceptent pas l'existence, il le mène au combat contre l'ennemi qui vient de percer au Chemin des Dames puis dans la bataille du Matz. Ayant contribué à l'arrêt du Friedensturm, en juillet, la division aérienne est de toutes les grandes offensives alliées qui s'ensuivent : celle du 18 juillet, celle de Saint-Mihiel (septembre), et, en novembre, elle est rassemblée en Lorraine, prête à frapper à nouveau, en direction du territoire allemand (cette dernière grande attaque est cependant ajournée en raison de la demande d'armistice).

Le général Duval, traitant de la division aérienne, écrit en 1935 :

« Ma conviction était que le rôle capital devait appartenir à l'aviation de chasse transformée en aviation de combat. Il fallait pour cette transformation deux choses : réaliser le matériel approprié, changer l'esprit individualiste et les méthodes d'action des pilotes... »

Breguet 14 à l'attaque en 1918.

Le Breguet 14 constitue la cheville ouvrière des escadres de bombardement de la division aérienne.

La Voie sacrée

Pendant toute la bataille de Verdun, alors que les soldats français se sacrifient en masse pour tenter de freiner l'assaut allemand, un autre enjeu, bien moins connu celui-là, se déroule en arrière du front. Jour après jour, des milliers de camions acheminent vers la ville menacée les hommes, les munitions et le matériel nécessaires à la conduite de ce gigantesque affrontement.

Camions descendant de Verdun par la Voie sacrée.

Les principales voies ferrées, hormis le Meusien, ayant été coupées par l'artillerie allemande, le haut commandement français ne dispose guère que d'un seul moyen pour faire monter en ligne les troupes qui doivent livrer bataille, mais aussi les approvisionner en munitions, vivres, matériels et équipements de toutes sortes : la route.

Des besoins énormes

Les besoins sont, il est vrai, colossaux. Ce sont près de 50 000 tonnes par semaine qui se révèlent nécessaires à l'entretien des divisions engagées devant Verdun. Pour mener à bien cette tâche immense, le directeur des services automobiles du grand quartier général, le commandant Girard, se tourne vers son adjoint, le chef d'escadrons Doumenc, chargé plus particulièrement du transport des troupes et du ravitaillement, et lui demande d'organiser l'approvision-nement de la IIe armée. Faisant preuve d'un sens de la responsabilité et d'une efficacité remarquables, cet officier supérieur constitue une commission régulatrice automobile, la CRA, à laquelle il confie le soin de réguler le trafic d'une route longue d'environ 55 km, entre Bar-le-Duc et Verdun ; une route appelée à devenir le véritable cordon ombilical de la bataille et que l'écrivain nationaliste Maurice Barrès appellera, par analogie avec la via Sacra romaine et dans une grande envolée patriotique, la « Voie sacrée ».

Un flux continu

Les moyens logistiques déployés par les services de Doumenc sont aussi considérables que le sont les enjeux de la bataille. Entre Bar-le-Duc et Verdun, des « cantons », sortes d'étapes, sont créés (Naives, Rumont, Érize-la-Brûlée, Rosnes, Érize-la-Grande, Érize-la-Petite, Chaumont-sur-Aire, Issoncourt, Heippes, Souilly, Lemmes) et près de 3 500 camions répartis en 42 groupes de transport, sans parler de 800 véhicules ambulances et 2 000 automobiles de tourisme, sont rassemblés en arrière du front. Pour entretenir

Convoi de ravitaillement à Verdun en 1916.

AIME DOUMENC

Né en novembre 1880, à Grenoble, Aimé Doumenc, après être passé par l'École polytechnique, est admis dans l'arme de l'artillerie en 1900. Breveté d'état-major, il sert en Afrique du Nord, puis au 60e régiment d'artillerie dans les années qui précèdent la Grande Guerre. Nommé adjoint des services automobiles du GQG en 1914, il en devient le chef, avec le grade de chef d'escadrons, en mars 1917. Général de brigade en 1932 et d'armée en 1939, il est commissaire général à la reconstruction sous le régime de Vichy et se retire en 1942. Il meurt en juillet 1948 des suites d'un accident en montagne.

une route qui, sous le poids et l'incessant passage de cet immense charroi, ne cesse de se dégrader, le commandement dépêche sur place plus de 10 000 territoriaux qui s'empressent de boucher, avec des granulats extraits des carrières alentour, le moindre nid de poule. Grâce à cette organisation qui fonctionnera jusqu'au bout comme une machine bien huilée, le service automobile parvient à acheminer, du 27 février au 6 mars 1916, quelque 25 000 tonnes de munitions et de matériel et les éléments de 132 bataillons. Au plus fort des combats, un camion passe toutes les 14 secondes sur la Voie sacrée, de jour comme de nuit, dans le cadre de ce que le général Pétain, commandant la IIe armée, appellera la « noria ».

Des résultats exceptionnels

Au cours des dix mois que dure la bataille de Verdun, les résultats obtenus grâce au système mis en place par le chef d'escadrons Doumenc sont en tout point exceptionnels. Près de 700 000 tonnes d'approvisionnements divers, de munitions et de matériel sont transportés entre Bar-le-Duc et Verdun. Grâce à la Voie sacrée, l'artillerie française reçoit 10,3 millions d'obus de 75, 1,2 million d'obus de 80 à 105 mm et 2,6 millions d'obus d'un calibre supérieur. La chaussée permet également l'évacuation de 260 000 blessés vers les hôpitaux de l'arrière. « Tous il faudrait vous nommer, écrira Pétain après la guerre, soldats de Verdun, soldats de l'avant et soldats de l'arrière. Car si je mets à l'honneur [...] ceux qui tombaient aux premiers rangs de la lutte, je sais que leur courage eût été vain sans le labeur obstiné de jour et de nuit [...] de ceux qui assuraient la montée régulière des renforts, des munitions et des vivres ou l'évacuation des blessés. »

La noria des camions français sur la Voie sacrée.

Le 155CTR Rimailho

Quand elle entre en guerre, en août 1914, l'armée française dispose certes d'un important parc de canons de 75 mm, pièce supérieure au 77 allemand, mais son artillerie lourde, à base de mortiers ou canons de Bange, Rimailho et Baquet, pèche singulièrement par son insuffisance.

Essai de tir d'une pièce de 155CTR Rimailho, en 1906.

Caractéristiques du canon Rimailho de 155CTR (1904)

- Calibre : 155 mm
- Longueur du tube : 2,40 m
- Masse totale : 3 200 kg
- Vitesse initiale de l'obus : 290 m/s
- Cadence de tir : 5 coups/min
- Portée : environ 6 500 m

En 1914, l'artillerie lourde française ne compte que 308 pièces dont des 155 Rimailho courts à tir rapide (104 unités), 120 longs de Bange (120 unités) et 120 courts Baquet (84 unités).

Genèse d'une pièce d'artillerie

Brillant ingénieur, Rimailho s'est déjà distingué dans la mise au point d'un système de sécurité capable d'éviter la mise à feu prématurée de certaines pièces d'artillerie et a pris part au développement du canon de 75 quand il s'intéresse à la réalisation d'une pièce d'artillerie lourde. Les autorités militaires, qui lui ont fait décerner la Légion d'honneur pour le rôle qu'il a joué dans ce programme, lui accordent l'autorisation d'aller de l'avant. Mais elles le contraignent à utiliser les tracés du canon de Bange de 155 court, qui possède une portée nettement insuffisante, d'un peu moins de 7 000 mètres. Cette caractéristique pénalise dès l'origine l'efficacité du 155 court à tir rapide (CTR), de l'ordre

Équipe de tir d'un 155CTR Rimailho devant sa pièce.

ÉMILE FRANÇOIS LÉON RIMAILHO

Né en mars 1864 à Paris, dans une famille de commerçants, Émile François Léon Rimailho est admis à l'École polytechnique en 1884, et il en sort avec un rang honorable. Passé à l'École d'application de l'artillerie en 1886, le jeune homme fait son temps dans divers régiments avant de faire partie des officiers chargés du développement du canon de 75. En 1898, il s'intéresse à la réalisation d'une pièce lourde, le 155CTR, adopté par l'armée française en 1904. Rimailho quitte l'armée en 1913. Il décède en 1954 après avoir exercé chez Saint-Chamond pendant la Grande Guerre (où il prend part au développement du char Saint-Chamond) et avoir fait ensuite une belle carrière dans des entreprises privées.

de cinq coups toutes les minutes, imaginé par l'officier français ; elle ne lui conférera jamais les capacités nécessaires pour frapper à des distances suffisamment importantes.

L'artillerie lourde ignorée

Par ailleurs, le 155CTR entre en service au milieu de la première décennie du XXe siècle, en des moments où l'armée française, polarisée sur une doctrine d'offensive à outrance, ne s'intéresse pas à l'artillerie lourde, voire la néglige parce qu'elle est susceptible de ralentir ses mouvements. Enfin, lorsque cette pièce fait son apparition, les moyens d'observation nécessaires à sa mise en œuvre n'existent guère. Aussi le comité technique de l'artillerie se montre-t-il d'une bien trop grande réserve à l'égard des canons lourds. Comme Filloux qui, lui aussi, a été un des artisans éclairés de l'artillerie lourde dans la France de la fin du XIXe siècle et du début du XXe siècle, profondément déçu, Rimailho se résigne à faire valoir ses droits à la retraite en 1913, alors qu'il a atteint le grade de lieutenant-colonel.

Lorsque éclate la Première Guerre mondiale, le canon de 155CTR Rimailho constitue un peu moins d'un tiers des pièces lourdes d'une armée française qui ne croit pas assez en l'importance de la puissance de feu au combat. Dans la guerre de siège qui débute dès les premières semaines du conflit, cette pièce se montre d'une efficacité assez redoutable et suscite une grande crainte dans le camp allemand. Les combattants français eux-mêmes insistent sur ses effets dévastateurs chez l'ennemi. L'un d'entre eux raconte à ce propos : « La bataille prend de l'ampleur, nos pièces tirent sans arrêt ainsi qu'une batterie à tir rapide de 155 Rimailho. C'est un canon court d'une portée de 8 km et qui, paraît-il, fait beaucoup de mal à l'ennemi. Ses obus passent au-dessus de notre tir et cela nous réjouit d'entendre leur flou flou... » Au fil des mois qui passent, le canon conçu par Rimailho sera remplacé par des armes plus modernes développées dans le cadre du grand programme d'artillerie lourde lancé à l'initiative du général Joffre.

155CTR Rimailho au moment du tir en 1915.

Les sous-marins, le péril invisible

De toutes les armes nouvelles que la guerre révèle, le sous-marin est sans doute une des plus efficaces et dangereuses. Tapi dans les profondeurs de la mer, il peut envoyer par le fond un bâtiment de guerre de gros tonnage ou encore des navires de commerce chargés de marchandises ou de soldats.

Les dirigeables se révèlent d'une grande efficacité dans la lutte anti-sous-marine pendant la Grande Guerre.

Au cours de la Première Guerre mondiale, les Allemands bénéficient d'une avance technologique et numérique très supérieure à celle de leurs adversaires dans le domaine de la guerre sous-marine. Encore à l'état de prototypes au début du conflit, ces bâtiments connaissent des améliorations considérables dans les mois qui suivent.

La supériorité allemande

Grâce à leurs accumulateurs électriques, à leurs moteurs Diesel de plus en plus perfectionnés et puissants (entre 1 200 et 1 750 CV), les sous-marins allemands disposent de capacités de plongée beaucoup plus importantes et peuvent filer à des vitesses relativement impressionnantes pour l'époque, de l'ordre de 12 à 16 nœuds en surface et de 5 à 9 nœuds sous la mer.

L'armement connaît lui des avancées pour le moins substantielles, avec l'adoption de canons dont le calibre se situe entre 50 et 88 mm au début des hostilités, puis va jusqu'à 105 et même 155 mm à la fin de la guerre. Les torpilles, quant à elles, de 450 mm en 1914, passent à 500 mm, soit une masse de 1 tonne et une charge explosive de près de 200 kg, au début de 1915. Les U-Boot, comme les Allemands les appellent, disposent d'un rayon d'action d'environ 3 800 km pour les bâtiments côtiers mis en service de 1916 à 1918, mais celui des croiseurs sous-marins de 1918, conçus deux ans auparavant en prévision de l'entrée en guerre des États-Unis, est considérable. Il se situe en effet, pour le type Deutschland, à plus de 11 000 km.

L'effort français

De son côté, la marine française s'intéresse au sous-marin dans les dernières décennies du xxe siècle, par le biais des tenants de l'école de pensée qu'on appelle alors la Jeune École et qui entend moderniser les forces

La fin du *Lusitania*, en mai 1915.

LA DESTRUCTION DU LUSITANIA

L'envoi par le fond du Lusitania par le sous-marin allemand U-20, le 7 mai 1915, dans le sud de la mer d'Irlande, constitue un des épisodes les plus spectaculaires de la guerre sous-marine menée par le Reich de Guillaume II lors du premier conflit mondial. Parti de New York, ce paquebot américain coule très rapidement, emportant dans la mort 1 198 de ses passagers et membres d'équipage, parmi lesquels 118 Américains. L'affaire provoque un incident diplomatique majeur entre les États-Unis et l'Allemagne, contraignant cette dernière à renoncer à la guerre sous-marine à outrance.

navales nationales. En 1887 apparaît le Gymnote, dont le déplacement atteint quelque 30 nœuds et qui dispose d'un moteur électrique. Toutefois, à la veille de la Première Guerre mondiale, bon nombre des submersibles français sont encore équipés de moteurs à vapeur, au lieu de Diesel. Les quelques bâtiments dotés de ce dernier système de propulsion, comme le Brumaire, de 450 tonnes, ne s'en montrent pas moins d'une grande infériorité par rapport aux sous-marins allemands, notamment dans le domaine de la prise de plongée. En dépit des progrès accomplis et de l'entrée en service de sous-marins plus évolués, les résultats obtenus sont décevants et les pertes élevées. Trois submersibles sont coulés en franchissant le détroit des Dardanelles, et un autre est détruit devant Pola, en mer Adriatique. Par ailleurs, le Foucault est le premier sous-marin de l'ensemble des pays belligérants à être envoyé par le fond par des bombes d'aviation, dans l'Adriatique, en septembre 1916.

Officiers sous-mariniers allemands à bord de leur submersible.

Le submersible français *La Pallice*, en 1915.

Les cuirassés français

Lorsque éclate la Première Guerre mondiale, la marine française, partie prenante à la course à l'armement engagée depuis les premières années du xxe siècle en Europe, s'est lancée dans une rénovation tardive. Aussi se révèle-t-elle inférieure, notamment dans le domaine des cuirassés, à celles de la Grande-Bretagne et de l'Allemagne.

Le cuirassé *Bretagne* au mouillage.

Au tout début du xxe siècle, en 1901, les sept premières marines du monde possèdent quelque 88 cuirassés ; mais, au commencement du conflit, treize ans plus tard, elles disposent de 217 cuirassés et croiseurs de bataille.

Un débat fondamental

La France est confrontée à un important retard dans ce domaine. Après que la possibilité d'un confit avec l'Angleterre a été écartée, à l'issue de la signature de l'Entente cordiale, elle a mis l'accent sur le développement d'une flotte capable d'affronter les marines combinées de l'Autriche-Hongrie et de l'Italie en mer Méditerranée. Dans les plus hautes instances du pays, un débat fait alors rage entre les partisans d'une forte armée de terre et d'une marine de moindre importance, où les cuirassés seraient bien moins nombreux, et ceux qui entendent développer à la fois des forces navales et terrestres puissantes. Mettant l'accent sur le développement d'une flotte offensive, fondée sur les torpilleurs et les sous-marins, un des tenants de cette dernière thèse écrit, en 1906 : « Avant d'entamer un programme nouveau, dans lequel les cuirassés à grand tirant d'eau absorberaient, sans profit réel, la plus grosse part des ressources du budget des constructions neuves, construisons la centaine de submersibles offensifs dont l'entrée en ligne renversera, à notre profit exclusif, toutes les conditions jusqu'ici admises de la guerre sur mer. »

La révolution du *Dreadnought*

Face à la révolution technique et stratégique de la guerre navale liée à l'avènement du *Dreadnought*, au milieu de la première décennie du xxe siècle, en Angleterre, la marine française fait pâle figure. Le programme des six cuirassés de type Danton qu'elle lance en 1907-1908 et qui entreront en service en 1911 ne tient pas compte de ce bouleversement fondamental. Ces bâtiments sont en effet

Branle-bas de combat sur un cuirassé français.

armés d'une artillerie dont les calibres ne sont pas unifiés et se révèleront déjà dépassés au moment de leur apparition. Enfin, la construction du Normandie et de ses sister-ships sera arrêtée au moment de la guerre.

Les premiers dreadnoughts n'apparaissent qu'en 1913, avec la série des Courbet, et encore sont-ils inférieurs à ceux des autres puissances navales. Dans le même temps, alors que les croiseurs de bataille s'imposent aussi bien chez les Britanniques que chez les Allemands, les Français en sont encore, en 1908, à impulser un programme de croiseurs cuirassés complètement surclassés, mal protégés et dotés d'une artillerie inefficace.

Une guerre sans gloire

Contrairement à toutes les prévisions, les cuirassés français ne prennent part, au cours de la Première Guerre mondiale, à aucune bataille navale majeure. Malheureusement engagés dans le détroit des Dardanelles, contre les forts turcs en 1915, ils sont employés dans la protection et le contrôle des routes maritimes et dans le blocus que les Alliés ont établi en Méditerranée où la plus grande partie de la flotte française a été rassemblée, dans le cadre de l'armée navale, sous le commandement du brillant amiral Boué de Lapeyrère (17 cuirassés et 11 croiseurs cuirassés en août 1914). Là, elle est confrontée à un péril qu'elle a mésestimé, celui des sous-marins qui envoient par le fond plusieurs de ses gros navires : le Jean-Bart (décembre 1914), le Léon Gambetta (avril 1915), le Gaulois (décembre 1916) et le Danton (mars 1917). De son côté, le Suffren est torpillé dans l'Atlantique en novembre 1916. Le cuirassé Bouvet coule, quant à lui, après avoir heurté une mine à Gallipoli (mars 1915). Néanmoins, la maîtrise des mers, dans laquelle ces bâtiments jouent un rôle de première importance, contribue à la victoire alliée, en permettant le passage des convois qui transportent des troupes, des matières premières ou des approvisionnements à destination de l'Europe.

LE *DREADNOUGHT*

Tirant les leçons de la guerre russo-japonaise (1904-1905), le chef de la marine britannique, l'amiral John Fisher, initie, en 1905-1906, le développement du *Dreadnought*, un cuirassé révolutionnaire dont l'armement principal est monocalibre et qui dispose de turbines lui permettant d'afficher des vitesses élevées. Le *Dreadnought*, de par sa nouveauté, donne une impulsion nouvelle à la guerre navale et ses principes seront adoptés par toutes les grandes marines du monde.

La tourelle arrière d'un croiseur cuirassé français.

Double page suivante : Joffre recevant Poincaré au GQG.

Cinquième partie

LES GRANDES FIGURES

Si un phénomène révèle le tréfonds du caractère humain, c'est assurément la guerre. Dès les premières semaines des hostilités, des hommes s'affirment comme des chefs incontestés, d'autres s'effondrent tant la pression physique et psychologique est intense. Joffre, commandant en chef de 1914 à 1916, calme et impavide dans les pires épreuves, est contraint d'épurer en profondeur le corps des généraux français, limogeant près de 90 % de ceux qui sont en poste au début du conflit.

Ceux qui échappent à cette purge serviront parfois jusqu'à la fin des hostilités, tels Castelnau ou encore Foch. Mais la majorité des officiers qui sont aux commandes en 1918 se sont révélés lors des premières batailles en tant que colonels, à la tête de leur régiment, tels que Pétain. Ils ont gravi les échelons pour atteindre parfois les postes les plus élevés de la hiérarchie. Joffre (1914-1916), Nivelle (1917) et Pétain (1917-1918) dirigent successivement les armées françaises lors de cette terrible épreuve, et Foch, après être tombé en disgrâce en 1916, devient commandant en chef des armées alliées deux ans plus tard. D'autres (Fayolle, Franchet d'Esperey, Maistre) commandent d'énormes groupes d'armées lorsque prennent fin les hostilités, jouant un rôle décisif dans la victoire.

Contrairement à une légende tenace qui vise à les discréditer en soutenant qu'ils se sont le plus souvent tenus éloignés du front, nombre de généraux français sont tués ou blessés au combat. Quarante-et-un d'entre eux trouvent la mort parmi lesquels Ancelin, Loyzeau de Grandmaison, Riberpray ou encore des Vallières.

Foch, généralissime des armées alliées

Considéré avant-guerre comme l'un des penseurs militaires français les plus féconds, Foch est entré dans la légende en mars 1918. C'est à partir de cette date en effet que, nommé généralissime de l'ensemble des armées alliées, il conduit ces dernières avec vigueur et détermination jusqu'à la victoire finale.

Le maréchal Foch faisant connaître les conditions d'armistice alliées aux Allemands, à Rethondes, en novembre 1918.

Amateur d'aphorismes qu'il se plaisait, avant-guerre, à répéter à ses jeunes stagiaires de l'École de guerre, Ferdinand Foch a toujours assuré « qu'accepter l'idée d'une défaite, c'est être vaincu ». Ne jamais se résigner, toujours croire en un retournement possible, tels sont l'un des traits de caractère les plus saillants de cet officier général à la moustache et au cheveu drus, au style de vie simple et parfois même austère, au langage souvent elliptique et imagé.

Premiers faits d'armes

Lors de la mobilisation d'août 1914, le général de division Foch commande, à la frontière de l'est, le 20e corps d'armée de Nancy avec lequel il part en campagne. Il prend ainsi part à la désastreuse offensive de Morhange où, face à la supériorité allemande, il est contraint au repli et s'attache à couvrir la retraite générale ordonnée par Joffre. Ce dernier lui confie, le 29 août, un nouveau détachement d'armée qui devient IXe armée le 5 septembre. Dès le lendemain, Foch, qui s'est attaché à tirer les leçons de l'échec de la bataille des frontières, s'engage dans la bataille de la Marne, dans la zone des marais de Saint-Gond. Il réussit alors l'exploit, grâce à son coup d'œil et à une énergie indomptable, à contenir la furieuse poussée des IIe et IIIe armées allemandes, contribuant ainsi de façon décisive au succès final de la Marne. À partir du 4 octobre, Joffre choisit de faire de Foch son adjoint et lui confie la difficile mission de coordonner les actions alliées au nord de l'Oise. Pendant six semaines, il accomplit un travail titanesque, soutenant les armées belges et britanniques par de puissants renforts français jusqu'à la stabilisation du front après une harassante course à la mer.

La disgrâce provisoire

Nommé commandant du groupe d'armées du Nord le 6 janvier 1915, Foch organise et dirige la bataille d'Artois, première attaque au cours de laquelle un ensemble de tranchées ennemies est emporté d'assaut dans toute sa profondeur. De juillet à décembre 1916, il conduit la bataille de la Somme qui, à défaut d'aboutir à la percée tant espérée, permet de dégager Verdun et contraint les Allemands à se replier. Ce résultat est pourtant jugé insuffisant eu égard aux pertes subies ; certains parlementaires lui reprochent également son caractère ombrageux et mettent en cause ses choix tactiques. Le 22 décembre 1916, Foch est relevé de son commandement et mis à la disposition de Nivelle, nouveau commandant en chef en remplacement de Joffre. Placé un temps à la tête du groupement des VIIe et VIIIe armées, il s'acquitte de diverses missions au front au cours du premier trimestre 1917.

L'artisan de la victoire

L'échec de l'offensive Nivelle et la nomination du général Pétain à la tête des armées françaises signe le retour en grâce de Foch. Ce dernier est en effet nommé chef d'état-major général et conseiller militaire du gouvernement le 15 mai 1917. Il intervient ainsi en Italie après le désastre de Caporetto où ses choix judicieux permettent de rétablir une situation critique.
Le 26 mars 1918, à la suite de la conférence franco-britannique de Doullens et face à l'ampleur de l'offensive allemande lancée sur la Somme en direction d'Amiens, Foch est porté par le Conseil suprême des gouvernements au commandement en chef des armées alliées en France. C'est à ce poste suprême, qu'aucun autre n'a eu l'honneur d'occuper, qu'il donne enfin la pleine mesure de son talent.
Après avoir arrêté dans leur élan les offensives allemandes du printemps et de l'été 1918, il lance, le 18 juillet, une grande contre-attaque dans la région de Villers-Cotterêts, prélude à l'offensive générale du 8 août qui aboutit à la capitulation allemande.
Élevé à la dignité de maréchal de France, Foch signe à Rethondes, le 11 novembre suivant, l'armistice mettant fin à la guerre. Il s'éteint à Paris le 20 mars 1929, son corps étant inhumé aux Invalides.

FORMATION ET DÉBUT DE CARRIÈRE

Né le 2 octobre 1851 à Tarbes, dans les Hautes-Pyrénées, Ferdinand Foch est le sixième enfant d'un fonctionnaire languedocien. Élève brillant, il décroche successivement un baccalauréat en lettres puis en sciences et part étudier au collège des jésuites de Metz peu avant le début de la guerre de 1870.
De janvier à mars 1871, il est engagé volontaire au 4e régiment d'infanterie avant d'être reçu à l'École polytechnique en novembre suivant. À sa sortie, il choisit la carrière des armes, suit les cours de l'École d'application de l'artillerie et du génie et sert entre 1874 et 1884 aux 24e, 31e, 10e, 35e, 25e, 22e et 9e régiments d'artillerie.

DATES CLEFS

- **1887 :** le capitaine Foch est breveté d'état-major.
- **1890 :** muté au 3e bureau de l'état-major de l'armée, il est promu, l'année suivante, chef d'escadron.
- **1895 :** le 31 octobre, il est nommé professeur d'histoire militaire, de stratégie et de tactique générale à l'École supérieure de guerre, poste qu'il occupe jusqu'en 1901.
- **1903 :** promu lieutenant-colonel, il devient chef de corps du 35e régiment d'artillerie à Vannes.
- **1908 :** promu général de brigade l'année précédente, il est placé à la tête de l'École supérieure de guerre.
- **1913 :** après avoir exercé les postes de gouverneur de Nice en 1911 et de commandant du 8e corps d'armée en 1912, le général de division Foch commande le 20e corps d'armée à partir du 11 août.

LE POINT DE VUE DE SES CONTEMPORAINS

« Par tempérament, il n'est pas l'homme des solutions moyennes... Il est trop ardent, trop franc du collier, trop persuadé que le succès dépend d'un hasard heureux qu'on saisit au vol, pour ne pas essayer de le faire naître, même en risquant quelque chose... Nul n'est plus pragmatique que lui. Comme disent les sportifs, il est celui qui s'accroche et il a besoin du choc pour se révéler. Quand il traduit ses conceptions en paroles, le geste accompagne, que dis-je, devance la pensée. On connaît sa définition de la victoire : "Une poche qu'on bossèle à coups de poings." En prononçant ces mots, il boxait le vide devant lui. »

Jean de Pierrefeu, GQG, secteur 1.

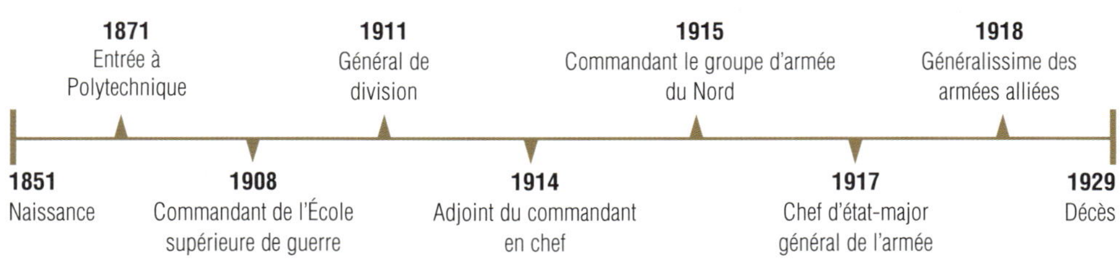

Joffre, le vainqueur de la Marne

Le « bonhomme Joffre », le « père Joffre », les qualificatifs affectueux ne manquent pas pour évoquer la figure du maréchal Joffre auquel la victoire sur la Marne a conféré une extraordinaire popularité en France comme à l'étranger.

Joffre en inspection aux armées de l'Est.

« Un grand chef n'a pas besoin d'être très intelligent... Il a bien assez de gens intelligents autour de lui. Ce qui lui est nécessaire, c'est le caractère et le bon sens. » Cette phrase, prononcée par Joffre peu avant le début des hostilités, résume peut-être mieux que toute autre la personnalité de celui qui en 1911 accède au poste de chef d'état-major général.

L'entrée en guerre

Peu préparé – comme il le concèdera plus tard – à exercer cette fonction suprême, Joffre a pour lui une énorme puissance de travail, un sens aigu des responsabilités ainsi qu'une aptitude peu commune à s'entourer d'officiers compétents et dévoués chargés de l'informer sur les questions qu'il maîtrise encore mal. Au moment de la mobilisation générale du 2 août 1914, Joffre dispose d'une armée qu'il a, trois années durant, patiemment remodelée, impulsant des réformes fondamentales sur des domaines aussi variés que l'évolution de la doctrine de guerre, l'instruction et l'équipement de l'armée, la réorganisation du haut commandement ou encore le retour au service militaire sur une durée de trois ans. C'est à lui que l'on doit également du plan de mobilisation et de guerre connu sous le nom de « plan XVII » et arrêté le 18 avril 1913, qui prévoit une percée du front par une attaque foudroyante en Alsace-Lorraine et dans les Ardennes.
Personnalité avant tout pragmatique, Joffre qui assure alors ses fonctions de commandant des armées du Nord-Est, comprend, dès le 24 août 1914, que, face à l'avance allemande, ce plan doit être abandonné.

Le miracle de la Marne

Loin de se laisser gagner par l'abattement, Joffre décide de devancer les événements dans l'espoir de forcer le destin. Conscient de la nécessité d'abandonner du terrain pour donner aux troupes alliées le temps de se ressaisir, il n'hésite pas à ordonner le repli général des armées afin de mieux préparer la reprise de l'offensive dès que les conditions redeviendront favorables. Son idée, élaborée dès le 25 août, est de prélever des troupes là où elles sont disponibles pour rassembler, à l'extrême gauche de son dispositif, une masse de manœuvre capable d'attaquer d'ouest en est l'aile marchante allemande. Une nouvelle fois, il sait s'entourer de chefs de qualité tels que Foch, Maunoury et Franchet d'Espèrey, « limogeant » dans le même temps ceux qu'il juge incompétents. L'éclatante victoire de la Marne (5-13 septembre 1914) concrétise ses efforts et joue un rôle essentiel dans le prestige désormais attaché à sa personne.

Écarté de la conduite de la guerre

Nommé commandant en chef des armées françaises en décembre 1915, alors même que depuis près d'un an la guerre de mouvement a fait place à la guerre des tranchées, Joseph Joffre, partisan d'un « grignotage » progressif des positions allemandes, est pourtant en butte à de nombreuses critiques d'une partie de la classe politique, notamment à la suite de l'échec des offensives d'Artois et de Champagne. Cependant, il tient bon, impose ses vues aux alliés de la France lors de la conférence de Chantilly et reste maître de la situation en 1916 à Verdun, refusant systématiquement les missions au front réclamées par les parlementaires.

L'échec de l'offensive de la Somme, qu'il ne peut mener avec tous les moyens nécessaires en raison des effectifs engagés à Verdun, porte un coup terrible à sa notoriété. Sa nomination comme conseiller technique du Comité de guerre, moyen détourné pour l'écarter de la conduite des armées, le contraint à démissionner le 25 décembre 1916, tandis qu'il est élevé, dans le même temps, à la dignité de maréchal de France. Jusqu'à la fin des hostilités, son rôle se limite à des missions à l'étranger – au Japon et en Amérique. Retiré après la victoire dans sa petite propriété de Louveciennes, il décède à Paris le 3 janvier 1931.

FORMATION ET DÉBUT DE CARRIÈRE

Né le 12 janvier 1852 à Rivesaltes, dans les Pyrénées-Orientales, Joseph Jacques Césaire Joffre est le fils d'un petit propriétaire viticulteur. Après de brillantes études secondaires, il prépare l'École polytechnique où il entre, en 1869, benjamin de sa promotion. Il en sort officier du génie en octobre 1871, peu après avoir pris part à la guerre de 1870 au sein d'une batterie du camp retranché de Paris. Après une année passée au 2e régiment du génie de Montpellier, le sous-lieutenant Joffre part pour l'école d'application de Fontainebleau où il reçoit son deuxième galon fin 1872. Devenu expert dans la construction des forteresses, il contribue à l'édification et à la modernisation de nombreux forts sur le territoire français entre 1874 et 1884.

DATES CLEFS

- **1885 :** départ pour l'Extrême-Orient, d'abord à Formose, puis en tant que chef du génie à Hanoi.
- **1889 :** retour à Paris où il est chargé des cours de fortification à l'école d'application de Fontainebleau.
- **1892 :** départ pour le Soudan où il est chargé de diriger la construction de voies ferrées, tout en participant à la prise de Tombouctou.
- **1900 :** réclamé par Gallieni, le colonel Joffre part pour Madagascar afin d'y créer le camp retranché de Diégo-Suarez.
- **1902 :** promu général de brigade, il est nommé directeur du génie à Paris.
- **1910 :** membre du Conseil supérieur de la guerre, il en devient vice-président l'année suivante.

LE POINT DE VUE DE SES CONTEMPORAINS

« Il est extraordinaire. Sa caractéristique : un jugement très sûr. Mais il ne fait rien par lui-même. Il faut qu'on lui propose quelque chose, qu'on lui prépare un plan. Il sait faire travailler. Lui : il pèse et il décide... Sur son bureau, il n'a jamais rien devant lui : pas de carte, pas un papier. Il n'écrit pas. Il ne dit pas grand-chose. Rien ne le fait bouger... Les flots, la tempête ! Il reste toujours le même. Ce fut une force. »

Général Foch,
Lettre au commandant Bugnet.

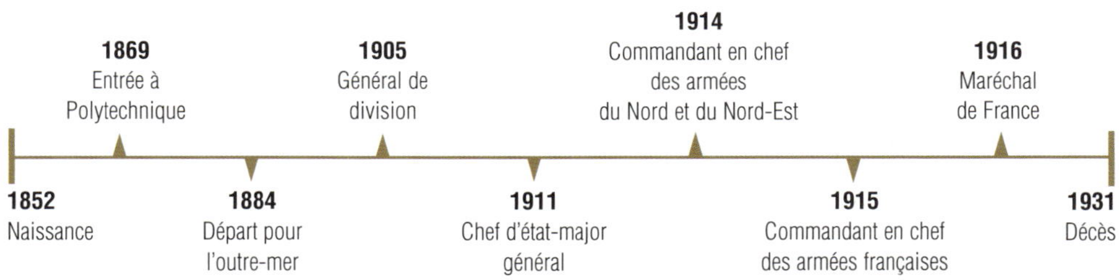

Pétain, le vainqueur de Verdun

Obscur colonel proche de la retraite lorsque les hostilités éclatent, Philippe Pétain est le type même de l'officier révélé par la guerre. Il connaît en effet, entre 1914 et 1918, un parcours fulgurant qui lui vaut d'être élevé au maréchalat quelques jours seulement après l'armistice.

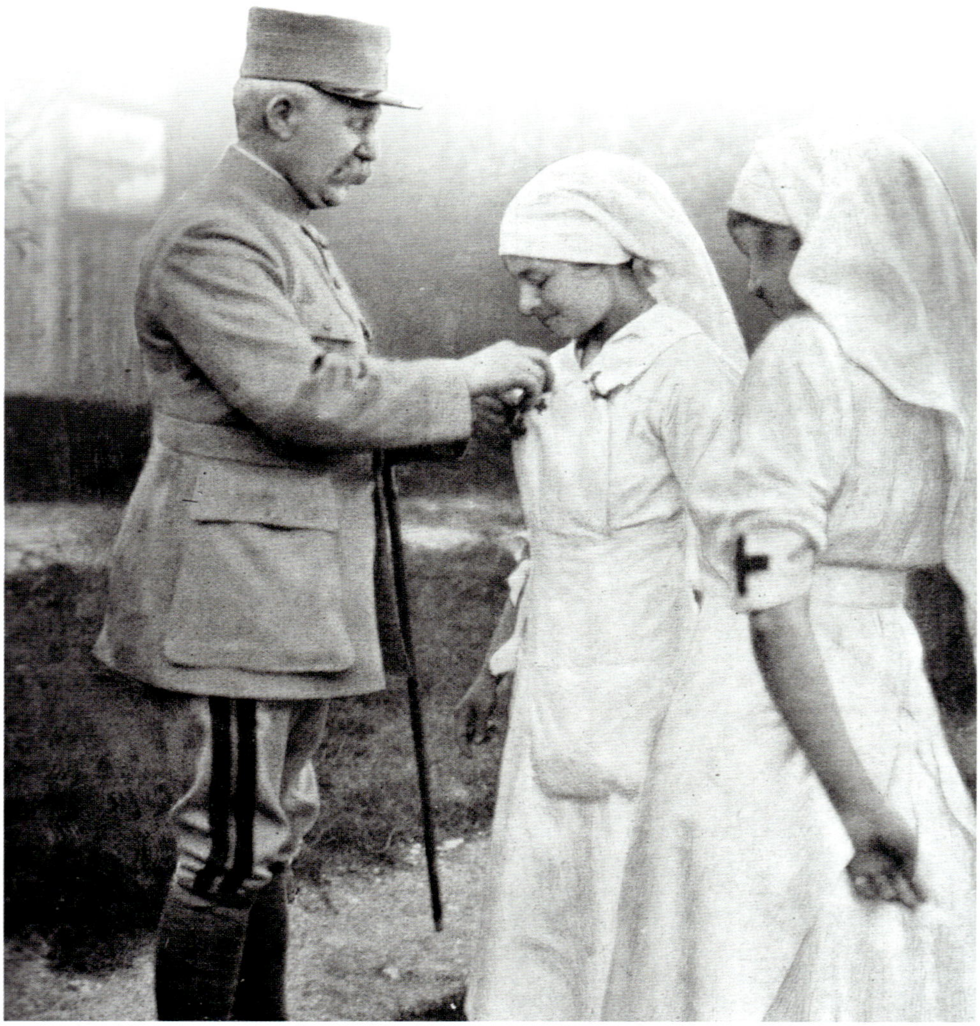

Pétain décorant une infirmière en 1918.

Pétain ? Un homme. » La formule du député Joseph Reinach peut prêter à sourire. Elle est cependant celle qui caractérise peut-être le mieux celui qui n'a pas encore dépassé le grade de colonel en août 1914. Grand, naturellement élégant, doté d'une belle prestance, Philippe Pétain est alors âgé de cinquante-huit ans. Sur son visage, éclairé de deux yeux d'un bleu faïence, se lit parfois un brin de malice. L'homme est un séducteur ; c'est aussi un grand calme à la voix lente et à la diction nette et précise. Sa carrière d'avant-guerre ne laisse en rien présager de son formidable destin, sinon peut-être un passage remarqué à l'École supérieure de guerre, entre 1901 et 1911, où, s'opposant aux principaux doctrinaires de son temps, il professe la primauté du feu sur l'arme blanche et la supériorité de la défensive sur l'offensive, théories qui ne manqueront pas d'influer sur sa vision du conflit qui s'annonce.

Une ascension fulgurante

Depuis mars 1914, le colonel Pétain assure le commandement par intérim de la 4ᵉ division d'infanterie, engagée dès les premières heures du conflit au sein de la Vᵉ armée sur la Sambre et à la bataille de Guise. En ces deux occasions, il fait preuve d'un sang-froid et d'une énergie remarquables qui lui valent les deux étoiles de général de brigade dès le 27 août ainsi qu'une première citation, avant d'être placé à la tête de la 6ᵉ division d'infanterie cinq jours plus tard. C'est avec cette unité qu'il prend une part active à la bataille de la Marne, notamment aux deux Morin et sur l'Aisne, où Pétain démontre une nouvelle fois son savoir-faire, se montrant en toutes circonstances économe de la vie de ses hommes et prenant soin de faire agir son artillerie en prélude à chacune de ses attaques, suivant un principe qu'il érige en dogme : « C'est l'artillerie qui conquiert et l'infanterie qui occupe. » Promu divisionnaire le 14 septembre, il commande, à partir du 25 octobre, le 33ᵉ corps d'armée engagé en Artois au cours de l'hiver 1914-1915.

L'affirmation d'un chef

De promotion en promotion, de mérite en mérite, Pétain s'impose rapidement comme l'un des chefs les plus brillants de l'armée française, que consacre son élévation au grade de commandeur de la Légion d'honneur en mai 1915 et sa nomination à la tête de la IIᵉ armée en septembre 1915. Ce n'est donc pas le fait du hasard si Joffre décide de faire appel à lui, le 25 février 1916, pour organiser la défense de Verdun qu'il continue d'assurer au-delà du 2 mai, date de sa prise de commandement du groupe d'armées du

Centre, Nivelle assurant celui de l'armée de Verdun. Dix mois de résistance acharnée puis de contre-attaque lui valent dans l'opinion publique l'image de « vainqueur de Verdun », tandis que se construit sa légende d'homme froid, méthodique et précis.

Commandant en chef des armées françaises

« Ne souhaitez pas que mon heure vienne, on ne m'appelle que dans les catastrophes », confie-t-il à un ami à la fin mai 1917, quelques semaines seulement avant le départ de Nivelle du commandement en chef des armées du Nord et du Nord-Est. De fait, le contexte dans lequel Philippe Pétain accède, le 17 juin, au poste suprême est pour le moins préoccupant. À l'échec désastreux du Chemin des Dames et des pertes subies s'ajoute un mouvement d'indiscipline d'une extrême gravité qui se traduit par des mutineries. Partisan d'une répression limitée, il se révèle rapidement l'homme de la situation en s'attachant à redonner confiance aux troupes par l'amélioration de leurs conditions de vie et la mise en œuvre d'offensives dites à « objectifs restreints », telle l'affaire de la Malmaison, en attendant la mise sur pied d'une réserve générale forte de 40 divisions. Cette stratégie défensive se révèle déterminante dans la capacité de l'armée française à faire face aux attaques allemandes de 1918 et de mener la contre-offensive finale victorieuse dont Pétain est un des incontestables artisans. Élevé le 21 novembre 1918 à la dignité de maréchal de France, il s'affirme au cours de l'entre-deux-guerres comme une autorité incontournable en matière militaire. Devenu président du Conseil après la défaite de mai-juin 1940, il mène jusqu'en 1944, en tant que chef de l'État, une politique de collaboration avec l'Allemagne qui lui vaut d'être frappé d'indignité nationale et condamné à mort à l'été 1945, peine commuée en réclusion à perpétuité sur l'île d'Yeu, où il décède le 23 juillet 1951.

FORMATION ET DÉBUT DE CARRIÈRE

Né le 24 avril 1856 à Cauchy-à-la-Tour, dans le Pas-de-Calais, Henri Philippe Omer Benoni Joseph Pétain est issu d'un milieu modeste de petits propriétaires terriens. Élève des dominicains, il intègre l'École spéciale militaire de Saint-Cyr en 1876, au sein de la promotion « de Plewna ». Sorti 229e sur 386, le jeune sous-lieutenant Pétain entame sa carrière dans les rangs des chasseurs à pied, au 24e puis au 3e bataillon à partir de 1883. Reçu à l'École supérieure de guerre entre 1888 et 1890, il en sort breveté d'état-major et promu au grade de capitaine. Affecté successivement aux 120e et 121e régiments d'infanterie, il est officier d'ordonnance du général commandant le 15e corps d'armée en décembre 1892 avant de retrouver les chasseurs à pied, l'année suivante, au 29e bataillon.

DATES CLEFS

- **1895 :** le capitaine Pétain sert à l'état major du gouverneur militaire de Paris jusqu'en septembre 1899, où il passe au 8e bataillon de chasseurs.
- **1901 :** promu chef de bataillon en 1900, il est nommé l'année suivante instructeur à l'école de tir de Châlons, puis professeur adjoint de « tactique appliquée d'infanterie » à l'École supérieure de guerre (ESG).
- **1908 :** c'est avec le grade de lieutenant-colonel et après un bref séjour au 118e RI que Pétain devient professeur titulaire à l'ESG.
- **1911 :** promu colonel, il est nommé en juin chef de corps du 33e RI d'Arras.

LE POINT DE VUE DE SES CONTEMPORAINS

« Pétain [...] avait des jours éclatants et des jours d'équilibre. En de mauvaises rencontres, je l'ai trouvé d'héroïsme tranquille, c'est-à-dire maître de lui-même. Peut-être sans illusions, mais sans récriminations, il était toujours prêt aux sacrifices personnels... On lui a beaucoup reproché les propos pessimistes de son état-major. La vérité est, je crois, que le pire ne lui faisait pas peur et qu'il l'envisageait dans une admirable sérénité. Mais son entourage faisait trop facilement accueil aux mauvaises paroles. Quelques embusqués d'état-major s'en paraient la boutonnière avec des conclusions qui n'étaient pas celles du chef – inébranlablement demeuré grand soldat. »

Georges Clemenceau,
Grandeurs et misères d'une victoire.

1856 Naissance
1876 Entrée à Saint-Cyr
1901 Professeur à l'École supérieure de guerre
1914 Commandant successif de la 4e brigade d'infanterie, de la 6e division et du 33e corps d'armée
1915 Commandant de la IIe armée
1916 Commandant du groupe d'armées du Centre
1917 Commandant en chef des armées du Nord et du Nord-Est
1918 Maréchal de France
1951 Décès

Nivelle, de Verdun au Chemin des Dames

Le nom de Nivelle reste indissolublement associé au désastre du Chemin des Dames d'avril 1917. Et pourtant cet officier général est un des sauveurs de Verdun, l'homme qui permet à l'armée française de reprendre Vaux et Douaumont.

L'offensive du Chemin des Dames, qui valut sa disgrâce au commandant en chef.

Lorsque la guerre éclate, Robert Nivelle n'est que simple colonel et proche de l'âge de la retraite. Cet artilleur de grande taille, à l'allure solide et au beau visage fier, ne tarde pourtant pas à s'illustrer.
À la tête du 5e régiment d'artillerie, il se bat brillamment en septembre 1914 sur l'Ourcq et l'Aisne où le feu de ses batteries de 75 contribue à enrayer la contre-attaque déclenchée par le général von Kluck, commandant de la Ire armée allemande. Ce coup d'éclat lui vaut, dès le mois suivant, d'être promu au grade de général de brigade avant de se voir propulsé divisionnaire, un an plus tard, après s'être de nouveau distingué lors de la bataille de la Somme en enlevant le saillant de Quennevières en juin 1915.

À la tête de l'armée de Verdun

Commandant le 3e corps d'armée depuis le 23 décembre 1915, Nivelle est alors considéré comme un officier de grande classe, apprécié tout autant pour son audace que pour sa volonté répétée de rompre le front « d'un seul coup en 24 ou 48 heures » grâce aux feux de l'artillerie et au bénéfice de l'effet de surprise. En février 1916, sa contre-attaque hardie sur le fort de Douaumont impressionne et n'est pas pour peu dans sa nomination, le 27 avril, à la tête de la IIe armée chargée de la défense de Verdun.
Parfaitement secondé par le général Mangin, Nivelle s'attache désormais à mettre en pratique ses théories, qui sont couronnées de succès lors des offensives lancées à l'automne contre les positions allemandes au nord de Verdun. Il parvient ainsi, en quelques heures, le 24 octobre, à reprendre

le fort de Douaumont, puis, le 2 novembre, celui de Vaux, rejetant l'armée allemande sur ses positions de février.

Le désastre du Chemin des Dames

Bénéficiant du prestige attaché à cette victoire, Nivelle jouit d'une excellente réputation auprès des parlementaires, et notamment des membres du gouvernement Briand qui voient en lui la carte de la dernière chance en vue d'obtenir la percée. Ils décident donc de lui confier, le 12 décembre 1916, le commandement en chef des armées du Nord et du Nord-Est. Son plan, particulièrement hardi, repose sur une offensive de rupture menée simultanément par les troupes françaises et britanniques et où l'effort principal serait porté sur un des secteurs les plus puissants du front occidental, le Chemin des Dames, entre Soissons et Reims. Si Nivelle reçoit également le soutien du Premier ministre anglais, Lloyd George, il doit néanmoins rapidement faire face à la défiance de certains de ses commandants de groupes d'armée qui, au cours d'une conférence réunie à l'initiative du ministre de la Guerre Painlevé, le 6 avril 1917, émettent de sérieux doutes sur la réussite de son plan, sans que celui-ci soit pour autant ajourné.

Pressions du gouvernement

Commencée le 9 avril, l'offensive est stoppée le 19 sur un constat d'échec : bien qu'ayant coûté à l'armée française 40 000 tués et 80 000 blessés, la rupture du front annoncée ne s'est pas produite. Soumis à une terrible pression de la part d'un gouvernement qui, en vingt jours, l'a convoqué à pas moins de onze reprises, Nivelle est officiellement démis de ses fonctions le 15 mai 1917 pour rejoindre le poste de commandant en chef des troupes françaises d'Afrique du Nord. Membre du Conseil supérieur de la guerre une fois la paix revenue, il décède à Paris, le 22 mars 1924.

FORMATION ET DÉBUT DE CARRIÈRE

Né le 15 octobre 1856 à Tulle, en Corrèze, d'une mère britannique et d'un père capitaine au 40e de ligne, Robert Georges Nivelle est reçu la même année à Saint-Cyr et à Polytechnique. En novembre 1876, il opte finalement pour cette dernière école d'où il sort officier d'artillerie, le 1er octobre 1878. Après deux années passées à l'École d'application de l'artillerie et du génie, le lieutenant Nivelle intègre le 19e régiment d'artillerie, le 1er octobre 1880, tout en poursuivant sa formation par des cours de cavalerie. Entre 1883 et 1889, il est successivement muté aux 38e, 35e et 27e régiments d'artillerie où il s'affirme progressivement comme un officier de grande valeur.

DATES CLEFS

- **1892 :** le capitaine Nivelle est envoyé en Afrique du Nord pour servir comme officier d'ordonnance du général commandant l'artillerie en Algérie.
- **1900 :** à partir du 4 août, Nivelle est désigné pour rejoindre le corps expéditionnaire de Chine placé sous la responsabilité du général Émile Voyron et destiné à délivrer les légations étrangères assiégées par les « Boxers ».
- **1903 :** le chef d'escadron Nivelle exerce pendant cinq ans le commandement des batteries stationnées en Corse.
- **1908 :** promu lieutenant-colonel, Nivelle effectue un nouveau séjour en Algérie, d'abord à Oran, puis comme chef d'état-major de la direction d'Alger.
- **1912 :** colonel attaché à l'état-major particulier du parc d'artillerie de la place de Vincennes en février, il prend la tête du 4e régiment d'artillerie en juin.

LE POINT DE VUE DE SES CONTEMPORAINS

« Si l'histoire me reconnaît le droit de juger les généraux qui opérèrent sous mes ordres, je tiens à affirmer que le vrai sauveur de Verdun fut Nivelle, heureusement secondé par Mangin… Dans la conduite de la bataille, et particulièrement au moment de la crise de juin, le rôle le plus important a été joué par Nivelle, qui eut le mérite rare de s'élever au-dessus du champ de bataille, de comprendre ce que j'attendais de lui dans l'ensemble de mes combinaisons, et de garder son sang-froid et sa volonté. »

Général Joffre, *Mémoires*, 1932.

1856 Naissance
1878 Sortie de Polytechnique
1900 Expédition contre les Boxers en Chine
1915 Général de division
1916 Commandant la IIe armée devant Verdun
1917 Commandant en chef des armées du Nord et du Nord-Est
1920 Membre du Conseil supérieur de la guerre
1924 Décès

Fayolle, le maréchal méconnu

Largement méconnu du grand public, à la différence d'un Joffre, d'un Pétain ou d'un Foch, le maréchal Émile Fayolle n'en demeure pas moins l'une des figures majeures du premier conflit mondial, s'illustrant notamment sur le front de la Somme, en Italie à la tête du corps expéditionnaire allié ou bien encore lors de l'offensive victorieuse de 1918.

Les généraux Fayolle et Foch à Méricourt, en juillet 1914.

« [...] Le plus aimable vieux gentleman qu'on pût imaginer ; ce qui lui restait de cheveux était blanc, son front haut dégarni était celui d'un savant. Il ne démentait pas cette apparence, car il possédait un grand savoir, mais, à cause de son affabilité même, il lui fallait quelqu'un de jeune et d'énergique à ses côtés... » C'est en ces termes que l'officier de liaison britannique Spears dresse en 1914 un portrait pour le moins élogieux du général Fayolle. Ce dernier, dont la modestie légendaire n'a d'égale qu'une sûreté de jugement, un pragmatisme et une volonté de vaincre incontestables, n'est pourtant pas une personnalité militaire de premier plan à l'ouverture des hostilités. Atteint par la limite d'âge en mai 1914, il laisse derrière lui une carrière sans éclat particulier si ce n'est huit années passées à l'École de guerre au poste de professeur de tactique appliquée d'artillerie où il s'attache à développer des idées originales sur le rôle futur dévolu à l'artillerie.

Rompant avec les théories de son temps, il prône ainsi la nécessité d'opérer une concentration des feux avant toute offensive, ce qui lui vaut de sérieuses inimitiés de la part des officiers de son arme.

Les premiers combats

Rappelé à l'activité le 13 août 1914, Fayolle est aussitôt placé à la tête de la 70e division d'infanterie qui, grâce au feu de ses batteries, se distingue moins d'une semaine plus tard à Morhange puis dans les combats du Grand Couronné de Nancy entre le 25 août et le 13 septembre. Le mois suivant, il lance sa division dans le brouillamini de la course à la mer, entre Lens et Arras, où ses remarquables qualités manœuvrières permettent d'éviter la rupture du front.

Au début de mai 1915, dans la bataille d'Artois, à la suite d'une poussée lente, prudente mais inexorable, il parvient à enlever successivement les positions adverses de Carency et d'Ablain-Saint-Nazaire. Ce coup d'éclat lui vaut même les félicitations de Joffre qui le nomme, le 14 mai, général de division et lui confie, le 21 juin, le 33e corps d'armée qui s'engage avec succès, du 25 septembre 1915 au 25 février 1916, dans la troisième bataille d'Artois.

De la Somme à l'Italie

C'est à cette occasion qu'il met en pratique, dans toute sa plénitude, ses théories reposant sur l'idée que toute attaque, loin de se résumer à « une ruée à travers les lignes ennemies », doit s'apparenter à « un combat organisé et conduit d'objectif en objectif, toujours avec préparation d'artillerie, préparation exacte et par conséquent efficace ». Cette méthode est précisément celle qu'il applique jusque dans ses moindres détails entre juillet et octobre 1916 lorsque, nommé au commandement de la VIe armée, il prend une part essentielle aux offensives sur la Somme. Placé à la tête de la Ire armée le 31 décembre 1916, Fayolle poursuit les Allemands qui se replient, du 16 au 22 mars 1917, sur les deux rives de l'Oise. Commandant le groupe d'armées du Centre en mai, il remporte de nouveau d'importants succès lors de la bataille des monts de Champagne et de la deuxième bataille de Verdun.
Ce n'est donc pas un hasard si c'est à lui que l'on fait appel en novembre 1917, après le désastre de Caporetto, pour diriger les forces françaises en Italie et y coordonner les opérations alliées.

Un artisan de la victoire

Jusqu'au début de 1918, il contribue ainsi à rétablir de façon décisive la situation sur le front italien et à enlever le mont Tomba. Rappelé en France en février, il commande alors le groupe d'armées de réserve avec lequel il s'engage successivement dans la deuxième bataille de Picardie et la troisième bataille de l'Aisne avant de monter la fameuse contre-attaque Mangin du 11 juin et de poursuivre l'ennemi jusqu'en novembre.
L'après-guerre le voit commander les forces françaises d'Allemagne et devenir inspecteur général de l'aéronautique. Élevé à la dignité de maréchal de France en février 1921, il décède à Paris le 27 août 1928.

FORMATION ET DÉBUT DE CARRIÈRE

Né le 14 mai 1852 au Puy, dans le département de la Haute-Loire, Marie-Émile Fayolle est reçu le 1er octobre 1873 au concours d'entrée de l'École polytechnique d'où il sort, deux ans plus tard, pour rejoindre l'École d'application de l'artillerie et du génie. Entre 1877 et 1888, le lieutenant puis capitaine Fayolle sert successivement au 16e régiment d'artillerie, à l'école de cavalerie de Saumur (1878-1879), au sein du corps expéditionnaire de Tunisie (1881) et au 36e régiment d'artillerie (1882-1888).
Le 26 avril 1889, il est admis à l'École supérieure de guerre et décroche avec la mention « très bien » le brevet d'état-major. Stagiaire au 1er bureau de l'état-major de l'armée en 1891, il devient adjoint à l'état-major de l'artillerie de la place et des forts de Paris deux ans plus tard.

DATES CLEFS

- **1898 :** chef d'escadron depuis 1895, Fayolle est nommé professeur-adjoint du cours de tactique appliquée d'artillerie à l'École supérieure de guerre avant de devenir professeur titulaire en 1902.
- **1908 :** promu lieutenant-colonel en 1902, puis colonel en 1907, il commande le 36e régiment d'artillerie de septembre 1908 à décembre 1910.
- **1910 :** général de brigade en décembre 1910, il est placé à la tête de la brigade d'artillerie du 12e corps d'armée.
- **1912 :** en décembre, il est nommé au commandement de la 19e brigade d'artillerie de Vincennes avant d'être placé dans la section de réserve le 14 mai 1914.

LE POINT DE VUE DE SES CONTEMPORAINS

« Merveilleux soldat qui, depuis 1914, n'a cessé de lutter contre l'ennemi. En 1918, il l'a saisi à la gorge et a pris une part prépondérante à la victoire. A dirigé les opérations de ses armées avec une sûreté de jugement, une décision et un sens des réalités incomparables. A les plus beaux titres à la reconnaissance du pays. »

Georges Clemenceau,
discours de remise
de la médaille militaire,
le 21 octobre 1919.

1852 Naissance
1873 Entrée à Polytechnique
1914 Commandant de la 70e division d'infanterie
1915 Commandant du 33e corps d'armée
1916 Commandant des VIe, IVe et Ire armées
1917 Commandant des troupes françaises en Italie
1918 Commandant du groupe d'armées de réserve
1921 Maréchal de France
1928 Décès

Gallieni, le sauveur de Paris

Figure majeure de l'histoire militaire et coloniale française sous la IIIe République, le maréchal Gallieni est celui qui, aux heures les plus sombres de 1914, après s'être attaché à galvaniser l'esprit de résistance des défenseurs de Paris, a permis la victoire sur l'Ourcq, prélude à celle de la Marne.

Gallieni (à droite) en compagnie du général Pau.

Un visage sévère derrière d'immuables lorgnons, telle est souvent l'image quelque peu caricaturale que l'on retient du maréchal Gallieni. L'homme est certes réputé pour être tout à la fois austère et autoritaire, mais nombreux sont ses contemporains qui louent son allure élégante et fine ainsi que son esprit méthodique et son langage sobre et précis. Membre du Conseil supérieur de la guerre depuis 1908, Gallieni est même un temps pressenti pour occuper le poste de généralissime, mais la limite d'âge de son grade, trop proche, et son état de santé précaire jouent en sa défaveur. Le 24 avril 1914, il quitte ainsi ses fonctions d'active, tout en étant maintenu dans la 1re section du cadre de l'état-major général des troupes coloniales.

L'organisateur du camp retranché de Paris

Retiré dans sa propriété des Alpes-Maritimes depuis à peine quatre mois, Gallieni reçoit le 31 juillet 1914 un télégramme lui annonçant sa nomination comme « adjoint à titre de successeur éventuel du général commandant en chef ». Il accourt aussitôt à Paris mais se morfond plusieurs semaines dans un bureau qui lui a été alloué au ministère de la Guerre où il a le sentiment d'être tenu à l'écart. Le 26 août enfin, le ministre, Messimy, lui confie le poste de gouverneur militaire de Paris, en remplacement du général Michel jugé incompétent. La situation est alors dramatique, la capitale ne semblant pas en mesure de pouvoir faire face aux troupes allemandes qui viennent d'enfoncer la Ire armée de Lanrezac. Gallieni se met néanmoins à l'œuvre avec acharnement et entreprend en quelques jours l'organisation défensive du camp retranché de Paris, ordonnant de barrer les routes, de miner les ponts, d'hérisser les portes de la ville de fils de fer barbelés ou bien encore de renforcer l'artillerie de siège. Ayant obtenu de Joffre quelques maigres renforts, il s'attache avant tout à couvrir Paris avec l'armée du général Maunoury postée sur une ligne de défense entre Lagny et La Ferté-sous-Jouarre.

Un artisan du miracle de la Marne

Au moment où le gouvernement quitte la capitale pour rejoindre Bordeaux, Gallieni signe, le 3 septembre, un ordre du jour demeuré célèbre qu'il fait placarder sur les murs : « J'ai reçu le mandat de défendre Paris contre l'envahisseur, ce mandat, je le remplirai jusqu'au bout. » Le lendemain, à la suite d'une reconnaissance aérienne ordonnée par ses soins, il entrevoit que l'aile droite allemande s'apprête à contourner Paris pour foncer au sud-est et enrouler les armées françaises en retraite au sud de la Marne. C'est sur son initiative, approuvée par Joffre, que la VIe armée Maunoury engage, le 6 septembre, le combat contre les positions allemandes sur l'Ourcq, prélude décisif à la victoire de la Marne. Il n'hésite pas, le jour suivant, à réquisitionner quelque 700 taxis parisiens pour appuyer l'offensive en cours.

Ministre de la Guerre

Cantonné dans un rôle secondaire à partir de la fin septembre 1914, Gallieni souhaite participer plus activement au conflit, mais le commandement d'un groupe d'armées lui est refusé. La grande popularité dont il jouit dans la capitale le dessert, certains parlementaires allant jusqu'à le soupçonner d'intentions putschistes. C'est pourtant pour rassurer l'opinion, mais aussi avec l'espoir de contrebalancer l'influence de Joffre après l'échec des sanglantes offensives de l'année 1915, que le président du Conseil, Aristide Briand, décide, le 29 octobre 1915, de lui confier le ministère de la Guerre. Malgré quelques réussites initiales, parmi lesquelles son intervention à la Chambre le 9 décembre en faveur de l'appel sous les drapeaux de la classe 1917, Gallieni se heurte vite à l'incompréhension de certains milieux politiques qui goûtent assez peu son autorité un peu rigide et à la méfiance de l'entourage de Joffre lui-même. Ces difficultés, ajoutées à de sérieux ennuis de santé consécutifs à trente ans de séjour aux colonies, le contraignent à démissionner le 16 mars 1916. Il décède le 27 mai suivant des suites d'une intervention chirurgicale à l'hôpital de Versailles. Inhumé à Saint-Raphaël dans le Var, il est fait maréchal de France à titre posthume le 7 mai 1921.

FORMATION ET DÉBUT DE CARRIÈRE

Né le 24 avril 1849 à Saint-Béat, en Haute Garonne, Joseph Simon Gallieni est le fils d'un officier issu du rang d'ascendance italienne. Il effectue ses études secondaires au Prytanée militaire de La Flèche avant d'intégrer l'École spéciale militaire de Saint-Cyr en octobre 1868, au sein de la promotion « de Suez », et d'en sortir, deux ans plus tard, avec le grade de sous-lieutenant dans l'infanterie de marine.
Il rejoint aussitôt le 3e RIMa avec lequel il s'illustre dans la défense de Bazeilles, dans les Ardennes, lors de la guerre franco-prussienne de 1870. Il fait ainsi partie de la troupe héroïque qui se sacrifie dans la fameuse maison Bourgerie, dite des « dernières cartouches ». Blessé à la tête et fait prisonnier, il a la satisfaction de ne pas capituler avec l'armée de Sedan.

DATES CLEFS

- **1872 :** le sous-lieutenant puis lieutenant Gallieni part pour la Réunion où il sert pendant trois ans, avant de rejoindre en 1876 le Sénégal où, à la tête de tirailleurs sénégalais, il réussit à imposer le protectorat français sur le Niger.
- **1888 :** capitaine en 1878, chef de bataillon en 1882, lieutenant-colonel en 1886, il est breveté de la toute nouvelle École de guerre en 1888.
- **1892 :** promu colonel le 11 mars 1891, Gallieni pacifie méthodiquement le Tonkin et organise la frontière avec la Chine entre 1892 et 1896.
- **1896 :** c'est avec le grade de général de brigade qu'il est envoyé à Madagascar où, en neuf années, il parvient à pacifier, organiser et mettre en valeur l'île.
- **1905 :** de retour en métropole, Gallieni est nommé inspecteur général des troupes coloniales en novembre 1905, commandant du 13e puis du 14e corps d'armée en juin 1906, gouverneur militaire de Lyon, membre du Conseil supérieur de la guerre en août 1908.

LE POINT DE VUE DE SES CONTEMPORAINS

« Le général Gallieni est l'homme dont la prompte décision nous a donné la bataille de la Marne. Il est le véritable sauveur de Paris. Les funérailles nationales ne sont qu'un commencement de justice. Avec ses conséquences, le reste suivra. L'heure viendra des jugements et la mémoire de Gallieni peut attendre avec tranquillité l'avenir. »

Georges Clemenceau
lors des obsèques nationales
du général Gallieni, mai 1916.

- **1849** Naissance
- **1868** Entrée à Saint-Cyr
- **1896** Général de brigade
- **1899** Général de division
- **1908** Membre du Conseil supérieur de la guerre
- **1914** Gouverneur militaire de Paris
- **1915** Ministre de la Guerre
- **1916** Décès
- **1921** Maréchal de France à titre posthume

Franchet d'Esperey, le vainqueur des Balkans

« Sans frein », telle est l'énergique devise choisie par le maréchal Franchet d'Esperey, homme d'action issu de la prestigieuse armée d'Afrique qui, alliant intelligence tactique et audace stratégique, emporte la décision sur le front d'Orient en septembre 1918 grâce à une offensive foudroyante.

Le général Franchet d'Esperey décorant des aviateurs en 1915.

Geste vif, verbe clair et bref, front large, menton volontaire, le général Franchet d'Esperey n'est pas homme à s'en laisser compter. Tous ceux qui l'ont côtoyé évoquent son autorité naturelle, son intelligence vive ainsi que son énergie inépuisable. Homme de terrain, toujours pressé, on lui prête même la réputation de prendre ses repas sans même quitter la selle de son cheval...

À la tête de la Ve armée sur la Marne

Aux premières heures de la Grande Guerre, d'Esperey est un divisionnaire aguerri, à l'esprit toujours en éveil, comme en témoigne son intérêt pour les armes nouvelles telles que les transmissions ou l'aéronautique. Commandant du 1er corps d'armée de Lille depuis novembre 1913, il se distingue tout particulièrement lors de la bataille de Guise en août 1914 où il parvient à ralentir la marche de l'aile droite allemande, rendant ainsi impossible l'enveloppement de l'aile gauche française. Ce coup d'éclat lui vaut les félicitations du commandant en chef qui, impressionné par tant d'énergie et de clairvoyance, n'hésite pas à lui confier, dès septembre 1914, la tête de la Ve armée en remplacement du général Lanrezac. Il joue ainsi un rôle capital lors de la bataille de la Marne, où il assure la liaison entre l'armée britannique du maréchal French et la IXe armée du général Foch qu'il s'attache à soulager tout en maintenant ses positions inviolées. Franchet d'Esperey ne quitte le commandement de la Ve armée qu'en mars 1916, date à laquelle il prend la tête du groupe d'armées de l'Est puis de celui du Nord au début de l'année suivante. Le 9 juin 1918, Clemenceau donne une nouvelle orientation à sa carrière militaire en l'envoyant à Salonique avec le titre de commandant en chef des armées alliées d'Orient. L'affectation ressemble alors à une disgrâce déguisée : en réponse aux demandes britanniques qui exigent « une tête » après l'offensive allemande du printemps, le président du Conseil refuse de sacrifier Foch et Pétain. Franchet d'Esperey, qui n'est en rien responsable des revers du moment, est bel et bien sacrifié sur l'autel de la coopération franco-britannique.

Commandant en chef des armées d'Orient

Débarqué au Pirée le 16 juin, d'Esperey retrouve pourtant un univers qui lui est familier depuis des années. Outre des lectures, il a noué de solides amitiés parmi les officiers généraux grecs lors de ses nombreux voyages accomplis dans les Balkans, région dont il a pressenti très tôt l'importance stratégique. S'appuyant sur les travaux de ses prédécesseurs Sarrail et Guillaumat, il élabore un plan d'opération novateur qu'il parvient, non sans difficulté, à faire accepter par le Conseil supérieur de la guerre de Versailles. Ses conceptions stratégiques reposent alors sur l'idée qu'il est nécessaire de faire sauter le verrou redoutable du Dobro Polje et des gorges de la Moglena afin d'ouvrir une brèche dans les lignes bulgares. Le 15 septembre débute ainsi la vaste offensive qui en quelques heures aboutit à la rupture du front sur près de 17 km. Dès le 18 septembre, Franchet d'Esperey ordonne la poursuite de l'adversaire et jette dans la bataille la cavalerie alliée – dont la fameuse brigade Jouinot-Gambetta – qui prend au piège l'ensemble de l'armée germano-bulgare, contrainte à la capitulation le 29 septembre. Fort de son succès, Franchet prend Sofia, Belgrade et marche sur Vienne, accélérant ainsi l'effondrement des empires centraux. Rentré en France à la fin de 1920, il est élevé à la dignité de maréchal de France le 19 février de l'année suivante, devient membre du Conseil supérieur de la guerre et occupe le poste d'inspecteur général des troupes d'Afrique à partir de 1923. Atteint par la limite d'âge en 1931, l'Académie française lui offre le siège du maréchal Lyautey trois ans plus tard. Il décède le 8 juillet 1942 dans sa demeure de Saint-Amancet-Dourgne, près d'Albi, dans le Tarn.

FORMATION ET DÉBUT DE CARRIÈRE

Fils d'un officier des chasseurs d'Afrique, Louis Franchet d'Esperey naît le 25 mai 1856 à Mostaganem, en Algérie. C'est chez les pères jésuites que le jeune homme, élève brillant, prépare le concours d'entrée à Saint-Cyr, où il est reçu en octobre 1874 au sein de « la grande promotion ». Sorti 6e sur 393 élèves, il connaît un début de carrière fulgurant, servant d'abord au 1er régiment de tirailleurs algériens (RTA), avec lequel il fait ses premières armes en Tunisie, avant d'intégrer l'École de guerre dès 1881. Revenu par la suite en Algérie comme officier d'ordonnance du général d'Aubigny, il se distingue par des qualités morales et physiques hors du commun qui lui valent, en 1885 et 1886, une promotion au grade de capitaine au choix « hors tour », ainsi qu'une Légion d'honneur à titre exceptionnel.

DATES CLEFS

- **1885 :** envoyé au Tonkin, il prend part, pendant trois ans, aux opérations contre les Pavillons noirs.
- **1887 :** revenu en France et affecté au 137e régiment d'infanterie, il est désigné pour servir en qualité d'officier d'ordonnance du général Donnis, commandant de la 42e brigade d'infanterie, puis à l'état-major du gouvernement militaire de Paris avant de rejoindre le 4e RTA en Tunisie.
- **1891 :** devenu officier d'ordonnance du ministre de la Guerre, Freycinet, il est successivement chef de bataillon au 153e RI de Toul, puis au 18e BCA de Stenay avant d'être nommé commandant en second de Saint-Cyr.
- **1900 :** membre du corps expéditionnaire contre les Boxers en Chine, le lieutenant-colonel Franchet d'Esperey est nommé major de la place de Pékin.
- **1912 :** promu divisionnaire, il retrouve l'Afrique du Nord en tant que commandant des troupes du Maroc occidental.

LE POINT DE VUE DE SES CONTEMPORAINS

« Officier général qui dès le début des hostilités n'a cessé de montrer les plus belles qualités militaires. Appelé au commandement en chef des armées alliées en Orient, a fait preuve d'une initiative et d'une énergie remarquables en prenant l'offensive au moment le plus opportun. En moins de quinze jours, par la maîtrise de son commandement et son inlassable activité, a su imposer sa volonté aux armées ennemies. Exploitant ensuite son succès avec le plus heureux esprit de décision, a conduit des pourparlers qui ont abouti à la signature d'un glorieux armistice sollicité par l'ennemi en pleine déroute. »

Citation accompagnant la remise de la médaille militaire au général Franchet d'Esperey, le 3 octobre 1918.

1856 Naissance
1876 Entrée à Saint-Cyr
1912 Général de division
1914 Commandant de la Ve armée
1916 Commandant du groupe d'armées de l'Est
1917 Commandant du groupe d'armées du Nord et du Nord-Est
1918 Commandant en chef des armées alliées en Orient
1921 Maréchal de France
1942 Décès

Castelnau, le « capucin botté »

Personnalité de premier plan de la Grande Guerre, le général Édouard de Castelnau – surnommé par Clemenceau le « capucin botté » en raison de sa foi religieuse profonde connue de tous – est le seul des commandants d'armée d'août 1914 à diriger un groupe d'armées le 11 novembre 1918. À cette date, il est également le seul des généraux du front à avoir combattu en 1870.

Castelnau et Sordet en 1914.

« Je connaissais le général de Castelnau avant la guerre, mais je ne me doutais pas de l'homme que c'était. Je viens, ces jours-ci, de causer avec lui. Il est renversant. En quelques heures, il m'a appris presque tout ce que je sais sur la guerre actuelle et la manière de la conduire. Il est bien plus fort que nous tous. » Cette confidence, adressée en décembre 1916 à l'un de ses proches par le général Lyautey, témoigne de l'estime portée au général de Castelnau par une partie de ses pairs. Doté d'un robuste bon sens et d'une très grande culture, cet officier général au contact chaleureux est également connu pour son indépendance d'esprit et sa franchise, qualités qui lui sont parfois reprochées. Surtout, sa foi ardente lui vaut de solides inimitiés au sein du Parlement et du gouvernement, au point qu'il ira jusqu'à confier à Aristide Briand : « On ne m'écoute pas parce que je ne suis qu'un misérable clérical ! »

L'artisan de la première victoire française

Qui pourrait croire pourtant, en août 1914, que ce petit homme râblé aux cheveux blancs très drus serait un jour appelé à occuper les plus hautes fonctions dans l'armée française ? Collaborateur immédiat de Joffre depuis 1911, il est le principal artisan du plan XVII de mobilisation et de concentration de l'armée exécuté au début du conflit. Parti en guerre à la tête de la IIe armée en Lorraine, il subit certes un premier échec à Morhange mais parvient à rétablir son armée autour de Nancy pour lancer dans la trouée de Charmes, le 25 août, une contre-offensive victorieuse qui coupe dans son élan l'avancée allemande en Lorraine, signant ainsi le premier succès français depuis l'ouverture des hostilités. Mieux encore, du 4 au 12 septembre, il repousse une nouvelle fois l'armée allemande des hauteurs du Grand Couronné, sauvant définitivement Nancy de l'occupation. Engagée à peine une semaine plus tard dans la course à la mer, la IIe armée livre la bataille de Lassigny-Roye jusqu'au 6 octobre, bloquant l'attaque frontale allemande visant à couper l'aile gauche française engagée vers le nord.

De la Champagne à Verdun

Soucieux d'éviter les pertes inutiles, Castelnau se montre au début de la guerre systématiquement opposé à la doctrine de l'offensive à outrance qu'il juge totalement improductive.

Par la suite, alors que se généralise la guerre des tranchées, il développe des conceptions stratégiques originales fondées sur l'idée que la décision doit être recherchée par une manœuvre à l'échelle de l'Europe, en attaquant le point faible de l'ennemi, l'Autriche-Hongrie. Ces vues ne trouvent pourtant aucun écho auprès de Joffre qui, en juin 1915, confie à Castelnau le commandement du groupe d'armées du Centre ainsi que la conduite de la grande offensive de Champagne où il remporte un succès local sans toutefois parvenir à obtenir la percée tant espérée.
Au mois de décembre suivant, il est nommé chef d'état-major général au GQG, dans un rôle d'adjoint et de conseiller technique de Joffre. Il y déploie à nouveau ses grandes qualités, notamment lors de la bataille de Verdun où, le 22 février 1916, il prend la décision capitale d'organiser la défense de la ville sur la rive droite de la Meuse, permettant au 20e corps d'armée, trois jours plus tard, de donner un coup d'arrêt décisif à l'offensive allemande.

De la Russie au groupe d'armées de l'est

Lorsqu'en décembre 1916, le général Nivelle succède à Joffre, Castelnau comprend qu'il est écarté définitivement du commandement suprême. Il n'en conçoit pourtant aucune amertume et, de retour d'une mission en Russie à la veille de la révolution de février 1917, il se consacre avec abnégation à son commandement du groupe d'armées de l'Est. Il conserve ce poste jusqu'à la fin de la guerre bien que ne participant pas aux actions décisives de 1918. Maintenu en activité sans limite d'âge et placé hors cadre en 1919, il se lance dans l'action politique au cours de l'entre-deux-guerres, avant de mourir le 18 mars 1944 dans sa propriété de Montastruc-la-Conseillère.

FORMATION ET DÉBUT DE CARRIÈRE

Né le 24 décembre 1851 à Saint-Affrique, dans l'Aveyron, Noël Marie Joseph Édouard de Curières de Castelnau est le troisième d'une famille de cinq enfants. Après des études au collège Sainte-Geneviève à Paris, il intègre en 1869 l'école de Saint-Cyr et en sort prématurément en août 1870 avec le grade de sous-lieutenant, pour prendre part à la guerre franco-prussienne. Affecté au 31e régiment d'infanterie mais ne pouvant rejoindre son corps faute d'organisation, il sert comme commandant de compagnie au sein du 36e RI, dans l'armée de la Loire du général d'Aurelles de Paladine avec laquelle il connaît le baptême du feu en octobre 1870. Versé, après la défaite, dans l'armée de Versailles, il participe aux combats contre la Commune de Paris.

DATES CLEFS

- **1878 :** le capitaine de Castelnau est reçu au concours de l'École militaire supérieure, future École supérieure de guerre, dont il sort, deux ans plus tard, breveté d'état-major.
- **1881 :** il est nommé adjoint au chef d'état-major de la 34e division de Toulouse.
- **1889 :** promu commandant, Castelnau sert à l'état-major du 17e corps d'armée.
- **1893 :** il est muté à l'état-major de l'armée, à Paris, où il exerce les fonctions de sous-chef puis de chef du 1er bureau.
- **1906 :** après avoir été chef de corps du 37e RI de Nancy, le général de Castelnau prend la tête de la 24e brigade d'infanterie de Sedan, puis de la 7e brigade de Soissons.
- **1911 :** après un temps de commandement à la tête de la 13e division d'infanterie, il devient le collaborateur immédiat de Joffre en tant que premier sous-chef de l'état-major général.

Le général Castelnau, à l'époque où il commande le groupe d'armée du Centre.

LE POINT DE VUE DE SES CONTEMPORAINS

« Lorsque je reporte mon souvenir sur le général de Castelnau [...], je retrouve pour le définir alors ce trait qui me semble l'essentiel de cette haute figure et que j'avais déjà distingué chez lui dans la guerre de 1914-1918, puis dans les années de la paix qui suivit : un amour intransigeant de la vérité, une impuissance à ne pas proclamer cette vérité si les intérêts de la France ou de l'Église étaient en jeu à son sens...
Dans bien des occasions, il lui aurait suffi de montrer un peu de l'habilité dont il ne manquait certes pas, plus simplement encore de se taire, et il eût évité des jugements injustes portés sur son compte, voire des disgrâces. Une telle attitude lui était impossible ; il lui fallait affirmer hautement ce qu'il tenait pour vrai. »

Général René Tournès.

1851 Naissance
1869 Entrée à Saint-Cyr
1909 Général de brigade
1910 Général de division
1914 Commandant de la IIe armée
1915 Commandant du groupe d'armées du Centre
1916 Chef d'état-major général au GQG
1921 Commandant du groupe d'armées de l'Est
1944 Décès

Sarrail, chef des armées alliées en Orient

Personnalité complexe et controversée, notamment en raison de ses amitiés politiques marquées, le général Maurice Sarrail est le premier à occuper le poste de commandant en chef de l'armée française, puis des armées alliées en Orient.

Le général Sarrail passant des troupes en revue en Orient.

S'il est un aspect sur lequel Maurice Sarrail a toujours fait l'unanimité auprès de ses contemporains, c'est bien celui de son physique. L'académicien Jérôme Carcopino, qui l'a bien connu, n'hésite pas à en faire « le plus beau des généraux français : une stature harmonieuse, une taille élancée, une démarche élastique et, sur ce corps robuste et svelte, un admirable visage ». A contrario, Sarrail a cristallisé sur sa personne autant d'appréciations favorables que d'hostilités parmi ses pairs.

À dire vrai, l'homme, au demeurant intelligent et cultivé, est mû par une ambition dévorante qui dicte bien souvent ses choix, l'entraînant même sur la voie d'intrigues politiciennes. Son rôle dans l'affaire dite « des fiches » au début du siècle et ses amitiés parlementaires ne sont pas pour peu dans le discrédit qui plane alors sur sa personne.

Le sauveur de Verdun en 1914

Commandant du 6e corps d'armée lorsque la guerre éclate, le général Sarrail remplace le général Ruffey à la tête de la IIIe armée dès le 30 août 1914. Le surlendemain, Joffre, dans le cadre du mouvement général de retraite, lui ordonne de se replier au nord de Bar-le-Duc, et d'abandonner de fait la place forte de Verdun aux Allemands.

Sarrail exécute le mouvement et, tout en s'efforçant de conserver Verdun à l'intérieur de son dispositif, il étire au maximum ses lignes vers le sud-ouest. Cette manœuvre, couronnée de succès, permet la relance de l'offensive dès le 5 septembre.

Sarrail demande alors l'intervention de la garnison de Verdun dans la bataille afin de s'attaquer aux flancs et à l'arrière de l'armée du Kronprinz. Le 12 septembre, l'armée allemande se replie, relâchant ainsi son étau sur la citadelle de Vauban.

Loin de la métropole

Dès l'hiver 1914-1915, Sarrail, fort de ce succès initial, s'applique à faire jouer ses amitiés parlementaires afin de voir ses qualités reconnues et mieux récompensées.

Un mémoire anonyme adressé en mars 1915 aux députés préconise même le remplacement de Joffre par Sarrail. Toutefois, les échecs de ce dernier en Argonne en juin et juillet suivants fournissent au commandant en chef le prétexte pour, après enquête, lui retirer le commandement de la IIIe armée. Le ministre de la Guerre, Millerand, désireux de couper court à toute agitation parlementaire, décide d'éloigner Sarrail en l'envoyant à la tête du corps expéditionnaire d'Orient. Celui-ci accepte à la condition qu'une véritable armée française d'Orient soit créée et placée sous ses ordres.

Le « jardinier en chef de Salonique »

Arrivé en Orient pour y prendre son commandement le 12 octobre 1915, Sarrail a pour mission de secourir la Serbie aux prises avec les Empires centraux et la Bulgarie. Ses faibles effectifs – 60 000 hommes – ne lui permettent pas de contenir l'offensive bulgare, qui le contraint en décembre 1915 à organiser, aux côtés des Britanniques, le camp retranché de Salonique.

Abandonné à lui-même et sans aucun renfort, en dépit de demandes répétées auprès d'un GQG qui ne se prive pas de railler son inaction, Sarrail doit attendre l'apport des 120 000 hommes de l'armée serbe en mai 1916 pour prendre Monastir à l'automne. En décembre suivant, il se voit accorder le titre de commandant en chef des armées alliées d'Orient mais piétine jusqu'à l'été 1917 où, après l'abdication du très germanophile roi Constantin, la Grèce se rallie à l'Entente. C'est dans des conditions de commandement difficiles, dues à ses mauvais rapports avec les Alliés et avec des troupes décimées par le paludisme, que Sarrail lance une offensive victorieuse à l'automne 1917 qui lui permet d'entrer en Albanie.

Sa disgrâce n'est pourtant pas loin. L'arrivée au pouvoir de Clemenceau marque son rappel le 10 décembre avant sa mise à la retraite le 6 avril 1918, cas unique pour un officier ayant commandé devant l'ennemi. Il est finalement réintégré en 1924 pour exercer un temps les fonctions de commandant en chef de l'armée du Levant, puis décède à Paris le 23 mars 1929.

FORMATION ET DÉBUT DE CARRIÈRE

Né le 6 avril 1856 à Carcassonne, dans l'Aude, Maurice Paul Emmanuel Sarrail intègre l'École spéciale militaire de Saint-Cyr en octobre 1875, au sein de la promotion « Dernière de Wagram ». À sa sortie, deux ans plus tard, il est affecté au 4e puis au 29e bataillon de chasseurs à pied. Promu lieutenant en 1882, il passe dans la Légion et sert en Afrique du Nord, notamment au sein du 2e régiment étranger. Stagiaire à l'état-major de la 33e division d'infanterie en novembre 1885, Sarrail est successivement affecté aux 9e, 20e, 100e, 25e et 157e régiments d'infanterie jusqu'au 30 mai 1900. À cette date, il devient officier d'ordonnance du général André, ministre de la Guerre du gouvernement Waldeck-Rousseau, et participe à ce titre au système de surveillance connu sous le nom d'affaire « des fiches », visant à « républicaniser » l'armée.

DATES CLEFS

- **1901 :** le chef de bataillon Sarrail est nommé commandant de l'École militaire d'infanterie de Saint-Maixent. Promu lieutenant-colonel l'année suivante, il devient chef de corps du 138e RI.
- **1904 :** il assure les fonctions de commandant militaire du Palais-Bourbon et devient, l'année suivante, colonel.
- **1907 :** le colonel Sarrail est directeur de l'infanterie au ministère de la Guerre et obtient ses étoiles de brigadier l'année suivante.
- **1911 :** promu général de division, il commande la 12e division d'infanterie.

LE POINT DE VUE DE SES CONTEMPORAINS

« Il était dévoré d'ambition, d'une ambition qui le poussait aussi bien à se soustraire à l'autorité des autres qu'à les assujettir à la sienne... Ce qui avait débuté par le réflexe d'"avancite" commun à la plupart des sous-lieutenants frais émoulus de leurs écoles s'était transformé, à mesure que le jeune officier montait en grade, en une ambition réfléchie et passionnée sans frein ni limites, qui l'affranchissait avec toujours plus d'énergie de toutes les sujétions et qui, tantôt lui inspirait les déterminations les plus heureuses, tantôt l'abaissait à des intrigues et à des calculs intéressés. »

Jérôme Carcopino dans *La Revue des deux mondes*, mai 1970.

- **1856** Naissance
- **1875** Entrée à Saint-Cyr
- **1907** Directeur de l'infanterie
- **1911** Général de division
- **1914** Commandant de la IIIe armée
- **1915** Commandant en chef de l'armée d'Orient
- **1916** Commandant en chef des armées alliées d'Orient
- **1924** Commandant en chef de l'armée du Levant
- **1929** Décès

Guillaumat, le réorganisateur de l'armée d'Orient

Réputé pour sa calme énergie et son souci du moral de ses hommes, le général Guillaumat est l'une des figures majeures du premier conflit mondial, au cours duquel il commande successivement deux divisions d'infanterie, un corps d'armée et une armée avant de succéder au général Sarrail à la tête des armées alliées d'Orient.

Le général Guillaumat en visite à Athènes, en 1918.

Homme de caractère dont la vigueur tant physique qu'intellectuelle est incontestable, Guillaumat est une personnalité brillante. Promu général de brigade à tout juste cinquante ans après avoir longtemps enseigné aux écoles de Saint-Cyr et de guerre, il est pourvu de très beaux états de service, totalisant pas moins de douze campagnes dont quatre de guerre, qui lui valent d'avoir été fait commandeur de la Légion d'honneur le 14 juillet 1914.

La déclaration de guerre le trouve chef de cabinet d'Adolphe Messimy, nommé depuis peu au poste de ministre de la Guerre dans le cabinet Viviani.

De la Marne à Verdun

Mis à la disposition du général Joffre le 31 août 1914, Guillaumat rejoint aussitôt la IVe armée pour prendre la tête de la 33e division d'infanterie le 2 septembre. Au cours des journées qui précèdent la fin de la retraite, il s'attache à réorganiser en pleine marche cette grande unité, lui insufflant l'énergie farouche dont elle fait preuve lors de la bataille de la Marne, où elle s'illustre dans les difficiles combats de la région de Vitry-le-François, de Sourmetourbe et des Hurlus.

Lors de la réorganisation du commandement qui suit la stabilisation du front, Guillaumat, promu divisionnaire, prend en main le 9 décembre la 4e division avec laquelle il lutte en Argonne avant d'être désigné, le 25 février 1915, pour assurer le commandement du 1er corps d'armée. Apprécié pour son calme et son souci constant du moral de ses hommes, il participe ainsi à la première offensive de Champagne de mars 1915 puis aux attaques de Woëvre en avril. Revenu en Champagne à l'automne, le 1er corps d'armée est engagé sur le front de Verdun du 28 février au 8 avril 1916, où Guillaumat et ses hommes tiennent pied à pied leur position en dépit des assauts adverses. À l'été, ils sont sur la Somme, pour couvrir la droite des armées anglaises, et enlèvent plusieurs positions allemandes, exploit qui vaut à Guillaumat d'être fait grand officier de la Légion d'honneur avec une troisième citation à l'ordre de l'armée, et de recevoir le commandement de la IIe armée le 15 décembre. À la tête de 650 000 hommes, il retrouve la région de Verdun, résistant énergiquement aux offensives meurtrières du Kronprinz pendant tout le printemps 1917. Le 20 avril, il lance ses troupes à l'assaut des positions allemandes et, en deux jours de bataille, parvient à enlever 19 km de front, portant les lignes françaises au nord de la cote 304 et du Mort-Homme.

De Salonique à la victoire

Ce nouveau coup d'éclat consacre définitivement les remarquables qualités d'activité, d'organisation et d'énergie du général Guillaumat, dont le moindre mérite n'est pas d'avoir tenu sa IIe armée à l'abri de toute mutinerie dans les jours sombres de 1917. Aussi n'est-ce pas le fait du hasard si, le 14 décembre 1917, Clemenceau lui confie la lourde tâche de prendre le commandement en chef des armées alliées d'Orient. Affaiblies matériellement et moralement, ces dernières se trouvent alors dans une situation militaire grave. Guillaumat s'attache aussitôt à réorganiser le commandement, en créant un état-major interallié distinct de celui de l'armée française, et à restaurer la confiance parmi les troupes. Dans le même temps, il entreprend une série d'opérations offensives à objectifs limités qui permettent de dégager Monastir de toute menace et trouvent des répercussions politiques, en Grèce notamment, permettant la constitution d'une masse de manœuvre suffisante pour envisager un plan d'offensive de grande ampleur, conçu pour partie par Guillaumat mais qui sera mis en œuvre par son successeur, le général Franchet d'Esperey. Il est en effet rappelé d'urgence en métropole en juin 1918 pour devenir gouverneur militaire de Paris, alors même que la poche allemande de Château-Thierry fait de nouveau peser une menace sur la capitale. Toutefois, le repli rapide des armées du Kaiser entraîne la suppression du commandement des armées de Paris. Désireux de jouer un rôle actif dans la victoire, Guillaumat réclame alors le premier commandement disponible et accepte celui de la Ve armée, qu'il conduit brillamment jusqu'à la Meuse d'octobre 1918 à l'armistice, après avoir forcé les passages de l'Aisne. La paix revenue, il exerce successivement les fonctions d'inspecteur général, de membre du Conseil supérieur de la guerre, de commandant de l'armée du Rhin avant d'être un éphémère ministre de la Guerre en juin 1926. Placé hors-cadre en janvier 1933, Guillaumat s'éteint à Nantes, le 18 mai 1940.

FORMATION ET DÉBUT DE CARRIÈRE

Né le 4 janvier 1863 à Bourgneuf, en Charente-Maritime, Marie Louis Adolphe Guillaumat est le fils d'un officier d'infanterie. Après de brillantes études secondaires à Nantes, il est admis en 1882 à l'École spéciale militaire de Saint-Cyr dont il sort, deux ans plus tard, major de sa promotion. Sous-lieutenant puis lieutenant au 65e RI entre 1884 et 1893, il se fait remarquer dans les différents stages qu'il est appelé à suivre, notamment au sein des brigades topographiques de révision de la carte de France, avec lesquelles il parcourt l'Algérie en 1891 et la Tunisie en 1893. Promu capitaine en novembre 1893 au 147e RI, Guillaumat passe en 1895 à la Légion étrangère où il sert pendant trois ans, combattant au Tonkin dans les rangs du 2e régiment étranger.

DATES CLEFS

- **1900 :** au cours d'une mission en Chine, le capitaine Guillaumat se met à la disposition de l'amiral commandant la division navale d'Extrême-Orient. Affecté comme attaché à l'état-major de la brigade de tirailleurs de Sibérie orientale, il participe au combat du 23 juin 1900 devant l'arsenal de T'ien-tsin avant de prendre le commandement de la garnison française de la ville.
- **1903 :** après avoir commandé un bataillon du 59e RI, le chef de bataillon Guillaumat est placé hors-cadre comme professeur d'art et d'histoire militaires à Saint-Cyr.
- **1907 :** après une année comme stagiaire à l'École supérieure de guerre, il est promu au grade de lieutenant-colonel et maintenu en poste à l'école comme professeur de tactique d'infanterie.
- **1913 :** commandant du Prytanée militaire en 1908, chef de corps du 5e RI en 1910, il est appelé en janvier 1913 à la direction de l'infanterie au ministère de la Guerre où il est promu général de brigade à cinquante ans.

LE POINT DE VUE DE SES CONTEMPORAINS

« Officier général de la plus haute valeur. N'a cessé de se distinguer dans tous les commandements qui lui ont été confiés depuis le début de la campagne. Ayant exercé le commandement en chef des armées alliées d'Orient, a conçu et préparé avec une remarquable compréhension de la situation, un plan d'offensive dont l'exécution a rapidement contraint les armées bulgares à solliciter un armistice des plus glorieux pour l'Entente. Appelé dans des moments difficiles au poste de gouverneur militaire, commandant en chef des armées de Paris, a répondu pleinement à la confiance du gouvernement et du pays. »

Citation accompagnant la remise de la médaille militaire au général Guillaumat.

1863	Naissance
1882	Entrée à Saint-Cyr
1913	Général de brigade
1914	Commandant de la 33e puis de la 4e division d'infanterie
1915	Commandant du 1er corps d'armée
1916	Commandant de la IIe armée
1917	Commandant en chef des armées alliées en Orient
1918	Gouverneur militaire de Paris puis commandant de la Ve armée
1940	Décès

De Langle de Cary, gentilhomme breton

Rappelé à l'activité dès la fin du mois de juillet 1914, le général Fernand de Langle de Cary est l'un des acteurs majeurs de la première partie du conflit, à la tête de la IVe armée d'abord, qu'il mène au combat dans les Ardennes, sur la Marne et en Champagne, puis en tant que commandant du groupe d'armées du Centre, jouant un rôle décisif au début de la bataille de Verdun.

Le général de Langle de Cary (à gauche) conversant avec Joffre.

Taille moyenne, visage ovale, cheveux châtain foncé, facilités d'élocution, manières distinguées, le général Fernand de Langle de Cary cultive un « style » qui n'est pas sans rappeler celui des gentilshommes des siècles passés dont la conduite se voulait dictée par des principes moraux élevés. « Ma carrière a commencé sur les champs de bataille, elle se terminera sur les champs de bataille », confie-t-il un jour à Franchet d'Esperey. Cette prédiction semble pourtant bien loin de pouvoir s'accomplir lorsque le 4 juillet 1914, atteint par la limite d'âge, de Langle est placé dans la section du cadre de réserve.

À la tête de la IVe armée

Pourtant, moins d'un mois plus tard, devant l'imminence du conflit, il est rappelé à l'activité pour prendre le commandement de la IVe armée, Joffre appréciant son « caractère droit et ferme ». Appliquant fidèlement les directives du commandant en chef, le général de Langle de Cary engage, du 22 au 24 août 1914, ses troupes dans la désastreuse offensive des Ardennes où elles subissent un lourd échec mais parviennent à se replier en assez bon ordre sur la rive gauche de la Meuse. C'est cette fois de sa propre initiative qu'il décide de se maintenir sur cette position à partir du 26 août afin d'en interdire le passage aux Allemands. Après deux jours de violents combats à l'issue desquels la IVe armée ne rompt pas et parvient à contenir l'armée du duc de Wurtemberg, de Langle reçoit cependant l'ordre de reprendre son mouvement de retraite afin de se porter sur la rive gauche de l'Aisne. Dès le début de la bataille de la Marne, le 5 septembre, son rôle est désormais de faire face à l'ennemi, coûte que coûte, en liant son action à celle des IIIe, à l'est, et IXe armées, à l'ouest. Le chef de la IVe armée déploie dès lors tout son savoir-faire, n'hésitant pas à allonger son front vers l'est, au risque de rompre son propre dispositif, pour porter secours à l'armée Sarrail et notamment combler l'intervalle entre cette dernière et ses troupes dans la trouée de Revigny. Cette initiative hardie est couronnée de succès et constitue incontestablement l'un des facteurs de réussite de la manœuvre d'ensemble réalisée par les troupes françaises sur la Marne.

Échecs en Champagne

Dès le début de l'automne 1914, l'armée de Langle prend les tranchées et se prépare à une offensive de grande ampleur lancée en Champagne à la fin du mois de décembre sans

succès, puis renouvelée en février-mars 1915 sur un front de 8 kilomètres entre la ferme de Beauséjour et le bois Sabot, en pure perte et au prix de la mise hors de combat de plus de 90 000 hommes.
Le général de Langle de Cary est également l'un des acteurs majeurs, aux côtés de Pétain alors à la tête de la IIe armée, de la deuxième bataille de Champagne (septembre-octobre 1915), qui n'aboutit pas plus à la rupture du front escomptée.

De Verdun à la disgrâce

Le 11 décembre 1915, de Langle est placé à la tête du groupe d'armées du Centre en remplacement du général de Castelnau. La région fortifiée de Verdun lui est directement rattachée le 1er février de l'année suivante, vingt jours seulement avant le début de l'offensive allemande. Face à l'extrême gravité de la situation et à la rapidité de l'avance adverse, de Langle prend, le 24 février, sous sa seule responsabilité, la décision d'ordonner le repli de l'ensemble des forces françaises se trouvant dans la Woëvre sur le rebord est des Hauts de Meuse.
Cette initiative, dont le maréchal Franchet d'Esperey dira plus tard qu'elle « sauva Verdun », n'empêche pas les critiques portées par une partie des parlementaires, dès le lendemain – jour de la chute de Douaumont –, sur de Langle, accusé d'avoir insuffisamment préparé la défense du secteur de Verdun. Dès le 26 février, le commandement de celui-ci lui est retiré pour être confié à Pétain.
Le 28 avril suivant, il est définitivement éloigné du front et envoyé en mission spéciale en Algérie et en Tunisie afin d'étudier les possibilités de réduction des effectifs et d'encadrement des troupes qui y sont stationnées. Replacé en section de réserve le 1er décembre 1917, le général de Langle de Cary s'éteint le 19 février 1927 à Pont-Scorff, dans le Morbihan.

FORMATION ET DÉBUT DE CARRIÈRE

Né le 4 juillet 1849 à Lorient, dans le Morbihan, d'un père officier dans la marine, Fernand Louis Armand Marie de Langle de Cary sort major de la promotion « de Mentana » (1867-1869) de l'école de Saint-Cyr. Affecté comme sous-lieutenant au 2e régiment de chasseurs d'Afrique, il suit un temps les cours de l'école d'état-major avant d'être nommé le 14 septembre 1870, en pleine guerre franco-prussienne, officier d'ordonnance du gouverneur militaire de Paris. En janvier de l'année suivante, il est grièvement blessé au combat de Buzenval et subit une longue convalescence à l'issue de laquelle il achève sa formation à l'école d'état-major, puis effectue des stages de formation successivement aux 10e cuirassiers (décembre 1873), 113e (mars 1875) et 22e RI (mars 1877).

DATES CLEFS

- **1880 :** après un séjour à l'état-major général du 9e corps d'armée, il est placé dans l'arme de l'infanterie.
- **1886 :** promu chef de bataillon, de Langle de Cary est nommé professeur du cours du service d'état-major à l'École supérieure de guerre, fonction qu'il assure pendant neuf ans.
- **1895 :** promu colonel, il prend la tête du 127e RI de Valenciennes.
- **1900 :** appelé au commandement de la 3e brigade de cavalerie d'Algérie, le général de brigade de Langle de Cary rentre en métropole en 1903 pour être placé à la tête de la 72e brigade d'infanterie, à Pau.
- **1912 :** divisionnaire à partir de 1906, il commande successivement la 14e division, les 4e et 8e corps d'armée, puis devient membre du Conseil supérieur de la guerre en décembre 1912.

LE POINT DE VUE DE SES CONTEMPORAINS

« Le général de Langle demeure pour tous ceux qui l'ont connu le véritable type du chef. Descendant d'une longue lignée de gentilshommes qui tous avaient servi la France l'épée à la main, il avait dans les veines le goût et le sens du commandement, la promptitude de la décision, l'amour de la responsabilité. Sa distinction personnelle, le brillant de son esprit et sa grande culture ajoutaient à ses qualités natives et leur donnaient leur plein épanouissement. »

Maréchal Franchet d'Esperey, 1934.

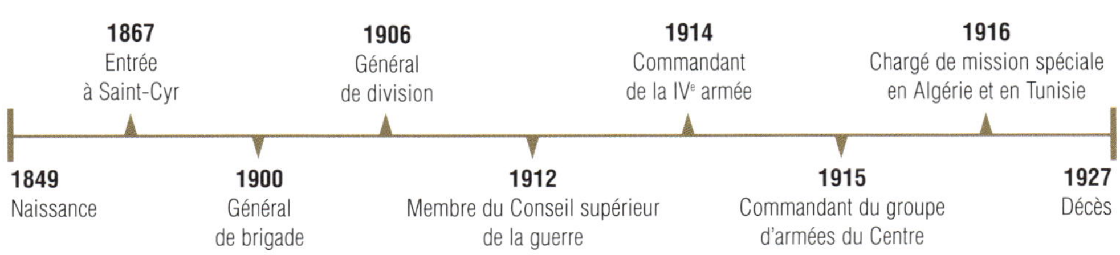

Guépratte, le « mangeur de feu »

Surnommé par les Britanniques « Fire Eater » – mangeur de feu – en raison de son goût du panache et de son mépris du danger, Émile Guépratte est le seul amiral français à avoir mené une escadre au feu au cours du premier conflit mondial.

L'amiral Guépratte en 1916.

Haute silhouette dont le visage rose et dépourvu de rides est éclairé par des yeux d'un bleu scintillant qui semblent refléter la mer, l'amiral Guépratte est loin d'être un inconnu lorsque la Grande Guerre éclate. Il doit en grande partie cette renommée au voyage qu'il a accompli en 1911 à bord du croiseur cuirassé *Edgar Quinet*, lors de la visite officielle du président de la République Armand Fallières aux Pays-Bas. Il réalise à cette occasion le premier passage par un grand navire de guerre des écluses du *Noordzeekanaal* menant à Amsterdam, réussissant le tour de force d'accoster au quai d'Ijmuiden en se servant de ses seules machines, sans le secours de la moindre amarre. Cet exploit unique connaît alors un grand retentissement, aussi bien dans la presse française qu'à l'étranger.

Outre ses qualités d'habile manœuvrier, nombreux sont les témoignages qui louent en Guépratte sa « simplicité » mais aussi sa « politesse exquise », notamment à l'égard de ses subordonnés.

En Méditerranée

Lorsque le conflit éclate, le contre-amiral Guépratte est placé à la tête de la division navale de complément rattachée à la Ire armée navale en Méditerranée. Formée de vieux cuirassés, cette division semble alors destinée à ne jouer qu'un rôle secondaire dans les combats qui s'annoncent. Il se voit ainsi chargé d'escorter les transports de troupes entre la métropole et l'Algérie tout en assurant la surveillance du détroit de Sicile.

Très vite lassé de cette tâche certes indispensable mais sans éclat, Guépratte demande une nouvelle affectation, au plus près des zones de combat, et obtient de servir à Port-Saïd où il collabore un temps, aux côtés des navires britanniques, à la protection des convois de l'armée des Indes.

À l'assaut des Dardanelles

En septembre 1914, il est invité à joindre les bâtiments de sa division à la force navale britannique commandée par l'amiral Carden en vue d'assurer le blocus du détroit des Dardanelles.

Dès le 3 novembre, il participe ainsi, avec ses cuirassés *Suffren* et *Vérité*, appuyés par des croiseurs britanniques, au bombardement des forts turcs qui commandent l'entrée du détroit et où sont réfugiés les croiseurs allemands *Goeben* et *Breslau*. Lorsque, au printemps 1915, les Britanniques décident de forcer le passage du détroit pour atteindre la mer de Marmara et attaquer Istanbul, Guépratte obtient d'entrer le premier à la tête de ses vieux cuirassés. Le 18 mars, il part à l'assaut, faisant montre d'un panache et d'une fougue qui suscitent l'admiration de ses hommes comme celle des Britanniques. Pourtant, la tentative se solde par un terrible échec, le cuirassé *Bouvet* faisant naufrage après avoir été éventré par une mine tandis que le *Gaulois* et le *Suffren* connaissent de graves avaries.

Délaissant le forcement du détroit, le choix se porte désormais sur une opération combinée destinée à prendre pied en territoire ennemi grâce à l'appui des forces navales. Guépratte prend part avec la même énergie aux combats des 27 mars, puis 25 et 26 avril 1915, qui ont pour cadre la bataille des cinq plages ainsi que les débarquements de Seddulbahr et de Kumkale. Pour autant, sa témérité lui vaut de sérieuses critiques. On lui reproche bientôt d'être « un casse-cou et un illuminé dangereux » et le pouvoir politique décide de lui retirer son commandement en mai 1915.

La disgrâce

Promu vice-amiral le 10 octobre 1915, Guépratte est nommé préfet maritime de Bizerte où il s'emploie à organiser la lutte anti-sous-marine et l'entraînement des troupes serbes. Toujours aussi déterminé, il fait face avec sang-froid aux émeutes et à l'agitation qui secouent la ville en 1917, s'attachant à maintenir une stricte discipline qui permet le retour au calme.

Atteint par la limite d'âge, il quitte le service actif en août 1918 et se lance dans une carrière politique. Élu député du Finistère en novembre 1919, il ne se représente pourtant pas aux élections de 1924 et se retire à Brest, où il s'éteint le 21 novembre 1939.

FORMATION ET DÉBUT DE CARRIÈRE

Né le 30 août 1856 à Granville, dans la Manche, d'un père capitaine de vaisseau, Émile Paul Aimable Guépratte entre à l'École navale le 1er octobre 1871, après de brillantes études au lycée impérial de Brest. Aspirant de 1re classe trois ans plus tard, il embarque en 1875 sur la corvette cuirassée *Reine-Blanche* en escadre d'évolutions, puis sert, entre 1877 et 1879, sur le croiseur *Duchaffault* à la division navale d'Extrême-Orient. Instructeur des aspirants sur la corvette école la *Favorite* que commande son père en 1880, il participe à la campagne de Tunisie l'année suivante. Promu lieutenant de vaisseau en janvier 1883, il suit en 1884 les cours de l'École des défenses sous-marines, dont il sort avec le brevet de torpilleur, et sert en cette qualité sur le cuirassé *Amiral Duperré*, de l'escadre d'évolutions.

DATES CLEFS

- **1893 :** adjoint au commandant de la défense mobile de Brest en mai 1888, il commande le torpilleur 23 l'année suivante, puis passe second du croiseur *Forfait* à Brest en 1891, avant de prendre la tête de la canonnière *Caronade* de la division navale d'Indochine et de participer aux opérations contre le Siam, de mai à octobre 1893.
- **1902 :** capitaine de frégate en mai 1897, sous-directeur des défenses sous-marines de Brest en 1900, commandant du contre-torpilleur *Vautour* de la station du Bosphore en 1901-1902, Guépratte est nommé en mai 1902 chef de la 2e section de l'état-major de l'arrondissement maritime de Brest.
- **1909 :** passé capitaine de vaisseau le 5 février 1904, il exerce divers commandements avant d'être placé à la tête du 2e dépôt des équipages en 1908. Il est à Brest en 1909 pour suivre l'achèvement du croiseur cuirassé *Edgar Quinet* qu'il commande jusqu'en 1911.
- **1912 :** en septembre 1912, il passe contre-amiral et reçoit le commandement du front de mer à Brest.

LE POINT DE VUE DE SES CONTEMPORAINS

« A, par son énergie inlassable, depuis l'ouverture des hostilités, donné à tous le plus bel exemple des devoirs militaires et du courage. A, dans toutes les opérations effectuées aux Dardanelles, conduit ses navires au feu avec une bravoure à laquelle on ne saurait trop rendre hommage. »

Citation à l'ordre de l'armée décernée à l'amiral Guépratte, le 10 juillet 1915.

1856 Naissance

1871 Entrée à l'École navale

1884 Élève de l'École des défenses sous-marines de Rochefort

1908 Commandant du 2e dépôt des équipages

1912 Contre-amiral

1914 Commandant de la division de complément en Méditerranée puis de la division navale des Dardanelles

1915 Préfet maritime de Bizerte

1919 Député du Finistère

1939 Décès

MANGIN, LE VAINQUEUR DE DOUAUMONT

Guerrier infatigable au tempérament ombrageux et énergique, le général Mangin est l'une des figures les plus charismatiques de la Grande Guerre. C'est à la tête du 11e corps d'armée qu'il réussit notamment l'exploit de reprendre le fort de Douaumont, le 24 octobre 1916.

Le général Mangin lors du défilé de la victoire, le 14 juillet 1919.

Teint halé, cheveu dru coupé en brosse, menton volontaire, regard d'acier, front granitique, mâchoires de fauve, le général Charles Mangin possède tous les traits physiques du baroudeur colonial à l'énergie inépuisable, volontaire pour les missions difficiles, même les plus désespérées.

Lorsque le conflit éclate en 1914, son nom n'est pas inconnu du grand public qui a pu suivre quelques années plus tôt les exploits accomplis par ce membre de la mission Marchand, qui a osé braver les Britanniques en plantant le drapeau français à Fachoda.

L'ascension d'un chef

Paradoxalement, la déclaration de guerre du 3 août 1914 le trouve sans commandement et il ne doit son affectation à la tête de la 8e brigade d'infanterie qu'à la faveur d'une demande formulée par le général Franchet d'Esperey, qui avait apprécié ses qualités de meneur d'hommes au Maroc.
Il manifeste d'emblée son extraordinaire sens de la manœuvre en menant une brillante contre-attaque lors de la bataille de Charleroi, repoussant les Allemands dans la vallée de la Meuse. En récompense, il reçoit le commandement de la 5e division d'infanterie, le 2 septembre 1914, et prend une part brillante aux opérations de la Ve armée sur la Marne, payant de sa personne au milieu des troupes prises de panique qu'il réussit à contenir et à galvaniser. La division Mangin est par la suite engagée en Champagne, en Artois puis à Verdun, où la fougue naturelle de son chef s'adapte sans effort aux formes nouvelles de la guerre de tranchée.

De la gloire à la disgrâce

Promu divisionnaire en juin 1916, Mangin reçoit dans le même temps le commandement du 11e corps d'armée et du secteur de Fleury après avoir engagé ses troupes, au printemps, dans les difficiles combats de la ferme de Thiaumont, de l'étang de Vaux et du fort de Douaumont, dont ses hommes s'emparent un temps avant que l'artillerie ennemie ne les contraigne à se replier. À l'instar de Nivelle, il est alors convaincu qu'il vaut mieux lancer des offensives, même

coûteuses en troupes, plutôt que de les laisser périr dans l'enfer des tranchées sous les bombardements. Le 24 octobre 1916, mettant ses idées à exécution, il prend d'assaut Douaumont, en dépit d'un épais brouillard, et s'empare sans coup férir du fort.
Le 2 novembre, il réoccupe le fort de Vaux et lance une nouvelle attaque de la Meuse à la Woëvre, entre le 15 et le 18 du mois suivant, qui aboutit à la reprise de Bezonvaux, Louvemont et de la côte du Poivre.
Mangin est alors au faite de sa gloire et c'est avec détermination que, nommé à la tête de la VIe armée, il participe à l'offensive d'ensemble du 16 avril 1917 du Chemin des Dames. L'échec de celle-ci, qui n'aboutit pas à la percée décisive tant espérée, sonne l'heure de sa disgrâce.

Le retour triomphal

Relevé de son commandement le 1er mai 1917, Mangin, profondément blessé, envisage un temps de prendre sa retraite pour s'engager comme simple soldat. Les événements en décident pourtant autrement et l'arrivée de Clemenceau au pouvoir marque son retour sur le devant de la scène.
Commandant le 9e corps d'armée à partir de décembre 1917, il prend en main les destinées de la Xe armée en juin 1918. Une fois encore, il déploie tout son talent en menant une action vigoureuse sur l'Oise avant d'exécuter, du 18 juillet au 26 octobre, une série d'actions offensives brillantes qui permettent de libérer Soissons et Laon, ouvrant la porte au succès final des forces de l'Entente.
Membre du Conseil supérieur de la guerre après le conflit, le général Mangin assure un temps le commandement en chef de la zone française d'occupation en Rhénanie, avant de prendre les fonctions d'inspecteur général des troupes coloniales en 1922.
Il décède à Paris le 12 mai 1925, la médaille militaire lui étant décernée sur son lit de mort.

FORMATION ET DÉBUT DE CARRIÈRE

Né le 6 juillet 1866 à Sarrebourg, dans la Meuse, Charles Marie Emmanuel Mangin est le fils d'un inspecteur général des Eaux et Forêts incarcéré par les Allemands en 1870. Après deux échecs successifs au concours d'entrée à Saint-Cyr, le jeune Mangin décide de s'engager au 77e RI avant de parvenir à intégrer l'école en octobre 1886, au sein de la promotion « de Châlons ». Sorti dans l'infanterie de marine deux ans plus tard, il rejoint les rangs du 1er régiment d'infanterie de marine au sein duquel il sert au Sénégal (1889-1893), puis au Soudan (1893-1894), avant d'être désigné en 1896 pour commander la compagnie d'escorte de la mission Marchand qui, traversant l'Afrique d'ouest en est, s'achève par l'incident de Fachoda en 1898.

DATES CLEFS

- **1900 :** promu chef de bataillon en janvier, il décroche en six mois le brevet d'état-major sans passer par l'École de guerre.
- **1901 :** affecté au Tonkin, il commande le poste de Bao Lac jusqu'en 1904.
- **1906 :** promu lieutenant-colonel, il est nommé chef d'état-major de l'Afrique-Occidentale française avant d'être placé à la tête du 1er RIC en 1908.
- **1910 :** le colonel Mangin publie son livre sur La Force noire, insistant sur la nécessité de faire appel aux troupes d'Afrique pour compenser la crise démographique française face à l'Allemagne.
- **1912 :** entre février 1912 et juin 1913, le colonel Mangin est l'adjoint de Lyautey au Maroc où il prend part à la pacification.

LE POINT DE VUE DE SES CONTEMPORAINS

« C'est un soldat dans toute l'acception du terme. Par sa bravoure communicative, par sa parole persuasive et vibrante qui semble aplanir tous les obstacles, c'est aussi un entraîneur d'hommes. C'est également un chef qui sait peser les difficultés des opérations qu'il médite, et les conduire ensuite avec une inébranlable ténacité… Mangin demeure le magnifique commandant du groupe d'attaque de Verdun dont il faut modérer plutôt que stimuler la bouillante ardeur. »

Avis formulé en 1917 par un conseil d'enquête composé des généraux Brugère, Foch et Gouraud.

1866 Naissance
1886 Entrée à Saint-Cyr
1896 Membre de la mission Marchand
1913 Général de brigade
1914 Commandant de la 8e brigade d'infanterie
1916 Commandant du 11e corps d'armée puis de la VIe armée
1917 Commandant du 9e corps d'armée
1918 Commandant de la Xe armée
1925 Décès

GOURAUD, LE « LION DE L'ARGONNE »

Un « lion »... tel est le qualificatif qui revient le plus souvent pour désigner le général Gouraud, l'une des figures militaires les plus populaires de la Grande Guerre, dont la bravoure et l'indomptable énergie sont demeurées légendaires. Celui que l'on surnommait avant 1914 le « lion de l'Afrique » est ainsi devenu, au cours du conflit, le « lion de l'Argonne », tout en demeurant fidèle à son image de guerrier infatigable.

Gouraud (à droite) et Bailloud en mai 1915 à Seddul Bahr.

Sous une apparence faible et fragile, Henri Gouraud cache une énergie inépuisable et une détermination farouche qui transparaissent dans un visage animé par des yeux d'un extraordinaire bleu clair. L'homme est un baroudeur formé à la rude école de l'Afrique à laquelle il a consacré vingt années de sa carrière. Au début des hostilités, celui qui est devenu, deux ans plus tôt, le plus jeune général de l'armée française exerce une certaine fascination auprès du grand public qui a pu suivre ses exploits au Soudan, en Mauritanie et au Maroc quelques années plus tôt.

De l'Argonne aux Dardanelles

Lorsque le conflit éclate en août 1914, Gouraud demande aussitôt à partir pour la métropole où il débarque à la tête de la 4e brigade marocaine, envoyée sur le front par le général Lyautey.
Promu divisionnaire dès le 18 septembre, il est aussitôt placé à la tête de la 10e division d'infanterie dont le chef a trouvé la mort quelques jours plus tôt. C'est en Argonne, où son unité est engagée dans de violents combats, qu'il donne alors la pleine mesure de ses qualités de meneur d'hommes. Sans cesse sur la brèche, Gouraud a l'épaule traversée par une balle le 7 janvier 1915 alors qu'il rend visite à des unités en ligne. Il refuse pourtant de se faire évacuer.
À la fin de ce même mois, il est nommé au commandement du corps d'armée colonial avec lequel il prend part à la première bataille de Champagne, dans la région de Beauséjour-Massiges. Le 6 mai suivant, c'est à lui que le gouvernement fait appel pour reprendre en main le corps expéditionnaire français aux Dardanelles. Ce dernier, campé à l'extrémité de la presqu'île de Gallipoli, se trouve alors dans une situation périlleuse.
En liaison avec les Britanniques, Gouraud déploie à nouveau une grande activité, livrant combat à l'armée turque les 4, 21 et 30 juin 1915. Au soir de cette dernière journée, il est cependant atteint par un obus qui le laisse inanimé, un bras broyé, les deux jambes cassées.

En Champagne et au Maroc

Rapatrié en France, Gouraud est amputé du bras droit mais se rétablit rapidement grâce à sa robuste constitution. Dès le mois de décembre 1915, il reçoit le commandement de la IVe armée en Champagne avec pour mission de maintenir l'intégrité du front dans la perspective de la reprise des opérations dans cette zone. Il remplit parfaitement cette tâche tout au long de l'année 1916, créant sur les arrières de son armée un groupe d'écoles destinées à l'instruction des différentes divisions qui passent à la IVe armée. En décembre, Gouraud assure un temps l'intérim du général Lyautey, nommé ministre de la Guerre, au Maroc, puis reprend le commandement de la IVe armée dès juin 1917.

Le vainqueur du 15 juillet 1918

Lancée au printemps 1918, l'offensive Ludendorff se porte, en juillet, sur les lignes françaises situées à l'est de Reims face aux monts de Champagne.
Informé du jour et de l'heure de l'assaut, Gouraud s'attache à prendre toutes les dispositions nécessaires pour y faire face, n'hésitant pas à déclencher sa contre-préparation d'artillerie avant même la préparation allemande. Le 15 juillet au matin, l'infanterie allemande se lance à l'assaut de la IVe armée mais, ne parvenant pas à ébranler le mur de résistance mis en place par Gouraud, l'offensive est définitivement brisée à 16 heures.
C'est à la suite de cette bataille, parfois appelée « le tournant de la guerre », que les armées alliées reprennent définitivement l'offensive, à laquelle participe la IVe armée de Gouraud, jusqu'à la victoire finale. Le 22 novembre 1918, ce dernier a l'honneur de rentrer en vainqueur à Strasbourg où il demeure jusqu'en octobre 1919.
L'après-guerre le voit poursuivre sa carrière coloniale au Levant, puis occuper le poste de gouverneur militaire de Paris de 1923 à 1937, avant de décéder le 16 septembre 1946, dans la capitale.

FORMATION ET DÉBUT DE CARRIÈRE

Né le 17 novembre 1867 à Paris, Henri Joseph Eugène Gouraud est le fils d'un médecin des hôpitaux originaire de Vendée. Après de brillantes études au collège Stanislas à Paris, il intègre l'école de Saint-Cyr en 1888, au sein de la promotion du « Grand Triomphe ». Au terme des deux années de formation, il est affecté au 21e bataillon de chasseurs à pied de Montbéliard. Désireux de servir outre-mer, le lieutenant Gouraud s'embarque pour l'Afrique en 1894, prélude à une longue et intense carrière coloniale entamée au Soudan dans les différents postes de la ligne de communication qui unit le Sénégal au Niger. Promu capitaine en 1897, il est blessé à trois reprises dans les expéditions contre le chef indigène Samory qu'il parvient à capturer le 29 septembre 1898, ce qui lui vaut une renommée nationale.

DATES CLEFS

- **1900 :** passé dans les troupes de marine comme chef de bataillon, Gouraud part pour le Niger et reçoit, deux ans plus tard, le commandement du IIIe territoire militaire.
- **1904 :** fait officier de la Légion d'honneur et promu lieutenant-colonel, il prend le commandement du territoire du Tchad.
- **1907 :** le colonel Gouraud est nommé commissaire du gouvernement général en Mauritanie. Il pacifie la zone de l'Adrar jusqu'à la Kedia d'Idjil, en plein Sahara.
- **1911 :** après avoir suivi les cours du Centre des hautes études militaires, il part pour le Maroc où il devient l'homme de Lyautey. Il reçoit ainsi, l'année suivante, le commandement de la ville de Fès et repousse plusieurs attaques au printemps, ce qui lui vaut les étoiles de général de brigade. En mai 1914, il reçoit le commandement des troupes du Maroc occidental.

LE POINT DE VUE DE SES CONTEMPORAINS

« Entraîneur d'hommes de premier ordre, aimé du soldat parce qu'il l'aime lui-même. A brisé l'attaque allemande du 15 juillet 1918, de Reims à l'Argonne, en communiquant à ses troupes la confiance et la flamme qui l'animent, en portant au suprême degré chez tous les chefs servant sous ses ordres l'esprit de discipline, de dévouement et d'ardent patriotisme dont il est une des plus brillantes incarnations. »

Citation à l'ordre de l'armée du 13 août 1918.

- **1867** Naissance
- **1888** Entrée à Saint-Cyr
- **1912** Général de brigade
- **1914** Commandant de la 10e division d'infanterie
- **1915** Commandant du corps expéditionnaire des Dardanelles
- **1916** Commandant de la IVe armée
- **1919** Commandant en chef de l'armée du Levant
- **1923** Gouverneur militaire de Paris
- **1946** Décès

Dubail, commandant de la Ire armée

Placé à la tête de la Ire armée au début des hostilités, le général Dubail commande par la suite le groupe des armées de l'Est qui englobe la région fortifiée de Verdun. Mis à l'écart dès mars 1916, il est alors éloigné des secteurs chauds du front et devient un temps gouverneur militaire de Paris.

Le général Dubail, photographié en 1915.

Entré à dix-sept ans à Saint-Cyr, breveté d'état-major à vingt-sept ans, le général Dubail est incontestablement l'une des personnalités les plus brillantes de l'armée française. S'il n'a jamais servi outre-mer, il a cependant pour lui d'avoir pris part aux combats de 1870-1871 et de s'y être distingué très jeune. Outre des qualités de pédagogue indiscutables – il a enseigné à Saint-Cyr à plusieurs reprises –, Dubail connaît bien, et de longue date, les milieux politiques. S'il entretient également de solides et anciennes relations avec Joffre, nombreux sont les témoins qui ne voient en lui qu'une « pantoufle », toujours attentif à ne pas déplaire, souvent brutal avec ses subordonnés et parfois capable d'une injustice pour éviter la disgrâce.

Les batailles de Lorraine

Lors de la mobilisation, le 2 août 1914, le général Dubail est placé à la tête de la Ire armée (7e, 8e, 13e, 14e et 21e corps d'armée) qui, à l'extrême droite du dispositif français, reçoit pour mission de tenir la charnière des Vosges. En dépit de moyens limités et du repli de la IIe armée du général de Castelnau à Morhange qui entraîne celui de la Ire armée, il parvient à reprendre l'offensive et, après un mois de combats incessants, à rejeter les Allemands sur la Meurthe et la Mortagne. Attaquée à la fois sur son front en Lorraine et sur son flanc droit par l'Alsace, l'armée Dubail sert de pivot aux opérations du général Joffre lors de la bataille de la Marne et parvient à stopper de nouveau les forces adverses devant Charmes. Les difficiles combats de Saint-Rémy-au-Bois, de Rozelieures, de la Chipotte, de Nompatelize, des sommets et des cols des Vosges symbolisent les immenses efforts consentis par Dubail et ses troupes afin de permettre à la IIe armée de sauver Nancy.

Dans les derniers jours de septembre 1914, lorsque l'armée allemande venant de Metz prend pied sur les Hauts de Meuse, c'est une nouvelle fois la Ire armée qui, débouchant sur le flanc gauche ennemi, réussit l'exploit de mettre un terme au mouvement enveloppant des Allemands qui projetaient de tourner l'aile droite de la IIIe armée du général Sarrail en franchissant la Meuse à Saint-Mihiel.

Écarté dès mars 1916

Appelé le 6 janvier 1915 au commandement du groupe des armées de l'Est, Dubail dirige alors le secteur de Verdun.

Celui-ci, victime de nombreux prélèvements en troupes et en matériels tout au long de

l'été et au début de l'automne 1915, ne lui semble pas en mesure de pouvoir résister à une attaque allemande de vaste ampleur. Il s'efforce ainsi, à partir de la fin du mois d'octobre, d'organiser d'importants travaux de défense tout en signalant à différentes reprises l'insuffisance des défenses en artillerie des forts au haut commandement, qui ignore ses avertissements.
Pis encore, le 1er février 1916, Joffre décide de lui retirer la région fortifiée de Verdun pour la placer sous les ordres du groupe d'armées du Centre, commandé par le général de Langle de Cary.
Les jours de Dubail sont dès lors comptés : peu apprécié par Briand et jugé en partie responsable de l'impréparation française lors de l'offensive allemande du 21 février, il est brutalement écarté de son commandement le 27 mars sous prétexte d'avoir dépassé la limite d'âge. Il devient dès le mois suivant gouverneur militaire de Paris en remplacement du général Maunoury et se révèle un organisateur de talent, poussant la défense avancée de la capitale jusqu'à la hauteur de la forêt de Compiègne et mettant ainsi sur pied un vaste camp retranché qui résiste victorieusement à l'ultime poussée allemande du printemps 1918.
Relevé définitivement de tout commandement le 14 juin de cette année, le général Dubail termine sa carrière comme grand chancelier de la Légion d'honneur. À ce poste, il se signale encore, au cours de l'entre-deux-guerres, par d'importantes initiatives, et notamment l'institution, en octobre 1921, de la société de la Légion d'honneur destinée non seulement à renforcer les liens de solidarité entre les membres de l'ordre, mais aussi à créer des œuvres d'entraide et d'assistance. Le général Dubail s'éteint à Paris, le 7 janvier 1934.

FORMATION ET DÉBUT DE CARRIÈRE

Né le 15 avril 1851 à Belfort et cadet d'une famille de cinq enfants, Edmond Augustin, Yvon Dubail intègre l'école de Saint-Cyr le 20 octobre 1868 au sein de la promotion « de Suez ». À sa sortie, deux ans plus tard, il est affecté au 10e bataillon de chasseurs à pied (BCP) avec lequel il prend part à la campagne de l'armée du Rhin, se signalant à Spicheren où, cerné par l'ennemi, il parvient à se dégager, revolver au poing. Fait prisonnier lors de la capitulation, il est libéré à temps pour participer aux opérations contre la Commune de Paris. Lieutenant en mars 1873, Dubail est admis à l'École supérieure de guerre en décembre 1876 et en sort breveté d'état-major. Professeur de géographie à Saint-Cyr en 1880, il est officier d'ordonnance du ministre de la Guerre, le général Thibaudin, au début de 1883.

DATES CLEFS

- **1886 :** le capitaine Dubail sert de nouveau comme officier d'ordonnance du ministre de la Guerre, le général Boulanger, avant d'être promu chef de bataillon en 1888.
- **1891 :** il est successivement chef d'état-major du gouverneur de la place forte d'Épinal (1891), de la division des Vosges (1892) et de la division d'Alger (1896).
- **1904 :** lieutenant-colonel en 1896, il passe colonel en 1901 et commande le 1er régiment de zouaves avant d'être promu général de brigade en 1904.
- **1908 :** après avoir occupé, entre décembre 1904 et décembre 1908, les postes successifs de commandant de la 53e brigade d'infanterie, de commandant de la 5e brigade d'infanterie, de chef du cabinet militaire du ministre de la Guerre, de commandant de la 14e brigade d'infanterie et de commandant de l'école de Saint-Cyr, Dubail est promu divisionnaire.
- **1911 :** nommé commandant de la 14e division d'infanterie, il redevient chef du cabinet militaire du ministre de la Guerre en mars 1911, puis chef d'état-major général de l'armée en mai. L'année suivante, il est placé à la tête du 9e corps d'armée.

LE POINT DE VUE DE SES CONTEMPORAINS

« Chef de froide énergie et d'indomptable volonté qui sait allier à une entière compréhension des nécessités de la guerre actuelle un remarquable esprit de discipline. A toujours donné aux opérations dont il avait la direction une impulsion conforme aux nécessités de la situation générale et s'est ainsi acquis les droits les plus indiscutables à la reconnaissance du pays. »

Citation accompagnant la remise de la médaille militaire au général Dubail, 5 octobre 1915.

- **1851** Naissance
- **1868** Entrée à Saint-Cyr
- **1908** Général de division
- **1911** Chef d'état-major général de l'armée
- **1912** Commandant du 9e corps d'armée
- **1914** Commandant de la Ire armée
- **1915** Commandant du groupe des armées de l'Est
- **1916** Gouverneur militaire de Paris
- **1934** Décès

Maunoury, le vainqueur de l'Ourcq

Élevé à la dignité de maréchal de France à titre posthume plus de quatre ans après la fin des hostilités, Joseph Maunoury a joué un rôle essentiel dans la victoire de la Marne, en septembre 1914, avant qu'une grave blessure ne l'oblige à quitter son commandement à la fin de l'année suivante.

Le général Maunoury en 1914.

Officier général âgé de soixante-six ans à l'allure distinguée et élégante, Joseph Maunoury est, à l'ouverture des hostilités en août 1914, un vétéran de la guerre de 1870 dont la carrière, au demeurant excellente, n'est marquée par aucun coup d'éclat particulier. Il n'a ainsi jamais quitté la métropole pour prendre part à une expédition coloniale et s'est rapidement imposé comme un technicien de l'artillerie. Ouvert aux innovations, il marque depuis plusieurs années un intérêt tout particulier pour l'aéronautique militaire, rattachée alors pour partie à son arme d'appartenance. Excellent cavalier, il nourrit également une passion pour le cheval, l'un de ses passe-temps favoris depuis que, le 17 décembre 1912, atteint par la limite d'âge, il a été placé dans le cadre de réserve.

À la tête de l'armée de Lorraine

Nul n'est alors en mesure de prévoir le rôle essentiel que le général de division Maunoury sera appelé à jouer au début du conflit. Dès le 1er août 1914, il accourt pourtant à Paris et se présente à Joffre pour lui offrir ses services. Ce dernier lui confie dans un premier temps une mission d'inspection dans les régions non comprises dans la zone des armées. Mais, rapidement, les premiers échecs font prendre conscience au commandant en chef de la nécessité de faire appel plus largement à la compétence d'officiers généraux versés dans la réserve et susceptibles de remplacer avantageusement certains chefs qui se sont révélés d'une terrible indigence. Il décide ainsi, le 20 août, de confier à Maunoury le commandement de l'armée de Lorraine constituée de divisions de réserve. Chargé d'assurer la couverture sur les côtes de Meuse, entre Verdun et Épinal, Maunoury et ses hommes prennent une part active à la bataille des frontières, réussissant l'exploit d'infliger un coup d'arrêt à la gauche de l'armée du Kronprinz autour d'Étain, action d'éclat rendue pourtant vaine par le repli général ordonné par Joffre le 24 août.

Prélude à la Marne

Le 26 août, l'armée de Lorraine est dissoute et Maunoury prend la tête de la nouvelle VIe armée formée autour de Montdidier à partir de troupes venues de garnisons de l'Est. Cette dernière est aussitôt mise à la disposition du gouverneur militaire de Paris, le général Gallieni, avec pour mission de contenir la ruée des forces allemandes déferlant sur la capitale. Après un premier accrochage avec l'aile gauche adverse qui les a devancés sur la Somme, Maunoury et ses hommes se replient dans le camp retranché de Paris du 30 août au 5 septembre, date à laquelle, sur ordre de Joffre, informé de l'infléchissement des colonnes allemandes vers le sud-est, ils prennent l'offensive contre le flanc droit de l'armée von Kluck, sur l'Ourcq, ouvrant ainsi une brèche dans le dispositif général allemand, prélude à la victoire sur la Marne. Après de très difficiles combats, au cours desquels la VIe armée, pressée par trois corps d'armée ennemis, atteint sa limite de rupture mais ne cède pas, Maunoury poursuit le repli allemand jusque sur l'Aisne. La légende veut que voyant l'ennemi reculer, il aurait accroché sa médaille de 1870 à sa vareuse avant d'adresser à ses soldats cet ordre du jour : « Je vous dois ce vers quoi étaient tendus, depuis quarante-trois ans, tous mes efforts, toute mon énergie : la revanche de 1870. »

Blessé au front

Après quinze jours de combats sur l'Aisne, les lignes se stabilisent, les hommes s'enterrent et prennent place dans les tranchées. Maunoury est toujours à la tête de la VIe armée, payant de sa personne et menant des inspections régulières parmi ses troupes. Au cours de l'une d'elles, le 11 mars 1915, sur les pentes du plateau de Nouvron-Vingré près de Vic-sur-Aisne, il reçoit une balle en plein visage alors qu'il est en train d'observer les lignes allemandes par un créneau. Il survit cependant à cette terrible blessure mais perd la vue, ce qui le condamne à l'inaction. Homme de courage et de devoir, il accepte d'occuper, du 5 novembre 1915 au 6 avril 1916, le poste de gouverneur militaire de Paris. Très affaibli, il est alors replacé, sur sa demande, en 2e section. Il décède subitement le 28 mars 1923, dans le train Paris-Orléans, et est élevé à la dignité de maréchal de France à titre posthume, le 31 mars suivant.

FORMATION ET DÉBUT DE CARRIÈRE

Né le 17 décembre 1847 à Maintenon, dans l'Eure-et-Loir, Michel Joseph Maunoury entre à l'École polytechnique en octobre 1867. À sa sortie, deux ans plus tard, il choisit de devenir artilleur et rejoint l'École d'application de l'artillerie et du génie qu'il quitte prématurément en août 1870 pour prendre part aux premiers combats de la guerre franco-prussienne. Blessé à la jambe à la bataille de Champigny le 2 décembre 1870 alors qu'il sert au 21e régiment d'artillerie montée, il est décoré de la Légion d'honneur et affecté comme lieutenant au 10e RA en janvier suivant. Promu capitaine en 1874, il sert successivement aux 25e, 32e, 22e, 6e, 35e et 20e RA, tout en décrochant son brevet d'état-major après une admission à l'École supérieure de guerre en 1880.

DATES CLEFS

- **1883 :** il occupe pendant cinq ans le poste de professeur d'artillerie à l'École spéciale militaire de Saint-Cyr.
- **1893 :** promu lieutenant-colonel, il est muté à l'École d'application de l'artillerie et du génie où il est nommé successivement chef de la division d'instruction puis commandant en second.
- **1898 :** après avoir, comme colonel, assuré le commandement militaire du Palais-Bourbon, il devient chef de corps du 11e RA.
- **1906 :** promu général de brigade en décembre 1901, il commande la 84e brigade d'infanterie, exerce les fonctions de sous-chef d'état-major de l'armée puis commande l'artillerie de la place et des forts de Paris à partir de janvier 1906.
- **1910 :** commandant de l'École supérieure de guerre en 1907 puis des 15e et 20e corps d'armée en 1908-1909, il est nommé gouverneur de Paris et membre du Conseil supérieur de la guerre en octobre 1910.

LE POINT DE VUE DE SES CONTEMPORAINS

« Le général Maunoury fut l'un des chefs les plus glorieux de notre armée. Après une longue carrière commencée sur les champs de bataille de la guerre de 1870-1871 et au cours de laquelle il s'était particulièrement distingué par ses brillantes qualités militaires et sa haute valeur morale, il joua en 1914, à la bataille de la Marne, un rôle que l'histoire a définitivement consacré et contribua, pour une large part, à notre première grande victoire. Grièvement blessé depuis en première ligne, grand mutilé de guerre, ce vaillant soldat, par ses éminents services, son intrépidité, son admirable abnégation, a bien mérité de la patrie. »

André Maginot, ministre de la Guerre, le 30 mars 1923.

1847 Naissance
1867 Entrée à Polytechnique
1896 Commandant militaire du Palais-Bourbon
1906 Général de division
1907 Commandant de l'École supérieure de guerre
1910 Gouverneur militaire de Paris
1914 Commandant de la VIe armée
1915 Gouverneur militaire de Paris
1923 Décès

Maistre, le vainqueur de la Malmaison

Chef d'état-major de la IVe armée lorsque le conflit éclate, le général Maistre connaît, au cours de la Grande Guerre, une ascension lente et continue qui le porte aux commandements successifs du 21e corps d'armée, des VIe puis Xe armées, et enfin du groupe d'armées du Centre avec lequel il prend une part déterminante à la victoire finale.

Maistre en compagnie de Joffre.

À l'instar de Pétain, de Micheler ou bien encore de Fayolle, avec lequel il partage d'ailleurs un vague lien de parenté, Maistre fait partie de cette pléiade d'officiers généraux révélés par la Grande Guerre. Simple brigadier en août 1914, il approche alors de l'âge de la retraite, son avancement ayant été retardé au début du siècle par l'affaire des Fiches. L'homme est pourtant particulièrement brillant, comme en témoigne son début de carrière tonitruant : major de Saint-Cyr, sorti 3e de l'École de guerre, il enseigne pendant près de cinq ans dans ce même établissement aux côtés de Foch qui exerce une influence durable sur ses conceptions stratégiques. Personnalité relativement discrète bien que pourvue d'un caractère ferme et déterminé, Maistre aime à cultiver une certaine modestie. L'écrivain Henry Bordeaux témoigne ainsi de « sa noblesse d'esprit et de cœur qui refusait de se laisser attribuer les victoires dues à la sagesse de son commandement. Alors que tant de généraux revendiquent avec âpreté leur part, il ne songeait qu'à s'effacer. »

À la tête du 21e corps d'armée

À la mobilisation, le général Maistre occupe le poste de chef d'état-major de la IVe armée, alors commandée par de Langle de Cary et placée au centre du dispositif français. Il fait preuve dans cet emploi de telles qualités que, dès le 14 septembre 1914, il est promu divisionnaire et placé à la tête du 21e corps d'armée, sans même passer – chose insolite – par l'étape obligée de la division. Dès lors, pendant trente-deux mois, son parcours se confond intimement avec celui de cette grande unité engagée dans les difficiles combats de Suippes puis de ceux, encore plus acharnés, autour de Notre-Dame-de-Lorette qui se poursuivent pendant plus d'un an, d'octobre 1914 à décembre 1915, et coûtent au 21e corps près de 80 000 hommes. Cité à deux reprises à l'ordre de l'armée, en avril et juillet 1915, Maistre est fait commandeur de la Légion d'honneur avant d'être envoyé, toujours à la tête de son unité, à Verdun au début du mois de mars 1916, où il se distingue à nouveau dans le secteur Vaux-Douaumont. Entre avril et août, il tient les lignes de Champagne, de part et d'autre du saillant de Tahure, puis gagne la Somme jusqu'à la fin décembre 1916.

De la Malmaison à la bataille de France

Après un court séjour en Alsace, le général Maistre est appelé au commandement de la VIe armée, en remplacement de Mangin, le

1er mai 1917. Après s'être battu tout l'été sur le Chemin des Dames, il organise de main de maître, en accord avec le général Pétain, l'attaque du plateau de la Malmaison qui se concrétise par les succès des 23, 24 et 25 octobre 1917, obligeant l'adversaire à se retirer derrière l'Ailette, laissant 12 000 prisonniers et 200 canons, et valant à Maistre une nouvelle citation ainsi que la croix de grand officier de la Légion d'honneur.
Aussi n'est-ce pas le fait du hasard si le 11 décembre suivant il est désigné pour prendre le commandement de la Xe armée en Italie, sous les ordres de Fayolle. Il y prépare, de concert avec les états-majors transalpins, les plans de défense de la région de la Piave et dirige, non sans une certaine dextérité, les opérations aboutissant la prise du mont Tomba le 30 décembre.
À la suite du départ de Fayolle en février 1918, Maistre assure même un temps le commandement des forces françaises en Italie avant d'être rappelé en France avec la Xe armée au printemps 1918 pour prendre part, en juin, à la bataille de l'Aisne.
Le 12 du même mois, il devient, en remplacement de Franchet d'Esperey, commandant du groupe d'armées du Centre qui rassemble les IVe, Ve et VIe armées des généraux Gouraud, Berthelot et Degoutte.
Il s'attache ainsi, du 15 au 19 juillet, à faire face à l'offensive allemande du Friedensturm avant de jeter ses troupes dans une vaste contre-offensive jusqu'à la Vesle (20 juillet-3 août). Il organise par la suite la poursuite de l'ennemi jusqu'à la Meuse, coordonnant avec brio les opérations de ses armées avec celles des unités américaines engagées à ses côtés.
Inspecteur général d'armées de février à juin 1919, Maistre exerce successivement les fonctions de président de la Commission supérieure de défense, de membre du Conseil supérieur de la guerre et d'inspecteur général de l'infanterie avant de s'éteindre à Paris, le 25 juillet 1922.

FORMATION ET DÉBUT DE CARRIÈRE

Né le 20 juin 1858 à Joinville, Paul André Marie Maistre est élève du petit séminaire de Langres et du lycée de Nancy avant d'intégrer, en octobre 1877, l'École spéciale militaire de Saint-Cyr d'où il sort, deux ans plus tard, major de la promotion « de Novi-Bazar ». Sous-lieutenant au 60e RI en 1879, il sert successivement aux 82e, 76e et 45e RI comme lieutenant puis capitaine, et passe avec succès, en 1887, le concours d'entrée à l'École supérieure de guerre. Breveté en 1889, il part en mission pour Graz, en Autriche, avant d'être attaché au 2e bureau de l'état-major de l'armée en avril 1892, puis d'être muté, trois ans plus tard, au 95e RI. Chef de bataillon en juillet 1897, Maistre est affecté un temps aux 162e et 90e RI.

DATES CLEFS

- **1898 :** en octobre 1898, le chef de bataillon Maistre est appelé à l'École supérieure de guerre comme adjoint au cours de tactique générale assuré par le lieutenant-colonel Foch.
- **1905 :** passé au 82e RI en février 1903, Maistre est promu lieutenant-colonel en juin 1905 et affecté, le mois suivant, au 79e RI de Nancy. Il effectue alors un stage d'un an au 8e régiment d'artillerie qu'il commande même pendant quelques mois.
- **1909 :** colonel en juin 1909, il devient chef de corps du 106e RI de Châlons.
- **1912 :** en juillet 1912, il est nommé commandant par intérim de la 30e brigade d'infanterie de Dijon avant d'être appelé au ministère de la Guerre pour être désigné membre du comité d'état-major et promu général de brigade le 23 septembre 1912.

LE POINT DE VUE DE SES CONTEMPORAINS

« Officier général de la plus haute valeur, qui n'a cessé de faire preuve, au cours de sa longue carrière et dans les emplois qu'il a occupés, des plus belles qualités militaires. Après avoir, pendant la guerre, commandé brillamment un corps d'armée d'élite, a remporté des succès éclatants sur l'ennemi, comme commandant d'armée, en 1917 à la Malmaison, puis comme commandant de groupe d'armées en 1918, dans la grande bataille de Champagne qui libéra le territoire. Comme soldat et comme chef, restera un modèle de devoir militaire. »

Citation accompagnant le décret conférant la médaille militaire à titre posthume au général Maistre signée d'Alexandre Millerand, président de la République, le 26 juillet 1922.

1858 Naissance
1877 Entrée à Saint-Cyr
1912 Général de brigade
1914 Chef d'état-major de la IVe armée puis commandant du 21e corps d'armée
1917 Commandant de la VIe puis de la Xe armée
1918 Commandant du groupe d'armées du Centre
1919 Inspecteur général d'armées
1920 Membre du Conseil supérieur de la guerre
1922 Décès

Micheler, élève de Foch

Grand admirateur de Foch, le général Alfred Micheler fait partie de cette pléiade d'officiers supérieurs révélés par la guerre. Colonel au début du conflit, il accède au grade de général de division moins de deux ans plus tard avant que sa carrière ne connaisse un coup d'arrêt après l'échec de l'offensive d'avril 1917.

Le général Micheler, commandant du GAR lors de l'offensive Nivelle.

Simple colonel lorsque le conflit éclate en août 1914, Alfred Micheler n'est pourtant pas un inconnu au sein des milieux militaires. Nombreux sont ceux qui lui prédisent depuis longtemps un avenir brillant, tant son intelligence est vive, sa culture étendue et son expérience incontestable.

Profondément marqué par l'enseignement du général Foch, cet homme à la silhouette longiligne et filiforme, au faciès énergique et osseux, s'est également imposé avant-guerre comme un excellent spécialiste de la question des réserves, prônant dès 1908 la mise en place « de réservoirs, de dépôts même mobiles, où l'on puisera pour boucher les trous creusés par le feu dans l'armée de première ligne ».

Certains de ses contemporains lui reprochent cependant une nervosité excessive, une sensibilité à fleur de peau et une humeur changeante. Le colonel Herbillon, un de ses plus proches collaborateurs, témoigne ainsi de sa grande susceptibilité et de son impuissance à « contenir ses intimes pensées... Il réagissait quelquefois par des confidences faites à des gens incapables de garder un secret, ou bien, dans sa conviction de concevoir la vérité, il cherchait, pour la répandre, des apôtres dans des personnalités dont l'éloquence ne donna souvent que des armes à ses ennemis. »

Une rapide ascension

Au début des hostilités, le colonel Micheler occupe le poste de chef d'état-major du général Sarrail, alors commandant du 6e corps d'armée. Promu général de brigade le 27 octobre 1914, il devient chef d'état-major de la Ire armée dirigée par le général Roques le 6 janvier 1915, le jour même où lui est décernée une première citation à l'ordre de l'armée. Son ascension est dès lors extrêmement rapide puisque dès le mois d'août 1915, Micheler est nommé au commandement de la 53e division d'infanterie, avec laquelle il prend une part active à l'offensive d'automne sur la Champagne. Dans le même temps, influencé peut-être par l'exemple de Sarrail, il entretient des relations épistolaires avec certaines personnalités politiques, parmi lesquelles le président du Sénat, Antonin Dubost. Faut-il y voir l'un des facteurs ayant facilité sa promotion, en un laps de temps des plus courts, au grade de divisionnaire au printemps 1916 ?

Certains de ses détracteurs ne manqueront évidemment pas de le suggérer. Toujours est-il que le 26 mars de cette même année, il est placé à la tête d'un corps d'armée, le 38e, puis à celle d'une armée, la Xe, le 4 avril suivant. Le crédit dont il jouit au sein du GQG est alors très élevé, aussi n'est-ce pas le fait du hasard si c'est à lui qu'est confié la délicate tâche, lors de l'offensive de la Somme, de couvrir l'action de la VIe armée de Fayolle au sud en agissant dans le Santerre, vers Berny et Ablaincourt.

De l'offensive Nivelle à la disgrâce

Figure montante parmi les divisionnaires, Micheler est choisi par le général Nivelle, nouveau commandant en chef en remplacement de Joffre à partir de décembre 1916, pour devenir son adjoint à la tête du groupe d'armées de rupture (GAR) mis sur pied en

prévision de la grande offensive projetée sur le secteur du Chemin des Dames.
À l'origine enthousiaste, l'ancien chef de la Xe armée, dont les rapports avec Mangin se dégradent de jour en jour, se montre de plus en plus sceptique à l'égard de l'entreprise conçue par Nivelle. Il estime même la percée impossible après le recul stratégique opéré par les Allemands en mars 1917 (opération Alberich), mais n'ose pas s'opposer directement au commandant en chef.
En dépit de l'échec final, fatal à Nivelle et à Mangin, Micheler échappe à la disgrâce, en partie grâce à l'appui de Foch, et prend la tête de la Ire armée le 6 mai 1917, puis de la Ve armée, quinze jours plus tard.
Après une période au cours de laquelle il ne participe à aucune opération d'envergure, il est envoyé en renfort de l'armée du général Duchêne en mai 1918, pour tenter d'arrêter l'avance allemande, dans le cadre de la deuxième bataille du Chemin des Dames. Il parvient ainsi à sauver de la capture Reims que Franchet d'Esperey a eu un instant l'intention d'abandonner.
Pourtant, accusé d'avoir ignoré les directives de Pétain une défense en profondeur, il est brutalement relevé de son commandement le 5 juin. Mis à la disposition du ministre, il demande à faire valoir ses droits à la retraite le 26 avril 1919 et se retire à Nice, où il décède le 17 mars 1931.

DATES CLEFS

- **1903 :** après un passage au 23e RI et un retour au 52e RI, le chef de bataillon Micheler retrouve l'Algérie en décembre 1903 dans les rangs du 2e RTA.
- **1905 :** en juillet 1905, il est désigné comme chef d'état-major de la 27e division d'infanterie à Grenoble.
- **1909 :** promu lieutenant-colonel en mars 1909, il est muté en juin au 2e régiment de zouaves.
- **1911 :** du 15 janvier au 14 juillet 1911, il est désigné pour suivre les cours du centre des hautes études, puis prend en septembre le commandement du 29e RI.
- **1913 :** promu colonel en décembre 1912, il passe l'année suivante au 6e corps d'armée pour y remplir les fonctions de chef d'état-major.

FORMATION ET DÉBUT DE CARRIÈRE

Né le 23 septembre 1861 à Phalsbourg, dans la Meurthe, Joseph Alfred Micheler est le fils d'un officier général qui, après 1870, commande la division de Grenoble. Entré à Saint-Cyr en octobre 1880 au sein de la promotion « des Kroumirs », il en sort deux ans plus tard onzième sur 271 élèves. Sous-lieutenant puis lieutenant au 52e RI, il est reçu à l'École supérieure de guerre en juin 1887 et effectue son stage au 19e corps d'armée, à l'issue duquel il est breveté d'état-major en novembre 1889. De nouveau en poste au 52e RI en 1891, il part en juillet de l'année suivante pour l'Algérie où il sert pendant six années, d'abord comme capitaine au 1er régiment de tirailleurs algériens (RTA), puis comme officier d'ordonnance du général commandant la subdivision d'Alger.

LE POINT DE VUE DE SES CONTEMPORAINS

« Il méritait mieux que le silence sous lequel on a voulu ensevelir sa mémoire. En voulant l'abaisser on ne s'est pas élevé soi-même. Ce fut un grand cœur, une intelligence merveilleuse et un grand caractère, quoi qu'on ait dit. Il a été victime des hommes et des événements, victime de sa foi dans les idées que lui suggérait sa clairvoyance profonde et surtout de ses trop imprudentes expansions. »

Colonel Herbillon,
Le Général Alfred Micheler d'après sa correspondance et ses notes, 1933.

- **1861** Naissance
- **1880** Entrée à Saint-Cyr
- **1889** Breveté d'état-major
- **1913** Chef d'état-major du 6e corps d'armée
- **1915** Chef d'état-major de la Ire armée, puis commandant de la 53e division
- **1916** Commandant successif du 38e corps et de la Xe armée, puis adjoint du commandant en chef
- **1917** Commandant successif des Ire et V^{e} armées
- **1918** Mis à la disposition du ministre de la Guerre
- **1931** Décès

L'AMIRAL LACAZE, MINISTRE DE LA MARINE

Personnalité relativement méconnue, l'amiral Lucien Lacaze est pourtant l'un des acteurs majeurs de l'armée navale au cours du premier conflit mondial. Ministre de la Marine entre octobre 1915 et août 1917, il est celui qui initie une véritable politique active en faveur de la lutte anti-sous-marine.

Obsèques de l'amiral Lacaze, aux Invalides, en 1955.

Homme de petite taille à la santé fragile, Lucien Lacaze a déjà derrière lui une longue et brillante carrière militaire au cours de laquelle il a servi aussi bien en métropole qu'outre-mer. En août 1895, son supérieur d'alors note qu'« on rencontre peu de personnes plus sympathiques que lui. Sous un aspect doux et réservé, il a cependant beaucoup d'activité et l'a prouvé à de nombreuses reprises. » Contre-amiral depuis la fin de l'année 1911, Lacaze est également particulièrement bien introduit dans les milieux politiques comme l'attestent ses deux années passées en tant que chef de cabinet du ministre de la Marine des cabinets Monis, Caillaux et Poincaré, Théophile Delcassé. Celui-ci témoigne, en janvier 1913, de l'estime en laquelle il tient alors son collaborateur, louant « son autorité, son tact, sa liberté d'esprit, sa haute conscience, sa grande puissance de travail, son inquiétude du détail qui ne dérobe pas une vue de l'ensemble. Le contre-amiral Lacaze possède toutes les qualités où se reconnaît un chef. » On le dit cependant parfois un peu coléreux tandis que certains de ses contemporains soulignent fréquemment sa « disposition à l'indépendance dans l'exécution des ordres ».

À la tête d'une division de l'escadre de la Méditerranée

Lorsque les hostilités éclatent, le contre-amiral Lacaze est président de la commission permanente d'artillerie de l'armée navale et commande la 2e division de la 1re escadre en Méditerranée, placée sous l'autorité de l'amiral Boué de Lapeyrère. Les relations qu'il entretient avec ce dernier ne sont pas bonnes, Lacaze ayant rapidement le sentiment d'être tenu à l'écart des décisions. À la suite d'une réunion tenue entre les deux hommes le 23 février 1915, Boué de Lapeyrère l'accuse d'indiscipline et provoque son rappel. Dès lors, Lacaze devient, en mai suivant, commandant de la marine à Marseille, poste ingrat où il s'attache à organiser les transports de troupes vers l'armée d'Orient et le ravitaillement des Dardanelles.

Une priorité : la lutte anti-sous-marine

Bénéficiant du soutien de parlementaires radicaux, tels Delcassé et Léon Bourgeois, Lacaze est choisi, le 29 octobre 1915, comme ministre de la Marine par Aristide Briand, nouveau président du Conseil en remplacement de René Viviani. Il prend très vite la mesure du péril mortel que constitue

la guerre sous-marine engagée par les Allemands et susceptible de compromettre le ravitaillement et les livraisons franco-britanniques tant en Méditerranée que dans l'Atlantique, la Manche et la mer du Nord. Déployant une activité jusqu'alors inédite pour un ministre de la Marine, il met au point un dispositif anti-sous-marin à la fois ambitieux et complexe fondé sur le redéploiement des escadres françaises, l'accroissement du nombre des petites unités navales destinées à la chasse anti-sous-marine ainsi que l'armement des bâtiments de commerce. Il s'attache également à développer l'aviation maritime, à relancer les constructions neuves et à créer un embryon de commandement interallié sous la forme d'une commission présidée par l'amiral Ronarc'h.
Parallèlement, afin de mieux faire connaître l'action de la flotte en guerre, il met sur pied le premier service cinématographique de la marine. Cette action énergique porte progressivement ses fruits mais de façon trop lente aux dires de ses adversaires politiques, et notamment des parlementaires de l'extrême gauche. Ces attaques incessantes le poussent à donner sa démission le 2 août 1917, Lacaze « ne voulant pas accepter une commission d'enquête sur la marine de guerre qui allait être votée ».

Préfet maritime de Toulon

Promu vice-amiral en septembre, il est nommé, le mois suivant, préfet maritime de Toulon et commandant supérieur des patrouilles de Méditerranée occidentale. Il se distingue une nouvelle fois par son tact et sa fermeté lors des incidents survenus à Toulon à la suite des mutineries de la mer Noire avant d'occuper la vice-présidence du Conseil supérieur de la marine, entre 1919 et 1922. Passé en 2e section du cadre des officiers généraux le 22 juin de cette même année, il s'éteint le 23 mars 1955 à son domicile parisien.

FORMATION ET DÉBUT DE CARRIÈRE

Né le 22 juin 1860 à Pierrefonds dans l'Oise, Marie Jean Lucien Lacaze passe une partie de son enfance à la Réunion avant d'effectuer ses études secondaires au lycée de Lorient. Entré à l'École navale en octobre 1877, il en sort deux ans plus tard aspirant de 2e classe et embarque sur la Flore, puis sur la Résolue, à la division volante et d'instruction. En mars 1881, il passe sur la Reine-Blanche et prend part aux expéditions de Tunisie et de Madagascar avant d'être envoyé au Sénégal à la fin de 1885. Après un stage à l'École des torpilles, suivi du commandement d'un torpilleur avec le grade de lieutenant de vaisseau, il travaille aux projets de construction du port de Bizerte. Entre 1894 et 1896, il commande la canonnière *Estoc* au Tonkin, puis est chargé, l'année suivante, des torpilleurs en réserve à Alger.

DATES CLEFS

- **1898 :** il devient officier d'ordonnance de l'amiral Besnard, ministre de la Marine, puis de l'amiral de Cuverville, chef d'état-major général.
- **1900 :** capitaine de frégate en octobre 1899, commandant le croiseur *Chasseloup-Laubat* à Cherbourg, Lacaze est nommé en août 1900 chef d'état-major de l'escadre de Méditerranée.
- **1906 :** chef d'état-major de la division de Tunisie en 1902, il commande le croiseur *Du Cheyla* en Méditerranée l'année suivante, devient second du *Châteaurenault* dans l'escadre du Nord en mai 1905, avant d'être nommé, en septembre suivant, attaché naval à Rome, puis délégué à la conférence navale de La Haye en juin 1906.
- **1911 :** capitaine de vaisseau en août 1906, il commande le cuirassé *Masséna*, puis est promu contre-amiral en octobre 1911. Dans le même temps, il est choisi comme chef de cabinet par Delcassé, ministre de la Marine de mars 1911 à janvier 1913.
- **1913 :** en août 1913, il commande la 2e division de la 1re escadre sur le *Mirabeau*, puis sur le *Voltaire* à partir de mars 1914.

LE POINT DE VUE DE SES CONTEMPORAINS

« Cet officier général très intelligent et généralement très avisé n'a ni l'esprit ni la tenue d'un militaire. Son caractère tel qu'il m'apparaît après dix-huit mois de services en armée navale se résume ainsi : tant qu'il peut se croire l'inspirateur des actes de son chef, il tolère son autorité. Dans le cas contraire, il la combat par des moyens qui n'ont rien de militaire et font le plus grand tort à la discipline générale. J'ai dû demander à le relever de son commandement et je ne saurais en conséquence le proposer pour un avancement quel qu'il soit. »

Note du vice-amiral Boué de Lapeyrère, commandant en chef de la Ire armée navale, le 10 mars 1915.

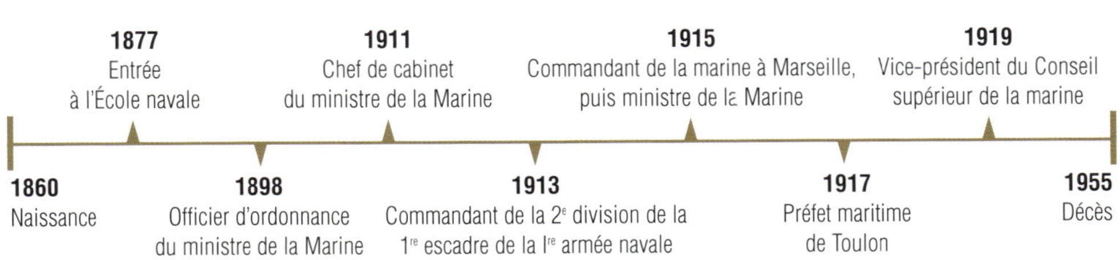

Henrys, commandant de l'armée française d'Orient

Homme de confiance de Lyautey, le général Henrys prend une part prépondérante au maintien de la France au Maroc entre 1914 et 1916. Affecté par la suite en métropole, il devient, en décembre 1917, commandant de l'armée française d'Orient avec laquelle il remporte des succès décisifs au cours du second semestre de 1918.

Le général Henrys, en compagnie du général Franchet d'Esperey, près de Monastir, sur le front d'Orient, en 1918.

Cavalier aux manières distinguées originaire du pays vosgien, le général Henrys a derrière lui une solide expérience coloniale lorsque la Grande Guerre éclate en août 1914. Auteur de brillantes campagnes au Soudan et dans la région saharienne, il est surtout l'un des collaborateurs les plus proches et les plus écoutés du général Lyautey qui, à l'été 1912, lui a confié la difficile tâche de commander la cavalerie des troupes d'occupation du Maroc occidental.

Au Maroc avec Lyautey

Ce n'est donc pas le fait du hasard si, à l'ouverture des hostilités contre l'Allemagne, il est le seul des généraux présents au Maroc à demeurer sur place auprès de Lyautey qui dispose alors d'effectifs réduits des deux tiers au bénéfice du front européen. Partisan du non-abandon des régions conquises, Henrys est chargé de commander le Maroc du Nord, c'est-à-dire les trois subdivisions ayant à faire face aux soulèvements les plus sérieux. En novembre 1914, son intervention dans la région de Khénifra, où quelque temps plus tôt une colonne française avait été détruite, se révèle décisive : réunissant en à peine deux jours près de 10 000 hommes, il parvient à dégager le poste assiégé, à récupérer la majeure partie du matériel dérobé ainsi que les corps des soldats français morts et à rejeter l'adversaire dans le massif zaïan. Promu peu après divisionnaire, il repousse avec le même succès, en juin 1915, d'importants rassemblements qui menacent les confins nord du Maroc et inflige aux rebelles une série d'échecs affermissant la pacification du pays. Au cours de la mission effectuée par Lyautey en métropole, du 20 décembre 1915 au 10 mars 1916, ce dernier lui confie l'intérim du commandement en chef, assurant « c'est un autre moi-même ». Il confiera d'ailleurs plus tard que « sans Henrys, je n'aurais pu conserver le Maroc », témoignant ainsi du rôle décisif joué par celui-ci dans le maintien en l'état du protectorat français.

De Verdun à Verdun

Rappelé en métropole le 27 juillet 1916 pour y commander la 59e division d'infanterie, le général Henrys est rapidement engagé à Verdun avant de gagner, au début de 1917, le secteur de Troyon. Apprécié pour son calme, sa « fermeté froide et calculée » et ses qualités de meneur d'hommes, il est, le 20 mai suivant, placé à la tête du 17ᵉ corps d'armée aussitôt lancé dans l'offensive victorieuse de la IVᵉ armée du général Anthoine sur Moronvilliers. Après avoir gagné un secteur relativement calme autour de Saint-Mihiel, il rejoint de nouveau la région de Verdun où il défend avec succès le front nord contre lequel les Allemands multiplient un temps les offensives.

Sur le front d'Orient

Dans les dernières semaines de 1917, Henrys est envoyé en Orient afin d'y exercer le commandement de l'armée française. Son expérience marocaine lui est alors d'un grand secours, dans un contexte où, pour reprendre les mots de son supérieur d'alors, le général Guillaumat, « les questions politiques jouent un rôle presque aussi important que le point de vue purement militaire ». Il déploie en effet une activité intense, poussant l'instruction, réglant les répartitions de troupes, édifiant un important réseau routier et faisant preuve d'un tact exemplaire dans ses relations avec les Alliés. Surtout, il prend une part considérable dans les succès décisifs remportés par l'armée d'Orient au cours du deuxième semestre de 1918, gagnant de vitesse à Uskub les unités bulgares et provoquant la reddition de 75 000 hommes. « On n'a pas fait mieux à Ulm et à Lübeck ! » s'exclame même Franchet d'Esperey, successeur de Guillaumat, en décembre 1918, alors que, poussant jusqu'au Danube, Henrys a obtenu la capitulation de la XIᵉ armée allemande. Nommé le 2 avril 1919 chef de la mission militaire en Pologne, il est employé à l'armée du Rhin, à partir de juin 1922, où il commande le 33ᵉ corps d'armée avant d'être admis dans la section de réserve le 13 mars 1924. Le général Henrys s'éteint à Paris le 6 novembre 1943, son corps étant inhumé peu après aux Invalides.

FORMATION ET DÉBUT DE CARRIÈRE

Né le 13 mars 1862 à Neufchâteau, dans les Vosges, Paul Prosper Henrys est le fils d'un juge de paix. Admis à l'école de Saint-Cyr en octobre 1882 au sein de la promotion « des Pavillons noirs », il en sort deux ans plus tard dans la cavalerie et passe une année à Saumur avant de servir comme sous-lieutenant au 1ᵉʳ régiment de cuirassiers à Lunéville. En octobre 1887, il part sur sa demande pour l'Algérie où il est affecté au 6ᵉ régiment de chasseurs d'Afrique (RCA) jusqu'en octobre 1893, date à laquelle il intègre l'École supérieure de guerre. Breveté d'état-major en 1895, promu capitaine, il séjourne au Soudan de novembre 1898 à juillet 1900 et prend une part active à la lutte contre les Touaregs rebelles.

DATES CLEFS

- **1901 :** affecté à l'état-major de l'armée en février 1901, Henrys est promu chef d'escadron le 9 avril 1903.
- **1906 :** revenu en Algérie en juillet 1903 dans les rangs du 1er RCA, Henrys est détaché, en février 1906, auprès du général Lyautey comme chef d'état-major de la subdivision d'Aïn-Sefra. Il participe à partir de 1907 aux opérations dans l'Est marocain puis dirige le service politique de la subdivision d'Oran, étant à ce titre chargé de l'organisation des territoires occupés.
- **1910 :** colonel le 24 décembre 1910, il prend successivement le commandement du 1ᵉʳ régiment de hussards et du 1ᵉʳ RCA avant d'exercer, en décembre 1911, les fonctions de chef d'état-major des confins algéro-marocains.
- **1912 :** sur la demande de Lyautey, le colonel Henrys devient, le 29 août 1912, commandant de la cavalerie des troupes débarquées au Maroc devenue, le 24 septembre suivant, cavalerie des troupes d'occupation du Maroc occidental.

LE POINT DE VUE DE SES CONTEMPORAINS

« Il a maintenu la situation dans les condtions les plus difficiles par un effort militaire intensif avec autant de vigueur que de modestie et de sang-froid et avec le souci dominant d'éviter au gouvernement toute préoccupation. Ayant au plus haut point la connaissance des indigènes, le sens de la politique marocaine, le coup d'œil juste, une sûreté absolue dans son diagnostic de la situation, il s'impose aux troupes comme aux populations par son autorité personnelle, son calme, sa fermeté, ses succès constants. C'est pour moi un autre moi-même. »

Général Lyautey, le 5 août 1916.

1862 Naissance
1882 Entrée à Saint-Cyr
1912 Commandant de la cavalerie des troupes d'occupation du Maroc occidental
1914 Général de division
1916 Commandant de la 59ᵉ division d'infanterie, puis du 17ᵉ corps d'armée
1918 Commandant de l'armée française d'Orient
1919 Chef de la mission militaire française en Pologne
1922 Commandant du 33ᵉ corps d'armée
1943 Décès

Paulinier, commandant du 40e CA en 1917-1918

Ayant connu, avant 1914, une évolution de carrière relativement lente en dépit de brillants états de service, le général Paulinier s'affirme, tout au long du conflit, comme un chef militaire de premier ordre, d'abord comme chef d'état-major de corps d'armée puis à la tête d'une division d'infanterie et de différents corps d'armée.

Le général Paulinier arborant la Légion d'honneur et la croix de guerre.

Issu de Saint-Cyr puis passé par l'École de guerre après avoir servi pendant neuf longues années en Tunisie, le colonel Paulinier est incontestablement, à l'été 1914, l'un des éléments les plus prometteurs parmi les officiers supérieurs de l'armée française. « Parfait sous tous les rapports » note déjà à son propos le colonel Bazin en 1904.

Quatre ans plus tard, un autre de ses supérieurs hiérarchiques constate sa sûreté de jugement et sa vigilance dans l'exécution des tâches qui lui sont confiées, ajoutant : « Très aimé de son personnel, très calme et très clair, robuste, bon cavalier, il est en temps de paix, et sera en temps de guerre, le collaborateur le plus précieux de son divisionnaire. »

En 1912, lors des grandes manœuvres, Paulinier se montre une nouvelle fois à son avantage, témoignant sans cesse, aux dires de son chef de groupe, « d'une très grande activité, plein de zèle et d'entrain, connaissant parfaitement la tactique des trois armes ». Ce n'est donc pas le fait du hasard si, la même année, il est désigné pour faire partie de la première promotion du nouveau Centre des hautes études militaires, véritable antichambre avant de gravir les dernières marches menant aux plus hautes responsabilités. Pour autant, et de façon quelque peu contradictoire, Paulinier a connu une évolution de carrière relativement lente et lorsque la guerre éclate, il a déjà cinquante-trois ans, un âge élevé pour un colonel.

Du 10e au 6e corps d'armée

À la mobilisation, le colonel Paulinier est maintenu dans ses fonctions de chef d'état-major du 10e corps d'armée et prend part, en cette qualité, aux batailles de Charleroi et de Guise pour lesquelles il est cité à l'ordre de l'armée en ces termes : « A secondé son chef dans des circonstances difficiles de la manière la plus efficace par le calme, l'ordre, l'énergie avec lesquels a fonctionné l'état-major du 10e corps. » Ce premier coup d'éclat ainsi que sa conduite remarquable lors de l'épisode la Marne et des combats autour d'Arras en septembre 1914 lui valent d'être enfin promu général de brigade le 26 octobre et de recevoir, quelques jours plus tard, le commandement de la 62e division d'infanterie qu'il troque aussitôt pour celui de la 12e DI composée, pour l'essentiel, de réservistes. Avec cette dernière, il se distingue une nouvelle fois aux Éparges au printemps 1915, exploit récompensé par une deuxième citation à l'ordre de l'armée : « Chef remarquable et des plus complets qui, chargé de l'attaque d'une position que l'ennemi avait puissamment organisée, a assuré le succès de l'opération grâce à ses dispositions habiles et à une froide ténacité qui s'est sans cesse affirmée. » En juillet de la même année, il est promu divisionnaire à titre temporaire et prend la tête du 6e corps d'armée qu'il conduit à la bataille de Champagne avant d'occuper, de septembre 1915 à mai 1916, le secteur difficile de Navarin-Tahure.

De Verdun à Alger

Transportés par la suite à Verdun, Paulinier et ses hommes défendent brillamment le terrain au nord des forts de Souville et de Tavannes, entre juin et août 1916. Le mois suivant, ils sont affectés sur la Somme où, après une série de succès locaux, ils organisent et tiennent solidement la région de Bouchavesnes dans des conditions rendues difficiles par des bombardements incessants. Le général Nivelle souligne, à cette occasion, les « belles qualités de calme, de bon sens et de clarté d'esprit » du général Paulinier, notant au passage : « Il a de l'expérience et une faculté d'organisation développée ; il semble néanmoins qu'il soit plus apte à la défensive qu'à l'offensive. »

À la fin du mois de décembre 1916, un nouveau commandement, qu'il ne devait plus quitter jusqu'à la fin du conflit, celui du 40e corps d'armée, lui échoit. Il dirige alors une série d'opérations autour de Lunéville et de Baccarat puis en haute Alsace au cours de l'été et du début de l'automne 1918.

Dans cette dernière région, il est notamment chargé de vastes travaux défensifs qui se révèlent d'autant plus ardus et pénibles que les moyens qui lui sont octroyés se révèlent insuffisants.

Après l'armistice, le général Paulinier conserve un temps le commandement du 40e CA avant d'être muté en janvier 1919 à la tête du 20e corps de Nancy puis, en novembre 1920, à celle du 19e corps d'Alger. Passé en section de réserve en septembre 1923, il s'éteint le 9 décembre 1927 à El-Biar, en Algérie.

DATES CLEFS

- **1900 :** après un stage à l'état-major du 10e corps d'armée, le capitaine Paulinier sert à l'état-major du gouvernement militaire de Paris à partir d'octobre 1900.
- **1905 :** chef de bataillon au 29e régiment d'infanterie en 1903, Paulinier devient, deux ans plus tard, chef d'état-major de la 29e division d'infanterie.
- **1911 :** passé lieutenant-colonel en juin 1911, il sert successivement aux 88e et 33e RI.
- **1913 :** il occupe, à partir du 9 janvier 1913, le poste de chef d'état-major du 10e corps d'armée et n'est promu colonel qu'en mars 1914 après avoir suivi le cours du Centre des hautes études militaires.

FORMATION ET DÉBUT DE CARRIÈRE

Né le 26 septembre 1861 à Strasbourg, dans le Bas-Rhin, Marie Jean Auguste Paulinier réussit le concours d'entrée à l'École spéciale militaire de Saint-Cyr en octobre 1880. Sorti 9e de la promotion « des Kroumirs » deux ans plus tard, il sert comme sous-lieutenant puis lieutenant au 4e régiment de zouaves en Tunisie. Rentré en France en 1891 avec le grade de capitaine, il est d'abord affecté au 46e régiment d'infanterie avant d'intégrer l'École supérieure de guerre où, à l'issue de ses deux années de scolarité, il décroche le brevet d'état-major en novembre 1897.

LE POINT DE VUE DE SES CONTEMPORAINS

« Ce remarquable officier général a, par la vaste étendue de ses connaissances, la droiture et la fermeté de son caractère, l'élévation de ses sentiments, les plus hautes qualités du chef. »

Général de Boissoudy,
le 15 octobre 1918.

1861 Naissance

1880 Entrée à Saint-Cyr

1914 Chef d'état-major du 10e corps d'armée puis commandant de la 12e division d'infanterie

1915 Commandant du 6e corps d'armée

1916 Commandant du 40e corps d'armée

1917 Général de division à titre définitif

1919 Commandant du 20e corps d'armée

1920 Commandant du 19e corps d'armée

1927 Décès

Nollet, commandant du 36e CA en 1917-1918

Simple colonel d'artillerie en août 1914, Charles Nollet est alors considéré comme l'un des meilleurs spécialistes de son arme. Promu brigadier puis divisionnaire au cours du conflit, il commande, à partir de mars 1917, le 36e corps d'armée qu'il conduit à la victoire en novembre 1918.

Le général Nollet, commandant du 36e CA, en 1917-1918.

Sorti de Polytechnique en 1884 alors qu'il n'a pas vingt ans, Charles Nollet s'affirme rapidement comme l'un des meilleurs techniciens militaires de sa génération dans le domaine de l'artillerie de campagne. Son supérieur hiérarchique en 1900 le décrit comme un « officier très intelligent, très laborieux, plein d'initiative, bon esprit, nature exubérante et fort sympathique ». Un autre témoin précise même que ses idées sont larges et justes ; il a le travail très facile et assimile très rapidement toutes les questions, qu'il juge avec un esprit sain et droit ». Ce n'est donc pas le fait du hasard si en 1906 c'est à lui que les hautes autorités militaires font appel pour concourir à l'établissement d'une nouvelle loi réorganisant l'artillerie, tâche à laquelle il s'attelle trois années durant. Prenant par la suite la direction du cours de tir d'artillerie de campagne et la présidence de la commission d'études de tir, il s'intéresse également aux questions aéronautiques ainsi qu'à la balistique. Outre son appartenance au Grand-Orient et son amitié avec le général Guillaumat, on le dit proche d'Albert-Thomas, futur ministre de l'Armement.

De Toul aux Vosges

Lorsque le conflit éclate, Nollet, qui n'est encore que colonel, occupe depuis un peu plus de six mois le poste prestigieux de commandant militaire du Sénat, à Paris. Dès les premiers jours de la mobilisation, il est mis à la disposition du gouverneur de Toul puis, le 25 août, nommé commandant de l'artillerie du 2e groupe de divisions de réserve avec lequel il est aussitôt engagé dans la bataille du Grand-Couronné. Moins de quinze jours plus tard, placé à la tête de l'artillerie du 13e corps d'armée du général Alix, il dirige celle-ci de main de maître dans les combats de la Mortagne et de Roye-Lassigny, ce qui lui vaut d'être promu général de brigade le 18 décembre 1914 et de prendre le commandement, le mois suivant, de la 48e brigade d'infanterie. Cette dernière, qui regroupe les 100e et 126e RI, occupe un temps les tranchées de Champagne avant d'être transportée, au début du mois d'avril, dans la Woëvre où, jusqu'en mai, elle mène de difficiles combats à Régnéville-en-Haye, aux Éparges, dans la tranchée de Calonne et à Mouilly.

Le 14 juin 1915, Nollet gravit un nouvel échelon en prenant en main les destinées de la 129e division tout juste formée et engagée sur le Linge au cours de l'été. Si le 24 août, le ministre de l'Armement, Albert-Thomas, l'appelle auprès de lui pour devenir l'un de ses collaborateurs, Nollet choisit pourtant – et obtient – de rester à la tête de sa division qu'il conduit à la bataille en Champagne et ne quitte qu'en décembre 1915 pour commander la 66e DI, constituée de chasseurs à pied jetés dans les rudes opérations de l'Hartmannswillerkopf.

De Verdun au ministère de la Guerre

Devenu au mois de mai 1916 général de division à titre temporaire, il est appelé au commandement du 12e corps d'armée avec lequel il lutte pendant deux mois sur les crêtes de Froideterre et de Thiaumont, devant Verdun. Transporté avec ses hommes en août dans les tranchées du nord de l'Aisne, Nollet connaît cependant, pour la première fois, l'échec, son supérieur, le général Mazel, lui reprochant son manque « d'allant et de mordant ».
Le 25 octobre 1916, il est ainsi éloigné du front pour être nommé inspecteur des munitions d'infanterie et d'artillerie dans la zone des armées en remplacement du général Sainte-Claire-Deville. Cette relative disgrâce est de courte durée puisque dès le 4 mars 1917, il revient à la bataille comme commandant du 36e corps d'armée qu'il ne quitte plus jusqu'à la fin du conflit. À sa tête, le général Nollet déploie une activité intense et efficace, d'abord dans le secteur de l'Yser puis en forêt d'Houthulst (août-novembre 1917), et surtout en mars-avril 1918 dans la bataille d'Amiens ainsi qu'en mai lors de l'attaque des monts de Flandre. Entré en vainqueur à Chimay le 11 novembre, il reçoit le commandement du 1er corps le 11 février 1919 puis devient président de la commission militaire interalliée de contrôle en Allemagne le 1er septembre suivant. Membre du Conseil supérieur de la guerre à partir d'octobre 1921, le général Nollet est ministre de la Guerre de juin 1924 à avril 1925 dans le cabinet Herriot. Il s'éteint le 27 janvier 1941 à Clermont-Ferrand.

FORMATION ET DÉBUT DE CARRIÈRE

Né le 28 janvier 1865 à Marseille, dans les Bouches-du-Rhône, Charles Marie Édouard Nollet intègre en octobre 1882 l'École polytechnique.
Sorti sous-lieutenant deux ans plus tard, il poursuit sa formation à l'École d'application de l'artillerie et du génie de Fontainebleau avant de servir dans les rangs du 13e RA. Passé au 4e puis au 3e bataillon d'artillerie de forteresse en 1889 et 1892, Nollet, promu capitaine, devient, à vingt-sept ans, rapporteur de la Commission centrale de réception des poudres de guerre. En 1896, alors qu'il sert au 22e RA, il réussit le concours d'entrée de l'École supérieure de guerre (ESG) et décroche, deux ans plus tard, son brevet d'état-major.

DATES CLEFS

- **1902 :** après un stage à l'état-major de l'armée et une affectation au 9e RA, le capitaine Nollet devient, en octobre 1902, professeur adjoint du cours d'histoire militaire, de stratégie et de tactique générale à l'ESG.
- **1906 :** promu chef d'escadron en 1903, il sert au 22e RA à partir de l'année suivante avant de prendre la tête du bureau du personnel de l'artillerie au ministère de la Guerre.
- **1911 :** devenu lieutenant-colonel en 1910 puis colonel l'année suivante, Nollet commande successivement les 50e et 60e RA tout en assurant la direction de la commission d'études pratiques du tir et du cours de tir de campagne.
- **1914 :** le 22 janvier 1914, il est nommé commandant militaire du palais du Sénat.

LE POINT DE VUE DE SES CONTEMPORAINS

« Le corps d'armée du général Nollet a montré peu d'allant et de mordant, alors qu'il avait pour mission de faire des prisonniers dans le secteur au nord de l'Aisne. Cet officier général peut être un organisateur et un intellectuel. Je ne lui crois pas les qualités de caractère et l'esprit guerrier qui font les généraux de valeur. »

Général Mazel, commandant de la Ve armée, le 14 octobre 1916.

1865 Naissance
1882 Entrée à Polytechnique
1914 Commandant de l'artillerie du 2e groupe de divisions de réserve puis de l'artillerie du 13e CA
1915 Commandant de la 48e brigade d'infanterie puis des 129e et 66e divisions
1916 Commandant du 12e CA puis inspecteur des munitions
1917 Commandant du 36e CA
1919 Commandant du 1er CA
1924 Ministre de la Guerre
1941 Décès

Duval, le créateur de la division aérienne

Issu de l'infanterie, Marie Charles Duval, qui n'est que chef de bataillon en août 1914, s'affirme tout au long du conflit comme un chef de premier plan. Placé par Pétain à la tête du service aéronautique du GQG en 1917, il prépare efficacement l'aviation aux grandes batailles de l'année suivante, créant même en mai 1918, après avoir atteint le grade de général, une masse de manœuvre autonome de 600 avions baptisée division aérienne.

Le général Duval, créateur de la division aérienne.

Chef de bataillon lorsque la Grande Guerre éclate, Marie Charles Duval n'est en rien prédestiné à devenir l'une des grandes figures de l'aéronautique militaire naissante. Noté dès le début de sa carrière comme « exceptionnellement doué, très intelligent, très sérieux », il a pour lui, aux dires de ses supérieurs, « une grande facilité de travail, beaucoup de tact, un zèle soutenu et un jugement très sûr ». Le brillant stage qu'il a effectué, entre 1907 et 1909, auprès de l'armée japonaise lui a ouvert de nombreuses portes, notamment ministérielles, Adolphe Messimy n'hésitant pas à le prendre à son cabinet lors de sa première expérience gouvernementale, en 1911, pour le rappeler à ses côtés, rue Saint-Dominique, en juin 1914. Il connaît également bien Alexandre Millerand avec qui il a travaillé au ministère de la Guerre en 1912. Fort d'une première expérience de chef de corps à la tête du 9e bataillon de chasseurs à pied en 1913, Duval est avant tout un familier du travail d'état-major et assure régulièrement des tâches d'enseignement dans les écoles d'instruction du gouvernement militaire de Paris.

Des cabinets ministériels aux tranchées

Sous-chef de cabinet des ministres de la Guerre Messimy et Millerand jusqu'au 18 septembre 1914, le commandant Duval devient sous-chef d'état-major de la VIe armée alors commandée par le général Maunoury. Ce dernier ne tarit pas d'éloge sur ce subordonné, promu lieutenant-colonel dès décembre et dont il souligne qu'« il n'a jamais cessé de donner chaque jour les preuves de ses belles qualités militaires, grâce à son intelligence brillante, à son savoir étendu, à sa haute valeur morale ». Le 20 septembre 1915, Duval, devenu colonel, prend le commandement de la 314e brigade d'infanterie, composée de jeunes chasseurs à pied et aussitôt engagée dans la grande offensive de Champagne.

Blessé lors de l'attaque du 29 septembre d'une balle à l'épaule gauche et d'une autre à la cuisse droite, il obtient à cette occasion la croix d'officier de la Légion d'honneur pour avoir « donné personnellement l'exemple d'une rare énergie et d'un complet mépris du danger ». Après une courte période d'immobilisation, il est rappelé à la VIe armée pour occuper cette fois les fonctions de chef d'état-major, tâche dont il s'acquitte avec méthode et efficacité à partir du 8 décembre 1915. Proche du général Fayolle avec lequel il prend une part active à l'offensive de la Somme, il demeure l'adjoint de ce dernier à la Ire armée à partir de janvier 1917, puis au groupe d'armées du Centre en mai suivant, quelques semaines seulement après avoir eu la douleur de perdre son fils Robert, tombé au champ d'honneur au Chemin des Dames.

À la tête de l'aéronautique au GQG

Lorsque le 8 juin 1917, le général Pétain appelle le colonel Duval au GQG pour en faire son aide-major général chargé de l'aéronautique, il sait pouvoir compter sur un collaborateur efficace et méthodique ayant déjà une longue expérience de chef d'état-major d'armée. De fait, ce dernier s'emploie, dès son entrée en fonction, à réorganiser l'aéronautique en lançant un vaste plan visant à augmenter le nombre d'unités disponibles ainsi qu'à les doter d'un matériel homogène et modernisé.

Promu général de brigade en avril 1918, Duval prend l'initiative, dès le mois suivant, de constituer une masse de manœuvre de 600 avions de chasse, de bombardement et de renseignement, conçue pour intervenir en masse dans la bataille au sol, de manière autonome, sous la responsabilité directe du QGQ. Cette division aérienne, qu'il dirige personnellement au combat, joue un rôle important dans l'arrêt des grandes offensives allemandes du printemps et de l'été 1918 en Picardie, au Chemin des Dames, en Champagne, avant d'accompagner la progression des armées alliées jusqu'à l'armistice. À cette date, le général Duval assure également depuis un mois la direction du bureau des opérations et des renseignements au GQG tout en conservant la haute main sur l'aéronautique.

En avril 1919, il est appelé cette fois par le président du Conseil, Georges Clemenceau, pour prendre la tête de la direction de l'aéronautique du ministère de la Guerre.

Il achève finalement sa carrière militaire comme sous-chef d'état-major général de l'armée en mai 1920 et entame dès lors une fructueuse carrière d'écrivain et de critique militaire. Le général Duval s'éteint le 23 août 1958 dans son appartement parisien du XVIe arrondissement.

FORMATION ET DÉBUT DE CARRIÈRE

Né le 5 juin 1869 à Bayonne, dans les Basses-Pyrénées, Marie Victor Charles Maurice Duval intègre l'École spéciale militaire de Saint-Cyr en octobre 1888, au sein de la promotion « du grand triomphe ». Sorti dans l'infanterie, il sert successivement aux 27e, 122e, 36e et 142e RI avant de suivre les cours de l'école de tir de La Valbonne (1899), puis d'être reçu au concours d'entrée à l'École supérieure de guerre en 1900. Capitaine breveté en 1902, il est successivement stagiaire aux états-majors du général commandant supérieur de la défense de Verdun et de la 83e brigade d'infanterie de Châlons.

DATES CLEFS

- **1907 :** le capitaine Duval part pour l'Extrême-Orient en 1907, où il effectue un stage de deux ans dans l'armée japonaise.
- **1911 :** promu chef de bataillon le 25 décembre 1911, il est muté dans le même temps à l'état-major particulier du ministre de la Guerre.
- **1912 :** le 23 décembre 1912, Duval est placé à la tête du 9e bataillon de chasseurs à pied.
- **1914 :** à la veille du confit, le 17 juin 1914, il est une nouvelle fois détaché à l'état-major particulier du ministre de la Guerre pour occuper le poste de sous-chef de cabinet.

LE POINT DE VUE DE SES CONTEMPORAINS

« Esprit clair et bien ordonné, le colonel Duval savait ce qu'il voulait. Il tendait ensuite à son but d'une volonté inflexible. Cette volonté savait se manifester avec l'énergie voulue quand les circonstances le réclamaient. Mais dans la pratique courante de la vie, le colonel Duval s'efforçait d'atteindre ses fins par la persuasion, sans s'enfermer dans des formules rigides ou des directives immuables. Une grande facilité d'assimilation jointe à une perspicacité rarement en défaut allait lui permettre de faire le tour des questions les plus complexes, d'en saisir le sens et la valeur générale dans un minimum de temps. Mais il ne jugeait jamais épuisée son information, étudiait inlassablement les faits et les hommes. »

René Martel, *L'Aviation française de bombardement*, 1939.

1869 Naissance

1888 Entrée à Saint-Cyr

1914 Sous-chef de cabinet du ministre de la Guerre puis sous-chef d'état-major de la VIe armée

1915 Commandant de la 314e brigade d'infanterie puis chef d'état-major de la VIe armée

1917 Chef d'état-major de la Ire armée, du GAC, puis aide-major général au GQG chargé de l'aéronautique

1918 Général de brigade

1919 Directeur de l'aéronautique au ministère de la Guerre

1920 Sous-chef d'état-major général de l'armée

1958 Décès

Estienne, le père des chars

Véritable créateur et organisateur de l'artillerie d'assaut en France entre 1916 et 1918, le général Estienne est l'un des cerveaux les plus brillants qu'a compté l'armée française au cours de la Grande Guerre.

Estienne passant en revue des chars Schneider.

Innovateur de génie, Jean-Baptiste Estienne est un anticonformiste à la rigueur intellectuelle incontestable mais aussi à l'indépendance d'esprit très marquée, comme en témoigne la devise qu'il a fait sienne : « Les raisons n'ont pas de galons ». Curieux de tout, il est l'auteur de plusieurs dizaines d'études scientifiques remarquées et audacieuses, qui lui ont cependant valu de solides inimitiés. Un de ses collaborateurs souligne ainsi, non sans un certain dépit : « On a toujours tort avec lui. On ne peut pas discuter avec cet homme. » De fait, bousculant sans cesse les certitudes de ses supérieurs hiérarchiques, Estienne a connu, jusqu'en 1914, un déroulement de carrière plutôt modeste eu égard à ses brillantes qualités militaires. Il a cependant pour lui d'avoir commandé, pendant près de cinq années, l'établissement d'aviation militaire de Vincennes. Dans un domaine où tout est à inventer, il s'impose ainsi, jusqu'au déclenchement des hostilités, comme un pionnier majeur de la jeune aéronautique militaire, abordant des domaines aussi essentiels que la photographie aérienne, le bombardement par avion ou bien encore le réglage des tirs d'artillerie, et élaborant un premier projet d'organisation de l'aviation.

De Charleroi à Verdun

Ce n'est donc pas le fait du hasard si, au début du mois d'août 1914, le colonel Estienne, qui vient de recevoir le commandement du 22e régiment d'artillerie de campagne, demande et obtient qu'une section légère d'aviation d'observation soit détachée du camp de Châlons pour être mise à la disposition de son unité. Cette initiative, hardie pour l'époque, remporte d'emblée un franc succès, les batteries de son régiment étant souvent mieux informées des positions adverses que leur homologues du 3e corps d'armée auquel appartient le 22e RAC. Ce dernier prend part à tous les grands engagements du début du conflit, appuyant l'infanterie à Charleroi, à Guise puis sur la Marne dans les premiers jours de septembre, où l'artillerie de la 6e division est toute entière placée sous les ordres d'Estienne. Après avoir opéré en Artois et en Picardie tout au long de l'année 1915, le colonel Estienne quitte la 6e DI, le 23 février 1916, pour prendre la tête de l'artillerie du 3e corps d'armée envoyée dans la région de Verdun. Il se met une nouvelle fois en évidence en orchestrant, avec une extraordinaire maîtrise, les feux des 80 batteries placées sous ses ordres, contribuant pour une large part à la reprise du fort de Douaumont en octobre 1916.

Le créateur de l'artillerie d'assaut

Dès le mois d'août 1914, Estienne avait prophétisé que « la victoire appartiendra[it] à celui qui parviendra[it] le premier à monter un canon sur une voiture capable de se mouvoir en tous terrains ». Dans le courant de l'année suivante, alors même que les soldats s'enlisent dans la boue des tranchées, il s'attelle à l'étude d'engins automobiles, qu'il baptise « cuirassés terrestres », capables de briser les réseaux de fils de fer barbelés ennemis et de suivre la progression de l'infanterie. En décembre, il présente le fruit de ses travaux au général Joffre qui y prête une oreille attentive et autorise, en février 1916, la réalisation de 400 de ces engins par les établissements Schneider, avec lesquels Estienne avait pris contact. En juillet suivant, face à la dispersion des efforts et des recherches sur les premiers blindés, il est enfin nommé commandant de l'artillerie d'assaut (AS) au GQG, quelques semaines seulement avant d'être promu brigadier. Tirant les enseignements des premiers engagements de chars britanniques, il est celui qui donne à l'AS sa structure et met sur pied des centres d'instruction. Conscient des défauts des premiers « cuirassés terrestres » Schneider et Saint-Chamond, qui ont montré leurs limites dès le printemps 1917, il fait du programme de char léger Renault une priorité et reçoit, pour ce faire, l'appui du général Pétain. Lorsque le conflit s'achève, la réussite d'Estienne est incontestable, l'artillerie d'assaut ayant joué un rôle décisif dans les derniers combats de 1918. Devenu divisionnaire en décembre 1918, il est envoyé un temps à Nice comme gouverneur puis nommé inspecteur des chars et directeur des études techniques jusqu'au 7 novembre 1922, date à laquelle il passe dans la section de réserve avant de s'éteindre à Paris le 2 avril 1936.

DATES CLEFS

- **1902 :** en octobre 1902, Estienne, bientôt promu chef d'escadron, est placé à la tête du service de l'atelier de précision pour y mettre au point des prototypes de goniomètres et de télémètres.
- **1905 :** après une affectation au 38e RA et un stage au 112e RI, il commande, à partir de 1905, les batteries alpines de la XVe région militaire.
- **1909 :** directeur de l'école d'artillerie du 14e corps d'armée en janvier 1909, il prend le commandement, neuf mois plus tard, de l'établissement d'aviation militaire de Vincennes, jouant un rôle moteur dans les premiers développements de l'aéronautique naissante.

FORMATION ET DÉBUT DE CARRIÈRE

Né le 7 novembre 1860 à Condé-en-Barrois, dans la Meuse, Jean-Baptiste, Eugène Estienne intègre l'école Polytechnique en novembre 1880. Promu sous-lieutenant à sa sortie en octobre 1882, il poursuit sa formation, pendant deux années, à l'école d'application de l'artillerie et du génie de Fontainebleau avant de servir comme lieutenant de batterie aux 28e et 35e régiments d'artillerie de Vannes entre 1884 et 1891. Dans le même temps, Estienne publie plusieurs travaux scientifiques remarqués sur le pointage et le tir des pièces d'artillerie de campagne qui incitent le commandement à l'affecter au sein d'un organisme technique, la fonderie de Bourges, où il reste jusqu'en 1895. Passé par la suite au 19e régiment d'artillerie, il entre à l'état-major particulier de l'artillerie en septembre 1902.

LE POINT DE VUE DE SES CONTEMPORAINS

« Officier général d'une haute intelligence et d'une valeur exceptionnelle qui, par la justesse et la fécondité de ses idées, l'entrain et la foi avec lesquels il a su les défendre et les faire triompher, a rendu les plus éminents services à la cause commune.
A créé et organisé de toutes pièces, malgré les difficultés sans nombre, le merveilleux instrument de combat qu'est l'artillerie d'assaut, en a fait une arme redoutable, dont la puissance nous a été précieuse et qui a contribué notamment, pour une large part, aux succès des armes françaises dans la deuxième quinzaine de juillet 1918. Aussi brave soldat que technicien de tout premier ordre, peut être fier de son œuvre. »

Général Pétain, le 13 août 1918.

1860 Naissance
1880 Entrée à Polytechnique
1909 Commandant de l'établissement d'aviation militaire de Vincennes
1914 Commandant du 22e régiment d'artillerie de campagne
1916 Commandant de l'artillerie du 3e corps d'armée puis de l'artillerie d'assaut au GQG
1918 Général de division
1919 Commandant supérieur du groupe fortifié de Nere
1921 Inspecteur des chars et directeur des études techniques à l'inspection générale de l'infanterie
1936 Décès

Le général Bridoux, tué à l'ennemi

Figure montante parmi les officiers de cavalerie, le général Bridoux est à la tête de la 5ᵉ division de cavalerie lorsque le conflit éclate. Succédant au général Sordet dès le 8 septembre 1914 au commandement du corps de cavalerie, il trouve la mort neuf jours plus tard au cours d'une reconnaissance.

Le général Bridoux en 1914.

L'homme ne manque pas d'allure. Grand et vigoureux, il est réputé pour « son intelligence vive, son esprit ouvert, sa sûreté de jugement ». Nombreux sont les témoins qui soulignent également ses brillantes qualités d'organisateur et d'administrateur. Fort d'une expérience outre-mer et de plusieurs années passées au ministère de la Guerre au cours desquelles il a participé activement à la rédaction de plusieurs lois sur son arme, le général Bridoux est, en août 1914, l'une des personnalités montantes de la cavalerie française. Depuis plus d'un an, il commande la 5ᵉ division de cavalerie de Reims qui regroupe à la mobilisation les 9ᵉ, 16ᵉ, 22ᵉ et 29ᵉ régiments de dragons, ainsi que les 5ᵉ et 15ᵉ régiments de chasseurs à cheval.

De Charleroi à l'Ourcq

Après avoir rassemblé sa division autour de Poix-Terron, il gagne dès le 4 août la région de Sedan où se concentre le corps de cavalerie du général Sordet dont il dépend. Deux jours plus tard, Bridoux et ses hommes franchissent la frontière belge et exécutent différentes missions d'exploration en direction de Beauraing et de Liège, puis de Rochefort et de Neufchâteau. Face à une cavalerie allemande qui sans cesse se dérobe, la 5ᵉ DC participe à une opération au nord de la Sambre avant d'être partie prenante, à partir du 21 août, du désastre de Charleroi. Quatre jours plus tard, Bridoux est contraint à la retraite et organise le repli méthodique de ses troupes par Walincourt, Épehy, Villers-Faucon, Villers-Carbonnel, Froissy et Méru, jusqu'à Saint-Cyr. Transportées par voie ferrée à Nanteuil-le-Haudouin le 6 septembre, ces troupes, désormais liées – comme l'ensemble du corps de cavalerie – à la VIᵉ armée du général Maunoury, sont dès lors engagées dans les combats sur l'Ourcq, effectuant un raid sur les arrières ennemis, en forêt de Compiègne.

À la tête du corps de cavalerie

Le 8 septembre au matin, le général Sordet, coupable, selon Maunoury, d'avoir ordonné un repli contraire aux ordres reçus, est démis de ses fonctions et remplacé par Bridoux. Ce dernier, malgré l'épuisement des hommes comme des chevaux, lance aussitôt ses divisions contre l'ennemi, livrant de rudes combats sur le plateau de Bargny afin de couvrir la gauche de la VIᵉ armée puis, le 9 septembre, sur le plateau de Rosières où, attaqué de flanc et par derrière, il parvient, à force d'abnégation, à reprendre sa liberté d'action. Dès lors commence la phase de poursuite, au cours de laquelle le corps Bridoux gagne progressivement du terrain sur l'adversaire avec pour mission de lui couper ses lignes de retraite. Le 12 septembre, il atteint les abords de Montdidier puis, s'étant dirigé vers Rosières-en-Santerre, s'empare de la gare de Chaulnes le 14 avant d'enlever le pont de Péronne et de franchir la Somme le lendemain.

Mort pour la France

Le 17 septembre, le général Bridoux, alerté de la menace que font peser les troupes allemandes venues de Maubeuge sur Saint-

Quentin, décide de porter ses troupes au devant de l'ennemi. Dès l'aube, il quitte son quartier général de Pœuilly en compagnie de son état-major. L'automobile dans laquelle il se trouve vient à peine de parcourir quelques kilomètres lorsqu'elle tombe dans une embuscade tendue par une patrouille égarée de uhlans. Une fusillade éclate, des coups de feu sont échangés et soudain Bridoux s'écroule, touché à l'épaule et à la colonne vertébrale.

L'intervention rapide du 23e régiment de dragons, commandé par le colonel Féraud, et de deux escadrons du 5e dragons permet de refouler l'adversaire et de dégager les hommes blessés.

Transporté dans une chaumière de Pœuilly, Bridoux, qui sait qu'il va succomber à ses blessures, donne ses ultimes instructions au général Buisson à qui il remet le commandement du corps de cavalerie. Après avoir reçu l'extrême-onction et alors que le colonel Féraud s'approche de lui, il murmure à ce dernier, dans un dernier souffle : « Je meurs avec une grande joie pour mon pays. Dites au corps de cavalerie que le sacrifice de ma vie doit lui servir d'exemple. »

FORMATION ET DÉBUT DE CARRIÈRE

Né le 25 février 1856 à Oisemont, dans la Somme, Marie Joseph Eugène Bridoux intègre l'École spéciale militaire de Saint-Cyr en octobre 1875, au sein de la promotion « dernière de Wagram ». Sorti deux ans plus tard dans la cavalerie, il passe par l'école de Saumur, puis est affecté pendant plus de trois ans au 14e régiment de dragons. Désireux de servir outre-mer, le jeune lieutenant Bridoux part en avril 1882 pour l'Algérie, dans les rangs du 3e régiment de chasseurs d'Afrique de Bône. Revenu en août 1885, il passe au 1er régiment de cuirassiers puis au 31e régiment de dragons en janvier 1887.

DATES CLEFS

- **1894 :** en décembre 1894, il retourne à l'École d'application de la cavalerie de Saumur, cette fois en qualité de capitaine instructeur.
- **1900 :** promu chef d'escadron en mars 1898, Bridoux commande la section de cavalerie de l'école de Saint-Cyr à partir du 17 décembre 1900.
- **1905 :** devenu lieutenant-colonel en décembre 1902, il devient sous-directeur de la cavalerie au ministère de la Guerre en mars 1905.
- **1913 :** chef de corps successif des 7e et 27e régiments de dragons en 1906, après être passé colonel, il est promu brigadier et directeur de la cavalerie au ministère de la Guerre en 1909 avant de prendre la tête de la 5e division de cavalerie en mai 1913 avec le grade de général de division.

LE POINT DE VUE DE SES CONTEMPORAINS

« Un brillant général de division de cavalerie, avec les solides qualités d'un chef en possession de tous les règlements. Scrupuleux dans l'accomplissement de tous les devoirs, très au contact de ses régiments, de ses officiers, de ses cavaliers, de ses chevaux. Cet exemple d'activité dirigeante est à lui seul un puissant stimulant pour tous les régiments ou organes de la 5e division de cavalerie ; mais il y ajoute une très haute compétence dans l'art de conduire cette arme et de très belles qualités de commandement sur le terrain. »

Général d'Amade, commandant du 6e corps d'armée, le 12 mai 1914.

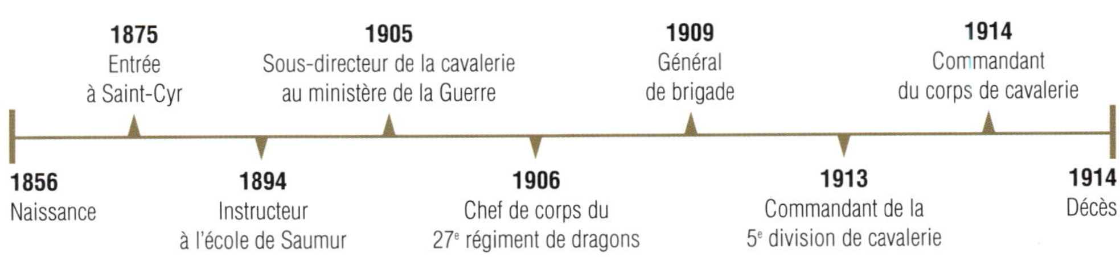

Debeney, du GQG à la Ire armée

Personnalité brillante, le général Debeney – simple lieutenant-colonel lorsque le conflit éclate – connaît une progression fulgurante au cours de la guerre : sous-chef d'état-major de la Ire armée en août 1914, il commande, quatre ans plus tard, cette même unité qu'il mène à la victoire finale.

Réunion autour du général Pétain en 1917, au GQG, en présence du major général Debeney.

Lorsque les hostilités éclatent en août 1914, Marie Eugène Debeney vient tout juste d'accéder aux cinq galons panachés de lieutenant-colonel. Il n'en possède pas moins déjà une solide réputation au sein de l'armée française, lui qui, depuis 1911, fait partie, aux côtés des Foch, Pétain, Maudhuy et Fayolle, du prestigieux corps professoral de l'École supérieure de guerre, où il enseigne la tactique appliquée d'infanterie. Pourvu d'une haute culture militaire mais aussi d'un net bon sens, il a, par ailleurs, reçu au début du siècle plusieurs témoignages de satisfaction de la part du ministre de la Guerre pour ses études sur la formation des officiers et le règlement provisoire de l'infanterie qui ont contribué à forger sa renommée. À cet égard, dès 1910, le général Foch dresse de lui un portrait pour le moins flatteur : « Officier supérieur très doué. Intelligence large, facile, active. Esprit d'observation, méthode très développée. Avec cela beaucoup d'ardeur sous une apparence froide, de nobles sentiments, la passion de l'instruction jointe à une grande bienveillance. » D'autres commentateurs de l'époque font enfin état de son état de santé fragile et de ses graves troubles intestinaux qui l'obligent à se nourrir, en toutes circonstances, « de nouilles à l'eau et de pain grillé ».

L'adjoint de Dubail

À la mobilisation, le lieutenant-colonel Debeney quitte l'École de guerre pour devenir sous-chef d'état-major du général Dubail, qui commande alors la Ire armée en Lorraine. Dès le 17 septembre 1914, il remplace le général Demange à la tête de ce même état-major et passe colonel, d'abord à titre temporaire puis définitivement à partir du 1er novembre. Il déploie à ce poste une activité intense, notamment au cours des difficiles combats livrés par la Ire armée lors de la bataille de la Marne. Appelé, le 6 janvier 1915, à la tête du groupe des armées de l'Est, le général Dubail, qui le tient en très haute estime, obtient de le conserver un temps comme chef d'état-major avant de le proposer comme commandant de la 57e division d'infanterie. Promu général de brigade au printemps, Debeney rejoint son unité le 8 mai 1915 mais reçoit, moins de dix jours plus tard, un nouveau commandement, celui de la 25e DI avec laquelle il assure brillamment la défense du Mort-Homme lors de la ruée allemande sur Verdun, ce qui lui vaut une première citation à l'ordre de la IIe armée.

Un artisan de la victoire

Nommé divisionnaire au début du mois d'avril 1916, le général Debeney est aussitôt placé à la tête du 38e corps d'armée qui opère devant Reims puis commande, à partir de septembre, le 32e corps d'armée qu'il conduit sur la Somme où il prend d'assaut Rancourt et Sailly-Saillisel. Ces nouveaux faits d'armes lui valent de prendre en main, en décembre 1916, la VIIe armée engagée en Alsace. Il n'a cependant guère le temps de s'y distinguer puisque dès le début du mois de mai 1917, il devient major général des armées du Nord et du Nord-Est en remplacement du général Anthoine. Après le départ de Nivelle, il continue à exercer ces hautes fonctions auprès de Pétain avant que ne lui échoit enfin le commandement de la Ire armée le 22 décembre 1917. Chargé de couvrir Amiens et de maintenir la liaison avec les armées britanniques, le général Debeney parvient, au cours des difficiles opérations de mars et avril 1918, à enrayer l'offensive allemande dans son secteur. Mieux encore, le 8 août, passant lui-même à l'attaque, il parvient à reprendre Montdidier et à porter ses lignes jusque sur la Somme, faisant près de 12 000 prisonniers et s'emparant de plus de 200 canons. Le 1er octobre, il force la ligne Hindenburg à Saint-Quentin et, par la seconde bataille de Guise, rejette enfin l'ennemi au-delà de la frontière. Ces exploits lui valent d'être élevé au grade de grand officier de la Légion d'honneur tandis que le 7 novembre, à Homblières, c'est à lui qu'est confiée la tâche de recevoir les plénipotentiaires allemands venus solliciter l'armistice. Après la guerre, il est successivement nommé commandant de l'École de guerre (1er juin 1919), membre du Conseil supérieur de la guerre (1920-1934), inspecteur général des écoles (janvier 1922) et chef d'état-major général de l'armée (janvier 1924). Maintenu en activité sans limite d'âge en avril 1928, le général Debeney s'éteint à Bourg-en-Bresse, dans l'Ain, le 8 novembre 1943.

FORMATION ET DÉBUT DE CARRIÈRE

Né le 5 mai 1864 à Bourg-en-Bresse, dans l'Ain, Marie Eugène Debeney est le fils d'un notaire. Il intègre l'École spéciale militaire de Saint-Cyr en octobre 1884 au sein de la promotion « de Fou-Tcheou » et en sort deux ans plus tard sous-lieutenant au 3e bataillon de chasseurs à pied. Promu lieutenant le 24 mars 1890, il effectue un stage d'un an à l'état-major du 7e corps d'armée en 1893-1894 après avoir décroché son brevet à l'issue de deux années passées comme élève à l'École supérieure de guerre. Capitaine en octobre 1894, il est affecté au 21e bataillon de chasseurs à pied en septembre 1898.

DATES CLEFS

- **1900 :** il devient, le 29 octobre 1900, officier d'ordonnance du général commandant le 6e corps armée.
- **1903 :** en janvier 1903, le général Hagron, membre du Conseil supérieur de la guerre, en fait son officier d'ordonnance.
- **1907 :** promu chef de bataillon en décembre 1905, Debeney sert, à partir de novembre 1907, au 89e régiment d'infanterie.
- **1911 :** en novembre 1909, il est détaché comme professeur adjoint du cours de tactique appliquée d'infanterie à l'École supérieure de guerre avant de devenir professeur titulaire le 7 juillet 1911.

LE POINT DE VUE DE SES CONTEMPORAINS

« Le général Debeney est une belle intelligence et un beau caractère. Il serait parfait si son esprit trop systématique ne venait diminuer le rendement de ses belles qualités. Chez lui l'organisation domine l'exécution qui s'en trouve ralentie et il lui arrive de tirer de principes justes en eux-mêmes des conséquences qui ne répondent pas aux exigences de la situation militaire du moment. »

Général Fayolle, novembre 1918.

1864 Naissance
1884 Entrée à Saint-Cyr
1911 Professeur à l'École supérieure de guerre
1914 Sous-chef puis chef d'état-major de la Ire armée
1915 Chef d'état-major du groupe des armées de l'Est puis commandant successif des 57e et 25e DI
1916 Commandant successif des 38e et 32e corps d'armée puis de la VIIe armée
1917 Major général des armées du Nord et du Nord-Est
1918 Commandant de la Ire armée
1943 Décès

Guyot de Salins, le commandant de la 38e DI

Proche de Gallieni, le général Guyot de Salins est le type même de l'officier colonial de la IIIe République. Il s'illustre à différentes reprises au cours du conflit, notamment à la tête de la 38e division d'infanterie, unité d'élite engagée dans les grands combats des années 1916-1918.

Le président Poincaré, en compagnie du général Guyot de Salins après l'attaque d'octobre-novembre 1916 à Verdun.

Nouvelle-Calédonie, Antilles, Guyane, Madagascar... Arthur Guyot de Salins est un digne représentant de ces officiers de la « coloniale » dont l'idéal militaire se confond avec celui d'une République porteuse de savoir et de progrès outre-mer. Petit mais vigoureux sous une apparence quelque peu chétive, l'homme est d'une intelligence brillante et d'un abord chaleureux. En novembre 1913, le général Sauret, commandant de la 17e division d'infanterie, le dépeint comme « très sympathique, à l'esprit net, avisé, plein de sagacité ». Guyot de Salins est, par ailleurs, particulièrement apprécié du général Gallieni, alors président du Comité de défense des colonies, qui en fait son chef d'état-major pendant près de quatre ans. L'ancien commandant en chef à Madagascar se félicite notamment « de la compétence et du dévouement » de ce fidèle collaborateur dont il se sépare à regret le 2 avril 1914, date à laquelle le colonel Guyot de Salins est nommé au commandement du 1er régiment de tirailleurs malgaches à Tananarive.

De Madagascar aux tranchées

Aussitôt la nouvelle du déclenchement des hostilités en Europe connue sur la grande île, il demande à regagner en toute hâte la métropole. Parti le 22 octobre, Guyot de Salins débarque en France quelques semaines plus tard et rejoint l'armée de Verdun au début du mois de novembre pour y prendre la tête du 55e régiment d'infanterie. Opérant dans le secteur Béthincourt-Forges-sur-Meuse, il se distingue dès le 20 décembre en attaquant avec succès au bois de Forges. Promu un mois plus tard au commandement de la 57e brigade d'infanterie, il reçoit alors pour mission de procéder à l'organisation défensive du bois de Malancourt situé à 20 km à l'ouest de Verdun. S'acquittant parfaitement de sa tâche, il reçoit, le 30 avril 1915, ses deux étoiles de brigadier avant d'être placé, le 28 janvier 1916, au commandement de la 29e division d'infanterie qui opère dans un secteur qui lui est familier, celui de Forges-bois de Malancourt, à l'ouest de la rive gauche de la Meuse. Pour autant, le 20 mars s'y produit un incident d'une extrême gravité : au cours d'une forte attaque au terme de laquelle les Allemands parviennent à s'emparer en quelques heures du bois de Malancourt, des troupes appartenant à la 29e DI se rendent sans combattre à l'ennemi, une vingtaine d'hommes choisissant même de déserter. Cette première défaillance de grande envergure sur le front de Verdun fait grand bruit et coûte au général Guyot de Salins – à qui l'on reproche de n'avoir « pas eu une exacte appréciation de la valeur militaire et morale de ses troupes » – son commandement.

L'épopée de la division de Salins

Convaincu d'avoir joué le rôle de bouc émissaire dans cette affaire, l'ancien chef d'état-major de Gallieni est nommé, le 28 avril 1916, à la tête de la 38e DI où il espère montrer, par l'étendue de ses compétences, combien la décision prise le concernant était frappée du sceau de l'injustice. L'occasion lui en est donnée dans les mois suivants, et ce de la manière la plus éclatante qui soit. Composée pour l'essentiel de coloniaux, zouaves et tirailleurs, son unité se distingue en effet de façon ininterrompue sur le front de Verdun entre juin et décembre 1916, sur la cote 304 d'abord, puis autour du village de Fleury, avant de réussir ses coups de maître avec la reprise successive de l'ouvrage de Thiaumont et du fort de Douaumont en octobre, celle de Louvemont et des Chambrettes en décembre.

Après une brève période en deuxième ligne, la division de Salins recueille de nouveaux titres de gloire du mois d'avril à la fin juillet 1917 au Chemin des Dames (combat d'Heurtebize), puis en septembre-octobre à la Malmaison. C'est enfin lors des ultimes combats de l'année 1918 que cette unité d'élite et son chef donnent leur pleine mesure : en Champagne en mars, du 10 au 18 juillet au sein de l'armée Mangin et enfin sur la rive droite de l'Oise en août et septembre. Exténuée et ayant subi des pertes très importantes, la 38e DI est envoyée dans un secteur calme de la haute Alsace lorsque, le 30 octobre, le général – passé divisionnaire mais ayant dépassé la limite d'âge de soixante ans – Guyot de Salins est relevé de son commandement. Chargé un temps d'une mission d'inspection en Algérie et en Tunisie, il est placé dans le cadre de réserve en décembre 1919. Directeur général de l'organisation des scouts catholiques dans l'entre-deux-guerres, le général Guyot de Salins s'éteint le 11 août 1936 dans son manoir de Kervihan, près de Carnac.

FORMATION ET DÉBUT DE CARRIÈRE

Né le 3 décembre 1857 à Auray, dans le Morbihan, Arthur Joseph Marie Guyot d'Asnières de Salins est le fils d'un notaire originaire du Limousin. En octobre 1877, il intègre l'École spéciale militaire de Saint-Cyr au sein de la promotion « de Novi-Bazar », dont il sort deux ans plus tard sous-lieutenant au 19e bataillon de chasseurs à pied. Après un stage à l'école de Joinville, il opte pour l'infanterie de marine en 1882 et passe au 3e RIMa en octobre 1882. En février suivant, il embarque pour la Nouvelle-Calédonie où il sert jusqu'en juin 1885. À l'automne de l'année suivante, il part pour la Guadeloupe puis, après un bref retour en métropole, effectue diverses missions d'inspection au Sénégal, aux Antilles et en Guyane au cours des années 1888-1889.

DATES CLEFS

- **1892 :** promu capitaine en février 1889, Guyot de Salins est reçu, en novembre 1892, au concours d'entrée de l'École supérieure de guerre, d'où il sort breveté deux ans plus tard.
- **1896 :** le 1er avril 1896, il est affecté au Tonkin pour prendre part aux opérations de pacification jusqu'en mai 1899, date à laquelle il rejoint le 4e RIMa basé à Toulon.
- **1907 :** après deux autres séjours en Extrême-Orient (août 1900-juin 1903, puis janvier 1905-mars 1907) entrecoupés d'une année à Rochefort, le lieutenant-colonel Guyot de Salins sert successivement dans les rangs des 3e, 21e, 7e et 6e régiments d'infanterie coloniale en 1907-1908.
- **1914 :** promu colonel en 1908, il est chef d'état-major du général Gallieni en 1909 puis embarque, au début de 1914, pour Madagascar où il prend la tête du 1er régiment de tirailleurs malgaches à Tananarive.

LE POINT DE VUE DE SES CONTEMPORAINS

« Chef remarquable d'une division d'élite, possédant de beaux états de service aux colonies. À la tête d'un régiment, puis d'une brigade et d'une division, a participé aux attaques de Douaumont en 1916 et sur l'Aisne en 1917. S'est encore signalé dans l'offensive du 18 juillet 1918, à laquelle ses troupes ont pris une large et glorieuse part. »

Citation accompagnant la remise de la croix de grand officier de la Légion d'honneur au général Guyot de Salins, le 28 décembre 1918.

1857 Naissance
1877 Entrée à Saint-Cyr
1892 Entrée à l'École supérieure de guerre
1914 Commandant du 1er régiment de tirailleurs malgaches puis du 55e RI
1915 Commandant de la 57e brigade d'infanterie
1916 Commandant de la 29e puis de la 38e division d'infanterie
1917 Général de division
1918 Adjoint au général inspecteur des effectifs du territoire
1936 Décès

Gérard, commandant de la VIIIe armée en 1917-1918

Ancien collaborateur de Gallieni, le général Gérard commande au début du conflit le 2e corps d'armée avec lequel il combat dans les Ardennes et en Argonne. Placé par la suite à la tête du détachement d'armée de Lorraine puis de la Ire armée, il préside aux destinées de la VIIIe armée au cours des deux dernières années de guerre.

Le général Gérard à la fin de la Grande Guerre.

Fils d'officier, le général Gérard présente, en août 1914, des états de service parmi les plus brillants des condisciples de sa génération. Auteur de quatre campagnes outremer, dont trois en Extrême-Orient, entre 1885 et 1899, il a longtemps été l'un des plus proches collaborateurs du général Gallieni avec lequel il continue d'entretenir des relations d'amitié. Ambitieux, Gérard est également bien introduit auprès de certains parlementaires influents qui ont parfois facilité son évolution de carrière.

En 1910, son supérieur hiérarchique, le général Chapel, dresse de lui un portrait pour le moins flatteur : « Plein d'allant, de besoin d'agir, marchant au progrès, s'attachant au bien-être matériel et moral de la troupe, soucieux de donner à ses subordonnés une impulsion énergique et personnelle. » Quelques années plus tôt cependant, le journaliste Jean Carol n'avait pas été tendre avec l'ancien chef d'état-major de Gallieni à Madagascar, soulignant : « La sensibilité du commandant Gérard ne se reflète pas sur sa physionomie. On le dit très bon ; cela n'empêche pas que son visage soit d'une froideur de glace et qu'il n'ait le regard singulièrement ironique et sec. »

Des Ardennes à la Lorraine

Lorsque les hostilités éclatent, le général Gérard, qui commande depuis sept mois le 2e corps d'armée, reçoit l'ordre de porter ses troupes en couverture entre Montmédy et Verdun, face au Luxembourg. C'est dans ce secteur que, dès le 10 août 1914, il livre avec succès le combat de Mangiennes face à une colonne allemande qui avait assailli les avant-gardes d'un corps d'armée voisin. Engagés par la suite dans la bataille des Ardennes, Gérard et ses hommes se replient à la fin du mois d'août jusque dans la région de Cheminon avant de prendre part à la bataille de la Marne entre Vitry-le-François et Sermaize. Le 2e corps assure alors avec brio la liaison entre les IIIe et IVe armées puis se lance à la poursuite des troupes adverses et parvient même à capturer le général von Preise, commandant d'un corps d'armée allemand, avec son artillerie. Après être entré à Sainte-Menehould, Gérard engage, à la mi-septembre, ses divisions en Argonne où, pendant tout l'hiver, elles soutiennent de très rudes combats face à un ennemi plus nombreux et mieux armé. Cet exploit vaut à l'ancien collaborateur de Gallieni d'être fait grand officier de la Légion d'honneur le 20 novembre 1914 et de prendre le commandement d'un détachement d'armée formé des 1er et 2e corps qui se distingue lors de la première offensive de Champagne de février 1915. En avril suivant, Gérard est placé à la tête d'un autre détachement d'armée chargé de préparer, en collaboration avec la Ire armée, une offensive dans la Woëvre avant d'être envoyé en Lorraine à l'été 1915.

À la tête des Ire et VIIIe armées

Le 1er novembre 1915, le général Gérard doit quitter son poste, victime d'une congestion pulmonaire qui le tient éloigné du front pendant plusieurs mois. Ce n'est que le 31 mars 1916 qu'il est en mesure de prendre un nouveau commandement, celui de la Ire armée, en remplacement du général Roques devenu ministre de la Guerre. En janvier de l'année suivante, après avoir occupé avec ses troupes divers secteurs relativement calmes, il prend en main les destinées d'une nouvelle armée, la VIIIe, qu'il ne quittera plus jusqu'à la fin du conflit. À sa tête, il opère de nouveau en Lorraine où son armée occupe un vaste secteur qui couvre Nancy. Dans le même temps, il reçoit pour tâche d'alimenter les armées de Verdun de divisions fraîches et de munitions tout en assurant l'instruction des premières divisions américaines. Ayant toujours le souci du bien-être matériel de ses troupes, il ne connaît aucun mouvement d'indiscipline lors des mutineries de l'été 1917. Si elle ne prend part à aucune opération décisive lors de la dernière année du conflit, l'armée Gérard est prête à opérer, en novembre 1918, à la manœuvre d'écrasement des troupes allemandes envisagée un temps par le général Foch en Alsace mais finalement interrompue par l'armistice. Elle n'en occupe pas moins, après le conflit, la province reconquise puis le Palatinat avant d'être dissoute le 12 octobre 1919. Placé dans la 2e section du cadre de réserve le mois suivant, le général Gérard s'éteint le 2 novembre 1926 à Château-Gontier, dans la Mayenne.

FORMATION ET DÉBUT DE CARRIÈRE

Né le 2 novembre 1857 à Dunkerque, dans le département du Nord, Augustin Grégoire Arthur Gérard intègre l'École spéciale militaire de Saint-Cyr le 25 octobre 1875 après avoir suivi ses études supérieures au Prytanée militaire. Sorti deux ans plus tard au sein de la promotion « Dernière de Wagram », il sert comme sous-lieutenant au 66e régiment d'infanterie. Détaché comme instructeur à l'École militaire des enfants de troupe de Rambouillet en décembre 1880, il est lieutenant au 95e RI en octobre 1882 avant de passer dans l'infanterie de marine trois ans plus tard. Il part alors pour l'Indochine où il combat entre 1885 et 1889 dans les rangs du 3e régiment de tirailleurs tonkinois puis du 3e régiment d'infanterie de marine.

DATES CLEFS

- **1892 :** passé capitaine en 1887, Gérard repart pour l'Extrême-Orient en décembre 1892 et participe aux opérations de guerre au Tonkin et au Siam jusqu'en juillet 1895.
- **1896 :** après avoir été promu chef de bataillon en septembre 1894, il prend part à la campagne de Madagascar de septembre 1896 à juin 1899 où il exerce les fonctions de chef d'état-major du général Gallieni.
- **1905 :** il réintègre, en août 1899, l'armée métropolitaine puis, devenu colonel, commande successivement les 37e et 104e RI en 1905-1906.
- **1913 :** brigadier en mars 1909, il est promu divisionnaire en décembre 1913 après avoir commandé par intérim, l'année précédente, la 41e division d'infanterie.

LE POINT DE VUE DE SES CONTEMPORAINS

« Je l'ai eu sous mes ordres dans l'Est, d'avril à novembre 1916, venant de prendre la Ire armée à la suite d'un congé de convalescence. Il occupait un secteur que les affaires de Verdun et de la Somme rendaient absolument passif. Il s'y est montré l'esprit ouvert, très avisé, ayant de l'autorité, sachant faire travailler ses subordonnés. »

Général Franchet d'Esperey,
commandant le groupe d'armées
du Nord, le 12 avril 1917.

1857 Naissance
1875 Entrée à Saint-Cyr
1909 Général de brigade
1913 Général de division
1914 Commandant du 2e corps d'armée
1915 Commandant du détachement d'armée de Lorraine
1916 Commandant de la Ire armée
1917 Commandant de la VIIIe armée
1926 Décès

Pont, commandant du 4e CA en 1918

Le général Pont est considéré en août 1914 comme un spécialiste du travail d'état-major, ce qui explique ses nombreuses affectations au GQG tout au long du conflit. Toutefois, il se distingue également au front, d'abord à la tête d'une brigade, puis d'une division, et enfin d'un corps d'armée qu'il conduit à la victoire en novembre 1918.

Le général Pont pendant la Grande Guerre.

Pourvu de grosses moustaches et d'un vaste lorgnon, on le dit parfois un peu bourru mais sous une apparence rude, Ferdinand Pont cache, selon divers témoins, « un cœur excellent » et exprime avec une grosse voix « des paroles pleines de bonhomie ». Jean de Pierrefeu, qui l'a bien connu, souligne ainsi : « C'était un brave homme dans toute la force du terme, honnête, consciencieux et bon. » Artilleur, Pont est incontestablement l'un des meilleurs spécialistes de son arme, comme en témoignent son rôle de rapporteur de la commission chargée d'établir le règlement de manœuvre de l'artillerie de campagne en 1909 et la part active qu'il prend, comme représentant du grand état-major à la commission des nouveaux matériels, à la constitution des cinq régiments d'artillerie lourde de campagne créés à la veille du premier conflit mondial. Il est également considéré comme l'un des plus fins connaisseurs de l'armée allemande depuis la publication, en 1902, de son ouvrage sur l'organisation de cette dernière, qui lui a valu une lettre de félicitations du ministre de la Guerre en personne.

Du GQG à Verdun

À la mobilisation, en août 1914, le lieutenant-colonel Pont, qui dirige depuis le mois de mars le 3e bureau de l'état-major de l'armée, prend naturellement la tête de ce même organisme au sein du GQG. Il déploie dans ces fonctions une grande activité, se montrant sans cesse, selon un témoin de l'époque, « extrêmement loyal et respectueux des consignes gouvernementales ». Promu colonel en novembre 1914, il devient en juin suivant aide-major général, coiffant désormais la direction des 2e et 3e bureaux du GQG. Confronté à une tâche particulièrement lourde en cette période de transition entre la guerre de mouvement et celle de tranchées, Pont s'en acquitte avec « un remarquable esprit de précision » et « un grand sens des réalités » qui lui valent une nomination comme officier de la Légion d'honneur le 10 avril et les deux étoiles de brigadier le 12 octobre 1915. Désireux d'obtenir un commandement opérationnel, il prend la tête, en janvier 1916, de la 11e brigade d'infanterie avec laquelle il se distingue dès le 21 février, dans le secteur de Rouvroy-en-Santerre, en repoussant une violente attaque allemande par gaz, avant de gagner Verdun en mars.

Affecté à la défense des forts de Tavannes et de Vaux, Pont est muté en pleine action, le 30 avril 1916, au commandement de la 6e division d'infanterie dont dépend la 11e brigade. Il s'y montre de nouveau à son avantage, récoltant dès le 6 juillet une citation à l'ordre de la IIe armée pour « avoir tenu, pendant plusieurs semaines et à trois reprises, un secteur dans les parties et dans les moments les plus difficiles de la bataille de Verdun, occupant des postes de commandement soumis au feu continu de l'ennemi ».

Major général de Nivelle

Lorsqu'en décembre 1916 Pont accède aux étoiles de divisionnaire, il est aussitôt désigné major général des armées du Nord et du Nord-Est dont le commandement vient tout juste d'échoir à Nivelle en remplacement de Joffre. Toutefois, la désastreuse affaire du Chemin des Dames au printemps suivant lui coûte son poste et lui vaut d'être placé le 1er mai 1917 à la tête du 21e corps d'armée. Chargé de l'attaque de la Malmaison, Pont prépare cette dernière avec minutie mais, victime d'une blessure relativement sérieuse en septembre, il ne peut conduire son unité au combat à cette occasion. Revenu au front le 19 décembre 1917, il est cette fois affecté au commandement du 4e corps d'armée avec lequel il organise le secteur des monts de Champagne. Subissant de plein fouet l'attaque allemande du 15 juillet 1918, Pont et ses hommes parviennent à contenir cette dernière puis à briser le flot adverse sur la deuxième position où ils avaient délibérément reculé. Ils participent par la suite à la bataille offensive du 26 septembre puis au vaste mouvement de poursuite de l'ennemi jusqu'à Charleville, que le 4e corps d'armée atteint quatre jours après l'armistice. Nommé major général de l'armée en décembre 1918, le général Pont commande en 1920 et 1922 les 9e et 17e corps d'armée avant de s'éteindre, le 26 septembre 1926, à Albi.

DATES CLEFS

- **1906 :** en juin 1906, le capitaine Pont sert comme officier d'ordonnance du général commandant l'artillerie du 16e corps d'armée de Montpellier.
- **1909 :** passé chef d'escadron en 1907, il devient instructeur du cours de tir de Poitiers tandis que ses qualités de technicien le font nommer, en juin 1909, membre de la commission d'études pratiques de tir de l'artillerie de campagne.
- **1912 :** lieutenant-colonel aux 57e, 54e puis 9e RA, il effectue, à l'été 1912, un séjour au Centre des hautes études militaires avant d'être affecté au 3e bureau de l'état-major de l'armée.
- **1914 :** le 25 mars 1914, le lieutenant-colonel Pont devient chef du 3e bureau de l'armée.

FORMATION ET DÉBUT DE CARRIÈRE

Fils d'un officier d'infanterie, Ferdinand Auguste Pont naît le 25 janvier 1865 à Grenoble, dans l'Isère. Après des études secondaires au Prytanée militaire de La Flèche, il intègre en novembre 1883 l'École polytechnique dont il sort, deux ans plus tard, dans l'artillerie. Passé par l'École de l'artillerie et du génie de Fontainebleau, le jeune lieutenant Pont sert au 23e RA, de 1887 à 1895, date à laquelle il est breveté de l'École supérieure de guerre. Promu capitaine, il effectue un stage à l'état-major de l'armée puis intègre le 3e RA en décembre 1903.

LE POINT DE VUE DE SES CONTEMPORAINS

« Le général Pont, à la tête du 4e corps d'armée, a fait preuve, dans la dernière période d'opérations actives, de hautes qualités. Dans la bataille du 15 juillet, il a supporté le poids principal de la ruée ennemie et l'a brisée. Dans la bataille offensive du 26 septembre, il a exercé d'abord le rôle de diversion que lui permettaient ses moyens et est passé à la poursuite avec beaucoup de rapidité et de vigueur. Intelligent, actif, de vaste instruction militaire, le général Pont est un remarquable commandant de corps d'armée. Son commandement est plus bienveillant que ferme. »

Général Gouraud, commandant de la IVe armée, le 19 octobre 1918.

1865 Naissance

1883 Entrée à Polytechnique

1895 Breveté d'état-major

1914 Chef du 3e bureau du GQG

1915 Aide-major général

1916 Commandant successif de la 11e brigade et de la 6e division d'infanterie

1917 Major général du groupe des armées du Nord et du Nord-Est puis commandant successif des 21e et 4e corps d'armée

1918 Major général de l'armée

1926 Décès

Hirschauer, directeur de l'aéronautique militaire

Issu du génie, le général Édouard Hirschauer est considéré, en 1914, comme l'un des meilleurs techniciens français dans les domaines de la fortification et de l'aéronautique militaires. Il se révèle, au cours du conflit, un commandant de brigade, puis de division, de corps d'armée et enfin d'armée brillant et audacieux.

Le général Hirschauer vers la fin de la Grande Guerre.

Farouche patriote de souche mulhousienne, sorti premier de l'École polytechnique dans l'arme du génie, le général Édouard Hirschauer est une figure fondatrice de l'aéronautique militaire française. Après avoir servi au centre d'expérimentation de l'aérostation de Chalais-Meudon à la fin du XIXe siècle et commandé le 1er bataillon d'aérostiers entre 1901 et 1905, il devient, sept ans plus tard, inspecteur permanent de l'aéronautique militaire et déploie à ce poste une formidable énergie, s'attachant à accroître le nombre de pilotes et préparant la création de nouvelles escadrilles. Fin technicien, il s'impose également, tout au long de sa carrière, comme un brillant pédagogue, d'abord comme professeur adjoint de fortifications à l'école de Saint-Cyr où il développe ses théories sur l'organisation du terrain, puis comme professeur de génie militaire et d'aéronautique à l'École supérieure de guerre de la marine, enseignement qui lui vaut plusieurs lettres de félicitations.

À Paris

Dès les premiers jours de la mobilisation en août 1914, le général Gallieni, qui tient Hirschauer en haute estime, l'appelle à ses côtés comme chef d'état-major puis commandant du génie du camp retranché de Paris en cours de création. Dans un laps de temps extrêmement court et des circonstances pour le moins difficiles, Hirschauer est le principal artisan de la mise en défense de la capitale et un acteur important de la bataille de l'Ourcq, prélude à la victoire sur la Marne. Le 10 octobre 1914, c'est à lui que le ministre de la Guerre, Alexandre Millerand, sur la recommandation de Poincaré, décide de faire appel pour occuper le poste de directeur de l'aéronautique militaire. Son autorité s'exerce alors sur le service des fabrications, sur les dépôts et parcs comme sur les centres de recherche et l'industrie qu'il s'attache à redynamiser. Écarté de cette fonction en septembre 1915, après un remaniement ministériel, Hirschauer demande un commandement sur le front qu'il obtient en prenant en main les destinées de la 29e brigade d'infanterie.

De la Champagne à la victoire

C'est avec cette grande unité qu'il participe à l'offensive de Champagne de l'automne 1915 au cours de laquelle il est légèrement blessé.

Nommé au commandement de la 63e division d'infanterie en décembre de la même année, il passe divisionnaire le 25 mars 1916 et prend part aux combats autour de Verdun dans le terrible secteur de Vaux en mai-juin suivant.
Quelques jours plus tard, le 1er juillet, il prend la tête, sur recommandation du général de Castelnau, du 18e corps d'armée qu'il conduit presque aussitôt sur la Somme avant de participer à l'offensive sur le Chemin des Dames d'avril 1917. Chargé d'enlever le plateau de Californie et de prendre pied sur les hauteurs de Craonne, il remplit avec efficacité cette mission et parvient à garder ses positions jusqu'au retrait du 18e corps, à la fin juin 1917. Ce succès lui vaut d'être élevé à la dignité de grand officier de la Légion d'honneur et de prendre les rênes du 9e corps d'armée en septembre suivant. Cette nouvelle affectation se révèle toutefois transitoire puisque moins de trois mois plus tard le commandement de la IIe armée lui échoit à Verdun. Hirschauer demeure sur place au cours des trois premiers trimestres de l'année 1918 avant de résoudre avec tact et méthode le difficile problème de la relève de ses unités par l'armée américaine à l'automne.
Désigné pour prendre le commandement du groupe d'armées chargé de l'offensive du 14 novembre 1918 en Lorraine, il n'est jamais nommé à ce poste, la signature de l'armistice intervenant avant que ce projet d'attaque ne soit mis à exécution.
Il devient alors gouverneur de Strasbourg et commandant supérieur du territoire de l'Alsace, s'attachant à organiser militairement les départements.
Passé dans la section de réserve en octobre 1919, il entame par la suite une fructueuse carrière de sénateur au cours de laquelle il s'attache à promouvoir le rôle de l'aéronautique au sein du système militaire français. Le général Édouard Hirschauer s'éteint le 27 décembre 1943, à Versailles, douze ans après avoir été décoré de la médaille militaire.

FORMATION ET DÉBUT DE CARRIÈRE

Né le 16 juin 1857 à Saint-Avold, en Moselle, Auguste Édouard Hirschauer intègre l'École polytechnique en octobre 1876 et choisit, à sa sortie, l'arme du génie. Après deux années à l'École d'application de l'artillerie et du génie de Fontainebleau (1878-1880), il est promu lieutenant et affecté au 1er régiment du génie de Versailles. Après un bref séjour, l'année suivante, dans le Sud oranais, il devient capitaine et sert à l'état-major du génie à Lille en 1883. Trois ans plus tard, il exerce comme professeur adjoint de fortifications à l'École spéciale militaire de Saint-Cyr, puis est reçu au concours d'entrée de l'École supérieure de guerre d'où il sort, en 1891, premier de sa promotion.

DATES CLEFS

- **1901 :** chef de cabinet du général de Boisdeffre en 1898, il sert l'année suivante à l'établissement central d'aérostation militaire de Chalais-Meudon, puis devient commandant du 1er bataillon d'aérostiers de Versailles en 1901.
- **1909 :** promu lieutenant-colonel en 1905, il sert au 3e régiment du génie d'Arras avant d'occuper le poste de directeur du génie à Lille en février 1909.
- **1912 :** adjoint du général Roques, alors inspecteur permanent de l'aéronautique militaire, le colonel Hirschauer lui succède à ce commandement en avril 1912.
- **1913 :** promu général de brigade, il commande la brigade du génie de la région parisienne à partir du 1er octobre 1913.

LE POINT DE VUE DE SES CONTEMPORAINS

« Le général Hirschauer commande la IIe armée avec compétence et autorité. Tempérament ardent, nature expansive, culture militaire étendue. Très actif, énergique, décidé, cet officier général s'affirmera comme un chef d'armée remarquable dès que les circonstances lui en offriront l'occasion. »

Général de Castelnau, le 29 août 1918.

1857 Naissance
1876 Entrée à Polytechnique
1912 Général de brigade
1914 Chef d'état-major, puis commandant du génie du camp retranché de Paris, puis directeur de l'aéronautique militaire
1915 Commandant successif de la 29e brigade et de la 63e division d'infanterie
1916 Commandant du 18e corps d'armée
1917 Commandant successif du 9e corps d'armée et de la IIe armée
1918 Gouverneur militaire de Strasbourg
1943 Décès

D'Amade, chef de l'armée française aux Dardanelles

Officier brillant et reconnu, le général d'Amade présente en 1914 des états de service irréprochables. L'épreuve de la Grande Guerre lui est pourtant fatale : démis de ses fonctions à plusieurs reprises, il ne parvient jamais à s'imposer et achève le conflit à des postes subalternes.

Le général d'Amade aux Dardanelles.

« Je fus frappé de son élégante sveltesse, de son air de distinction, de la régularité de ses traits, de leur finesse, de la modestie de son attitude, modestie d'autant plus remarquable qu'on lui attribuait beaucoup de valeur... » C'est en ces termes que le lieutenant-colonel Émile Mayer décrit sa première rencontre avec le général d'Amade, héros de la pacification du Maroc entre 1907 et 1909 et créateur des premiers « goums ». Parmi les chefs militaires d'alors, ce dernier fait incontestablement figure de surdoué : après avoir fait campagne, dans ses jeunes années, en Afrique du Nord et en Indochine, il gravit rapidement la hiérarchie, occupant les postes enviés d'officier d'ordonnance du ministre de la Guerre et d'attaché militaire en Chine puis en Angleterre.

Observateur attentif de la guerre du Transvaal en 1899-1900, il reçoit à cinquante-deux ans la médaille militaire, suprême récompense des généraux, avant de devenir, en avril 1914, le plus jeune membre du Conseil supérieur de la guerre.

À la tête des divisions territoriales

Couvert de gloire, connu du grand public pour ses exploits au Maroc, le général d'Amade ne fait cependant pas l'unanimité au sein de l'état-major de l'armée. Nombreux sont ceux qui doutent de ses capacités et lui reprochent sa grande réserve. On le dit trop éloigné de ses troupes, prenant les décisions seul et attachant une importance excessive à la discipline. Désigné, à la mobilisation, pour prendre le commandement de l'armée des Alpes composée de quatre divisions de réserve, d'Amade se retrouve rapidement sans emploi après la dissolution de ces dernières consécutive à la décision de l'Italie de conserver sa neutralité.

Après avoir demandé en vain à prendre la tête de troupes actives, il reçoit finalement le commandement du groupe de divisions territoriales du Nord, chargé d'assurer la couverture entre Dunkerque et Maubeuge. Après une série de combats qui sont autant d'échecs, il bat en retraite dans des conditions désastreuses, la place de Lille, privée de son appui, ne pouvant résister à la poussée allemande. Il mène alors le repli avec précipitation et un certain désordre, traversant Amiens sans même tenter de mettre la ville en état de défense, pour se retrouver au début du mois de septembre en Normandie.

Après avoir assuré un temps la couverture de Rouen, il reprend sa marche vers l'est à la suite de la victoire de la Marne mais, le 15 septembre, le GQG décide de le relever brutalement de son commandement pour le remplacer par le général Brugère.

De disgrâce en disgrâce

Envoyé en mission à Bordeaux, il participe un temps à l'enquête confiée au général Pau sur les opérations du Nord. Le 9 octobre 1914, il accepte cependant de devenir l'adjoint du général Brugère et ainsi de servir en sous-ordre dans le groupe de divisions territoriales dont il avait précédemment exercé le commandement. Cette situation, quelque peu humiliante eu égard à son prestige passé, prend finalement fin le 1er décembre, avec la dissolution du groupe Brugère et la nomination du général d'Amade à un nouveau poste subalterne, celui d'inspecteur des dépôts de la zone des armées. L'ancien pacificateur de la Chaouïa croit pourtant tenir enfin sa revanche le 26 février 1915, lors de sa nomination à la tête du corps expéditionnaire de l'armée d'Orient aux Dardanelles. Après avoir assuré le débarquement de ses troupes à Gallipoli le 25 avril 1915 et remporté quelques succès initiaux, d'Amade doit rapidement faire face à la résistance – bien plus importante que prévue – des troupes turques. Une bataille d'usure s'instaure entre ces dernières et les forces expéditionnaires alliées qui subissent de lourdes pertes. Malade et profondément atteint par le décès de son fils, le général d'Amade, à qui le GQG reproche son manque d'initiative, est une nouvelle fois démis de ses fonctions. Rentré en métropole, il effectue une mission en Russie afin de préparer l'engagement de troupes impériales sur le sol français puis devient, en décembre 1915, inspecteur général du 5e arrondissement à Lyon. En février 1917, il commande à Rennes la Xe région de corps d'armée avant de passer dans la section de réserve le 14 décembre 1918. Le général d'Amade s'éteint à Pontus (commune de Fronsac), en Gironde, le 11 novembre 1941.

FORMATION ET DÉBUT DE CARRIÈRE

Né le 24 décembre 1856 à Toulouse, en Haute-Garonne, Albert Gérard Léo d'Amade effectue de solides études secondaires à Rennes avant d'intégrer, en octobre 1874, l'école de Saint-Cyr. À sa sortie, deux ans plus tard, il part pour l'Afrique du Nord dans les rangs du 3e régiment de tirailleurs algériens. Revenu en métropole en 1881, il est affecté comme lieutenant au 143e RI puis réussit, l'année suivante, le concours d'entrée de l'École supérieure de guerre dont il sort, en novembre 1884, breveté d'état-major. En 1885, il devient officier d'ordonnance du général Lewal, ministre de la Guerre, puis part pour l'Extrême-Orient, au Tonkin et en Annam d'abord, en Chine par la suite, où il est attaché militaire à la légation française jusqu'en 1890.

DATES CLEFS

- **1899 :** à son retour en métropole, le capitaine puis chef de bataillon d'Amade sert aux 11e et 18e RI, au 2e bureau de l'état-major de l'armée, avant de devenir attaché militaire au quartier général de l'armée britannique pendant la guerre du Transvaal en octobre 1899.
- **1905 :** attaché militaire à l'ambassade française en Angleterre de 1900 à 1904, le colonel d'Amade est nommé chef de corps du 77e RI l'année suivante.
- **1907 :** promu général de brigade en mars 1907, il part quelques mois plus tard pour le Maroc où il prend le commandement des troupes françaises à Casablanca.
- **1912 :** il quitte le Maroc le 22 février 1909 et commande successivement la 9e division d'infanterie, le 13e puis le 6e corps d'armée à partir de juin 1912.

LE POINT DE VUE DE SES CONTEMPORAINS

« Le général d'Amade a été trop peu heureux dans les diverses missions qui lui ont été confiées au cours de cette campagne pour que l'on puisse lui confier à nouveau un commandement sur le front. »

Général Joffre, le 24 septembre 1915.

1856 Naissance

1874 Entrée à Saint-Cyr

1908 Général de division

1912 Commandant du 6e corps d'armée

1914 Commandant de l'armée des Alpes puis du groupe de divisions territoriales du Nord

1915 Commandant du corps expéditionnaire d'Orient aux Dardanelles

1916 Inspecteur général du 5e arrondissement

1917 Commandant de la Xe région

1941 Décès

Passaga, le commandant de la « Gauloise »

Remarquable entraîneur d'hommes, le général Passaga, qui n'est encore que simple lieutenant-colonel lorsque les hostilités éclatent, se distingue tout au long du conflit, d'abord à la tête d'un régiment d'infanterie, puis d'une brigade de chasseurs alpins, d'une division et enfin d'un corps d'armée.

Le général Passaga, au lendemain de l'offensive française à Verdun, en octobre 1916.

Ancien officier de marine passé dans l'infanterie métropolitaine en 1898, le lieutenant-colonel Passaga a derrière lui une longue expérience des guerres coloniales marquée notamment par neuf campagnes outremer et la réalisation de nombreux travaux topographiques. C'est en effet à lui que fut confiée pendant un temps la réalisation de la carte de l'Algérie ainsi que la présidence de la commission de délimitation de la Guinée française et de la Sierra Leone britannique. Réputé pour sa « vigueur » et son « intrépidité au feu », on le dit également « autoritaire » mais « juste ». En avril 1914, son supérieur hiérarchique, le général de Morlaincourt, résume sa personnalité en ces termes pour le moins élogieux : « Une belle nature, une intelligence et un caractère dans un équilibre parfait. »

De Charleroi aux Vosges

À la mobilisation, le lieutenant-colonel Passaga commande le 41ᵉ régiment d'infanterie qui tient garnison à Rennes. À ce titre, il participe aux combats livrés par le 10ᵉ corps d'armée entre la Sambre et la Marne, et notamment aux batailles de Charleroi et de Guise. Au cours de ce dernier affrontement, le 41ᵉ RI lutte pied à pied devant Sains-Richaumont et parvient à repousser les troupes allemandes jusqu'à l'Oise avant de recevoir l'ordre de se replier jusqu'à Chichey, au sud-est de Sézanne.

Le 5 septembre 1914, Passaga est nommé à la tête de la 38ᵉ brigade d'infanterie qui regroupe son ancien régiment et le 70ᵉ RI avec lesquels il prend part aux combats sur la Marne, en avant-garde de la 19ᵉ DI. Après avoir remporté un succès important au Clos-le-Roi, qui lui ouvre les portes de la forêt du Gault, il lance ses troupes à la poursuite de l'ennemi jusqu'au nord-est de Reims.

N'hésitant pas à payer de sa personne, il est blessé le 4 octobre dans la région d'Arras de deux éclats d'obus, sa belle attitude au feu lui valant la croix d'officier de la Légion d'honneur ainsi qu'une promotion au grade de colonel. Passé, le 5 janvier 1915, au commandement de la 2ᵉ brigade de chasseurs alpins, il part pour les Vosges, combattant de nouveau avec bravoure devant Munster, au Reichakerkopf, et surtout contribuant, en septembre, à la prise du Linge à l'issue de laquelle il reçoit une deuxième citation.

Un héros de Verdun

En février 1916, il accède enfin aux deux étoiles de général de brigade et prend le commandement de la 105ᵉ division d'infanterie puis, dès le mois suivant, de la 133ᵉ DI.

Cette dernière, qu'il baptise la « Gauloise », s'illustre de manière continue à Verdun entre le 24 octobre et le 15 décembre 1916 : lors de l'attaque de Douaumont tout d'abord,

elle parvient à s'emparer de la tourelle est du fort, des ravins du Bazil ainsi que de la fausse côte, faisant au passage plus de 2 500 prisonniers ; en décembre enfin, la « Gauloise » conquiert les hauteurs d'Hardaumont et de Bezonvaux, s'emparant cette fois de 47 canons et de plus de 3 200 prisonniers.
Ces deux coups d'éclat valent à Passaga sa troisième étoile, la croix de commandeur de la Légion d'honneur et une nomination à la tête du 32ᵉ corps d'armée. C'est avec ce dernier qu'il participe à l'offensive sur le Chemin des Dames du printemps 1917 au cours de laquelle il enlève, devant Berry-au-Bac, les deux premières positions allemandes au nord de l'Aisne et parvient à s'y maintenir malgré les violents assauts adverses. En juillet, il retourne dans la région de Verdun et parvient, fin août-début septembre, à dégager, par trois vigoureuses offensives, tout le secteur nord-est de la place (bois des Fosses, plateau de Beaumont et bois Le Chaume).
Blessé et gravement intoxiqué par les gaz, le général Passaga fait preuve une nouvelle fois d'une grande bravoure en refusant d'abandonner ses soldats. Passé par la suite à la VIIIᵉ armée, dans un secteur plus calme, le 32ᵉ corps d'armée rejoint la région située au nord de Toul (Iʳᵉ armée) où il a pour tâche d'instruire les divisions américaines.
Il semblerait qu'un rôle important ait été réservé au général Passaga dans l'offensive finale en Lorraine, mais l'armistice fait avorter ce projet.
En juin 1919, l'ancien chef de la « Gauloise » est nommé au commandement du 17ᵉ corps d'armée puis du 10ᵉ en mars de l'année suivante. Placé en section de réserve en décembre 1925, il s'éteint le 14 septembre 1939 à Rennes.

FORMATION ET DÉBUT DE CARRIÈRE

Né le 3 décembre 1863 à Angers, dans le Maine-et-Loire, Fénelon François Germain Passaga est élève au Prytanée militaire de La Flèche avant d'intégrer, en octobre 1883, l'école de Saint-Cyr dont il sort deux ans plus tard dans l'infanterie de marine (RIMa). Dès juin 1886, alors qu'il sert comme sous-lieutenant au 3ᵉ régiment d'infanterie de marine, il part pour l'Extrême-Orient, en Cochinchine et au Cambodge, où il participe à de difficiles combats. Revenu en métropole à l'automne 1888, le lieutenant Passaga est affecté au Sénégal deux ans plus tard, dans les rangs du 1ᵉʳ régiment de tirailleurs sénégalais,avec lequel il effectue la campagne du Dahomey jusqu'en janvier 1893.

DATES CLEFS

- **1893 :** en décembre 1893, le capitaine Passaga s'embarque pour l'Algérie où il sert pendant plus d'un an, avant de rejoindre la Guinée entre novembre 1895 et juin 1896 afin d'y effectuer des travaux topographiques.
- **1898 :** après être entré, pour raisons familiales, dans l'armée métropolitaine en 1898, il réussit, deux ans plus tard, le concours d'entrée de l'École supérieure de guerre.
- **1902 :** breveté en 1902, il effectue un stage à l'état-major de la 3e division d'infanterie avant de servir successivement aux 139ᵉ, 10ᵉ, 37ᵉ RI puis dans les rangs du 3ᵉ bataillon de chasseurs à partir de 1906.
- **1913 :** promu lieutenant-colonel en juin 1910, Passaga rejoint le 91ᵉ RI puis le 164ᵉ RI en 1913 et enfin le 41ᵉ RI de Rennes dont il prend le commandement en mars de l'année suivante.

LE POINT DE VUE DE SES CONTEMPORAINS

« Il tient bien ses unités en main, a la pratique et l'expérience du commandement. Il y a cependant lieu de noter deux points : 1/ ayant dû, fin 1916, de brillants succès à certaines dispositions, judicieuses alors parce qu'appropriées aux circonstances, le général Passaga a une tendance à faire de ces dispositions un schéma applicable ne varietur *en toutes circonstances ; 2/ préoccupé très légitimement d'éviter tout échec, il a une tendance à exagérer les moyens qu'il juge nécessaires à l'exécution des ordres qu'il reçoit. Ces exagérations, si elles étaient admises et généralisées, auraient pour résultat de rendre toute attaque impossible. Sous ces réserves et bien dirigé à ce point de vue, le général Passaga et son 32ᵉ CA peuvent inspirer toute confiance. »*

Général Guillaumat, commandant de la IIᵉ armée, le 10 octobre 1917.

1863 Naissance
1883 Entrée à Saint-Cyr
1914 Commandant du 41ᵉ RI puis de la 38ᵉ brigade d'infanterie
1915 Commandant de la 2ᵉ brigade de chasseurs alpins
1916 Commandant successif des 105ᵉ et 133ᵉ divisions d'infanterie
1917 Commandant du 32ᵉ corps d'armée
1919 Commandant du 17ᵉ corps d'armée et de la XVIIᵉ région
1920 Commandant du 10ᵉ corps d'armée
1939 Décès

Mondésir, commandant du 38e CA

Issu du génie, le général de Mondésir connaît une progression rapide au début du conflit, passant du commandement d'une brigade d'infanterie en août 1914 à celui d'un corps d'armée en octobre. Mis à l'écart au printemps 1915, il revient sur le devant de la scène en 1916, prenant la tête du 38e CA qu'il conduit à la victoire en 1918.

Le général de Mondésir arborant les trois étoiles de divisionnaire.

Promu général de brigade en décembre 1913, Jean Piarron de Mondésir est, à cette date, l'un des officiers du génie les plus en vue au sein de l'armée française. Ayant pris part à plusieurs campagnes coloniales, il s'est rapidement imposé comme l'un des meilleurs spécialistes en fortification, domaine qu'il a d'ailleurs enseigné pendant plusieurs années à l'École de guerre. Il est également un habitué des missions à l'étranger comme en témoignent son déplacement en Uruguay en 1908 afin d'établir un projet d'organisation défensive du pays et surtout son voyage d'étude dans les Balkans entre les deux guerres de 1912 et 1913. Apprécié de ses supérieurs hiérarchiques pour « ses qualités d'endurance et d'énergie physique », sa « haute distinction » et sa grande « fermeté », le général de Mondésir exerce, depuis le 20 juin 1914, le commandement de la 30e brigade d'infanterie qui regroupe alors les 10e et 27e RI.

De Sarrebourg au bois d'Ailly

Partis en campagne dans la région de Damas-aux-Bois et de Saint-Boingt, Mondésir et ses hommes font mouvement vers la Meurthe au début du mois d'août 1914. Ils prennent ainsi part, dans les jours suivants, aux combats autour de Sarrebourg avant de se replier dans le secteur d'Essey-la-Côte où le général de Mondésir est blessé par éclat d'obus le 27 août, ce qui lui vaut d'être cité à l'ordre de la Ire armée dix jours plus tard, en pleine bataille de la Mortagne. Le 12 septembre, un nouveau commandement lui échoit, celui de la 16e division d'infanterie, avec laquelle il gagne la région de Saint-Mihiel et participe à la bataille de Flirey. Le 12 octobre enfin, promu général de division à titre temporaire, il est placé à la tête du 8e corps d'armée et combat pendant plusieurs mois avec succès en forêt d'Apremont, au bois Brûlé ainsi qu'au bois d'Ailly. Toutefois, c'est dans ce dernier secteur que, le 4 mai 1915, le général de Mondésir connaît un premier revers à la suite d'une attaque allemande qui provoque le repli de ses troupes au-delà de positions durement conquises pendant l'hiver.

De la Champagne à l'Alsace

Aussitôt sanctionné, il perd son commandement dès le 8 mai pour prendre celui de la 52e division d'infanterie engagée pendant de longs mois devant Reims. Cette mise à l'écart s'achève pourtant le 10 décembre 1915 lorsque le général de Mondésir est désigné pour diriger la mission française envoyée en Albanie afin de procéder au sauvetage des débris de l'armée serbe et à sa réorganisation. Il s'acquitte avec brio de cette tâche, recevant même plusieurs lettres de félicitations de la part du président du Conseil et du ministre de la Guerre. Rappelé en France le 23 avril 1916, il est un temps pressenti pour prendre la tête d'une nouvelle mission en Roumanie mais, celle-ci n'ayant finalement pas lieu, il reçoit le commandement du 36e corps d'armée le 3 août suivant puis celui du 38e CA dès le 17 septembre. C'est avec cette grande unité, qu'il conserve sous ses ordres jusqu'à la fin du conflit, qu'il donne enfin sa pleine mesure. Au printemps 1917, il prend ainsi part, avec l'une de ses divisions, à l'offensive dans la région de Reims-Craonne, préparant son attaque avec le plus grand soin et obtenant un succès indéniable sur les objectifs qui lui ont été assignés lors des combats des 16 et 18 avril. En mai de l'année suivante, il tient un secteur dans les Flandres lorsqu'il est appelé d'urgence sur la Marne afin d'y prendre le commandement d'une zone située autour de Château-Thierry. Il parvient ainsi à contenir la poussée allemande, à reprendre Château-Thierry le 21 juillet et à refouler l'ennemi au-delà de la Vesle, ce coup d'éclat lui valant d'être cité à l'ordre de la VIe armée. Placé à l'extrême droite de l'armée Gouraud lors de l'offensive de Champagne, Mondésir enlève, en septembre 1918, la Main de Massiges, force le passage de l'Aisne avant d'ouvrir les débouchés de l'Argonne et de passer en réserve de l'armée Mangin quelques jours seulement avant la signature de l'armistice. Passé en Alsace à la fin de 1918 pour y assurer la garde du Rhin vers Neuf-Brisach, il est un temps détaché auprès de l'armée polonaise du général Haller dont il organise sept divisions. Le général Piarron de Mondésir est placé dans le cadre de réserve en décembre 1919 et s'éteint le 11 août 1943 à Sévrier, en Haute-Savoie.

FORMATION ET DÉBUT DE CARRIÈRE

Jean Frédéric Lucien Piarron de Mondésir naît le 13 décembre 1857 à Gatchina, en Russie, où son père, ingénieur des Ponts et Chaussées, participe à la construction du chemin de fer reliant Varsovie à Saint-Pétersbourg. Entré à l'École polytechnique en novembre 1876, il en sort deux ans plus tard dans le génie et suit les cours de l'École d'application de Fontainebleau à l'issue desquels il est promu lieutenant. Passé en octobre 1880 au 1er régiment du génie, il part dès l'été suivant pour l'Algérie, œuvrant pendant près d'un an à la construction d'une voie ferrée dans le Sud oranais. Revenu en métropole, il sert comme capitaine à l'état-major particulier du génie de Boulogne-sur-Mer avant de réussir le concours d'entrée à l'École supérieure de guerre en mai 1884.

DATES CLEFS

- **1892 :** breveté en 1886, membre de l'état-major particulier du génie l'année suivante, le capitaine de Mondésir devient, en avril 1892, officier d'ordonnance du général commandant la 39e DI.
- **1897 :** il exerce par la suite les mêmes fonctions auprès de divers autres généraux avant de partir pour Madagascar en juin 1897.
- **1908 :** revenu en métropole en 1899, le chef de bataillon de Mondésir est nommé, en janvier 1901, professeur du cours de fortifications à l'École de guerre avant de prendre le poste d'officier adjoint au directeur du génie sept ans plus tard.
- **1912 :** colonel en 1909, il est un temps directeur du génie à Oran, prend en 1911 le commandement du 6e régiment du génie d'Angers, puis la direction, l'année suivante, du génie à Toulon.

LE POINT DE VUE DE SES CONTEMPORAINS

« A commandé pendant six mois la 52e division d'infanterie. S'est distingué, au point de vue technique, par une remarquable organisation défensive du secteur devant Reims. Possède de grandes qualités militaires, tant par l'étendue de ses connaissances générales, que par l'élévation de son caractère. A su maintenir l'esprit d'entreprise dans sa division, malgré les circonstances défavorables d'une longue période de stagnation sur un front défensif. »

Général Mazel, commandant du 38e corps d'armée, 1915.

1857 Naissance

1876 Entrée à Polytechnique

1884 Entrée à l'École supérieure de guerre

1913 Général de brigade

1914 Commandant successif des 30e brigade d'infanterie, 16e division d'infanterie et 8e corps d'armée

1915 Commandant de la 52e DI puis chef de la mission militaire en Albanie

1916 Commandant du 36e puis du 38e corps d'armée

1919 Chargé de l'organisation des troupes polonaises en France

1943 Décès

Graziani, commandant des troupes françaises en Italie

Chef d'état-major général de l'armée en 1915-1916, le général Graziani donne sa pleine mesure au cours des années suivantes, d'abord à la tête d'une division d'infanterie puis d'un corps d'armée avant de commander les troupes françaises en Italie qu'il conduit à la victoire lors de la bataille de Vittorio Veneto à l'automne 1918.

Le général Graziani vers la fin de la Grande Guerre.

Homme d'expérience, le général Graziani est l'un des officiers généraux les plus prometteurs de l'armée française à la veille de la Grande Guerre. Sorti de Saint-Cyr parmi les premiers, breveté d'état-major à l'âge de vingt-huit ans, auteur de deux brillantes campagnes outre-mer, ce Corse à l'allure fière a pendant un an, en 1913, occupé le poste envié de chef de cabinet du ministre de la Guerre, Eugène Étienne.

Ce dernier le décrit comme « un esprit droit, un caractère ferme et bienveillant, dirigé par une conscience que rien ne peut ébranler. Il se signale à l'attention de tous ceux qui l'approchent par toutes les vertus civiques et militaires ». Il souligne également « sa valeur morale et physique, sa vive intelligence, sa puissance de travail, ses connaissances étendues, sa grande autorité dans le commandement, son ardent amour pour la carrière qu'il a embrassée ».

De l'état-major général au 17e CA

Lorsque la guerre éclate, le général Graziani occupe depuis le mois d'avril le poste d'adjoint au deuxième sous-chef de l'état-major général de l'armée (EMGA).

Dès le 29 août, il devient lui-même deuxième sous-chef de l'EMGA avant d'être promu divisionnaire le 18 décembre. Membre du comité consultatif des chemins de fer à partir de janvier 1915,il accède enfin, le 31 juillet, à la fonction prestigieuse de chef d'état-major général de l'armée où pendant près de deux années il accomplit un travail obscur mais néanmoins très important, qu'il s'agisse de la surveillance des dépôts de l'intérieur, du difficile problème du ravitaillement du front ou bien encore de l'organisation du corps expéditionnaire des Dardanelles.

Ne s'économisant guère à la tâche, Graziani connaît au milieu du mois de septembre 1916 de sérieux problèmes de santé qui l'obligent à demander sa mise en disponibilité. Celle-ci ne prend fin que le 18 février 1917, date à laquelle il est placé en réserve de commandement du 14e corps d'armée. Désireux de servir au front le plus rapidement possible, il accepte modestement, le 3 avril, de prendre la tête de la 28e division d'infanterie qu'il conduit au combat à l'été sur le Chemin des Dames puis à la Malmaison en octobre 1917, où ses hommes se distinguent plus particulièrement lors de l'attaque du saillant de Laffaux, ce qui lui vaut une citation à l'ordre de la VIe armée. Le 12 décembre suivant enfin, le commandement d'une grande unité, le 17e corps d'armée, lui est dévolu.

En Italie

Agissant pendant plusieurs semaines dans un secteur difficile autour de Verdun, Graziani reçoit une nouvelle mission dès le début du mois d'avril 1918, celle de prendre la tête des troupes françaises envoyées en Italie. Ces dernières, qui regroupent alors le 12e corps d'armée ainsi que divers éléments d'armée, ont pour tâche de concourir à la défense du haut plateau d'Asiago.
Lors de l'offensive autrichienne de juin 1918, elles apportent un soutien déterminant aux troupes italiennes, le secteur français étant par ailleurs le seul à demeurer inviolé. Par la suite, Graziani et ses hommes effectuent de nombreux coups de main victorieux avant de prendre une part déterminante à la bataille de Vittorio Veneto au mois d'octobre. Lors de cet affrontement, au cours duquel le chef du 12e corps commande l'ensemble la XIIe armée italienne, ils parviennent ainsi à franchir de vive force la Piave et à provoquer la retraite des troupes autrichiennes qui tenaient la région du Grappa.
À la suite de ce fait d'armes, le général Graziani revient en France mais pour peu de temps puisque dès le 13 avril 1919, après un court passage à la XIIe région, il est désigné pour prendre la tête de l'armée du Danube, en remplacement du général Berthelot. À ce poste, il opère avec tact et efficacité afin de se concilier la confiance des Roumains, former les troupes polonaises et organiser dans les meilleures conditions l'occupation de la Bulgarie et l'exécution du traité de paix avec cette dernière.
Le 12 octobre 1919, il devient chef de la mission française en Hongrie puis rentre, cette fois définitivement, en France à sa demande en avril 1920. Membre du Conseil supérieur de la guerre en novembre 1921 et inspecteur général de l'infanterie à partir d'août 1922, le général Graziani passe en section de réserve le 15 novembre 1924. Il s'éteint à Paris le 8 février 1932.

FORMATION ET DÉBUT DE CARRIÈRE

Fils du commandant du 32e régiment de marche d'infanterie en 1870, Jean César Graziani naît le 15 novembre 1859 à Bastia, en Corse. Reçu au concours de l'École spéciale militaire de Saint-Cyr en octobre 1878, il en sort, deux ans plus tard, 7e au sein de la promotion « des Zoulous ». Affecté comme sous-lieutenant au 32e RI, il est breveté de l'École supérieure de guerre en 1887. En février de l'année suivante, il part pour l'Afrique du Nord, servant dans les rangs du 2e régiment de zouaves en Algérie puis, à partir du 29 août 1892, dans ceux du 4e zouaves en Tunisie. De retour en France en janvier 1894, il est attaché au cabinet du général directeur de l'infanterie avant de devenir officier d'ordonnance du général Robillard, commandant la 28e DI.

DATES CLEFS

- **1900 :** passé chef de bataillon en octobre 1899, Graziani sert successivement aux 97e et 85e RI, puis prend la tête du 22e bataillon de chasseurs à pied en juillet 1900.
- **1909 :** promu lieutenant-colonel en 1906 puis colonel trois ans plus tard, il est chef de corps des 96e et 104e RI entre 1909 et 1911.
- **1912 :** en 1912, il devient membre du comité d'état-major et directeur de l'infanterie au ministère de la Guerre tout en accédant aux deux étoiles de brigadier.
- **1913 :** chef de cabinet du ministre de la Guerre Eugène Étienne en janvier 1913, Graziani commande la 12e brigade d'infanterie à partir du mois de décembre suivant.

LE POINT DE VUE DE SES CONTEMPORAINS

« Le général Graziani a partout réussi dans les missions les plus diverses. Si, contre son gré, il n'avait pas été retenu à l'arrière au début de la guerre, nul doute qu'il ne fît aujourd'hui partie du Conseil supérieur de la guerre. »

Maréchal Franchet d'Esperey,
le 11 mai 1921.

1859 Naissance
1878 Entrée à Saint-Cyr
1912 Général de brigade
1914 Sous-chef de l'état-major général de l'armée
1915 Chef d'état-major général de l'armée
1917 Commandant de la 28e DI puis du 17e CA
1918 Commandant du 12e CA et des troupes françaises en Italie
1919 Chef de la mission française en Hongrie
1932 Décès

ALBY, CHEF D'ÉTAT-MAJOR GÉNÉRAL DE L'ARMÉE

Réputé discret mais talentueux, le général Alby jouit, à la mobilisation, d'une solide réputation d'organisateur et de tacticien. Après avoir commandé au front la 34ᵉ division puis le 13ᵉ corps entre 1914 et 1916, il exerce par la suite différents postes à l'arrière avant de succéder à Foch à la tête de l'état-major général de l'armée.

Le général Alby (à gauche) en compagnie du général Maunoury.

Grand et vigoureux officier général issu du génie, Henri Alby est l'une des personnalités les plus en vue parmi les membres du comité d'état-major en août 1914. Organisateur hors pair, l'homme est davantage reconnu pour ses « silences » que pour ses coups d'éclat. Un journaliste de L'Illustration le décrit ainsi comme un « chef un peu fermé, fier jusqu'à la modestie, habitué à payer de sa personne beaucoup plus qu'à se payer de mots. Le général Alby médite son action dans l'asile inviolable d'une conscience que rien n'a jamais pu émouvoir, ni entamer ». Le général Goetschy, commandant le 20ᵉ corps d'armée en 1911, préfère insister, pour sa part, sur « le savoir, la haute intelligence » et « l'universalité des connaissances » de celui qui, à la mobilisation, commande depuis plus de sept mois la 34ᵉ division d'infanterie.

Des Ardennes à Verdun

Cette grande unité, rattachée au 17ᵉ corps d'armée et regroupant les 14ᵉ, 59ᵉ, 83ᵉ et 88ᵉ régiments d'infanterie, gagne, dès le 11 août 1914, la région de Somme-Bionne avant de faire mouvement vers le nord-est, par Apremont, Beaumont et Carignan. Le 22 août, elle est engagée dans la bataille des Ardennes et prend part aux combats vers Bertrix, Offagne, Jehonville. À sa tête, le général Alby fait preuve d'une activité incessante, s'appliquant à mettre en pratique ses vastes connaissances d'état-major. Un témoin souligne à ce propos : « La guerre lui fournit l'occasion de prouver que la conscience d'un labeur continu ne diminue en rien les facultés d'intrépidité, de commandement, et que, sans elle, elles ne sont bien souvent qu'improvisations dangereuses. » Après la phase de retraite ordonnée par le général Joffre, Alby mène avec brio ses troupes au combat sur la Marne, notamment dans le cadre de la bataille de Vitry, puis les engage à la poursuite de l'ennemi, à partir du 11 septembre, jusque vers Perthes-lès-Hurlus. C'est dans ce secteur que la 34ᵉ DI fait l'apprentissage de la guerre de tranchées. Promu général de division le 18 décembre 1914, il prend également part, à cette date, à la première bataille de Champagne, toujours dans la région de Perthes-lès-Hurlus.

Le successeur de Foch à la tête de l'état-major général

En avril 1915, le général Alby reçoit le commandement du 13ᵉ corps d'armée qui occupe depuis plusieurs mois des positions sur l'Oise vers Ribécourt, Lassigny et Beuvraignes,

avant d'être élevé, le mois suivant, au rang de commandeur de la Légion d'honneur avec la citation suivante : « A fait preuve, en toutes circonstances, des plus rares et complètes qualités militaires : méthode, savoir et énergie qui, jointes à une bravoure remarquable, lui ont permis de préparer et de faire aboutir les succès nombreux qu'il a obtenus dans son secteur. » Tacticien consommé, il s'attache, au cours de cette période, à organiser le plus efficacement possible son secteur contre lequel, d'ailleurs, les Allemands n'oseront jamais rien tenter.
À la suite du déclenchement de l'offensive adverse sur Verdun, le 13e corps d'armée est immédiatement dépêché sur place et c'est à Alby qu'est confié le commandement d'un sous-groupement chargé de la reprise du bois d'Avocourt à la fin du mois de mars 1916. Par la suite, il tient un nouveau secteur entre Pernant et l'Oise jusqu'au 6 octobre 1916, date à laquelle il devient directeur des étapes, d'abord au sein des services de la Ve armée puis, à partir de janvier 1917, au sein de ceux de la IVe armée. En mai suivant, le général Alby est nommé inspecteur général des services au grand quartier général et s'attache à organiser l'arrière immédiat de la ligne de feu. Devenu major général de l'armée le 15 octobre 1917, il est choisi par Foch pour assurer la fonction de chef d'état-major général de l'armée à la suite de la nomination de ce dernier au commandement en chef des armées alliées, au printemps 1918. Toutefois, il n'est officiellement titularisé que le 28 décembre 1918, après avoir été élevé à la dignité de grand officier de la Légion d'honneur. Passé dans la section de réserve le 5 novembre 1920, le général Alby s'éteint à Toulouse le 11 février 1935.

FORMATION ET DÉBUT DE CARRIÈRE

Né le 5 novembre 1858 à Marseille, dans les Bouches-du-Rhône, Henri Marie Camille Édouard Alby intègre l'École polytechnique en octobre 1876. Sorti deux ans plus tard comme sous-lieutenant du génie, il complète sa formation à l'École d'application de Fontainebleau avant de servir au 1er régiment du génie de Versailles à partir d'octobre 1880. Volontaire pour l'outre-mer, il fait partie des colonnes appelées à réprimer des mouvements insurrectionnels sur le territoire algérien entre le 26 octobre 1881 et le 22 mai 1882. En novembre 1885, il réussit le concours d'entrée à l'École supérieure de guerre et en sort, à l'issue de ses deux années de scolarité, breveté d'état-major.

DATES CLEFS

- **1896 :** officier d'ordonnance du général Lanty en 1887, il occupe les mêmes fonctions auprès du ministre de la Guerre à partir de mai 1896.
- **1907 :** promu chef de bataillon en novembre 1897, il commande un bataillon du 1er génie pendant deux ans avant d'être appelé à l'état-major de l'armée en 1900 et d'y prendre la tête du 3e bureau à partir de 1907 avec le grade de colonel.
- **1911 :** nommé en 1908 au commandement du 6e régiment du génie à Angers, Alby devient, trois ans plus tard, général de brigade et prend la tête du génie de la XXe région, à Nancy.
- **1913 :** membre du comité d'état-major, il commande, par intérim, la 34e division d'infanterie à partir de décembre 1913.

LE POINT DE VUE DE SES CONTEMPORAINS

« Le général Alby a gravi les degrés du commandement avec la lenteur des êtres forts qui savent attendre leur heure et ne pas importuner le destin. Il savait exactement, quand la guerre éclata, ce qu'il devait à son pays et ce qu'il pouvait lui donner de ferveur contenue, de science, de méthode, de bravoure sans panache, de courage sans faiblesse. Il a été et il reste l'organisateur soucieux d'idées générales, attentif aux détails d'exécution, sévère à lui-même et juste envers les autres. »

Pierre Audibert, *L'Illustration*, le 22 février 1919.

- **1858** Naissance
- **1876** Entrée à Polytechnique
- **1911** Général de brigade
- **1914** Commandant de la 34e division d'infanterie
- **1915** Commandant du 13e corps d'armée
- **1916** Directeur des étapes
- **1917** Inspecteur général des services de l'arrière puis major général de l'armée
- **1918** Chef d'état-major général de l'armée
- **1935** Décès

Berdoulat, commandant du 1er CAC

Officier de la coloniale, ayant combattu avant-guerre sur les champs de bataille d'Extrême-Orient et d'Afrique, le général Berdoulat commande successivement, au cours du conflit, une brigade d'infanterie, une division de réserve et deux corps d'armée parmi lesquels le 1er CAC.

Le général Berdoulat achève sa carrière comme gouverneur militaire de Paris en 1919.

Réputé pour sa vigueur, son intelligence et un solide sens pratique, le général Berdoulat est un « marsouin » et par là-même un digne représentant de la coloniale, cette « armée dans l'armée » au sein de laquelle il a passé l'essentiel de sa carrière si l'on excepte ses différentes affectations en états-majors. Douze années durant, il a combattu sur les champs de bataille d'Extrême-Orient, du Soudan et de Madagascar où il a côtoyé quelques-unes des futures personnalités militaires les plus en vue de la Grande Guerre, parmi lesquelles le général Gallieni dont il a été l'adjoint sur la grande île. En 1908, son supérieur hiérarchique d'alors dresse de lui un portrait très flatteur : « Ferme et bienveillant, d'un caractère aimable et sympathique, très vigoureux au physique, le colonel Berdoulat a les qualités d'un officier d'avenir qui s'imposera partout où il sera appelé à servir. Sur le terrain, je n'ai eu qu'à louer son entrain et son coup d'œil. » Tout juste lui reproche-t-on parfois une trop grande bienveillance à l'égard de ses troupes.

Du ministère de la Guerre à la Somme

Lorsque la guerre éclate en août 1914, le général Berdoulat occupe depuis près de deux ans le poste de directeur des troupes coloniales au ministère de la Guerre à Paris. Ce n'est que le 8 octobre suivant que lui est enfin confié un commandement sur le front, celui de la 52e brigade d'infanterie avec laquelle il occupe un secteur vers Thiescourt et Lassigny. Un mois plus tard, il est appelé à la tête de la 69e division de réserve qui, quelques jours plus tôt, a été tenue en échec devant le village de Vailly. Son énergie, ses qualités de commandement et de coup d'œil le font rapidement distinguer : en quelques mois seulement, il est parvenu à reconstituer son unité, à lui donner une solide instruction et à mener avec succès la guerre de mines vers Condé-sur-Aisne et Chavonne.

Promu divisionnaire en avril 1915, Berdoulat prend la tête, dès le mois suivant, du 1er corps d'armée colonial (CAC) avec lequel il va enfin donner sa pleine mesure. En septembre 1915 son unité est engagée en Champagne où elle réalise l'exploit de s'emparer de la position de la Main de Massiges au prix de combats acharnés. En juillet de l'année suivante, Berdoulat et ses hommes sont sur la Somme où ils remportent un succès plus net encore, enfonçant les lignes ennemies sur plus de sept kilomètres et faisant plus de 8 500 prisonniers ; seule l'absence de réserves empêche alors l'ancien directeur des troupes coloniales d'exploiter cette victoire qualifiée par certains comme « le plus beau succès obtenu après la Marne ».

À la tête du 20e corps

Les coloniaux du général Berdoulat jouent également un rôle important lors des offensives du printemps 1917, notamment dans le cadre de l'attaque du moulin de Laffaux en avril et mai où le 1er CAC subit des pertes très élevées pour un résultat décevant. Envoyé par la suite en Alsace avec ses divisions, Berdoulat reçoit, le 17 juillet 1917, un nouveau commandement, celui du 20e corps d'armée. Avec celui-ci, il opère d'abord dans la région du Bois le Prêtre et de Pont-à-Mousson, remplaçant même pendant quelques jours les généraux Gérard et Hirschauer à la tête des VIIIe et IIe armées en octobre 1917 et janvier 1918. Au cours des trois premiers mois de la dernière année de guerre, il tient le secteur le plus difficile de Verdun où ses hommes font preuve d'une remarquable ténacité face aux bombardements toxiques allemands. Les batailles de l'été sont une nouvelle fois l'occasion pour le 20e corps d'armée de se mettre en valeur : le 18 juillet, il parvient ainsi à rompre le front ennemi et, après plusieurs jours de combat, à avancer sur près de 30 kilomètres, capturant au passage 7 000 prisonniers, 140 canons et un matériel considérable, exploit qui vaut au général Berdoulat de recevoir la plaque de grand officier de la Légion d'honneur le 28 septembre 1918. Quelques semaines plus tard, ses trois divisions exécutent le passage de vive force de l'Oise puis l'attaque de la position de la ligne Hermann dont la prise permet de dégager Guise par le sud et se révèle décisive dans la victoire finale. Devenu gouverneur militaire de Paris le 18 février 1919 et passé dans la section de réserve en juillet 1923, le général Berdoulat s'éteint le 24 novembre 1930 à Paris.

FORMATION ET DÉBUT DE CARRIÈRE

Né le 29 juillet 1861 à Pinsaguel, en Haute-Garonne, Pierre Émile Berdoulat contracte un engagement volontaire pour cinq ans au 57e régiment d'infanterie en octobre 1879. Passé au 144e RI en mai 1881, il intègre, l'année suivante, l'École spéciale militaire de Saint-Cyr au sein de la promotion « des Pavillons noirs ». Sorti en octobre 1884 dans l'infanterie de marine, le sous-lieutenant Berdoulat part pour le Tonkin en avril 1885 dans les rangs du 4e RIMa. Il participe aux opérations de guerre sur ce territoire ainsi qu'en Cochinchine à partir de juin 1886 où il fait successivement partie des colonnes de pacification de Binh Thanh et de Kanh Hoa. Après un bref retour en France, il fait de nouveau campagne en Extrême-Orient à partir d'avril 1889, cette fois au sein du 1er régiment de tirailleurs tonkinois.

DATES CLEFS

- **1896 :** revenu en métropole en août 1891, il passe capitaine l'année suivante puis est affecté à l'état-major du préfet maritime de Brest avant de suivre les cours de l'École supérieure de guerre d'où il sort breveté d'état-major en octobre 1896.
- **1903 :** après différents stages en états-majors et un séjour au Soudan entre 1898 et 1900, le chef de bataillon Berdoulat gagne Madagascar en septembre 1903 où il est nommé chef d'état-major du corps d'occupation de l'île.
- **1912 :** colonel au 1er régiment de tirailleurs malgaches en 1908, il devient, à son retour en France en 1910, chef du 1er bureau de la Direction des troupes coloniales avant de prendre la tête de cette dernière lors de sa nomination comme général de brigade le 23 octobre 1912.

LE POINT DE VUE DE SES CONTEMPORAINS

« Le général Berdoulat m'a donné l'impression d'un chef vigoureux, intelligent et énergique. Il serait complet, m'a-t-il semblé, avec un peu plus d'application personnelle et d'initiative. »

Général Maistre, le 15 juin 1918.

- **1861** Naissance
- **1882** Entrée à Saint-Cyr
- **1896** Breveté d'état-major
- **1912** Général de brigade
- **1914** Commandant de la 52e brigade d'infanterie puis de la 69e division de réserve
- **1915** Commandant du 1er corps d'armée colonial
- **1917** Commandant du 20e corps d'armée
- **1919** Gouverneur militaire de Paris
- **1930** Décès

TABLE DES MATIÈRES

Les grandes batailles 15

La guerre des combattants au quotidien 139

L'arrière 183

Les armes de la Grande Guerre 237

Les grandes figures 305

CRÉDITS PHOTOGRAPHIQUES :

Couverture : © Neurdein/Roger-Viollet (haut) ; © Topfolio/Roger-Viollet (bas gauche) ; © Roger-Viollet (bas droite)

Intérieur :

Abder Nouaiti (cartes) : 20-21, 26-27, 30-31, 34-35, 38-39, 44-45, 48-49, 52-53, 56-57, 62-63, 70-71, 74-75, 100-101, 106-107, 110-111, 118-119, 122-123, 128-129, 132-133, 136-137.

AKG-Images : 28, 51 bas, 55 haut, 72 haut, 121 haut, 126, 176, 177, 192, 196 droite, 206, 207, 272, 315, 318.

Bridgeman Art Library : 151 bas.

Collection Philippe Bernier : 157 bas, 166, 203 bas.

Collection Patrick Facon : 6-7, 9-11, 14-15, 18, 19, 22, 23, 29 bas, 32, 33, 36, 37, 40, 41, 42, 43, 54, 58, 59, 60, 61, 64, 65, 66, 67, 69 haut, 73 bas, 76, 77, 78, 79, 81 haut, 82, 83, 85, 88, 89, 90, 91 haut, 92, 93, 96 97, 98, 102, 103, 104, 105, 114, 115, 124, 125 bas, 134, 135, 138-139, 143 droite, 144 gauche, 145 bas, 146, 147, 152, 153, 154 bas, 155 bas, 157 haut, 161 bas, 167 bas, 168, 169 haut, 170, 172, 173, 174, 175 bas, 178, 179, 180, 181, 182-183, 187 haut droite, 188, 189 bas gauche centre et droite, 190, 191, 193, 195, 196 gauche, 199 haut droite, 201 centre gauche et droite, 202, 203 haut, 204, 205, 208, 209, 212, 213 haut, 214, 215 haut, 216, 217, 218, 220, 221, 222, 223, 225, 226, 227, 228, 229, 230, 231, 234, 235, 236-237, 241, 242, 243, 244, 247 bas, 248, 249, 251, 252, 253 haut, 254 gauche, 255 haut, 262, 263 haut droite, bas droite, 265 haut, 268, 269 centre, 271 haut, 274, 275, 276, 277, 279 haut droite et bas gauche, 280, 281 bas, 284, 285 centre et bas, 286, 287, 288, 289, 290, 291 haut, 292, 293, 295 haut, 297 haut, 298, 302, 303, 304-305, 313, 323, 325, 328, 334, 339, 356, 357, 360, 368, 370. Collection Patrick Facon/ L'Illustration : 69 bas, 158, 159, 175 haut, 258, 296, 327, 329, 337, 343, 345, 352, 354, 359, 367.

Collection Benjamin Marvie : 253 bas.

Collection Jean-Pierre Verney : 131 haut, 154-155, 156, 256, 257, 259 centre droite, 261, 271 haut droite, centre droite et bas droite, 277 haut, 285 haut, 349, 350, 361, 362, 364, 372, 374, 379.

Collection P. Villatoux : 29 haut, 161 haut, 162, 171, 210 droite, 211 haut droit, 224, 247 haut, 250, 254 droite, 264, 270, 291 bas, 336, 342, 347, 348, 351, 353, 355, 363, 365, 369, 373, 375, 376, 377, 378.

Corbis/Bettman : 197 bas, 259 haut. Corbis/Hulton-Deutsh Collection : 73 haut gauche, 99 haut.

ECPAD : 198, 259 bas, 297 bas.

L'Illustration Archives : 314. L'Illustration International : 109 bas.

Kharbine-Tapabor : 84, 197 haut, 215 bas gauche, 233 bas. Kharbine-Tapabor/Collection Jonas : 215 bas centre et droite.

Leemage : 312, 233 haut.

Musée de l'Empéri : 246.

Photo12.com : 47 haut, 50, 51 haut droite, 131 bas, 163 haut et bas, 265 bas droite, 282, 294, 295 bas, 300 haut, 310, 320, 322, 324, 326, 330, 340, 341, 346, 358, 366. Photo12.com/ARJ : 24 haut, 91 bas, 108, 120, 150, 151 haut, 278. Photo12.com/Bertelsmann Lexikon Verlag : 283 haut, 301 haut. Photo12.com/Hachedé : 267 bas. Photo12.com/Oasis : 81 bas, 176 bas, 210 gauche, 219 bas, 263 haut, 279 bas droite, 300 bas, 316. Photo12.com/Société française de la photographie : 273 haut gauche et droite. Photo12.com/Ultstein Bild : 46, 121 bas, 189 haut.

Rue des Archives : 25 haut et centre, 86, 87, 94, 95, 99 bas, 109 haut, 112, 113, 116, 117 bas, 143 haut, 164, 165, 199 bas, 211 haut gauche et bas, 213 bas, 232, 255 bas, 269 haut et bas, 273 bas droite, 301 bas, 308, 309, 311, 317, 319, 321, 335, 338. Rue des Archives/AGIP : 201 bas. Rue des Archives/Grégoire : 371. Rue des Archives/Tallandier : 127 haut, 167 haut, 167 haut, 186, 200, 201 haut, 219 haut, 299 haut, 331.

Roger-Viollet : 25 bas, 47 centre, 55 bas, 80, 117 centre, 125, 127 bas, 142, 144-145, 148, 149, 160, 169 bas, 187 haut et bas, 199 haut gauche, 228, 240, 253 bas gauche, 254, 255 haut, 260, 265 bas gauche, 266, 267 haut, 273 bas gauche, 281 haut, 299 bas, 332, 333, 344. Roger-Viollet/Bilderwelt : 68. Roger Viollet/Boyer : 194. Roger-Viollet/Harlingue : 283 bas.

Rosenberg/1er régiment de Spahis : 130.